高等院校应用型本科"十三五"系列教材·经管类

酒店人力资源管理

JIUDIAN RENLI ZIYUAN GUANLI

▶ 主　编　徐锦屏　高　谦
▶ 副主编　殷　伟　于先智
▶ 参　编　韦燕生　任岩岩　徐　静

华中科技大学出版社
http://www.hustp.com
中国·武汉

内 容 提 要

本书主要对酒店人力资源管理的相关理论和具体实践内容进行了较为具体的阐述。全书共分为九章,主要介绍了酒店人力资源管理概述、酒店工作分析与工作设计、酒店人力资源规划、酒店员工招聘、酒店员工培训与开发、酒店员工绩效管理、酒店员工激励、酒店员工薪酬管理、酒店员工保护等人力资源管理流程中的一系列相关知识。通过结合最新的宏观政策、酒店管理和人力资源整体及个体的现状的分析,阐述了酒店人力资源管理的基本内容、理论和方法。全书逻辑性强,体系完整,内容翔实,案例新颖,实践性强。

本书可以作为本科院校旅游、酒店管理专业教材外,还可以作为酒店中、高级相关业务人员的培训、学习用书,高职院校旅游、酒店管理专业教师的教学与参考用书。

图书在版编目(CIP)数据

酒店人力资源管理/徐锦屏,高谦主编. —武汉:华中科技大学出版社,2014.12(2022.1重印)
ISBN 978-7-5609-9813-8

Ⅰ.①酒… Ⅱ.①徐… ②高… Ⅲ.①饭店-人力资源管理-高等学校-教材 Ⅳ.①F719.2

中国版本图书馆 CIP 数据核字(2014)第 301182 号

酒店人力资源管理 徐锦屏 高 谦 主编

策划编辑:曾 光
责任编辑:华竞芳
封面设计:龙文装帧
责任校对:马燕红
责任监印:张正林
出版发行:华中科技大学出版社(中国•武汉)
    武昌喻家山 邮编:430074 电话:(027)81321913
录 排:华中科技大学惠友文印中心
印 刷:武汉市首壹印务有限公司
开 本:787mm×1092mm 1/16
印 张:18.5
字 数:471千字
版 次:2022年1月第1版第13次印刷
定 价:42.00元

本书若有印装质量问题,请向出版社营销中心调换
全国免费服务热线:400-6679-118 竭诚为您服务
版权所有 侵权必究

前言

随着经济全球化的发展,旅游业、会展业也随之蓬勃发展,酒店业的竞争也日趋激烈。酒店之间的竞争实质上是软件的竞争,是人才的竞争。人力资源是酒店最宝贵的资源,它决定了酒店其他资源的使用效果和经营的结果。只有具备可持续的竞争能力,才能在日益发展的、日趋激烈的竞争中占得一席之地。

本书从酒店管理的实践出发,将理论与实践相结合,概括了酒店人力资源管理的各项职能,全面阐述了酒店人力资源管理的实践运用。全书分为九章,主要介绍了酒店人力资源管理概述、酒店工作分析与工作设计、酒店人力资源规划、酒店员工招聘、酒店员工培训与开发、酒店员工绩效管理、酒店员工激励、酒店员工薪酬管理、酒店员工保护等人力资源管理流程中的一系列相关知识。

本书力求有"新"意:①角度新——理论与鲜活的案例相结合吸引学生的兴趣以照顾毕业即就业的学生,并强调对其职业生涯指导方面的内容,与此同时,对人力资源管理理论进行深入浅出又相对全面的讲解,以照顾期望毕业后进一步深造的学生,并通过严谨的引用模式培养其严谨的学风;②调查数据与酒店管理经营实践案例新;③分析依据新——根据国家最新的法律法规与政策对理论知识与案例进行分析与思考;④理论框架上有创新,不囿于常规的顺序安排本书的内容,充分体现酒店人力资源管理实践的流程与逻辑关系。

本书由徐锦屏、高谦担任主编,殷伟、于先智任副主编,韦燕生、任岩岩、徐静为参编,徐锦屏统稿并总纂定稿。本书的出版得到了中南财经政法大学武汉学院、武汉大学经济与管理学院、山东省烟台市莱山财政局等单位领导的大力支持和帮助,在此一并致谢!

在本书的写作过程中,参阅和引用了中外学者、专家的诸多成果,在此一并表示感谢。由于酒店人力资源管理是不断发展的,又因作者的编写水平有限,本书的缺点和疏漏之处在所难免,恳请广大读者不吝赐教。

编　者

2014 年 7 月

目录

第一章 酒店人力资源管理概述 ························· 1
- 第一节 人力资源管理概述 ························· 2
- 第二节 酒店人力资源管理的内涵 ····················· 8
- 第三节 我国酒店人力资源管理的现状 ·················· 13

第二章 酒店工作分析与工作设计 ························· 25
- 第一节 工作分析概述 ························· 27
- 第二节 酒店组织结构设计和工作设计 ·················· 46

第三章 酒店人力资源规划 ························· 58
- 第一节 人力资源战略 ························· 59
- 第二节 酒店人力资源规划 ························· 68

第四章 酒店员工招聘 ························· 83
- 第一节 酒店员工的招聘与录用概述 ···················· 84
- 第二节 酒店员工的招聘程序 ························· 88

第五章 酒店员工培训与开发 ························· 120
- 第一节 酒店人力资源培训与开发概述 ·················· 121
- 第二节 酒店人力资源培训的实施 ····················· 130
- 第三节 酒店员工职业生涯规划与管理 ·················· 152

第六章 酒店员工绩效管理 ························· 160
- 第一节 酒店员工绩效管理概述 ······················· 161
- 第二节 酒店绩效管理流程 ························· 165
- 第三节 绩效考核的方法 ························· 174
- 第四节 绩效反馈与改进计划 ························· 190

第七章 酒店员工激励 ························· 196
- 第一节 员工激励概述 ························· 196
- 第二节 员工激励理论 ························· 202
- 第三节 酒店员工激励的原则和策略 ···················· 208

第八章 酒店员工薪酬管理 ························· 224
- 第一节 薪酬管理概述 ························· 225
- 第二节 薪酬体系设计 ························· 227
- 第三节 薪酬的形式及管理误区 ······················· 235

　　　　第四节　工资制度的特点和实施……………………………………………241
第九章　酒店员工保护……………………………………………………………250
　　　　第一节　酒店劳动关系管理……………………………………………251
　　　　第二节　酒店劳动保护管理……………………………………………262
　　　　第三节　酒店员工的社会保障…………………………………………268
附录……………………………………………………………………………………276
参考文献………………………………………………………………………………289

第一章 酒店人力资源管理概述

【学习目标】

了解人力资源的概念、特点。
了解人力资源管理发展的阶段。
掌握酒店人力资源管理的定义、特点与职能。
了解职能经理与直线经理的分工。
了解酒店人力资源管理的现状。

【案例导入】

  洲际酒店集团是世界上客房拥有量最大、跨国经营范围最广(分布将近100个国家)的专业酒店管理集团。洲际酒店集团旗下拥有、管理、出租或托管的酒店达4 500多家,共有672 000多间客房,遍布全球将近100个国家和地区,并有1 000多家在建酒店。洲际酒店集团于1984年进入中国市场,是最早进入中国的国际酒店管理公司,也是目前在中国接管酒店最多的超级酒店集团,其总收益已超过10亿美元。

  作为服务业的一员,洲际酒店集团在快速发展的同时,同样也面临着酒店业人才短缺等问题,不同的是,这个曾获得"最适宜工作的25大公司""英国最受欢迎公司""亚洲最佳雇主品牌"等荣誉的企业对此有自己的解决之道。

  一方面,洲际酒店集团在其官网上开辟了自己的全球招聘主页,据有关资料,已有超过180万人访问了该主页,超过100万人表达了就业意向(2012年);另一方面,洲际酒店集团已从"坐等招人"升级为"协助育人",从人才的接收方、购买者,迈向人才的生产者——主动参与人才生产过程,更从育优秀人才到打造"未来英才"。

  为了满足中国日益发展的酒店业对人力资源的大量需求,洲际酒店集团成立了业内领先的校企合作办学模式——与优秀的专业院校共同成立洲际酒店集团英才培养学院(后简称英才学院)。英才学院的使命是:培养可持续发展的酒店人才,不仅为了洲际酒店集团,还为了整个行业。英才学院可为每所学校提供不同等级的学历及学位课程,学生除了接受各院校专业教师讲授理论课程外,洲际酒店集团的高级管理人员还定期为学生传授行业实践经验,此外,所有学生均将获得洲际酒店集团旗下酒店实习的机会。首家英才学院于2006年6月在上海成立,之后,该合作模式在全国各地迅速发展,吸引了大量有志于进入中国飞速发展的酒店业的青年学生。近年来,洲际酒店集团与南京、杭州等多地优秀旅游院校签署合作协议,将英才学院从原来的12所扩展到24所,每年可培养近5 000名毕业生,能更好地满足华东地区对酒店业专门人才的需求,并且为更多旅游及酒店专业学生提供在洲际酒店集团旗下酒店以及整个行业的就业机会。

  课前思考

  (1)洲际酒店集团为何要建立自己的全球招聘主页?

(2)洲际酒店集团的英才学院对学校、酒店业有何益处？
(3)本案例体现了酒店人力资源管理的何种职能？
(4)你能否结合该案例就当前我国酒店人力资源管理现状提出一些建议？

第一节　人力资源管理概述

一、人力资源的基本概念及特点

(一)人力资源的基本概念

经济学中把为创造物质财富而投入于生产活动中的一切要素通称为资源，包括人力资源、物力资源、财力资源、信息资源、时间资源等，其中人力资源是生产活动中最活跃的因素，是一切资源中最宝贵的资源，被经济学家称为第一资源。

人力资源，又称劳动力资源或劳动力，是指能够推动整个经济和社会发展、具有智力劳动和体力劳动能力的人们的总和，它包括数量和质量两个方面。人力资源指在一个国家或地区中，处于劳动年龄、未到劳动年龄和超过劳动年龄但具有劳动能力的人口之和，或者表述为：一个国家或地区的总人口减去没有劳动能力的人口之后的人口。人力资源也指一定时期内组织中的人所拥有的能够被企业所用，且对价值创造起贡献作用的教育、能力、技能、经验、体力等的总称。

通常来说，人力资源的数量为具有劳动能力的人口数量。人力资源数量主要受到人口总量及其再生产状况、人口的年龄构成、人口迁移这三个方面的影响。人口总量及通过人口的再生产产生的人口变化决定了人力资源数量；在人口总量一定的情况下，人口的年龄构成将直接决定人力资源的数量；人口迁移可以使一个地区的人口数量发生变化，从而使人力资源的数量发生变化。具有劳动能力的人，不是泛指一切具有一定的脑力和体力的人，而是指能独立参加社会劳动、推动整个经济和社会发展的人。所以，人力资源既包括劳动年龄内具有劳动能力的人口，也包括劳动年龄外参加社会劳动的人口。

关于劳动年龄，由于各国的社会经济情况不同，因此关于劳动年龄的规定也不尽相同。一般国家把劳动年龄的下限规定为 15 岁，上限规定为 64 岁。我国招收员工规定一般要年满 16 周岁，员工退休年龄规定男性为 60 周岁（满 60 岁之后退休，不包括 60 岁），女性为 55 周岁（不包括 55 岁）。值得注意的是，政府出于社会发展的考量会根据实际需要修改退休年龄。另外，在计量人力资源数量时，还需要考虑到劳动年龄人口之外存在的具有劳动能力且正从事社会劳动的人口以及劳动适龄人口内丧失劳动能力的病残人口。

人力资源的质量指经济活动人口具有的体质、文化知识和劳动技能水平，以及劳动者态度，一般体现在劳动者的体质、文化、专业技术水平及劳动积极性上。在实际统计与使用中，可以用平均寿命、婴儿死亡率、每万人口拥有的医务人员数量、人均日摄入热量等指标来反映健康卫生状况；可以用劳动者的人均受教育年限、每万人中大学生拥有量、大中小学入学比例等指标来反映教育发展程度；也可以用劳动者技术职称等级的现实比例、每万人中高级职称人员所占的比例等指标来反映劳动者的技术状况；还可以用对工作的满意程度、工作的努力程度、工作的负责程度、与他人的合作性等指标来反映劳动态度。

人力资源的质量主要会受到遗传和其他先天性因素、营养因素和教育因素三个方面的影响。人口的遗传从根本上决定了人力资源的质量及最大可能达到的限度。一个人儿童时期的营养状况会影响其将来成为人力资源时的体质与智力水平,充足而全面的营养吸收才能维持人力资源原有的质量水平,而教育是赋予人力资源质量的一种最重要、最直接的手段,使人力资源的智力水平和专业技能水平都能得到提高。

评估一个国家或地区的人力资源状况不仅要评价其数量,还需要评价其质量。人力资源的数量反映了可以控制物质资源的人数,人力资源的质量则反映了可以具体控制哪种类型、哪种复杂程度、多大数量的物质资源的人员特征。随着现代科学技术的发展,人力资源的质量对数量的替代性较强,而数量对质量的替代性较差,有时甚至不能替代。一个国家或地区的人力资源在一定时间内是相对稳定的。

一定数量的人力资源是社会生产的必要的先决条件。一般来说,充足的人力资源有利于生产的发展,但其数量要与物质资料的生产相适应,若超过物质资料的生产,不仅消耗了大量新增的产品,且多余的人力无法就业,对社会经济的发展反而会产生不利影响。在现代科学技术飞跃发展的情况下,经济发展主要靠经济活动人口素质的提高,随着现代科学技术在生产中的广泛应用,人力资源的质量在经济发展中起着越来越重要的作用。

企业的人力资源主要指企业内、外具有劳动能力的人的总和。企业的人力资源数量一般由被企业聘用的员工和企业能在劳动力市场招聘的潜在的员工构成,前者主要包括企业全体员工,但不包括即将离开或已经离开企业的员工,如即将被解雇的员工、辞职的员工、退休的员工、病退的员工和死亡的员工;后者则可能来源于劳动力市场中的任何一部分。企业的人力资源数量和质量具有一定的动态性。

【知识卡片】

人力资源与人力资本的区别

一、联系

人力资源和人力资本都是以人为基础而产生的概念,研究的对象都是人所具有的脑力和体力,从这一点看两者是一致的。而且,现代人力资源管理理论大多都是以人力资本理论为根据的;人力资本理论是人力资源管理理论的重点内容和基础部分;人力资源经济活动及其收益的核算是基于人力资本理论进行的;两者都是在研究人力作为生产要素在经济增长和经济发展中的重要作用时产生的。

二、区别

首先,在与社会财富和社会价值的关系上,两者是不同的。人力资本是由投资而形成的,强调以某种代价获得的能力或技能的价值,投资的代价可在提高生产力过程中以更大的收益收回,因此劳动者将自己拥有的脑力和体力投入到生产过程中参与价值创造,据此来获取相应的劳动报酬和经济利益,它与社会价值的关系应当说是一种由因溯果的关系。而人力资源则不同,作为一种资源,劳动者拥有的脑力和体力对价值的创造起了重要作用,人力资源强调人力作为生产要素在生产过程中的生产、创造能力,它在生产过程中可以创造产品、创造财富,促进经济发展。它与社会价值的关系是一种由果溯因的关系。

其次，两者研究问题的角度和关注的重点也不同。人力资本是通过投资形成的，是存在于人体中的资本形式，是形成人的脑力和体力的物质资本在人身上的价值凝结，是从成本收益的角度来研究人在经济增长中的作用，它强调投资付出的代价及其收回，考虑的是投资成本能带来多少价值，研究的是价值增值的速度和幅度，关注的重点是收益问题，即投资能否带来收益以及带来多大收益的问题。人力资源则不同，它将人作为财富的来源来看待，是从投入-产出的角度来研究人对经济发展的作用，关注的重点是产出问题，即人力资源对经济发展的贡献有多大，对经济发展的推动力有多强。

最后，人力资源和人力资本的计量形式不同。人力资源是指一定时间、一定空间内人所具有的对价值创造起重要作用并且能够被组织所利用的体力和脑力的总和。而人力资本，从生产活动的角度看，往往是与"流量"核算相联系的，表现为经验的不断积累、技能的不断增进、产出量的不断变化和体能的不断损耗；从投资活动的角度看，表现为投入到教育培训、迁移和健康等方面的资本在人身上的凝结。

(二) 人力资源的特点

1. 主观能动性

这是人力资源与其他资源的根本区别。许多资源在其开发的过程中处于被动的地位，人力资源则不同，它由具有劳动能力的劳动者构成，具有主观能动性。劳动者可以通过自主选择学习以提升自身的素质和能力，可以结合自身意愿选择职业，也可以根据外部环境、自身禀赋和意愿积极主动地、有目的地、有意识地确定活动的方向、内容和强度。对人力资源能动性的调动情况直接决定着开发人力资源的程度和水平。因此，对于人力资源管理者而言，充分挖掘人力资源的能动性、发挥人力资源的作用是其重要的职责之一，而挖掘的关键就在于激励。至于在实践过程中应采取何种激励方式，如何激励，则应根据员工不同的业绩和需求来确定。

2. 再生性

人力资源是基于人口的再生产和劳动力的再生产，通过人口总体内各个体的不断替换更新，以及消耗—生产—再消耗—再生产的过程得以实现。人力资源的再生性不同于一般生物资源的再生性，除受到生物规律支配外，还受到人的自主意识的支配，以及人类活动、外界环境的影响。

3. 时效性

任何有生命的个体都有其生命周期，人力资源的形成、开发和使用也受到时间的制约。作为人力资源的个体，能够从事劳动的自然时间被限定在其生命的中间一段；在不同的年龄段，个体能够从事劳动的能力不尽相同。从社会角度看，人力资源的使用也有培养期、成长期、成熟期和老化期；不同年龄组的人口数量及其间的联系也具有时效性。因此，在进行人力资源开发时需要尊重其内在规律，使人力资源的形成、开发、分配和使用处于一种动态平衡的状态。人力资源长期闲置或学非所用，会造成极大的浪费。

4. 双重性

人力资源既是生产者又是消费者，既是投资的结果又能创造财富。由于人的知识是后天获得的，为了丰富人的知识，提高人的技能水平，人必须接受教育和培训，必须投入财富和时间。从生产和消费的角度来看，人力资源投资是一种消费行为，消费行为是必需的，先于人力资本收益，没有这种先期的投资，就不可能有后期的收益。另外，人力资源与一般资本一样具有投入产出的规律,具有高增值性,因此,人力资源管理需要重视对人力资源的开发和培养,充分开发和利用现有的人力资源,以创造更大的经济效益。

5. 时代性

人力资源在形成的过程中,会受到所处的时代条件的制约。人力资源的发展,会受到当时的生产水平、生产关系和社会发展水平的影响,这些因素从宏观上制约着人力资源整体的数量和质量,人力资源只能在时代提供的条件下努力发挥其作用,所以,在不同生产力水平的国家和地区之间,其人力资源的数量和质量也会不同。

6. 社会性

每一个民族(群体)都有其自身的文化特征,每一种文化都体现着不同的价值取向,这种文化特征通过人为载体而表现出来。个体受自身民族文化和社会环境的影响,其价值观也不相同,在生产经营活动以及与人交往等社会性活动中,其行为可能与民族(群体)文化所倡导的行为准则发生矛盾,也可能与他人的行为准则发生矛盾,这就要求人力资源管理者在团队建设的过程中,注意到不同的文化特征、行为准则,协调与整合有着不同文化背景、价值取向的员工之间的关系。[①]

二、人力资源管理的产生和发展

人力资源管理活动的起源可以追溯到古代,但是由于人力资源管理的概念源于美国,因此本书根据美国学者的观点,把人力资源管理的产生和发展过程划分为以下五个阶段:手工艺制度阶段、科学管理阶段、人际关系运动阶段、组织科学-人力资源管理方法阶段和战略人力资源管理阶段。

(一)手工艺制度阶段

在古埃及和古巴比伦时代,经济活动中的主要组织形式是家庭手工工场方式。当时,为了保证具有合格技能的工人有充足的供给,对工人技能的培训是以有组织的方式进行的。手工业行会负责监督生产方法的选择、产品质量的把关以及对各种行业的员工条件做出规定。这些手工业行业由具有丰富工作经验的师傅把持,申请加入行会的人都必须经过学徒工人时期。在这种制度下,师傅与徒弟生活和工作都在一起,适合家庭工业生产的要求。

(二)科学管理阶段

18世纪后半期,欧洲开始了工业革命,由此引起了大机器生产方式的产生。工业革命具有三个主要特征:机器设备的发展、人和机器的联系、需要雇佣大量人员的工厂的建立。工业革命使得劳动专业化水平和生产率提高,与之相适应的技术进步的加快促使人事管理方式发生变革。工业革命除了引起专业化分工的形成以外,还对生产过程中的监督层级的建立提出了要求,因此生产过程中出现了管理人员。专业化分工具备的优点有:新工人所需培训时间减少;原材料消耗减少;合理安排工人可节约开支并由此产生以技能水平为基础的工资等级制度;工作转换少可节约工作时间;工人的操作更熟练且可以激发工人的创造性。然而专业化分工的缺点是把人变成机器的附属物,压抑了工人的活力。

科学管理的根本假设是认为存在着一种最合理的方式来完成一项工作,这种最好的工作方

[①] 李燕萍,《人力资源管理》,武汉大学出版社,2002。

式最有效率、成本最低,为此需要将工作分为最基本的机械元素并进行分析,然后再将它们以最有效的方式重新组合起来。20世纪20年代,被誉为"科学管理之父"的美国机械工程师泰勒(F. W. Taylor)提出的科学管理理论在美国被广泛采用,这对于提高劳动生产率起到重要的作用,将劳动效率提高了300%,创造了辉煌的产业革命历史。泰勒认为只要工人在规定的时间以正确的方式完成了工作,就应该发给工人相当于工资30%～100%的奖金。他还认为用金钱可以让工人最有效地工作。但是科学管理理论没有顾及员工的感受,剥夺了人性的尊严,容易使员工从一开始对工作产生不满情绪,因此并没有起到激励效果。于是,面向员工的休闲娱乐设施、援助项目和医疗服务项目开始在企业内出现,并且逐渐出现了人事专家和人事管理部门,这为现代人力资源管理的发展奠定了重要的基础。

(三) 人际关系运动阶段

1924—1932年,哈佛商学院的梅奥(G. E. Mayo)、罗特利斯伯格(F. J. Roethlisberer)等人在芝加哥的西屋电气公司霍桑(Hawthorne)工厂进行了霍桑实验,提出了一个有史以来最著名的行为研究的结论:在工作中影响生产效率的关键变量不是外界条件,而是员工的心理状态。后来的相关研究进一步表明,生产率直接与集体合作及其协调程度相关,而集体协作以及协调程度又取决于主管人员对工作群体的重视程度、非强制性的改革生产率的方法和工人参与变革的程度。泰勒认为企业是一个技术经济系统,而霍桑实验的结论表明企业是一个社会系统。霍桑实验的研究结论启发了人们进一步研究与工作有关的社会因素的作用,因而产生了所谓的人际关系运动,它强调组织要理解员工的需要,这样才能让员工满意并提高生产效率,但是最终的实践结果表明,良好的人际关系可以提高生产效率的理念是不可靠的,它夸大了工人的情感与士气对生产率的影响。

在随后很长的一段时间里,科学家开始关注工人的需要,研究工人的行为特点,并试图在管理中突出人的重要性,如赫茨伯格(Herzberg)的双因素理论、马斯洛(Maslow)的需求层次理论、亚当斯(Adams)的公平理论、弗洛姆的期望理论、麦克格雷戈的X-Y理论、斯金纳(Skinner)的强化理论、俄亥俄州立大学的管理方格理论、费德勒的权变理论,等等。这些理论为人力资源管理人员的实践提供了理论依据。

(四) 组织科学-人力资源管理方法阶段

组织本身对人的表现有造就、限制和调整的作用,而且人的行为还会受到各种职位上的权威、工作和技术要求等的影响,因此不能简单地认为人们在组织中的行为方式就是人际关系。行为科学包括研究与人们的行为有关的社会学和心理学,其研究人们在工作中的行为;社会学研究社会现象、社会机构和社会的关系;社会心理学研究人们如何相互影响和被影响;组织理论研究组织存在的原因、组织的职能、组织的设计和组织效率提高的方法等;组织行为学研究个体和群体行为的原因,以及如何利用这一研究在组织环境中使人的生产效率得到提高,工作更令人满意。到了20世纪六七十年代,行为科学的一个重要课题就是研究民主式、专制式和协商式等各种领导方式的适用条件和环境问题。组织科学强调的是整个组织而非个体,这个阶段的人力资源管理理论,实际上是组织行为科学与前面讲过的各个阶段的员工管理实践相结合的产物。

(五) 战略人力资源管理阶段

20世纪80年代,人力资源管理出现新的视角——强调人力资源管理在企业实现可持续竞争优势中所发挥的战略性作用,人力资源管理越来越多地渗入组织的战略决策的制订与执行之中,成为组织的战略合作伙伴。

战略人力资源管理具有战略性、系统性、一致性、目标性和灵活性五个特点。它把人力资源视为企业的"战略资产",是企业获取竞争优势的首要资源;企业内部的人力资源政策、方式等活动是一个整合的战略系统,为企业的经营目标服务;人力资源管理与企业的战略目标保持一致,人力资源管理系统内部各组成部分或要素之间保持一致;其目标体现长期性与整体性的特点,强调员工个人目标与组织战略目标的一致性;人力资源管理活动要根据企业的战略和外部环境的变化而灵活变化。①

全球化、技术进步、工作的性质的变化等基本战略的发展趋势,对企业的管理提出了更高的要求。全球化程度越高意味着竞争越激烈,而竞争越激烈则意味着企业所需要面临的改革的压力就越大——降低成本、提高雇员的生产率、发现更好的和更经济的工作方法;互联网和信息技术在促使企业变得更加具有竞争力;工作性质的变化使企业雇佣工作的重心正在迅速地从体力工人和行政事务人员向知识型雇员转移,需要通过新的人力资源管理系统来帮助企业甄选、培训以及激励这些知识型雇员,从而赢得这些雇员对于今天的企业赖以生存的技术以及持续改善计划的认同。②

【知识卡片】

我国企业人力资源管理的发展

长期以来,中国实行高度集中的计划经济体制,与此相适应的人事管理也一直沿用计划经济管理的模式,即人事行政管理的方式。1978年中国实行改革开放政策以后,企业的人事管理发生了重大转变。领导制度的改革、竞争机制的引入、新工资制度的建立、用工制度的革新以及社会保险体系的完善使得中国企业人事管理进入一个新的发展阶段——人力资源管理与开发阶段。中国企业人事管理制度的沿革如表1-1所示,中国企业人事改革的历程如表1-2所示。

表1-1 中国企业人事管理制度的沿革③

时间	人事管理阶段	特征
1949—1952年	萌芽期	统包统配 固定用工制度
1952—1957年	起步期	"一长制"的管理模式 按劳分配 计件工资奖励制度
1957—1966年	发展期	厂长负责制 职工代表大会制 职工参与的民主管理

---

① 张一驰、张正堂,《人力资源管理教程》(第二版),北京大学出版社,2010。
② 〔美〕加里·德斯勒著,吴雯芳、刘昕译,《人力资源管理》(第六版),中国人民大学出版社,2005。
③ 赵曙明,《人力资源管理与开发》,中国人事出版社,1998。

续表

时 间	人事管理阶段	特 征
1966—1976年	停滞期	强化"三铁"(即"铁饭碗""铁交椅""铁工资")
1978年至今	改革创新期	逐步改革计划经济体制下的人事管理制度,实行全方位的人力资源管理的理论与实践创新

表1-2 中国企业人事改革的历程①

发展阶段	时 间	改革内容	特 征
探索和试点阶段	20世纪80年代初期至中期	改革招工办法,实行向社会公开招聘,创办劳动服务公司,加强就业培训等	劳动、用工多元化
突破和扩展阶段	20世纪80年代中期至末期	实行承包责任制,逐步采用劳动合同制	以企业作为用工主体,以劳动合同确定劳动关系,以双向选择为手段
深化与提高阶段	20世纪90年代到现在	破"三铁",按照《中华人民共和国劳动法》,实行全员劳动合同制,宏观配套改革	向现代企业制度下的人力资源管理转变

三、人力资源管理的定义、目标和意义

人力资源管理,就是指运用现代化的科学方法,对与一定物力相结合的人力进行合理的培训、组织和调配,使人力、物力经常保持最佳比例,同时对人的思想、心理和行为进行恰当的引导、控制和协调,充分发挥人的主观能动性,使人尽其才、事得其人、人事相宜,以实现组织目标。

人力资源管理(human resource management)是指根据企业发展战略的要求,有计划地对人力资源进行合理配置,通过对企业中员工的招聘、培训、使用、考核、激励、调整等一系列过程,调动员工的积极性,发挥员工的潜能,为企业创造价值,以确保企业战略目标的实现。人力资源管理指企业的一系列人力资源政策以及相应的管理活动。这些活动主要包括企业人力资源战略的制订、员工的招募与选拔、培训与开发、绩效管理、薪酬管理、员工流动管理、员工关系管理、员工安全与健康管理等,即企业运用现代管理方法,对人力资源的获取(选人)、开发(育人)、保持(留人)和利用(用人)等方面所进行的计划、组织、指挥、控制和协调等一系列活动,最终达到实现企业发展目标的一种管理行为。

第二节 酒店人力资源管理的内涵

一、酒店人力资源管理的定义

酒店人力资源管理就是运用现代化的科学方法,对与一定物力相结合的酒店员工进行合理

---

① 李燕萍,《人力资源管理》,武汉大学出版社,2002。

的培训、组织与调配,使酒店人力、物力经常保持最佳比例,同时对酒店员工的思想、心理和行为进行适当的引导、控制和协调,充分发挥员工的主观能动性,使人尽其才、事得其人、人事相宜,以期实现酒店目标。换言之,酒店人力资源管理就是恰当运用现代管理的计划、组织、指挥、协调和监督的功能,完成酒店内人员的录用、开发、使用和管理等工作。

二、酒店人力资源管理的特点

现代酒店人力资源管理是一种全面的人事管理,它包括传统的人事行政管理、现代的员工激励与管理,具有如下特点。

(一)局外性

局外性主要是指由客人监督和评定酒店工作人员的服务质量。这样一方面可以大大减少酒店管理人员巡视检查的工作量,另一方面可以对酒店管理人员的工作起到查漏补缺的作用。喜来登酒店集团创始人汉德森先生认为,酒店最有效的管理工具应该是充分利用客人对服务质量的监督和评定。喜来登酒店集团旗下的每一家酒店,都制订了一份详细的客人评定酒店服务质量调查表,其中内容和项目十分具体。我国酒店业也同样非常重视人力资源的局外性,并且予以制度化,几乎每一家酒店都在大厅内设置了大堂副经理的岗位,以及安设客人意见箱和公示投诉电话。这样一方面可以广泛听取客人对酒店硬件与软件方面的意见,及时处理投诉;另一方面可以使管理人员针对问题,尤其是管理人员不在现场时难以发现的问题,还可以及时改进人力资源管理工作,实现酒店对人力资源的有效控制和协调。

(二)超前性

人力资源的发现、培养、使用和驾驭都离不开对其的超前培养和继续教育,这些都需要时间,因此,酒店人力资源管理者需要培养超前意识,并解决好酒店人力资源开发的长期性和人力资源利用的滞后性之间的矛盾,争取缩短两者之间的时间差,即学即用,杜绝知识资本的浪费,提高知识的转化率和利用率。把酒店人力资源的开发当作一件长期不懈的事情来看待,进行持久的、连续的开发,也可以分期分批地进行开发,同时珍惜开发出来的人力资源,对其进行适当的、充分的利用。

(三)跨越性

跨越性主要体现在地域和文化两个方面。一是地域的跨越性。近年来,一些国际上著名的酒店集团以不同的方式陆续进入中国,与此同时,我国的一些酒店也实现了跨国界、跨地区的集团化经营管理,如上海锦江集团、广州白天鹅集团等,这使我国的酒店人力资源管理在员工招聘、员工培训、员工调配上都表现出了明显的地域跨越性。二是文化的跨越性。酒店,尤其是跨国酒店集团的员工来自不同的文化体系,酒店人力资源管理者需要设法使国籍、文化背景、语言都不同的员工协同合作完成工作。

(四)系统性

由于人力资源具有主观能动性的特点,群体功能可能存在内耗而无法产生最佳效应。群体只有在思想观念上一致、在感情上融洽、在行动上协作,才能使群体的功能大于每个个体功能之和。酒店员工不能密切配合协作就会导致服务不到位,从而引起顾客做出负面评价,影响酒店口碑甚至失去客源,继而影响到酒店的效益,甚至影响酒店的发展和生存,这一系列的连锁反应,需要引起酒店全体管理人员和服务人员的高度重视。①

三、酒店人力资源管理的内容

(一)工作分析与工作设计

为了高效率地实现组织目标,有效地进行人力资源开发和管理,酒店要做的第一件事就是去了解酒店中各种工作的特点以及能胜任各种工作的各类人员的特点,以便为各项人力资源决策提供科学的、客观的依据,这就是工作分析,也称为决策分析。它是人力资源开发与管理的前提条件。通过对工作任务的分解,根据不同的工作内容设计不同的岗位,规定每个岗位应承担的职责工作条件和工作要求等,这样可以使企业吸引并且保留合格的员工,做到事得其人、人尽其才,从而提高工作效率。

(二)人力资源规划

人力资源管理从根本上看是由组织的战略决定的,由此,人力资源管理就具有高层次的战略特征与一般业务性的经营特征。根据组织的长期战略,人力资源管理发展需要解决的问题包括:组织未来的结构和所需要的组织成员数量与结构预测;组织的员工培训途径和选拔规划,关键技术人员、管理人员的选拔模式;应当构建的组织文化;对员工的管理理念等。

(三)员工招聘与录用

招聘和录用合格乃至优秀的员工是酒店在市场竞争中占据主动地位的重要环节,许多酒店都十分注重员工的招聘方式,以求最快最省地找到最合适的员工。招聘包括通过各种途径发布招聘信息,将应聘者吸引过来。录用是指酒店挑选合适的求职者,并安排在一定职位上。

(四)员工培训与开发

良好的培训能提高员工的工作效率,培养稀缺性人才资源。当酒店员工的技能、知识比竞争对手高出一筹时,就成为具有竞争优势的资源。一个酒店要想持续、健康、快速地发展,就必须不断地培训员工,开发其潜能。培训主要分成岗前培训和在职培训,前者主要是对新员工进行职业教育,使其具有基本的职业素质,并能很快地适应酒店的工作环境;在职培训是结合员工工作中的表现,进一步改善、开发和提高其工作能力。

(五)员工绩效管理

绩效管理是在特定的环境中,与特定的组织战略、目标相联系的组织对员工的绩效进行的管理,目的是实现组织目标、促进员工发展。绩效管理的内容涉及绩效管理系统的构建、绩效考核指标的设计、绩效管理方法的分析、绩效考核结果的运用等。绩效考核是对员工的工作表现和工作业绩进行评估的手段,既是激励员工的有效机制,也是酒店人力资源开发管理效果的反馈方式。绩效考核和评估的结果是员工提升、调职、培训和奖励的重要依据之一。

(六)员工薪酬管理

薪酬体系对员工基本需要的满足至关重要。薪酬体系关系到组织中员工队伍的工作积极性和稳定性,并且对组织的士气有很大影响,酒店可根据自身情况选用适当的工资模式,实行合

---

① 张玉改,《酒店人力资源管理》,中国林业出版社,北京大学出版社,2008。

理的奖励和津贴制度,较好的劳动保险和福利待遇对员工工作积极性的发挥会起到促进作用。①

(七)员工激励

除个人的能力、素质的因素,员工的表现很大程度上受到感情、情绪与态度的影响,他们在工作中产生的满足感会直接影响工作绩效。由于人的需要是多层次、多类别的,酒店中的员工不仅受到物质方面的激励,而且也受到各种不同的社会因素和精神因素的激励。因此,应根据不同员工的不同情况,采取不同的激励方式,使合理的需求都能得到相应的满足,以充分调动员工的积极性。②

(八)劳动关系管理

酒店劳动关系是指劳动者与酒店在劳动过程中发生的关系。酒店劳动合同既是酒店和劳动者建立劳动关系的基础,也是酒店和劳动者协调与处理劳动关系争议的依据。酒店劳动关系管理主要包括劳动合同管理、劳动保护、社会保障三个方面的内容。

四、酒店人力资源管理的功能

人力资源管理在整个酒店的发展中功不可没,其功能主要体现在以下三个方面。

(一)建立符合酒店特点的企业文化

人力资源部通过组织员工的培训、绩效考核、开展各类活动等方式将酒店的经营理念、服务理念、管理理念、行为理念灌输到员工的脑海中,通过对员工信念的培养,建立起个人对企业整体的认同感和凝聚力,培养强烈的团队精神,并努力营造一个良好的工作氛围。科学的薪酬体系和完善的管理制度,可以使员工从思想上、情感上、行动上认同酒店,使员工能够在酒店中学到新的知识,积极发挥自己的才干,形成别具特色的企业文化。

(二)人力资源是创造利润的主要来源

在酒店业中,客人的满意度来源于员工的优质服务,而员工的满意度则来自对整个酒店的认同度,人力资源管理就是通过对人的开发,把人作为企业发展的重要资本,唯才是举,任人唯贤,提高人的知识水平和工作能力,把人的智慧、知识、经验、技能、创造性、积极性当作一种资源加以发掘、培养、发展和利用。通过"人"这一宝贵的资源,使酒店的稳步发展得到保证。酒店拥有了高素质的服务人才,才会赢得客人的青睐,客人满意了,酒店利润才能得以提高。所以说,抓住人力资源就等于把效益装入了酒店的口袋,整体性人力资源开发是通往成功大门的一把金钥匙。

(三)人力资源部为酒店管理工作提供重要保障和依据

人力资源部主要负责人力资源规划、人员调整、人工成本控制;员工岗位知识、技能与素质培训;宣传和弘扬企业文化;建立内部沟通机制,调动员工积极性;做好人员流动的控制;劳资纠纷的预见和处理;领导力的开发;设计有效的绩效评估体系;培育员工创新精神和主观能动性;建立完善的规章制度并监督执行等各项工作。人力资源部促进了企业与管理者之间的双向交

---

① 张波,《饭店人力资源管理》,大连理工大学出版社,2009。
② 游富相,《酒店人力资源管理》,浙江大学出版社,2009。

流、理解和合作,并参与处理各类大小事件,扮演了公共关系者的角色。其对上为最高经营者提供酒店整体目标的决策和规划;对中协调其他各部门之间的联系,减少摩擦;对下为员工提供周到的服务。人力资源部负责为酒店营造和谐、融洽的整体氛围,既合理地利用了资源,提高了酒店的劳动效率和经济效益,更为整个酒店的发展提供了有力的保障。

人才是酒店发展与成功的灵魂,市场环境的变化、竞争对手的改进和自身内部的资源消耗都会影响酒店的运行和发展,酒店的竞争优势有赖于酒店对人力资源的合理开发与管理。人力资源部的发展从根本上影响着酒店资源的增值潜力及其竞争价值,只有抓住人才、留住人才、培育人才,使人的潜能得到最大限度的发挥,酒店的发展才会越来越好,酒店才能长期保持其核心竞争力,酒店才能在激烈的竞争中立于不败之地。[①]

五、直线经理与人事经理在人力资源管理中的分工

人力资源管理部门的功能发挥会受到组织的规模、员工在技术水平等方面的构成特征、公司的最高管理当局对人力资源管理部门的重视程度等因素的影响。在某些组织中,人力资源管理部门承担有关人事问题的全部决策,而在另外一些组织中,各种人事问题则是由人力资源管理部门和各个部门的主管协商解决。

实际上,企业所有经理人员都承担着一定的人事管理的职能,因为他们的工作都要涉及选拔、面试、训练和评估等人事管理活动。人事经理及其下属同其他经理人员的人事职责既有共同之处,又有明显的区别。直线经理人拥有完成生产和销售等实际业务的下属,有权直接指挥其下属的工作。因此,直线经理人需要负责完成组织的基本目标。职能经理人不拥有完成生产和销售等实际业务的下属,他们只是负责协助直线经理人完成组织的基本目标。人事经理就相当于职能经理人,他们负责协助生产经理和销售经理等直线经理人处理选用、评估和奖励等事务。

直线经理人的人事管理职权包括指导企业的新晋员工、训练员工掌握新的技能、分派适当的人员担任适当的工作、负责帮助下属员工改进工作绩效、培养员工合作的工作关系、向员工宣传公司的各项规定与政策、控制本部门的人事费用、开发手下人员的潜力、激发与保护下属的工作积极性、维护下属的身心健康等。当公司规模较小时,直线经理人可以独立完成以上工作;当公司规模较大时,为完成上述各项工作,直线经理人就需要人事职能部门的协助,获得人力资源管理的专业知识和具体建议。

人事部门职能经理人的人事管理职权既有与直线经理人相似的直线职能,也有人事经理人特有的服务职能。人事经理人的直线职能包含两层含义:一是在人事部门内部,人力资源经理必须行使直线经理人职权,指挥自己的下属工作;二是在整个公司范围内,人力资源经理对其他经理人可行驶相当程度的直线职能,这就是所谓的人事主管的"隐含职权"。这是因为其他的直线经理人知道人事主管由于工作关系能够经常接触最高管理层,因此人事主管所做出的建议会被看作上层的指示,而受到直线经理人的重视。人事经理人的服务职能指的是:一方面,人事主管和人事部门作为最高管理当局的得力助手,要协助企业的最高管理当局保证人事方面的目标、政策和各项规定的贯彻执行;另一方面,人事经理人要为直线经理人提供人事管理方面的服务,包括帮助直线经理人处理所有层次员工的任用、训练、评估、奖励、辅导、晋升和开除等各种

---

① 游富相,《酒店人力资源管理》,浙江大学出版社,2009。

事项,帮助直线经理人制订健康、保险、退休和休假等各种员工福利计划,帮助直线经理人遵守国家有关劳动和人事方面的各项法律和规定,帮助直线经理人处理员工的不满和劳动纠纷。在解决这些问题的过程当中,人事主管和人事部门必须提供最新的信息和最合理的解决办法。

上述直线经理人和人事经理人在人力资源管理中的分工如表1-3所示。[1]

表1-3 直线经理人与人事经理人在人力资源管理中的分工

职能	直线经理责任	人事经理责任
录用	提供工作分析、工作说明和最低要求的资料,使各个部门的人事计划与战略计划相一致。对工作申请人进行面试,综合人事部门收集的资料,做最终的录用决定	工作分析、人力资源计划、招聘、准备申请表、组织笔试、核查背景情况和推荐材料、身体检查
保持	公平对待员工、当面解决抱怨和争端、提倡协作、尊重员工、按照贡献评奖	劳工关系、健康与安全服务、员工服务、制定薪酬和福利政策
发展	在职培训、工作丰富化、应用激励方法、给员工反馈信息	技术培训、管理发展与组织发展、职业前程规划、咨询服务、人力资源管理研究
调整	执行纪律、解雇、提升、调动	调查员工状态、提供下岗再就业服务、提供退休政策咨询

第三节 我国酒店人力资源管理的现状

酒店业是以产品、服务、质量、文化为主要内容的行业,加强人力资源管理,培养高知识水平、高绩效、创新型、参与型的员工队伍,对于提升我国酒店业在世界市场上的竞争力具有重要意义。随着人们消费观的改变,酒店市场竞争的加剧,酒店经营管理者需要懂经营、善创新、引导消费潮流,同时需要高端的复合型管理人才来对酒店的文化理念进行开发和创新。市场对这种高端的复合型管理人才的需求很大,但我国酒店人力资源的现状整体上还不尽人意,如人才结构不合理、管理者队伍学历偏低等。人才结构不合理主要表现为两方面:一是高、中级人才比例失衡;二是专业结构不合理,大多数高层管理者所在岗位与其所学专业不一致。[2]

一、酒店从业人员薪酬整体差距大且差距持续拉大

根据2011—2012年中国饭店业薪酬调研报告,2011年,五星级酒店大部门总监平均月薪达到21 233元,一线员工平均月薪为2 073元;社会高档餐饮公司总厨平均月薪达到21 299元,一线服务员平均月薪为1 928元,如图1-1和图1-2所示。由此可见,顶层管理人员与一线员工的薪酬差距悬殊。

如图1-3和图1-4所示,2011年酒店业和餐饮业薪酬平均增长率居近8年(2004—2011年)最高水平,2011年度酒店业与餐饮业的薪酬平均增长率分别达到15.02%和18.10%,较2008年薪酬平均增长率跌入最低点(酒店业7.01%、餐饮业6.5%),薪酬增长幅度非常大。

---

[1] 张一驰,张正堂,《人力资源管理教程》(第二版),北京大学出版社,2010。
[2] 黄美忠,《酒店人力资源管理》,天津大学出版社,2012。

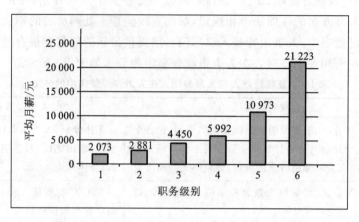

图 1-1　2011 年五星级酒店不同级别员工平均月薪

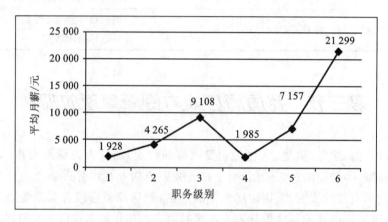

图 1-2　2011 年社会高档餐饮不同级别员工平均月薪

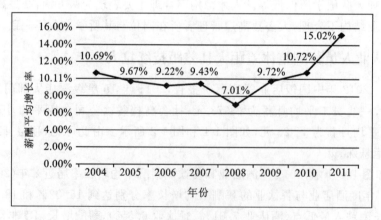

图 1-3　2004—2011 年酒店业薪酬平均增长率

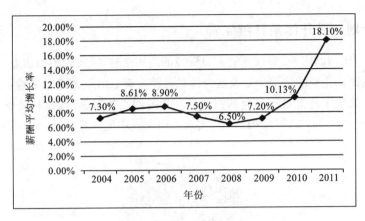

图 1-4 2004—2011 年餐饮业薪酬平均增长率

二、涨薪主要为外因驱动

对酒店业和餐饮业的调查显示,在 2011 年对员工较为普遍的加薪行为,主要是同行挖角、其他行业用工冲击、提升员工生活品质等因素造成的,如图 1-5 和图 1-6 所示。其中,为了避免同行挖角从而高薪留人是促使企业较大幅度提升员工薪酬的最重要的原因。即便如此,大部分的酒店企业和餐饮企业仍然认为主动提升员工的薪酬所付出的成本,远比重新招聘并培养新员工的成本低得多。

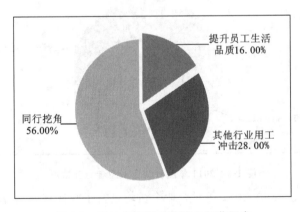

图 1-5 2011 年度促使酒店业加薪因素

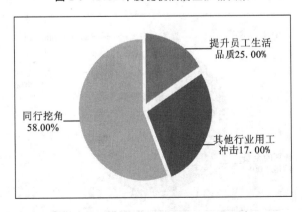

图 1-6 2011 年度促使餐饮业加薪因素

三、培训计划与晋升体系日臻完善

通过调研项目组与酒店业、餐饮业的人力资源部门的接触,以及收集酒店业、餐饮业从业者的调查问卷,普遍反映出企业的培训计划及晋升体系日臻完善。由于企业越来越重视对内部员工的培养与提拔,大大强化了员工对于企业的归属感。相关调查数据显示,参与调查的酒店业及餐饮业从业人员分别有28%和32%在2011年度实现了岗位或职位的晋升,如图1-7和图1-8所示。

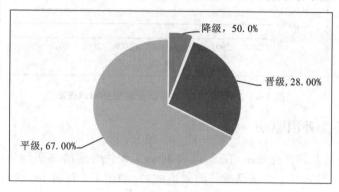

图1-7　2011年度酒店业从业者晋升情况

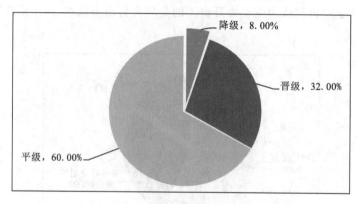

图1-8　2011年度餐饮业从业者晋升情况

此外,调查数据还显示,在2011年对企业全员均进行了有计划的岗位技能或综合素质培训的企业中,酒店业及餐饮业分别占到调查总数的82%和71%,如图1-9和图1-10所示。

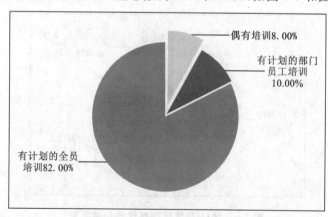

图1-9　2011年度酒店业培训情况

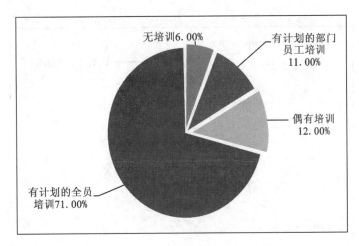

图 1-10 2011 年度餐饮业培训情况

四、年轻且高学历更易获得提薪与晋升

如图 1-11 和图 1-12 所示,2011 年度的薪酬调研反映出,年轻且高学历的人才越来越得到酒店业及餐饮业的重用,更易获得提薪及晋升的机会。调研数据显示,在酒店业及餐饮业中年龄在 30～40 岁之间、本科或研究生以上学历,占企业高层的比例逐年增多。

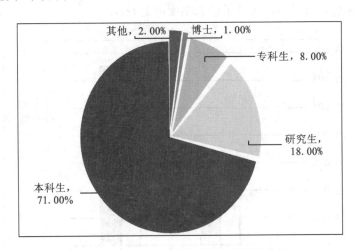

图 1-11 2011 年度酒店业管理层学历情况

尤其在外资酒店、民营酒店以及高档餐饮公司(特别是上市公司)等企业中,越来越多的青年才俊在中高层岗位发挥才干,成为企业的中坚力量。

职业发展潜力大也成为人才选择投身酒店与餐饮业的重要因素。近年来,国家政策对于旅游业的支持与鼓励,也在一定程度上吸引了一部分高学历的优秀人才流向酒店业及餐饮业管理层。

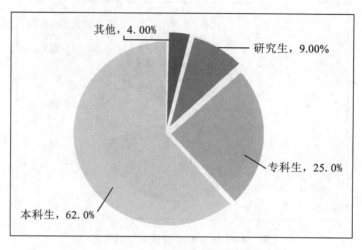

图 1-12　2011 年度餐饮业管理层学历情况

五、专业人才对口签约率呈上升趋势

如图 1-13 所示,通过相关调查数据发现,2012 届旅游酒店类院校酒店专业毕业生的平均对口单位签约率在本科层面是 21.30%,在专科层面是 32.50%,较 2011 届毕业生的本科签约率 7.31% 和专科签约率 12.14%,均实现了较大幅度的上升。

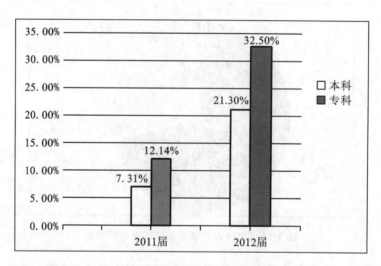

图 1-13　2011 届与 2012 届毕业生对口单位签约率对比图

如图 1-14 所示,在薪酬预期方面,2012 届旅游酒店类院校专业毕业生在本科层面和专科层面的平均预期值分别为 2 861 元和 1 831 元,较 2011 届毕业生的本科生 2 105 元和专科生 1 320 元均有所提升。

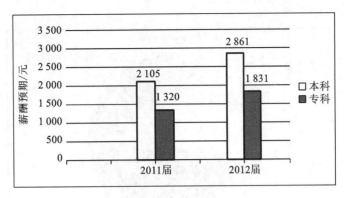

图 1-14　2012 届毕业生薪酬预期图

六、职业发展潜力为吸引毕业生的首要因素

在对 2011 届和 2012 届旅游饭店专业毕业生的调查中,均反映出"职业发展潜力大"成为吸引毕业生选择在酒店业及餐饮业就业的首要因素。大多数毕业生认为,为服务行业龙头的酒店业及餐饮业经过改革开放后三十余年的跨越式发展,管理模式、晋升体系等均较为成熟,能够提供给毕业生比较有吸引力的发展平台。

随着酒店业及餐饮业技术含量的提升,以及一些高新科技(例如智能点餐系统、智能会务系统、网络订购等)的融入,毕业生及家长逐渐改变了"从事酒店业及餐饮业是伺候人"的观念,希望能够在国家大力扶持旅游业的大好时机下,在酒店业及餐饮业有所作为。

七、院校的人才培养应与行业需求紧密对接

通过访问国内旅游院校学生就业办负责人,以及对毕业生的问卷调查,均在不同程度上反映出院校的人才培养应与行业需求紧密对接。调查发现越来越多的旅游院校、专业开始关注行业对人才的实际需求情况,越来越多的校企对接的实践培训项目正在如火如荼地开展。企业、院校、毕业生三方,均在这样的变化中,获得了益处。

优质的校企合作项目,不仅为企业输送了优秀的毕业生,且大大缩短了入职后的培训时间和成本;对于毕业生而言,可以从实习期就开始职业生涯的规划,实现个人入职的更好更快的提升和发展;对于院校而言,则不必为解决毕业生就业问题而苦恼。

2012 届本科毕业生及专科毕业生第一工作意向是否为对口行业的调查结果如图 1-15 和图 1-16 所示。2011 届旅游酒店类毕业生薪酬满意度如图 1-17 所示。

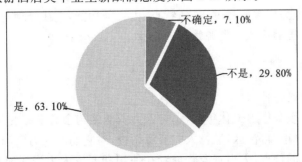

图 1-15　2012 届本科毕业生第一工作意向是否为对口行业

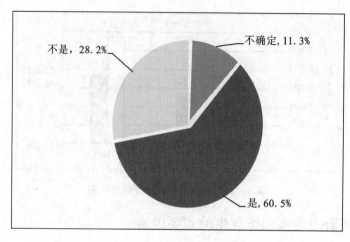

图 1-16 2012 届专科毕业生第一工作意向是否为对口行业

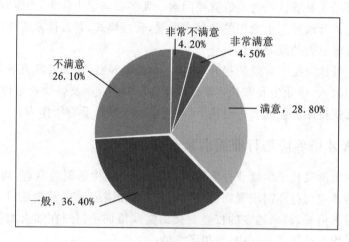

图 1-17 2011 届旅游酒店类毕业生薪酬满意度

本章小结

本章介绍了人力资源的基本概念及特点，人力资源管理的产生和发展，人力资源管理的定义、目标和意义，酒店人力资源管理的定义、特点、内容与功能，直线经理与人事经理在人力资源管理中的分工，以及我国酒店人力资源管理的现状。

【课后作业】

（1）人力资源的含义是什么？
（2）如果我国修改政策推迟退休年龄，那么人力资源结构会有哪些变化？
（3）选择若干个省（市、自治区）进行人力资源调查，对它们的人力资源状况进行对比。
（4）根据人力资源的特点，人力资源管理者在使用和开发人力资源时应注意哪些要点以充分发挥人力资源的作用和潜力？

(5)人力资源管理的发展有哪些阶段?现阶段人力资源管理的发展趋势是怎样的?

(6)调查若干酒店的顾客意见调查表的设置情况,分析其设置方式、效果以及执行中存在的问题,并尝试提出解决办法。

(7)阅读以下四则案例,并分析这些案例体现了人力资源管理的哪些特点。

案例一　近日,沪上某公司推出了一项另类的企业福利——"失恋假"。11月17日,该公司人事部主管告诉媒体,"失恋假"无须证明,只要员工提出自己失恋了,想请"失恋假",即可批准。不过,虽是带薪假期,这项福利两年内只可以享受一次。

案例二　某公司的福利其中有一项:凡是新入职的员工,均可以从十项券种中任选两项。比如"豪华开房券",可提供在某五星级酒店的豪华套房一晚。又如"拯救大龄女青年券"的使用规则是公司工会倾情支持,保证每年两次以上,和优质"剩男公司"如"老东家"百度、"邻居"IBM、"同楼大户"京东、"基友"爱奇艺等,进行联谊活动和"配对实验"。

案例三　昨日,网友陈小姐发微博称:"三八妇女节要到了,公司的男士们也收到了礼物。"原来,陈小姐所在的公司为男士们设立了"三九男人节",男士也有礼物收。

案例四　某公司的人事公告:"为便于大家观看世界杯,经董事长核准,现决定半决赛、决赛当日上午放假,即2010年7月7日上午、7月8日上午、7月12日上午各放假半天。请大家尽情享受世界杯的激情和乐趣!"

【课外阅读一】

酒店经理职责

总经理

(1)全面负责酒店的运行和管理,直接受命于董事长,负责确立酒店的经营管理方针、发展方向、组织机构的完善、酒店的长远规划及年度经营计划,并指挥实施。

(2)负责建立健全酒店内部的组织系统、运行机制及各项规章制度;决定酒店组织机构的设置,确定各部门职责;任免中层管理人员并审定酒店的人力资源开发方案;协调各部门关系;审批各部门的请示、报告。

(3)负责研究并掌握市场变化及其发展趋势;制定价格体系;适时提出阶段性工作重点,并组织实施。

(4)审定酒店的内部财务制度和分配方案;审定酒店的预算、决算、更新改造和投资方案;审定并签订酒店的重要合同;审定酒店的市场营销方案,不断开拓市场;审定酒店的培训计划,提高员工素质和服务质量。

(5)塑造良好的酒店形象,与社会各界人士保持良好的公共关系,并负责重要客人的接待工作。

总监级

(1)对总经理负责,全面负责本部门的日常经营管理工作。

(2)贯彻执行总经理或副总经理下达的各项工作任务,协调本部门与酒店其他部门的关系。

(3)负责设置本部门的组织机构、管理运行模式以及部门的年度和月度计划,组织、督促各项任务的完成。

(4)定期召开本部门工作例会,及时、准确传达上级指示,总结部门运作情况,发现问题并及时解决。

（5）参加总经理召开的总监一级和部门经理例会、业务协调会议，建立良好的公共关系。

（6）指导、监督、检查所属下级的各项工作，掌握部门整体的工作情况，及时对所属下级工作中的争议做出裁决。

备注：总监级包括人力资源部总监、财务总监、娱乐总监、餐饮总监、房务总监等。

前厅部经理

（1）接受房务总监的督导，负责前厅日常管理或授权专职管理的各项工作。

（2）协助房务总监制订和策划各项前厅部计划并贯彻执行；协助房务总监做好成本控制工作，降低各项用品的成本；协助房务总监安排本部门内各项人事调动，处理员工违纪问题。

（3）巡视属下各部门、抽查服务质量，保证日常工作顺利进行；组织、主持每周主管例会，听取汇报，布置工作，解决工作难题；指导主管训练属下员工，并督导各主管的管理工作。

（4）检查消防器具，做好防火防盗及安全工作。

（5）掌握房间预订情况及当天客情；接受客人投诉，做好记录并及时解决。

（6）审阅大堂副理的周报，呈房务总监批示。

客房部经理

（1）全权负责客房部的管理工作，向房务总监负责。

（2）制定客房部各项经营目标和营业管理制度，组织推动各项计划的实施，组织编制和审定客房部工作程序及工作考评。

（3）负责客房部各项工作的计划、组织和指挥工作，带领客房部全体员工完成房务总监下达的各项工作指标。

（4）主持部门日常业务和主管、领班例会，负责本部门主管以上人员的聘用、培训及工作考评。

（5）拟订客房部经营预算，控制各项支出，审查各项工作报表及重要档案资料的填报、分析和归档。

（6）制定客房价格政策，制订和落实客房推销计划，监督客房价格执行情况。

（7）检查客房部的设施和管理，抽查本部工作质量及工作效率；巡查本部门所属区域并做好记录，发现问题及时解决，不断完善各项操作规程。

（8）定期约见与酒店有长住关系的重要客人，虚心听取客人意见，不断改进和完善工作。

财务部经理

（1）主要负责酒店各部门的成本和费用支出控制、酒店的工程建设材料和经营用品的采购、内部资金的调度和外汇管理、收入程序的监督和收入报告的审核等。

（2）负责财务部的队伍建设，制订各级人员培训计划，提高部门员工的业务素质，拟订财务部各细分部门机构设置和人员配备方案，并制订和实施各级人员任免和奖惩方案，完成上级分配的其他工作任务。

【课外阅读二】

<h3 style="text-align:center">酒店人力资源部各岗位人员的素质要求①</h3>

人力资源部经理

知识要求：

(1)大专以上或同等学力；

(2)熟悉人力资源法规、民法、婚姻法、公司法、经济合同法、人事管理、劳动保护、劳动工资、人工成本、福利和教育培训等专业知识；

(3)熟悉酒店经营管理的专业知识；

(4)掌握人才学、社会学、心理学、行为学、公共关系学等基础知识。

能力要求：

(1)能按照政策规定，结合酒店实际制订人力资源工作计划和预算计划；

(2)具有较强的组织、指挥、协调和解决人力资源管理实际问题的能力；

(3)具有较好的语言表达能力；

(4)已取得酒店专业英语A级证书；

(5)能熟练操作计算机；

(6)具有专业上岗证书。

经历要求：

(1)五年以上酒店工作经历；

(2)三年以上人力资源管理工作经历。

人力资源部经理助理

知识要求：

(1)大专以上或同等学力；

(2)熟悉人力资源法规、经济法、公司法、合同法、婚姻法，以及社会保险、劳动工资等方面的法律法规及政策；

(3)掌握人才学、社会学、心理学、行为学、公共关系学、人事统计、财务会计等专业知识。

能力要求：

(1)具有较强的人力资源开发、人力调配、人员考核、合同管理等综合人事管理能力，能建立人才信息库；

(2)具有较好的文字表达能力，能熟练操作计算机；

(3)已取得酒店专业英语B级证书；

(4)具有专业上岗证书。

经历要求：

在管理岗位上工作三年以上。

培训主管

知识要求：

(1)大专以上或同等学力；

---

① 游富相，《酒店人力资源管理》，浙江大学出版社，2009。

(2)熟悉与员工有关的法规和条例；
(3)掌握教育学、心理学以及酒店管理等相关理论；
(4)熟悉员工工作的规律、特点和岗位培训工作程序；
(5)了解酒店员工的服务工作规范和质量标准要求。
能力要求：
(1)能够按照酒店经营发展对人才的需要，制订酒店总体培训计划和实施计划；
(2)能与有关部门进行沟通与协调，有较强的语言表达能力；
(3)掌握教育的方法，能熟练操作计算机；
(4)已取得酒店专业英语 A 级证书；
(5)具有专业上岗证书。
经历要求：
在管理岗位上工作二年以上或从事教育培训工作三年以上。

质检员

知识要求：
(1)大专以上或同等学力；
(2)熟悉公司法、经济法、合同法、企业法、成本控制、质量监督、ISO 质量认证等相关法律法规及知识；
(3)掌握心理学、质量学、统计学、管理学等基础知识；
(4)掌握酒店工作质量标准及卫生标准。
能力要求：
(1)能严格执行质量监督工作；
(2)有较强的语言表达能力；
(3)能熟练操作计算机；
(4)已取得酒店专业英语 C 级证书。
经历要求：
在管理岗位上工作二年以上。

劳资员

知识要求：
(1)大专以上或同等学力；
(2)熟悉劳动法、税法、劳动保护和社会保险、劳动工资、福利等相关政策、法规；
(3)掌握劳动经济学、财务会计、统计学等专业知识。
能力要求：
(1)能严格执行工资、福利政策规定，起草各类分配方案；
(2)准确编报各类专业报表，搞好综合统计；
(3)能熟练操作计算机；
(4)已取得酒店专业英语 B 级证书；
(5)具有专业上岗证书。
经历要求：
在管理岗位上工作三年以上。

第二章 酒店工作分析与工作设计

【学习目标】

了解工作分析的概念、用途和内容。
掌握工作分析的步骤和方法。
掌握工作描述和工作规范的内容和撰写要点。
了解酒店组织结构设计的原则。
了解酒店组织结构设计实现的步骤。
了解工作设计的方法。

【案例导入】

  A酒店是我国中部省份的一家酒店。近年来,随着当地经济的迅速增长,会展业发展迅猛,A酒店有了飞速发展,规模持续扩大,并开设了分店。随着A酒店的发展壮大,员工人数大量增加,很多人力资源治理问题也逐渐凸显出来。

  A酒店现有的组织结构是在创业时的酒店规划基础之上,随着业务扩张的需要而逐渐形成的。在运行的过程中,组织与业务上的矛盾已经逐渐凸显出来:部门之间、职位之间的职责与权限缺乏明确的界定,互相推诿责任的现象不断发生;有的部门抱怨事情太多,人手不够,任务不能按时按质按量完成;有的部门又觉得人员冗杂,人浮于事,效率低下。

  在人员招聘方面,用人部门给出的招聘标准含糊,招聘主管往往无法准确地做出判断,使得招来的员工大多差强人意。同时,目前的许多岗位不能做到人事匹配,员工的能力不能得到充分发挥,这严重挫伤了士气,影响了工作效果。A酒店员工的晋升以前直接由总经理决定。现在A酒店规模大了,总经理已经几乎没有时间来与基层员工和部门主管打交道,基层员工和部门主管的晋升只能根据部门经理的意见做出决策。而在晋升过程中,上级与下属的私人感情成为决定性的因素,有才干的人往往得不到提升。因此,许多优秀员工看不到自己未来的发展方向而另寻高就。

  在激励机制方面,A酒店缺乏科学的绩效考核和薪酬制度,考核中的主观性和随意性非常严重,员工的报酬不能体现其价值与能力,人力资源部经常可以听到大家对薪酬的抱怨和不满,这也是人才流失的重要原因之一。

  面对这样的严峻形势,人力资源部开始着手进行人力资源治理的变革,变革首先从职位分析、确定职位价值开始,即工作分析。职位分析、职位评价究竟如何开展,如何抓住职位分析、职位评价过程中的要害点,如何为酒店本次变革提供有效的信息支持和基础保证是摆在A酒店面前的三大重要课题。

  首先,人力资源部开始寻找进行职位分析的工具和技术。在阅读、学习国内目前流行的基本职位分析书籍之后,从中选取了一份职位分析问卷来作为收集职位信息的工具。然后,人力资源部将问卷发放到各个部门经理手中,同时还在 A 酒店的内部网上发了一份关于开展问卷调查的通知,要求各部门配合人力资源部进行问卷调查。

据反映,问卷在下放到各部门后一直搁置在各部门经理手中,并没有分发下去。很多部门是直到人力资源部开始催收时才把问卷发放到每个人手中。同时,由于时间紧迫,很多人在拿到问卷之后,并没有花时间仔细思考,大多是草草填完了事;还有很多人在外地出差或者任务缠身,自己无法填写而由同事代笔。此外,据一些较为重视这次调查的一名员工反映,大家都不了解这次问卷调查的目的,也不理解问卷中专业术语,例如,何为职责,何为工作目的。虽有人欲就疑难问题向人力资源部进行询问,但是并没有相关人员对此做出解答,因此,在问卷回答时只能凭借个人理解来填写,无法遵守填写的规范和标准。

一个星期后,人力资源部收回了问卷,问卷填写的效果不太理想,有一部分问卷填写不全,一部分问卷答非所问,还有一部分问卷根本没收上来。人力资源部辛苦制作的问卷却没有发挥它应有的价值。

与此同时,人力资源部也着手选取一些职员进行访谈。但访谈了几位职员之后,发现访谈的效果也不佳。因为,在人力资源部,能够对部门经理访谈的只有人力资源部王经理一人,人力资源部主管和一般员工都无法与其他部门经理进行沟通。同时,由于经理们事务繁忙,能够约定一个双方共同的时间实属不易。因此,两个星期过去后,人力资源部只访谈了两个部门经理。

人力资源部的几位主管负责对经理级以下的员工进行访谈,但在访谈中,出现的情况却出乎意料。被访谈的员工大部分时间里都在发牢骚,指责酒店的治理问题,抱怨自己的待遇不公等,而在分析相关的内容时,被访谈的员工往往又言辞闪烁,顾左右而言他……访谈结束后,人力资源部的几位主管都反映对所访谈职位的了解程度还是停留在模糊的阶段。这样持续了两个星期,访谈大概涉及三分之一的职位,王经理认为时间不能再拖延下去了,因此决定开始进入下一个阶段——撰写职位说明书。

可这时,各职位的信息收集还不完全,怎么办呢?人力资源部在无奈之中,不得不另觅他途。于是,人力资源部通过各种途径从其他酒店收集了许多职位说明书,试图以此作为参照,结合问卷和访谈收集的一些信息来撰写职位说明书。

在撰写阶段,人力资源部还成立了几个小组,每个小组专门负责起草某一部门的职位说明,并且要求各组在两个星期内完成任务。在起草职位说明书的过程中,人力资源部颇感为难:一方面不了解其他部门的工作,问卷和访谈提供的信息又不准确;另一方面,大家又缺乏撰写职位说明书的经验,因此,撰写起来都觉得很费劲。规定的时间快到了,很多人为了交稿不得不急急忙忙、东拼西凑了一些材料,再结合自己的判定,最后成稿。

最后,职位说明书终于出台了。人力资源部将成稿的职位说明书下发到各个部门,同时,还下发了一份文件,要求各部门按照新的职位说明书来界定工作范围,并按照其中规定的任职条件来进行人员的招聘、选拔和任用。但这引起了其他部门的强烈反对,很多部门的管理人员甚至公开指责人力资源部,说此职位说明书完全不符合实际情况。

于是,人力资源部与相关部门召开了一次会议来推动职位说明书的应用。人力资源部王经理本来是想通过会议来说服各部门支持这次项目,但结果却恰恰相反,在会上,人力资源部遭到了各部门的一致批评。同时,人力资源部由于对其他部门不了解,对其他部门所提出的很多问题也无法进行解释和反驳,因此,会议的最终结论是,让人力资源部重新撰写职位说明书。多次的重写和修改,职位说明书始终无法令人满意。最后,工作分析项目不了了之。

人力资源部的员工在经历了这次失败的工作分析之后,对工作分析彻底丧失了信心。他们认为,工作分析只不过是"雾里看花,水中望月"的东西,说起来挺好,并无实际作用,而且他们认为工作分析只能针对西方国家的一些治理先进的大酒店,并不符合中国的企业。原来雄心勃勃的人力资源部王经理也变得灰心丧气,他对这次失败耿耿于怀,对项目失败的原因也百思不得其解。

案例思考

(1)A酒店为什么决定从工作分析入手来实施变革?这样的决定正确吗?为什么?

(2)在工作分析项目的整个组织与实施过程中,A酒店存在着哪些问题?

(3)A酒店所采用的工作分析工具和方法主要存在哪些问题?

(4)A酒店的人力资源部还有哪些需要完善、学习的地方?

第一节 工作分析概述

一、工作分析的概念

工作分析是指对组织中某个特定工作职务的目的、任务或职责、权利、隶属关系、工作条件、任职资格及相关信息进行收集和分析,以便对该职务的工作做出明确的规定,并确定完成该工作所需要的行为、条件、人员的过程。

通常组织进行工作分析的目的有:①需要对组织内的各项工作进行分析与明确的规范,以使新建立的组织能够更好地运行;②现有工作的内容和要求应该更加明确化和合理化,以便组织制定切合实际的绩效评价、工作评价以及薪酬制度,从而调动员工的积极性;③由于新技术、新方法或新系统的产生,组织的工作性质或内容、环境与条件等发生重要变化,从而产生新的任务,部分原有职务消逝,此时工作结构必须重新搭建。组织内各工作的性质、要求不相同,组织为各项工作提供的条件也不尽相同。通常情况下,工作分析主要包括两个部分:一是对工作所包含的任务、职责、责任以及其他特征的确定,即工作描述;二是对完成工作的人所具备的知识、技能及其他特征的说明,即工作规范或工作说明。[①]

二、组织结构图的作用及其局限性

为实现目标,人们建立了组织,以此来激发个人潜能,提高组员之间的协作能力。几乎所有组织都有组织结构图,表明组织中设立的部门及组织内上下级的隶属关系和责任关系,使每一位员工明确自己的工作职称及其在组织中的地位,并为具体的工作分析提供基础资料。但是,组织结构图也有局限性:不能说明各项工作的日常活动及其职责;不能说明组织中实际的沟通方式;不能反映员工受监督的程度;不能说明各级经理人所掌握的实权范围。工作分析便是对工作所涵盖的各个方面的信息进行深入探究,从而解决这些问题。

---

① 李燕萍,《人力资源管理》,武汉大学出版社,2002。

三、工作分析的用途

工作分析可以为许多人力资源管理活动提供信息,是人力资源管理的基础工作,阐明了工作的任务、职责及任职条件等内容,是人员聘任、职位评价、绩效评估、职位设计以及薪酬结构设计的基础,有助于改进企业的组织结构与工作系统。具体来说,工作分析有以下几个方面的作用。

(一)甄选、安置员工的标准

通过工作分析,可以明确从业人员的心理、生理、能力、学识和品德等方面应具备的要求,以此作为甄选符合工作需要和职务要求的工作人员理论基础。尽管从理论上讲,录用和安排工作应该同时进行,但在实践中,企业经常是首先录用优秀的申请者,然后再把他们安排到各个岗位上,当然还存在原有员工工作重新安排的情况。运用工作分析的结果有助于避免"大材小用,小材大用"的现象。

(二)提供考核标准

根据工作分析的结果,可以制订各项工作绩效评价的标准和考核依据,然后把员工的实际绩效和组织的期望相比较,进行绩效评估。

(三)制订培训方案的依据

工作分析可以明确完成工作应具备的技能、知识、心理、身体、品德等方面的条件。据此就可以根据实际工作要求和现有人员的不同情况,有区别、有针对性地设计适合的训练培养计划,包括评估培训的需要、选择培训的方式、培训对工作业绩产生效果的评价指标等。

(四)提高劳动效率

工作分析可以建立规范、有效的工作程序和结构,使工作职责明确、目标清楚。明确了工作的关键环节和作业要领,能充分合理地利用工作时间,使干部和职工能更合理地运用技能、分配注意和记忆等心理资源,增强他们的工作满意感,从而提高工作效率。

(五)改善工作环境

通过工作分析,可以发现工作环境中有损于工作安全、健康,或是加重工作负荷、造成工作疲劳等各种不合理因素,从而改善工作环境,最大限度地调动工作积极性和发挥技能水平,让员工在更适合于身心健康、安全的环境中工作。

(六)制订薪酬标准的基础

工作分析通过了解各项工作内容、工作所需要的技能和学历背景、工作的危险程度等因素确定工作相对于组织目标的价值,可以为各种类型的各种任务确定先进、合理的工作定额,从而作为决定合理薪酬的依据。奖励制度与工作定额和技术等级标准密切相关,把工作定额和技术等级标准的评定建立在工作分析的基础上,才能制定出比较合理、公平的薪酬制度。在美国等西方国家中,工作分析的结果还有助于劳资谈判的顺利进行和消除劳资双方的权限争议。

(七)人力资源预测的依据

工作分析的结果可为人力资源预测与计划提供依据,因为工作分析涉及组织内各部门有多少种工作岗位;这些岗位目前的人员配备能否达到工作和职务方面的要求;今后几年内职务和工作将发生哪些变化;人员结构将如何调整;几年甚至几十年内,人员增减的趋势如何;储备人员的素质应达到什么水平等问题。

(八)加强职业咨询和职业指导

工作分析可以为职业咨询和职业指导提供可靠和有效的信息。职业咨询和指导是劳动人事管理的一项重要内容。在组织帮助员工建立自己的职业前程规划时,只有组织和个人都对工作的要求和各项工作之间的联系有明确的了解,才能设计出有效的职业发展规划。从员工自身角度来看,工作说明和工作规范可以帮助员工进行有效的职业定位,帮助员工了解自己的职业申请资格。

从工作和组织的设计与重新设计的角度看,工作分析信息可以帮助组织明确各项工作之间在技术和管理责任等各个方面的关系,消除盲点,减少重复,提高效率。只有运用工作分析的资料,才能可靠地确定组织中各种工作之间的关系结构,正确划分工作族。

【知识卡片】

工作分析中常用的术语

1. 工作要素

工作要素是工作中不能继续再分解的最小工作单位。例如,酒店里负责接待客人的门童在客人离店时要帮助客人运送行李,运送行李的这项工作中包含了将行李搬运到行李推车上、推动行李推车、打开汽车的后车厢、将行李搬运到后车厢上等四个工作要素。

2. 任务

任务是指工作中为了达到某种目的而进行的一系列活动,可以由一个或多个工作要素组成。例如:生产线上的工作人员给瓶子贴标签这一任务就只有一个工作要素;上面提到的酒店门童运送行李的任务就包含四个工作要素。

3. 职责

职责是指任职者为实现一定的组织职能或完成工作使命而进行的一个或一系列工作。例如,营销部的经理要实现新产品推广的职责就需要完成一系列工作,包括制订新产品推广策略、组织新产品推广活动和培训新产品推广人员等。

4. 职位

职位也称岗位,担负一项或多项责任的一个任职者所对应的位置就是一个职位。一般来说,有多少个职位就有多少个任职者。例如,"总经理""大堂经理""出纳""招聘主管""营销总监"等。应该注意的是,职位是以"事"为中心确定的,强调的是某个人所担任的岗位,而不是担任这个岗位的人。

5. 职务

职务是由组织上主要责任相似的一组职位组成的,也称工作。在组织规模大小不同的组织中,根据不同的工作性质,一种职务可以有一个职位,也可以有多个职位。例如营销人员的职务中可能有从事各种不同营销工作的人,但他们的主要工作责任是相似的,因此可以归于同样的职务中。

6. 职业

职业是一个更为广泛的概念,它是指在不同的组织中从事相似活动的一系列职务。职业的概念有着较大的时间跨度,处在不同时期,从事相似工作活动的人都可以被认为是具有同样的职业。例如"老师""工程师""工人""司机"等都属于职业。

7.职权

职权指根据企业的规章制度赋予的完成特定任务所需要的权力,职责与职权联系紧密。特定的职责要赋予特定的职权,甚至于特定的职责等同于特定的职权。比如,质量检查员对产品质量的检验即是质量检查员的职责,又是他的职权。

8.工作族

工作族由两个或两个以上具有相似特点或包括多个平行任务的工作所组成。

四、工作分析的步骤和方法

工作分析的主要任务是对现有的工作进行分析,为其他的人力资源管理工作实践,如甄选、培训、考核以及薪酬等收集信息。工作分析的结果即形成工作描述和工作规范。工作描述也称为工作说明,是以书面叙述的方式来说明工作中需要从事的活动,以及工作中所使用的设备等内容的一种书面文件;而工作规范则说明承担这项工作的员工所必须具有的特定技能、工作知识、能力以及其他身体和个人特征的最低要求。

工作分析的目的是为了解决六个问题(简称 6W1H),即谁来做(who)、做什么(what)、何时做(when)、何地做(where)、怎么做(how)、为何做(why)以及为谁做(for whom)。

(1)工作主体(who)。从事某项工作的人必须具备一定的知识、技能、能力、兴趣、体格、行为特点等心理及生理条件。

(2)工作内容(what)。工作内容包括所要完成的工作任务、职责、工作流程等。

(3)工作时间(when)。工作时间指工作的具体时间,如具体上班时间、倒班的有无及方式等。

(4)工作环境(where)。工作环境指工作的物理环境和社会环境。前者主要指工作场所的温度、光线、通风状况、湿度、噪声、安全条件等。后者指完成工作任务所需要涉及的工作群体的人及相互关系;完成工作所需要的人际交往的数量和程度;组织内各部门的关系;工作所涉及的社会文化、社会习俗等。

(5)工作方式(how)。根据工作任务的内容与性质要求明确完成工作所需的设备、材料,确定员工完成工作活动的方法和程序。

(6)工作目的(why)。从组织机构的观点来说明工作的性质和意义,为如何完成工作提供依据。

(7)工作关系(for whom)。明确工作的上下级关系、工作内容之间的联系以及与其他人员的联系。

(一)工作分析的步骤

工作分析是一项技术性很强的工作,需要做周密的准备,同时还需要与组织人事管理活动相匹配的科学的、合理的操作程序。图 2-1 是工作分析的基本模型,工作分析通常依照该模型进行。

图 2-1 工作分析的基本模型

1.确定工作条件

企业管理工作是一个整体性的工作。工作分析顺利开展须具备以下几个前提条件:①有关组织结构已确定,并具有相对稳定性;②在组织结构基础上,工作流程及部门责任已确定;③每个部门应有的工作职位也已明确。

2.准备工作

在这一步骤中,主要解决以下几项任务。

1)建立工作分析小组

收集工作分析信息的人员通常有三种类型:分析专家、主管和工作的任职者。这三类人员各有自己的优点和缺点,如表 2-1 所示。

表 2-1 各类型工作分析信息收集人员优缺点

人员类型	优 点	缺 点
分析专家	工作角度客观、公正; 信息一致性高; 选择工作分析方式专业	价格昂贵; 可能因缺乏对组织的了解而忽略工作中某些无形方面
主管	对所要分析的工作了解深入、全面; 收集信息的速度快	首先需要对主管人员进行培训; 加重主管的工作负担; 无法保证其信息的客观性
工作的任职者	熟悉工作; 收集信息的速度快	信息的标准化程度低、工作职责的完整性差; 可能引起员工的抵触心理

工作分析小组成员通常由分析专家构成。所谓分析专家,是指具有分析专长,并对组织结构及组织内各项工作有明确概念的人员。如果酒店内部没有这方面的专家,可从外面聘请有关专家作为工作小组顾问。一旦小组成员确定之后,赋予他们进行分析活动的权限,以保证分析工作的协调和顺利进行。为搞好工作分析,应做好员工的心理准备工作,建立起友好的合作关系。

2)明确工作分析的任务、目标及对象

内部因素如新酒店筹备、增加新任务、应用新技术、新员工入职带来的工作分配变化等是进行工作分析的重要因素;外部因素包括客人数量的变化、季节性差异、市场竞争形势的变化等也是进行工作分析的影响因素。

提出进行工作分析要求的可能是员工,也可能是员工的主管和部门的经理人员。员工提出工作分析要求往往是工作要求与这一工作岗位的报酬之间不匹配,特别是在对工作的任务与责任补偿不足的情况下,员工就特别敏感。管理人员提出工作分析要求可能是由于要为工作岗位建立合理的报酬依据和水平,也可能是因为要为招聘、培训等人力资源管理活动建立正式的书面文件。

根据总目标、总任务,对企业现状进行初步了解,确定分析的范围、对象和内容,规定分析的方式、方法,并弄清应当收集什么资料,收集资料的渠道有哪些,如何收集资料等。通常需要收集的资料包括:国家职业分类标准,有关本酒店的信息(如组织结构图、工作流程图、部门职能分析等)、现有的工作说明或有关岗位描述的信息等。为保证分析结果的正确性,应该选择有代表性、典型性的工作进行分析。

一般来说,影响工作分析对象的选择的因素有工作的重要性、完成难度和工作内容的变化等。通常需要对以下四种类型的工作进行工作分析:关系到组织成败的非常关键的工作;完成难度大而需要对员工进行全面培训的工作;因技术或组织管理方式变化使得当前工作内容与以前制订的工作描述出现差别使得人力资源功能无法得到正确体现的工作;新的工作岗位。①

3)选择工作方法及工具

根据确定的工作分析的对象、目的、需要的资料类型等,选择合适的工作分析方法。由于调查法和访谈法实施程序比较简单,目前在国内企业常见的是将两者结合起来使用。

需要强调的是,无论是选择收集工作分析的方法还是选择负责收集信息的主体,都要先考虑工作分析的目的。不过,对收集信息的人员的选择比对收集信息方法的选择更为重要。

4)小组成员培训

由专家对工作分析的意义、使用工具的特点进行讲解;对项目用语的标准含义、实施过程的引导和控制进行统一规定;回答成员的质疑,并对有歧义的地方进行讨论和确定。

3. 实施

工作分析是收集、分析、综合组织某个工作有关的信息的过程。也就是说,该阶段包括信息的收集、分析、综合三个相关活动,是整个工作分析过程的核心部分。通过所选择的分析方法,与有关人员沟通,广泛收集所需的"6W1H"信息,再进一步审核已收集的各种信息,创造性地分析、发现有关工作或工作人员的关键成分。具体从职务名称的标准化,工作任务、关系、责任及强度分析,工作环境,工作人员必备条件等四个方面进行分析。

【知识卡片】

工作分析所需要的基本资料

(一)工作名称

工作名称必须明确,使人看到工作名称,就可以大致了解工作内容。如果该工作已完成了工作评价,在工资上已有固定的等级,则名前可加上等级。

(二)雇用人员数目

同一工作所雇用工作人员的数目和性别,应予以记录。如雇用人员数目经常变动,其变动范围应予以说明;若所雇人员是轮班使用,或分为两个以上工作单位使用,也应分别说明,由此可了解工作的负荷量及人力配置情况。

(三)工作单位

工作单位是显示工作所在的单位及其上下左右的关系,也就是说明工作的组织位置。

---

① 张一驰、张正堂,《人力资源管理教程》(第二版),北京大学出版社,2010。

（四）工作职责

工作职责主要包括：①对原材料和产品的职责；②对机械设备的职责；③对工作程序的职责；④对其他人员的工作职责；⑤对其他人员合作的职责；⑥对其他人员安全的职责。

分析人员应尽量采用"量"来确定某一工作所有职责的情况。

（五）工作知识

工作知识是为圆满完成某项工作，工作人员应具备的实际知识。这种知识应包括个体被任用后为执行其工作任务所需获得的知识，以及被任用前已具备的知识。

（六）智力要求

智力要求是指在执行工作过程中，工作人员应具备的智力，包括判断、决策、警觉、主动、积极、反应、适应等。

（七）熟练及精确度

该因素适用于需用手工操作的工作，虽然熟练程度不能用"量"来衡量，但熟练与精确度关系密切，在很多情况下，工作的精确度可用允许的误差加以说明。

（八）机械、设备、工具

在从事工作时，所需使用的各种机械、设备、工具等，这些机械、设备、工具的名称、性能、用途均应记录。

（九）经验

工作是否需要经验，如有需要则以何种经验为主，其程度要求如何。

（十）教育与训练

（1）内部训练。由雇主所给予的训练，无论该训练是否在本企业中举行，只要该训练是为企业中某一专门工作而开办的就是内部训练。

（2）职业训练：由私人或职业学校所进行的训练，其目的在于发展普通职业技能，并非为任何企业现有某一特种工作而进行的训练。

（3）技术训练：指含有技术性的训练。

（4）一般教育：指所接受的大、中、小学教育。

（十一）身体要求

有些工作有站立、弯腰、半蹲、跪下、旋转等消耗体力的要求，应加以记录并做具体说明。

（十二）工作环境

工作环境包括室内、室外、湿度、宽窄、温度、震动、油渍、噪声、光度、灰尘、突变等方面，各有关项目都需要做具体的说明。

（十三）与其他工作的关系

这是指该工作与同机构中其他工作的关系，由此可表示工作升迁及调职的关系。

（十四）工作时间与轮班

该项工作的时间、工作的天数、轮班的次数和长度都是雇用时的重要信息，均应予以说明。

（十五）工作人员特性

这是指执行工作时要求工作人员具备的主要能力，包括各肢体的力量及灵巧程度、感觉辨别能力、记忆能力、计算能力及表达能力。

4.形成结论

有关人员将经过前面几个阶段的工作获得的信息予以整理、归纳、总结，以书面的形式描述工作分析的结论,形成工作说明书和工作描述书。

5. 应用与反馈调整

此阶段是对工作分析的验证,只有通过实际的检验,工作分析才具有可行性和有效性,才能不断适应外部环境的变化,从而不断地完善工作分析的运行程序。组织的经营活动不断变化,会直接或间接地引起组织分工协作的变化。因此,一项工作要有成效,就必须因人制宜地做些改变。此外,工作分析文件的适用性只有通过反馈才能得到确认,并根据反馈修改其中不适应的部分。所以,反馈与调整活动是工作分析中的一项长期的重要活动。

严格说来,酒店工作分析是酒店人力资源管理的日常工作,各个分析步骤也形成了一个周而复始的循环过程。应用与反馈调整环节是工作分析的结束,也是下一轮工作分析的开始。

(二)工作分析的方法

1. 定性的工作分析方法

定性的工作分析方法包括工作实践法、观察法、面谈法、问卷法、工作日志法和关键事件法。工作分析的目标、岗位的特点及实际条件的不同,调查方法也不同。各种调查方法可结合使用。

1) 工作实践法

实践法也称参与法,是指工作分析人员通过直接参与某项工作,由此掌握工作要求的第一手材料。由于分析者直接参与工作,所以能获得更多真实的其他方法无法收集到的信息,也可以克服部分员工拙于表达而使信息不清晰的状况。这种方法的优点是可以准确地了解工作的实际任务在体力、环境、社会方面的要求,适用于那些短期内可以掌握的工作;不适用于需要大量培训、专业化的工作或是危险性的工作。

2) 观察法

观察法指工作分析人员在工作现场运用感觉器官或其他工具观察员工的实际工作过程、行为、内容、特点、性质、工具、环境等,并用文字或图表形式记录下来的一种方法。观察法可以系统地收集一种工作的任务、责任和工作环境方面的信息,适用于工作内容主要由身体活动来完成的工作,如客房服务员、保安等;不适用于脑力劳动较多的工作或间歇性工作,如饭店的高层管理者、会计等。此外,观察法对有些员工来说难以接受,会感觉自己正受到监视甚至威胁,所以会在心中对工作分析人员产生反感,同时也可能导致动作的变形。因此在使用观察法时,应该将工作分析人员用适当的方式介绍给员工,使之能够被员工接受。

客房服务员岗位观察提纲如表 2-2 所示。

表 2-2 客房服务员岗位观察提纲

被观察者姓名:	日期:
观察者姓名:	观察时间:
工作类型:	工作部门:

观察内容如下。

(1) 什么时候开始正式工作?_____

(2) 上午工作多少小时?_____

(3) 上午休息几次?_____

(4) 第一次休息时间从_____到_____。

(5) 第二次休息时间从_____到_____。

续表

(6) 全天完成了多少任务？（任务可细分，如接受客人咨询、清扫客房、检查房态等）_____
(7) 平均多长时间完成一件任务？_____
(8) 全天与同事交谈了几次？_____
(9) 每次交谈约_____分钟。
(10) 工作中曾遇到什么困难？_____
(11) 全天出现几次差错？_____
(12) 下午工作多少小时？_____
(13) 有无向领导汇报工作？_____
(14) 工作时间有无离开饭店外出？_____
(15) 外出时间共多长？_____
(16) 外出原因是什么？_____

（资料来源：顾沉珠、田刚，《饭店人力资源管理实务》，东南大学出版社，2007。）

观察前先选择一个主管或有丰富经验的员工访谈，了解工作的整体情况以及各项工作之间的配合情况，这样制订的观察项目表才比较实用，有利于观察工作的进行。另外，在观察中需要尽可能地避免引起被观察者的注意，不能干扰被观察者的工作。

工作分析人员在观察时，可以用事先准备好的观察项目表，一边观察，一边核对。在实施观察法时，由于观察对象的工作周期和工作突发性不同，具体的观察方法也不同。对于工作周期短的工作，工作分析人员可直接对员工工作的全过程进行观察；对于较长周期性的工作，为更加全面观察到所有工作，可分阶段进行观察，但如果一个完整周期的工作的时间跨度过长，而工作分析无法拖延很长时间时，可采取"工作表演法"，即让员工表演某一工作过程来观察该工作过程的方法，这个方法也适用于除正常工作内容外还有突发事件需要处理的工作。

观察法经常和面谈法结合使用，工作分析人员可以在员工的工作期间观察并记录员工的工作活动，然后和员工进行面谈，请员工进行补充。工作分析人员还可以一边观察员工的工作，一边和员工交谈。前一种结合方式会比较好，因为工作分析人员可以专心观察和记录，而且不会干扰员工的工作。

客房服务员工作观察项目表如表2-3所示。

表2-3 客房服务员工作观察项目表

任职者名称： 　　　　　　　　　时间：
工作职位： 　　　　　　　　　　观察者姓名：
部门： 　　　　　　　　　　　　页数：

序号	任务	所需时间	序号	任务	所需时间
1	调整床垫，使之与床架一致		7	将套好被罩的被子铺平	
2	调整床的衬垫		8	靠近床头的被子向回折25cm	
3	铺床单		9	将枕套平铺于床上	
4	将床单下垂部分包角		10	将枕芯塞入枕套并整理平整	
5	铺被罩		11	将枕头放在适当的位置	
6	套被罩		12	整理床面，使之整齐	

（资料来源：林增学、李俊，《饭店人力资源管理》，重庆大学出版社，2007。）

3) 面谈法

面谈法是由工作分析人员分别访问员工本人或其主管人员,以了解工作说明中原来填写的各项目的正确性,或对原填写事项有所疑问,以面谈方式加以澄清的方法。

常见的面谈内容如下。

(1) 工作目标,组织设立这一职务的目的,确定该职务薪酬标准的依据。

(2) 工作内容,任职者在组织中的重要性,其行动对组织产生的影响程度。

(3) 工作的性质与范围,这是面谈的核心内容,了解该工作在组织中的关系、上下级隶属关系、所需的知识技能。

(4) 在访谈实施前首先确定结构化的访谈提纲、建立融洽的气氛将有助于在最短时间内获取尽可能多的有效信息。

常见的面谈问题如下。

(1) 你的工作是什么样的?

(2) 工作之前要完成哪些准备工作?

(3) 你的工作的主要职责是什么?

(4) 你觉得哪些工作是重要的,或不重要的?

(5) 你必须遵循什么原则、规定、政策等以完成你的职责?

(6) 工作过程可以怎样加以改善?

(7) 工作中最容易犯的错误有哪些?

(8) 你分配的工作从何而来? 完成后向谁报告?

(9) 你的工作要接受哪些监督和管理?

(10) 你独立决策的权限和范围有多大?

(11) 你的工作环境和工作条件是怎么样的?

(12) 做这项工作需要具备什么样的教育程度、工作经历和能力?

(13) 工作对你的身体的影响是怎样的?

作为一种工作分析信息收集的方法,面谈法的不足之处在于工作分析人员的观点会影响对信息的判断结果,员工的合作性及信息的真实性不确定,工作分析人员问题的含糊不清也会影响信息的收集,所以,该方法不能单独作为信息收集的方法,只适合与其他方法一起使用。面谈法的优势是:工作分析人员易于控制面谈进程,可以获得更多的工作信息,与问卷法相比,它的结构显得不那么完善,但由于能和员工做双向沟通,得知其工作态度和动机等,此外对于文字理解有困难的员工,面谈法也具有独特的优势。使用面谈法,还可以核实调查问卷的内容、了解工作人员的相互评价情况、调查组织中人力资源管理方面的其他问题等。

4) 问卷法

问卷法是指由在岗人员和管理者分别对各种工作行为、工作特征和工作人员特征的重要性与频次做出描述或打分评级,然后对结果进行统计和分析的一种方法。问卷可分成工作定向问卷和人员定向问卷两类。前者强调工作本身的条件和结果;后者着重于了解员工的工作行为。

问卷法的最大优点是比较规范化、数量化,适合于用计算机对结果进行统计分析,还具有费用低、速度快、节省时间且不影响工作时间的优点。但设计问卷比较费时,也不像面谈法那样可以面对面地交流信息,因此,不容易了解被调查对象的态度和动机等较深层次的信息。问卷法还有两个缺陷:一是不易唤起被调查对象的兴趣;二是除非问卷很长,否则就不能获得足够详细的信息。

西餐厅服务员岗位调查问卷如表 2-4 所示。

表 2-4　西餐厅服务员岗位调查问卷

一、基本信息

姓名：	职务编号：
填写日期：　年　月　日	所属部门：餐饮部
职位名称：西餐厅服务员	部门经理姓名：

二、调查信息

①你认为饭店以及你所从事的工作中存在哪些不合理的地方？

②请详尽地描述西餐厅服务员的日常工作、活动和职责：

③你认为具备什么样的心理素质的人能更好地胜任本岗位工作？

④要能较好地胜任此岗位应接受哪些培训？

⑤请描述你在人事和财物方面的权限范围：

⑥一位没有相关工作经验的大专学历人员需要多长时间的培训可以胜任你所在的岗位？

⑦对西餐厅服务员岗位有什么感想和评价？

⑧请简明地描述你的上级是如何监督你的工作：

⑨请列举工作中需要用到的主要办公用品：

注意事项：
①填写人应保证以上填写的内容真实、客观，并且没有故意隐瞒某些信息；
②该问卷内容作为工作分析的重要依据，如果填写人发现有遗漏、错误，或其他需要说明的情况，请立即与人力资源部联系。

填写人签字：

人力资源部负责人签字：

5）工作日志法

工作日志法是通过员工自己以工作日记或工作笔记的形式记录其每天工作活动的内容，然后在此基础上进行综合分析的方法。

这种方法要求员工在一段时间内对自己工作中所做的活动进行系统记录。这样做不仅可以提供员工工作活动的概要信息，了解员工日常做了什么，同时还可以掌握员工各项具体工作时间分配情况。如果这种记录记得很详细，那么经常会提示一些其他方法无法获得或者观察不到的细节。

但是，从工作日志中获取的信息比较凌乱，难以组织，且员工在记日志时，有夸大自己工作重要性的倾向，因此不能完全了解各项工作活动的目的和重要性，不能了解长期的、周期性变化的工作活动，同时，工作日志法会增加员工的负担。因此，在实际的工作分析中，工作日志法应用得很少。

工作日志记录如表 2-5 所示。

表 2-5　工作日志记录

部门：　　　　　　岗位：　　　　　　姓名：

序号	工作活动	工作活动的具体内容	工作开始时间	工作截止时间	工作结果	说明
1						
2						
3						
4						
5						
6						

6）关键事件法

关键事件法（critical incident approach，CIA）就是通过对员工关键事件制度化的观察、记录和整理存档，进而对酒店员工的诚信状况做出判断和评价的方法。关键事件法既能获得有关职务的静态信息，也可以了解职务的动态特点。

所谓关键事件，是指工作成功或失败的行为特征或事件。按其性质，分为正向关键事件和负向关键事件。正向关键事件包括超出了个人绩效承诺目标或一般要求的工作业绩，对组织绩效提升有重大贡献，支持周边协作、跨部门项目工作，提出合理化建议并取得重要或重大成果等工作行为。负向关键事件指重大的或重要的工作失误、重大的违纪行为等。

关键事件法的不足之处在于收集关键事件需要花费大量的时间和精力，而且这种方法过分关心工作绩效的两种极端，即"很好"和"很差"及"有效"和"无效"，忽略了对平均工作绩效的考察，不能对工作提供完整的描述，也忽略了绩效一般的员工，无法做到全面的职务工作分析。

以上方法主要用于定性分析，为定量分析提供科学的分析要素和相关的可量化规律。问卷法可用于定性分析，也可用于定量分析。采用问卷法进行工作分析时，首先，要通过定性分析，找到有效收集各种工作信息的分析要素、指标；其次，用语言恰当地描述这些要素、指标；再次，给每一个要素指标语句赋予恰当的评定等级数字，便可形成一份初步工作分析调查问卷；最后，使用这一问卷进行规范的抽样式调查，并进行信度、效度检验，就可得到一份较为科学的正式的工作分析调查问卷。

2.定量的工作分析方法

有些工作不适用定性分析的方法,特别是当需要对各项工作进行比较来决定薪酬和待遇的时候,这时就需要采用定量的工作分析方法。定量的工作分析法主要有三种:职位分析问卷法(position ananlysis questionaire,PAQ)、管理职位描述问卷法(management position description questionnaire,MPDQ)和功能性工作分析法(functional job analysis,FJA)。

1)职位分析问卷法

PAQ 对应的职位分析问卷包括 194 个项目(也称工作元素),其中 187 个项目被用来分析完成工作过程中活动的特征,另外 7 个项目涉及薪酬问题。这 194 个项目被分为六个部分。

第一部分包括员工在完成工作的过程中使用的信息来源方面的项目,用来了解员工如何或从哪里获得完成工作时所需要的信息,共 35 个项目。

第二部分包括工作中所需要的思考过程,回答工作需要进行哪些推理、决策、计划和信息处理活动的问题,共 14 个项目。

第三部分识别工作的产出,回答工作完成哪些体力活动和使用哪些机器、工具和设施问题,共 49 个项目。

第四部分考虑人际关系方面的问题,了解执行工作时要求与其他人之间发生的关系,共 36 个项目。

第五部分包含工作环境的内容,了解执行工作时所处的物理环境以及气候环境,共 19 个项目。

第六个部分包含其他因素,指除上述五个部分之外,与工作有关的其他活动、条件以及特征,共 41 个项目。

工作分析人员要对各个项目给出一个 6 分制的主观评分。PAQ 的时间成本很高,涉及的内容非常烦琐。

职位分析问卷表格范例如表 2-6 所示。

表 2-6　职位分析问卷表格范例

使用程度:0—不曾使用;1—极少;2—少;3—中等;4—重要;5—极重要

1.资料投入

1.1 工作资料来源(请根据任职者使用的程度,审核下列项目中各资料来源)

1.1.1 工作资料的可见来源

(1)_____书面资料(书籍、报告、文章、说明书等);

(2)_____计量性资料(与数量有关的资料,如图表、报表、清单等);

(3)_____图画性资料(如图形、设计图、X 光片、地图、描图等);

(4)_____模型及相关器具(如模板、钢板、模型等);

(5)_____可见陈列物(计量表、钟表、画线工具等);

(6)_____测量器具(尺、温度计、量杯等);

(7)_____机械器具(各种具体的工具、机械、设备等);

(8)_____使用中的物料(工作中、修理中的零件、材料和物体等);

(9)_____尚未使用的物料(未经过处理的零件、材料和物体等);

(10)_____大自然特色(风景、田园、地质样品、植物等);

(11)_____人为环境特色(建筑物、水库、公路等)。

通过PAQ所提供的关于被分析工作的信息,具体的工作与工作之间就可以相互比较和划分工作族,而"工作族"既可用于人员配备,又可用于工作描述与工作规范。同时,PAQ无须修改就可用于不同组织、不同的工作,使得组织之间的工作分析比较更加容易,这种比较将使组织的工作分析更加准确与合理。PAQ运用广泛,但也有两点不足:一是要求问卷填写人员有较高的阅读水平,或只有专业人员才能使用;二是PAQ的通用化与标准化格式导致了工作特征的抽象化,使其不能很好地描述工作特定的、具体的任务活动。因此,在撰写工作描述以及进行工作再设计时,该方法可以与其他方法结合使用。

2)管理职位描述问卷法

在分析管理人员的工作时应注意两个问题:一是管理人员经常试图使工作内容适应自己的管理风格而非使自己适应管理工作的需要;二是管理工作的非程序化特点,即管理工作经常随着时间的变化而变化,因此需要考察的时间比较长。一般分析管理人员的工作应使用调查问卷方法,包括从行为的角度进行分析的管理行为调查问卷和从任务的角度进行分析的管理行为调查问卷。

MPDQ是托诺(W. W. Tornow)和平托(P. R. Pinto)于1976年针对管理工作的特殊性而专门设计的,定型于1984年。这种问卷法是对管理人员的工作进行定量化测试的方法,它涉及管理人员所关心的问题、所承担的责任、所受的限制以及管理人员的工作所具备的各种特征,是专门针对管理人员而设计的工作分析系统,是所有工作分析系统中最有针对性的一种系统。MPDQ是一种注重工作行为内容研究的技术方法,它的工作分析结果,对评价管理工作、决定该职位的培训需求、管理工作分类、薪酬评定、设计绩效评估方案等人事决策活动具有重要的指导作用。MPDQ问卷由管理人员自己填写,也采用6分标准对每个项目进行评分。在美国,它所分析的内容包括与管理人员的主要职责密切相关的208项工作因素。这208项可以精简为12个基本工作因素,具体如下。

(1)产品、市场和财务计划,指的是进行思考、结合实际情况制订计划以实现业务的长期增长和公司稳定发展的目标。

(2)其他组织单位和工人之间的相互协调,指的是管理人员对自己没有直接控制权的员工个人和团队活动的协调。

(3)内部事务控制,指的是检查与控制公司的财务、人力以及其他资源。

(4)产品和服务责任,指控制产品和服务的技术,以保证生产的及时性,并保证生产质量。

(5)公众和顾客关系,指通过与人们直接接触的办法来维护和树立公司在用户和公众中间的良好形象与声誉。

(6)高级咨询,指发挥技术水平解决企业中出现的特殊问题。

(7)行为主动性,指在几乎没有直接监督的情况下开展工作活动。

(8)财务计划的批准,指批准企业大额的财务投入。

(9)监督,指通过与下属员工面对面的交流来计划、组织和控制这些人。

(10)复杂性及压力,指在很大压力下保持工作,在规定时间内完成任务。

(11)高级财务职责,指制订对公司绩效构成直接影响的大规模的财务投资决策和其他财务决策。

(12)广泛的人力资源职责,指公司中人力资源管理和对员工的其他政策具有重大责任的活动。

在应用管理职位描述问卷法时,工作分析人员以上述的每一种要素为基础来分析和评价管理工作。

3) 功能性工作分析法

功能性工作分析法,是以工作为中心的分析方法,是美国培训与职业服务中心开发的一种以工作为中心的职位分析方法。它是以员工所需发挥的功能与应尽的职责为核心,列出加以收集与分析的信息类别,使用标准化的陈述性语言来描述工作内容。

FJA认为所有工作都涉及工作执行者与数据、人、事情三者的关系,通过分析工作执行者与上述三者发生关系时的工作行为,可以了解到相关工作的特征、工作的目的和人员的职能。这种方法侧重于对工作本身的一系列有关特征进行分析和研究,从而获得关于某一职位的综述、职位说明以及员工任职规范等方面的结果。

FJA对工作内容提供了一种非常彻底的描述,对培训的绩效评估非常有用。由于FJA对每项任务都要求做详细分析,因而撰写起来相当费力气、费时间,同时FJA并不记录有关工作背景的信息,对员工必备条件的描述也不理想。

在各项要素中,各类基本功能都有其重要性等级,数值越小,代表的等级越高;数值越大,代表的等级越低。采用这种方法进行工作分析时,各项工作都会得出数值,据此可以决定薪酬和待遇标准。FJA也可以对工作环境及其与工具、员工特征进行数量化的分析。表2-7是功能性工作分析法的一个典型例子。

表2-7 员工的基本功能

	数	据	人		事	情
基本活动	0	综合	0	指导	0	筹建
	1	协调	1	谈判	1	精密工作
	2	分析	2	教育	2	运营与控制
	3	编辑	3	监督	3	驾驶与运行
	4	计算	4	安抚	4	操纵
	5	复制	5	说服	5	看管
	6	比较	6	表达信号	6	育饲
			7	服务	7	操作
			8	接受指令		

在表2-7的工作分析的基础上可以进行扩充,形成一种改进的功能性工作分析法,这里说的扩充即补充两个方面的资料:一是完成工作所需要的教育程度,包括执行工作任务时所需要的推理能力和判断能力的程度,所需要的使用数学能力的程度和所需要的应用语言能力的程度;二是指出绩效标准和训练要求。[①]

五、工作描述

工作描述(job description),又称职务描述、工作说明,指用书面形式对组织中各类岗位(职位)的工作性质、工作任务、工作职责与工作环境等所做的统一要求。说明任职者应做些什么、

[①] 张一驰、张正堂,《人力资源管理教程》(第二版),北京大学出版社,2010。

如何去做和在什么样的条件下履行其职责。一个完整的工作描述必须包括该项工作区别于其他工作的信息,提供有关工作是什么、为什么做、怎么样做以及在哪儿做的清晰描述。

从员工的角度来说,工作描述可以帮助他们了解工作关系、工作任务、责任与职权等,并且时刻提醒他们组织的期望值。从管理人员的角度来说,书面的工作描述给管理人员提供了招聘、考核、培训员工等人力资源管理工作的重要依据。

(一)工作描述的基本内容

工作描述的基本内容包括工作识别、工作概要、工作关系、工作职责、工作条件和工作环境、聘用条件等。

1. 工作识别

工作识别又称为工作标识、工作认定,包括以下几个方面的内容。

1)工作名称

工作名称指一般在重要职责上相同的职位总称。一个好的工作名称往往很接近工作内容,能准确地反映其主要工作职责,并能把一项工作与其他工作区别开来。工作名称如"销售经理""客房服务员"等。

2)工作身份

工作身份又称为工作地位,一般在工作名称之后,包括所属工作部门、直接上级职位、工作等级、工资水平、所辖人数、定员人数、工作地点、工作时间等。

3)工作编号

工作编号又称为岗位编号、工作代码,指组织对内部工作进行分类并赋予的编码,以便于对工作进行识别、登记、分类等。

2. 工作概要

工作概要:用简练的语言文字阐述工作的性质、任务和工作目标等内容。如人力资源部经理的工作概要可为:制定、执行与人事活动相关的政策与措施。

3. 工作关系

工作关系又称为工作联系,指任职者与组织内外其他人之间的关系,包括该项工作受谁监督;此工作监督谁;此工作可晋升的职位、可转换的职位以及可迁移至此的职位;与哪些部门的职位发生联系等。

4. 工作职责

工作职责又称为工作任务,它是工作描述的主体,其具体内容如下。

(1)工作活动内容。逐项说明工作活动内容与工作时间的百分比,按重要性大小的顺序逐项列出工作任务,并说明各活动内容的执行依据。

(2)工作权限。界定工作人员在工作活动内容上的权限范围,包括决策的权限,对他人实施监督的权限以及经费预算的权限等。

(3)工作结果又称工作的绩效标准。描述工作人员的工作结果时,采用量化说明更好。

5. 工作条件与工作环境

工作条件包括任职者主要应用的设备、原材料、工具等,以及其运用信息资料的形式。

工作环境指工作所处的自然环境。比如,工作地点的温度、湿度、光线、噪声,以及可能发生意外事件的危险性等。

6. 聘用条件

聘用条件即任职资格,指任职者要想胜任该职位而必须具备的各种条件。

(二) 工作描述的撰写要点

工作描述不仅要让员工通过阅读这份文件确切了解这项工作的内容和责任,还要了解公司希望将这项工作做到什么程度,达到什么样的目标,所以,在撰写工作说明时应注意以下要点。

1. 用词通俗准确

工作描述中不要使用生疏或专业性强的词汇,使任职者能通过自己的阅读理解文字的内容,专业而难懂的词汇最好能解释清楚;对动词的使用更要仔细斟酌,尽量选择一些具体的动词,避免表达上的含糊不清。工作说明中的工作职责,应能成为绩效指标的基础;关于任职资格的描述,应能成为招聘的依据。

2. 句意清晰

对工作的描述应清晰透彻,应尽量避免在工作综述中出现如"执行领导安排的其他任务"等笼统的描述,这样容易使得对工作的性质以及雇员需要完成的工作出现理解偏差。虽然这样的描述可以给主管人员提供更大的灵活度,但如果一项经常可以看到的工作内容不被明确写进工作描述中,就很可能会成为逃避责任的一种托词。

3. 简洁明了

在描述一个岗位的职责时,宜选取主要职责以符合逻辑的顺序来组织编写,以便于理解和应用。各项描述都是单独具体的,无交叉重叠。所有的词汇都必须包含所需的信息,不必要的词语应该省略。如果过于繁复、无序,将不利于任职者记忆、执行。每个句子必须反映一个目的,无论是明确的表述还是暗含的意义,都应该使用让读者一目了然的表达方式。

4. 格式统一

工作说明最好使用统一的格式,注意整体协调,字迹清晰,美观大方。

5. 完整全面

工作说明应能清晰完整地反映出组织结构的整体面貌;部门与岗位的职责或权限不存在真空或交叉重叠部分;工作说明应是业务流程的完整分解。

表 2-8 是工作描述的一个典型例子。

表 2-8 某酒店前厅领班工作描述

【工作编码】MF.PM05004

【工作关系】

直接上级:前厅主管。

直接下级:前厅接待员。

内部联系:营业部、客房部及前厅部各岗位。

【岗位描述】

协助前厅主管做好接待、问询等日常管理工作,负责督导、检查前厅接待,做好对宾客的接待、问询等服务工作,与前厅收银密切合作,确保为住店宾客提供高效、优质的服务。

续表

【工作内容】
(1)督导、检查前厅清洁和卫生的保持情况(台面、地面及后台休息区域垃圾清除等),须符合酒店的规定与要求,确保为宾客提供优质服务。
(2)督导、检查前厅接待员上岗后的工作情况(仪容仪表,酒店规定、制度的遵守情况等),须符合酒店的规定与要求,确保为宾客提供优质服务。
(3)督导、注意前厅接待员的服务态度等,须符合酒店的规定和要求,确保为宾客提供优质服务。
(4)与客房部、营销部、礼宾部等保持联系、协调合作,共同做好服务工作。
(5)处理好特殊事件,如宾客投诉的处理、无行李房宾客的处理、查无此人传真的处理等相关业务事宜。
(6)全面负责团队的接待工作。
(7)督导、检查前厅接待员当班结束时的工作情况及工作日志的填写情况,认真做好交接工作。
(8)定期实施对下属员工的培训工作,不断提高员工的政治素质和业务水平。
(9)定期对下属员工进行绩效评估,向上级提出奖惩建议。

【任职资格】
性别:男女不限。
学历:职高以上。
工作经验:
(1)具有一年以上前厅管理工作经验,熟悉前厅业务;
(2)了解宾客心理,正确地处理宾客投诉,熟悉常客和长住客,能及时满足他们的需求;
(3)理解接受能力和自控能力强,善于应变;
(4)具有很好的沟通技巧。
体能要求:身体健康,无传染性疾病,适应倒班工作。
知识技能:
(1)具有丰富的业务知识和娴熟的工作技能;
(2)熟练使用计算机前厅接待系统;
(3)熟悉本岗位的工作职责、程序、标准,并能认真地贯彻、执行;
(4)熟练掌握英语,并达到酒店要求的标准。
其他:仪表整洁,礼貌待人,思维敏捷。

六、工作规范

(一)工作规范概述

工作规范(job specifications),又称岗位规范或任职资格,是指任职者要胜任该项工作必须具备的资格与条件。工作规范主要说明一项工作对任职者在教育程度、工作经验、专业知识、实践技能、体能和个性特征等方面的最低要求。一般情况下,工作规范是依据管理人员的经验而编写的,也可以通过比较精确的统计分析法来做。

(二)工作规范的内容

工作规范的本质是分析任职者应具备的个体条件,这些条件主要包括身体、心理和知识经验等方面的条件,一般包括以下几个方面的内容。

1. 一般要求

一般要求包括年龄、性别、文化修养、专业知识、实践技能、工作经验等。

2. 生理要求

生理要求包括健康状况、身高、力量和体力、耐力运动的灵活性、感觉器官灵敏度等。

3. 心理要求

心理要求包括智力、观察能力、记忆能力、理解能力、学习能力、创造力、语言表达能力、决策能力、交际能力、性格、气质、兴趣爱好、态度、事业心、团结合作能力、领导能力等。

4. 职业品德

从职人员除了必须遵纪守法和具有一般公德意识外,还要有职业所需要的职业品德。酒店行业作为服务行业,除爱岗敬业精神外,服务意识必不可少。

(三)工作规范的撰写要点

在撰写工作规范时,要注意工作规范中所列出的任何资格条件必须与工作有关,即切实的任职资格,而不是主观臆断的结果。注意国家和地方有关法律条文,严禁种族、宗教、性别、年龄、身体残疾等方面的歧视。如果任职资格不恰当地限制了任何受保护群体的就业途径,将触犯法律。同时,尽量不要对员工的背景要求太多,避免人才高消费,节约人力成本。

表2-9是工作规范的一个典型例子。

表2-9 招聘主管的工作规范

工作名称:招聘主管
所属部门:人力资源部
直接上级:人力资源部经理
工作代码:XL-HR-021
工资等级:9~13

1. 生理要求
(1)年龄:23~35岁。
(2)身高:女性1.55~1.70米;男性1.60~1.85米。
(3)体重:与身高成比例,在合理范围内均可。
(4)听力:正常。
(5)视力:矫正视力正常。
(6)健康状况:无残疾、无传染病。
(7)外貌:无畸形,外形出众更佳。
(8)声音:普通话发音标准,语音语速正常。
2. 知识和技能要求
(1)学历:本科,大专以上需从业3年以上。
(2)工作经验:3年以上大型企业工作经验。
(3)专业背景要求:曾从事人事招聘工作2年以上。
(4)英文水平:达到国家四级水平。
(5)计算机:熟练使用Windows、Office等办公软件。

续表

3.特殊才能要求
(1)语言表达能力:能够准确、清晰、生动地向应聘者介绍企业情况,并准确、巧妙地解答应聘者提出的各种问题。
(2)文字表达能力:能够正确、快速地将希望表达的内容用文字表述出来,对文字描述很擅长。
(3)观察能力:能够很快地把握应聘者的心理。
(4)逻辑处理能力:能够将繁杂的事务安排得井井有条。
4.综合素质
(1)有良好的职业道德,能够保守企业人事秘密。
(2)独立工作能力强,能够独立完成布置招聘会场、接待应聘人员,以及对应聘者非智力因素进行评价等工作。
(3)工作认真细心,能保管好各类招聘相关材料。
(4)有较好的公关能力,能准确地把握同行业的招聘情况。
5.其他要求
(1)能随时准备出差。
(2)不可请1个月以上的假期。

(资料来源:周文霞,《新经济时代人力资源工作手册》,中国大地出版社,2001。)

工作描述与工作规范都是工作分析的结果,两者之间的关系如下。

(1)从编制的目的看,工作描述是以工作为中心对岗位进行全面系统深入分析的说明,为职位评价、岗位分类以及企业劳动人事管理提供依据;而工作规范是在岗位说明的基础上,说明什么样的人员才能胜任本岗位的工作,以便为企业职工的招聘、培训、考核、选拔、任用提供依据。

(2)从涉及内容的范围来看,工作描述的内容相对广泛,包括对岗位各有关事项的性质、特征、程序、方法的说明;而工作规范的内容较为简单,主要涉及对岗位人员任职资格条件的要求。

第二节 酒店组织结构设计和工作设计

一、酒店组织结构设计

(一)组织结构概述

任何工作分析所指的工作和职位都是针对特定的组织结构,没有特定的组织结构,工作分析就无从着手。所以,组织结构的编制是开展工作分析的前提。

酒店组织结构指酒店内部各级各类职务、职位间的相互关系、权责范围、沟通框架,是组织内部分工协作的基本形式。组织结构图是描述某一时期内组织结构的图表,它可以显示出组织所设置的部门、组织的指挥线、各部门的负责人、每位员工的地位等。

(二)组织结构设计概述

组织结构设计,就是根据企业总目标,把企业管理要素配置在一定的方位上,确定其活动条件,规定其活动范围,形成相对稳定的科学的管理体系。

企业作为一个系统,其组织结构及其运行,总是发生在一定的环境中,受制于一定的技术条件,并在组织总体战略的指导下进行,组织结构设计必须考虑这些因素的影响。为适应环境变化,企业的组织形态会做出相应的调整,因此在进行组织结构设计时要综合考虑内部和外部的众多因素。此外,组织本身的规模及其所处阶段不同,也会对组织结构的形式提出相应的要求。

组织结构设计是一个过程,随机制宜且因地、因时、因人而异。设计建立的组织结构并非一成不变,组织结构设计也不是一次性就能完成的事,相反,它是一种连续的或至少说是周期性的活动。

总体而言,组织结构设计需要考虑以下因素。

1. 外部环境

外部环境,如社会文化、经济环境、政治法律和竞争环境等,都将对组织结构有所影响。在变化缓慢、相对稳定的环境中,等级严格、制度完善、职责分工明确、工作程序等固定的组织结构会有较高的工作效率;而在竞争激烈、存在多种不确定因素的环境中,等级和权责相对模糊、具有更加灵活性的组织结构将更有利于对环境做出反应。

2. 企业战略

战略的制订必须考虑企业组织结构的实际情况,一旦战略形成,将会影响到管理职务的设置和部门的划分,以及各部门在组织中的重要程度的变化。适应战略要求的组织结构,能够为战略的实施、组织目标的实现提供必要的前提。例如,如果企业战略是迅速响应市场,那么当务之急就是缩短信息及沟通方面所消耗的时间,通过构建扁平化组织结构减少管理层级,扩大管理幅度就可实现该战略。

3. 技术

组织的活动需要利用一定的技术和反映一定技术水平的特殊手段来进行。技术以及技术设备的水平不同,对组织活动的效果和效率、组织活动的内容划分、职务设置都将产生不同的影响,对工作人员的素质也会提出不同的要求。

4. 企业规模与发展阶段

企业的规模往往与企业的发展阶段相互联系,企业成立之初只经营数量较少的一类或几类产品,规模较小,相应的组织结构也简单,组织方式松散且不规范。随着企业的发展,产品种类不断丰富,业务范围和市场区域得到拓展,规模持续扩大,分权与放权的问题就会出现,这会使部分处于该阶段的企业急需在两者之间找到平衡,这样新的组织形式就应运而生了。

5. 企业文化

企业文化管理是基于"以人为本"的理念,以人为管理主题,通过对具有统一的理想信念、价值观念、行为规范和心理特征的企业群体意识的培养,以及企业制度文化、物态文化的构建以形成适合企业自身的最佳的经营管理机制。

企业组织结构反映的就是员工的分工协作和沟通关系。企业文化的建设就是要建立高信任度的组织。信任是产生交易的前提,无论是企业内部的交易还是企业与企业之间的交易,缺乏信任意味着交易成本增高。管理人员与被管理人员之间缺乏信任关系,就不敢授权、分权,就会大幅缩减管理人员的管理幅度,组织内部中层管理人员增多,管理层次增加,最终组织结构高耸,管理成本增大。

6. 领导风格

领导风格的变化可导致企业采取不同的管理方式,从而也会使企业组织结构发生相应变化。不同的领导风格集权、分权的程度也不同,最为集权的管理方式是控制型管理,领导直接参与日常经营,给下属直接的经营指令,下属没有任何决策权,完全按照领导者的决策执行。分权、集权的不同,对组织结构的设计要求也就不相同。

企业的高层决策者必须不断审视内外部环境因素,把握关键要素的变化趋势,调整内部结构,使组织结构适应当前的内外环境。

组织结构设计的结果是形成组织结构。组织结构的模式可用以下方式来表示。

(1)组织图。组织图也称为组织树,用图形表示组织的整体结构、职权关系及主要职能。组织图一般描述下列几种组织结构及管理关系方面的信息:权力结构、沟通关系、管理范围、分工情况、角色结构和组织资源流向等。

(2)职位说明书。职位说明书是说明组织内部的某一特定职位的责任、权力及其工作关系的书面文件,包括职位名称、素质能力要求、工作内容和工作关系等。

(3)组织手册。组织手册是职位说明书与组织图的综合,用以说明组织内部各部门的职权、职责,以及每一个职位的主要职能、职责、职权及相互关系。

(三)组织结构设计的原则

1. 目标统一原则

组织设计以酒店战略、经营目标和任务为主要依据,因事设职,因职设人,以实现经营利润最大化。

2. 管理幅度原则

管理幅度指的是一名上级领导直接领导下级的人数。最适当的管理跨距设计并无固定的法则,具体人数受人员素质、沟通渠道、职务内容、组织文化、所辖地域等因素的影响而变化。

3. 统一指挥原则

统一指挥的原则有利于组织的各项指令顺利地从上至下传递,使得各项管理决策高效贯彻执行,也可避免员工接受多方指令而无所适从的情况。

4. 责权对等原则

组织中的每个部门和岗位都必须完成特定的工作任务,完成任何工作都必须借助于一定的资源,因此,组织结构设计除规定各部门和岗位应履行的责任外,还应对其拥有的权限做出规定,以促进工作任务的完成,但应杜绝权大于责的情况,以免出现滥用权力的现象。

5. 精干高效原则

将相同或相近的工作集中在同一个部门中,配置少而精的主管人员,减少不必要的工作量,提高管理效率,使员工有充分施展才能的余地,使组织具有高效性和灵活性。

(四)组织结构设计的步骤

通常可以按以下步骤来进行组织结构设计。

(1)确立组织目标。通过收集及分析资料,进行设计前的评估,以确定组织目标。

(2)划分业务工作。根据组织的工作内容和性质,以及工作之间的联系,将组织活动组合成具体的管理单位,并确定其业务范围和工作量,进行具体的工作划分。

(3)提出组织结构的基本框架。按组织结构设计要求,确定组织的层次及部门结构,形成层次化的组织管理系统。

(4)确定职责和权限。明确规定各层次、各部门以及每一职位的权限、责任,一般用职位说明书或岗位职责等文件形式来表达。

(5)设计组织的运作方式。具体包括:①联系方式的设计,即设计各部门之间的协调方式和控制手段；②管理规范的设计，确定各项管理业务的工作程序、工作标准和管理人员应采用的管理方法等；③各类运行制度的设计。

(6)决定人员配备。按职务、岗位及技能要求，选择配备恰当的管理人员和员工。

(7)形成组织结构。对组织结构设计进行审查、评价及修改，并确定正式组织结构及组织运作程序，最后颁布实施。

(8)调整组织结构。根据组织运行情况及内外环境的变化，对组织结构进行调整，使之不断完善。

(五)组织结构设计的实现

组织在设计好组织结构方案并进行整合之后，接下来就需要将这种新的组织结构设计方案应用到组织当中，使之能够起到提高企业绩效的作用。组织在系统思想的指导下，将纸上的方案应用到组织当中，促使组织发生一些变化，这一转变的过程称作组织结构设计的实现。组织结构设计的实现在一定意义上等同于变革，但又不同于变革。

1. 组织结构设计实现的过程

组织结构设计的实现对企业来说，是极具挑战性的。其实现的过程所针对的不仅仅是实现对象本身的硬性环境，还要涉及环境营造、企业价值观重塑、沟通体系重建等方面的辅助工程。组织设计的实现必须进行全面的规划和管理，制订出科学的程序，最后一步一步地完成组织结构设计的实现。通常将组织结构设计的实现过程分为准备、实施和评估三个阶段。

(1)准备阶段，必须创造出组织结构设计实现的动力，在组织成员中营造出一种乐于接受新的组织结构设计的氛围。

(2)实施阶段，组织要领导和管理组织结构设计实现的进程，组织结构设计实现的推动者需要寻求资源支持，并建立协调机制，在保证组织的正常工作和实现活动同时进行的基础上，确保组织各部分尽可能同时发生转变。

(3)评估阶段，收集有关实施进展情况和新组织结构设计方案的运行情况的信息，分析设计和实施过程中的问题，做出必要的调整。

2. 组织结构设计实现的步骤

1)准备阶段

个人和组织一般都倾向于维持现状，只有在对现状十分不满，并确切地了解将要到来的组织结构设计实现的程度和方向，以及其带来的好处后，组织和个人才会投入精力支持组织结构设计的实现。因此，产生实现动力的第一步是员工对现状产生不满意的感觉之后，清楚地描述组织的未来，向组织成员提供组织结构设计实现的正面预期。

(1)把握现状。为了解当前的现状，组织必须积极地依据客户的期望、竞争者的优势以及本行业和其他行业的领先者的情况来确定自己的基准，与之进行对比发现自己的不足之处。

所有的组织都有与特定的绩效状况或系列战略目标相关联的优势和劣势。在收集组织运营信息，并与期望的状况进行对比的过程中，发现企业已经到了必须进行巨大改革的程度，这样会自然而然地产生支持改革的动力。

(2)创造组织愿景。在准备阶段的第二项工作就是要构造一个组织愿景，传递组织结构设计实现所带来的正面预期。组织愿景可以由两部分组成。一是组织的核心意识形态。组织愿景的基础就是组织的核心意识形态，它描述了组织的核心价值观和目的，并且在较长时期内它是相对稳定的。核心意识形态能够为实施方案选择提供终极目标。二是一个生动的未来前景。典型可见的未来前景包括以下的几个基本要素:第一,有价值且鼓舞人心的目标;第二,渴望的未来状态。这一部分以生动的细节具体地描绘新的组织结构设计方案是如何实现上述大胆且有价值的成果,从成员的感情方面激励他们支持组织结构设计的实现。

2)实施阶段

组织结构设计的实现不会自动发生,需要投入大量的精力和行动。管理人员必须清楚需要动用多少资源来完成组织结构设计的实施,如资金是否充足、能够使用的时间是多少、是否拥有执行新任务的人员等。在实施阶段,高层管理人员还要弄清谁掌握着这些资源,以便综合调度使用。

这一阶段要努力辨别关键的利益相关者,并与其进行交流沟通,使其支持组织结构设计的实施。其一,辨别利益相关者。组织结构设计实施的推动者应努力发现那些从组织结构设计的实现中获益或受损的重要个体和团队,获得这些信息能使组织结构设计实施的推动者知道应该对哪些人和哪些集团施加影响,使他们接受并支持新的设计方案。其二,影响利益相关者。常用的影响利益相关者的策略包括:确定特定利益相关者的需要并提供新方案;说明给他们带来的好处;与有势力的个体和集团形成联盟或联合;直接与关键利益相关者交往;通过各种渠道来影响关键利益相关者,使其支持实施活动。

推行组织结构设计的实施,组织要制订一个行动计划,这个计划应当包括帮助企业每个人从自己目前的位置走向目标点的机制,应当涵盖情感、认知及行为等多个维度。

实施过程中,除了保证企业运营的各种组织和机制之外,还需要建立协调机制以协调企业各部分同时发生转变。协调机制的另一个作用是使组织结构方面的调整尽量不要影响正在向客户提供的产品和服务,否则,组织结构设计的实施就失去了其本意。

3)评估阶段

一旦组织结构设计方案开始实施,就应同时对其进行评估,评估不仅包括实施完成后对实施效果的评估,还包括实施过程中的评估。

(1)对组织结构设计实现的结果评价。

组织结构设计新方案的总体效果是很难全面衡量的,常用的评价方法有两种:效果的权变评价法和效果的平衡评价法。

①效果的权变评价法。

A. 目标评价法。目标评价法通过考察组织的产出目标以及测评组织在何种程度上实现了这些目标来衡量组织效果。这种方法的优点是产出目标易于衡量,缺点是组织的目标是多重的,而且有些是难以定量的主观指标。因此,衡量这些目标完成程度的客观性是这一评估方法需要注意的一个方面。

B. 资源评价法。资源评价法通过考察组织获取转换过程所需资源并成功加以整合和管理的能力来衡量组织的效能。这种评价方法的优点是当效果从其他方面的评价指标中难以评估时,这种方法就非常有用,缺点是这种方法对组织与外部环境中顾客需要的关系考虑不周。资源评价法最适合在目标达成的情况下难以衡量组织效果时使用。

C. 内部过程评价法。这种方法通过组织内部的健康状况和效率来衡量组织效果。这种评价方法的优点是同时考虑资源利用率与内部功能的协调性,不足之处是它没有评价总产出和组织与外部环境的关系,另外,对内部健康和运行状态的评价往往带有主观性。

②效果的平衡评价法。

A.利益相关者评价法。这是一种综合考虑组织的各种不同活动的评价方法,把利益相关者的满意程度作为评价组织绩效的尺度。这种评价方法的优点是它能够全面地反映组织的效果,特别是适应性方面,该方法既考虑到了组织内部因素也考虑到了外界环境因素,并且把对社会的责任也考虑了进去。该方法不足之处是有些指标难以衡量,如员工的满足、社区服务等,只能采取主观方法进行评价,这就影响了评价结果的准确性。

B.冲突价值评价法。它综合考虑了管理人员和研究人员所采用的各种不同的绩效标准,总结出能反映组织中持有相互冲突的管理价值观的人们对效果评价标准的各自不同的侧重。价值观标准的第一个维度是组织的关心点,指的是组织的主导价值观是关注内部因素还是外部因素。价值观标准的第二个维度是组织的结构,指结构设计的注重面是稳定性还是灵活性的。关心点和结构这两个维度结合起来,就形成了组织效果评价的四种模式。这种评价方法的主要贡献:一是它将效果的几个方面的不同认识有机地结合到一个模式中,它综合了产出目标、资源获取、人力资源开发等思想,把这些作为组织将要力图实现的目标;二是这种方法将效果标准提高到了价值观的高度来认识,并说明了各种看似对立的价值观是如何并存的。

(2)对组织结构设计实现的过程评价。

仅仅对组织结构设计实现的结果进行评估是不够的,还需要对改革过程本身进行评估。组织结构设计实现过程的评估包括两个方面的内容:一是组织结构设计实现过程是否按照原定规划进行;二是组织结构设计实现过程的效率和效果。组织结构设计实现过程中可能出现两类问题:一类是执行偏离原方案;另一类是方案与实际脱节。组织结构设计的实施执行机构应该区分不同的问题,并采取不同的办法解决问题。组织结构设计的实现过程的效率和效果可以从三个方面进行评估,分别是组织结构设计实现的成本、组织结构设计实现的速度及未预料到的行动和事件。

3.组织结构设计实现的阻力

组织结构设计实现的阻力分为个体阻力和组织阻力两个方面。

1)个体阻力

(1)担心失败的风险性。组织结构设计的实现常常具有很大的不确定性和风险性。这是客观上造成组织结构设计的实现阻力的原因之一。

(2)经济因素。经济收入在员工心目中有着举足轻重的地位,如果组织结构设计的实现会使员工的直接收入或间接收入降低,其必然会受到抵制。

(3)心理因素。组织结构设计的实现首先会打破原有的稳定格局,使现有已知的、确定的东西变得模糊不清和不确定,这意味着组织要打破员工原有的心理平衡,使他们产生某种程度的不安全感,因而组织结构设计的实现会受到抵制。

2)组织阻力

(1)组织惯性。组织惯性一种是组织结构层面上的惯性行为,另一种是组织的思维惯性。组织的惯性思维可以帮助组织稳定现状,但对于组织的进一步发展会产生阻碍。

(2)资源限制。除了一些组织想保持现状外,有些组织很想进行变革,却没有足够的资源。另外,现存的基础设施如组织体系、技术、设备及组织结构等难以支持新的工作方式,或者组织可能根本无法获得变革所需的大量资金和时间。

(3)组织文化。文化支撑着组织的长远发展。企业文化一旦成为传统,就会认为某些行为是理所当然的,一旦进行组织变革,文化就会在深层左右员工的行为。落后的企业文化会束缚组织前进的脚步,成为组织结构设计实现的阻力。

(4)组织间的协议。组织间的协议给员工规定了道义上、法律上的责任,这种协议可以约束员工的行为,组织所做的变革如果波及一些其他组织的成员的情绪,那么那些组织就会通过某种方式进行干预。

二、工作设计

工作设计指组织为了提高工作效率和员工的满意度,而完善或重新整合、修改工作描述和工作资格要求的行为或过程。一般而言,组织在三种情况下需要进行工作设计:①工作设置不合理的现象频发,如有些员工工作量大到无法完成,有些员工工作量小到无事可做;②组织计划重新组合资源或改革现有管理模式;③员工普遍对工作失去兴趣而导致工作积极性不高。

(一)工作设计的形式

1. 工作轮换

工作轮换是指在不同的时间段,员工在不同的岗位上进行工作。工作轮换可以给员工更多的发展机会,让员工产生工作新鲜感,并且让员工有机会学习更多的工作技能。其不足之处在于,由于任职资格的限制,大多数工作无法实现轮换,另外,轮换岗位的员工需要时间熟悉新工作,工作效率在一段时间内较低。

2. 工作丰富化

工作丰富化也称工作垂直扩大化,是通过更多、更有意义的义务和责任,使员工得到工作本身的激励和其带来的成就感,以此增加员工的自主性,提高员工工作的效率。

3. 工作扩大化

工作扩大化,也可以称作工作横向延伸,指扩大员工工作范围。在员工熟悉某项工作后给员工提供更多的工作,同时也相应地提高待遇。

4. 以员工为中心的工作再设计

将组织的战略、使命与员工对工作的满意程度相结合。员工可以对工作的改变提出自己的看法,并说明工作改变的意义。

(二)工作设计的方法[①]

根据学者在多学科中研究的成果,有四种工作设计方法存在,具体如下。

1. 激励型工作设计方法

激励型工作设计方法侧重于可能会对工作任职者心理状态以及潜力产生激励影响的工作特征。该方法把态度看作工作设计的结果,认为可以通过增加工作要求、赋予员工更多责任、赋予员工自主权、定期反馈以及培训等五条原则来充实工作的意义,从而激励员工。技能的多样化、任务的完整性、工作的重要性、工作的自主性和任务结果的反馈等五个方面的工作特征能使员工工作效率提高、内在动力加强、缺勤率及离职率降低。

2. 机械型工作设计方法

机械型工作方法设计源于古典工业工程学。该方法通常以任务专门化、技能简单化及重复

---

① 李燕萍,《人力资源管理》,武汉大学出版社,2002。

性为基本思路,力求工作变成最简单的模式,使任何人只要经过快速培训就可以很容易地完成工作。

此种方法力求将工作设计得越简单越好,可以减少组织对个人的依赖,减少对高技能员工的需求。

3. 生物型工作设计方法

该方法是以人体工作的方式为中心对物理环境进行安排,力求将员工身体的紧张程度降到最小。该方法常用在对体力要求比较多的工作进行的设计中,通过降低工作的体力要求使每个人都能完成工作。

4. 知觉运动型工作设计方法

知觉运动型工作设计方法强调人类的心理能力和心理局限。采用该方法进行工作设计时,通常以能力最差的人能达到的能力水平为基准,以使具有这种能力的人能完成任务为标准进行设计工作,起到降低工作认知度的作用。

综上所述,管理人员在进行工作设计时,应根据每种方法的优劣与设计成本,综合平衡比较,选择适合的方法进行。不同的工作设计方法对工作特征的不同描述如表2-10所示。不同的工作设计方法的结果总结如表2-11所示。

表2-10　不同的工作设计方法对工作特征的不同描述

● 激励型工作设计方法
(1)自主性:这种工作允许承担者在工作时间、工作顺序、工作方法、工作程序、质量控制以及其他类型的决策方面拥有自由、独立完成或者见机行事的决策权吗?
(2)内在工作反馈:工作活动本身能够提供有关工作绩效的有效性(用数量和质量来衡量)的直接而清晰的信息吗?
(3)外在工作反馈:组织中其他人(管理人员和同事)能够提供有关工作绩效(用数量和质量来衡量)方面的有效性信息吗?
(4)社会互动:工作本身能够提供积极的社会互动(比如团队工作或者同事协助)吗?
(5)任务/目标清晰度:工作的责任、要求和目标清晰而具体吗?
(6)任务多样性:工作的责任、任务和活动具有多样性吗?
(7)任务一致性:工作要求承担者完成一项具有一定整体性和具有可辨认性的工作吗?它是否给任职者提供一个完成全部工作的机会?
(8)能力/技能水平要求:工作要求较高水平的知识、技能和能力吗?
(9)能力/技能多样性:工作要求承担者具备多种不同类型知识、技能和能力吗?
(10)任务重要性:通过组织中的其他工作相比,这种工作是否具有显著性和重要性?
(11)成长/学习:工作是否提供学习以及在能力和熟练程度方面成长的机会?

● 机械型工作设计方法
(1)工作专门化:从工作的目的或者工作活动角度来说,工作是高度专门化的吗?
(2)工具和程序的专门化:就目的来看,在这种工作中所使用的程序、原材料是高度专门化的吗?
(3)任务简单化:工作任务是比较简单、不复杂的吗?
(4)单一性活动:工作要求任职者在同一时间内只从事一项任务吗?是否要求任职者同时或者连续完成多项活动?
(5)工作简单化:工作所要求的技能相对较少,同事要求的培养时间也相对较短吗?

(6)重复性:工作要求在职者重复不断地执行相同的一种或多种活动吗?
(7)空闲时间:在工作的各种活动之间只有很少的空闲时间吗?
(8)自动化:工作中的许多活动都实现了自动化或者能够得到自动化设备辅助吗?

● 生物型工作设计方法
(1)力量:工作只要求非常小的肌肉力量吗?
(2)抬举力:工作只要求相当小的抬举力或者只要求任职者举起相当轻的物体吗?
(3)耐力:工作只要求相当弱的肌肉忍耐力吗?
(4)座位设置:工作中的座位安排恰如其分吗?是否有足够的机会坐下来、有舒适的座椅以及良好的坐姿支持等?
(5)体格差异:从间隙距离、伸手距离、眼的高度以及腿的放置空间等方面来看,工作场所能容纳不同体格的人吗?
(6)手腕运动:工作允许人的手腕伸直而没有过多的运动吗?
(7)噪音:工作场所有过多的噪声吗?
(8)气候:从湿度和温度的角度来看,工作场所中的气候舒适吗?有过多的灰尘和烟雾吗?
(9)工作间隔:根据工作的要求,任职者有充分的工作间隔时间吗?
(10)轮班工作:工作要求任职者从事轮班工作或者过多的加班工作吗?

● 知觉运动型工作设计方法
(1)照明:工作场所的照明充分并且不刺眼吗?
(2)显示:工作中使用的显示器、量器、仪表以及计算机之类的设备容易识别和理解吗?
(3)程序:工作中所使用的计算机之类的设备中的应用程序容易被学会和应用吗?
(4)其他设备:工作中所使用的所有其他设备都容易被学会并被使用吗?
(5)打印式工作材料:工作中所使用的设备都容易被学会并被使用吗?
(6)工作场所布局:工作场所的布置对于工作者完成工作的过程是否便利?
(7)信息投入要求:完成工作所需要的注意力是非常少的吗?
(8)信息产出要求:从活动和沟通两个方面来说,雇员必须从工作中获得的信息输出是非常少的吗?
(9)信息处理要求:从思考问题和解决问题的角度说,在工作中必须加工的信息数量是非常少的吗?
(10)记忆要求:在工作中必须记住的信息数量非常少吗?
(11)压力:工作中需要承受的压力相对较小吗?
(12)厌烦:对工作产生厌烦的可能性非常小吗?

表 2-11 不同的工作设计方法的结果总结

工作设计方法	积极的结果	消极的结果
激励型工作设计方法	更高的工作满意度; 更高的激励性; 更高的工作参与度; 更高的工作绩效; 更低的缺勤率	更多的培训时间; 更低的利用率; 更高的错误概率; 精神负担和压抑出现的可能性更大;

续表

工作设计方法	积极的结果	消极的结果
机械型 工作设计方法	更低的工作满意度； 更高的利用率； 更低的差错率； 精神负担和压力出现的可能性更低	更少的培训时间； 更低的激励性； 更高的缺勤率
生物型 工作设计方法	更少的体力付出； 更低的身体疲劳度； 更少的健康抱怨； 更少的医疗事故； 更低的缺勤率； 更高的工作满意度	由于设备或工作环境的变化带来更高的财务成本
知觉运动型 工作设计方法	出现差错的可能性降低； 发生错误的可能性降低； 较低的激励性； 精神负担和压力出现的可能性降低； 更少的培训时间； 更高的利用率	较低的工作满意度

本章小结

工作分析是人力资源管理工作的一项基础性工作，对于其他人力资源管理实践如招聘、考核、奖惩、开发等工作的顺利开展起着很重要的作用。本章对工作分析的概念和用途、工作分析的步骤和方法、工作描述和工作规范的内容、酒店组织结构设计和工作设计的有关内容进行了阐述。工作描述和工作规范是职务分析的结果，主要用来说明工作的范围、目的、任务与责任，以及任职者要完成工作所需要的资格。

【课后作业】

(1)请简述工作分析的基本术语及含义。
(2)请简述工作分析的主要内容与基本方法。
(3)请简述工作分析的基本程序。
(4)请简述常见的组织结构类型及特点。
(5)请简述工作描述的主要内容及撰写要点。
(6)请简述工作规范的主要内容及撰写要点。
(7)尝试选择熟悉的酒店对其设置的某具体岗位进行工作分析，写出工作描述和工作规范。
(8)观察下面的组织结构图(见图2-2和图2-3)，分析它们分别采用何种类型的组织结构，有何优缺点。

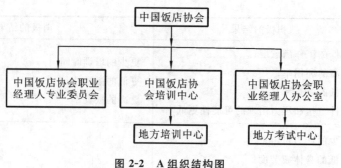

图 2-2　A 组织结构图

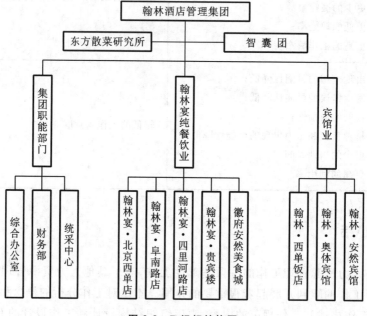

图 2-3　B 组织结构图

【课外阅读】

管理岗位工作规范内容

管理岗位工作规范内容一般包括 4 类 13 个项目。

1. 知识要求

知识要求指胜任本岗位工作应具有的知识结构和知识水平,由以下 6 项组成。

(1) 最低学历。

(2) 专门知识,即胜任本岗位工作要求具备的专业基础知识与实际工作经验。

(3) 政策法规知识,即具备的政策、法律、规章或条例方面的知识。

(4) 管理知识,即具备的管理科学知识或业务管理知识。

(5) 外语水平,指因专业、技术或业务的工作需要,对一种或两种外语应掌握的程度。

(6) 相关知识,即本岗位主要的专业知识以外的其他相关的知识。

知识要求可采用"精通、通晓、掌握、具有、懂得、了解"6 级表示法来进行评定。

2.能力要求

能力要求指胜任本岗位工作要求具备的主观条件,包括以下7项。

(1)理解判断能力:对有关方针、政策、文件、理论、目标、任务的认识与领会程度,对本职工作中各种抽象或具体问题的分析、综合与判断能力。

(2)组织协调能力:组织本部门人员开展工作以及与有关部门人员协同工作的能力。

(3)决策能力:从整体出发,对方向性、全局性的重大问题进行决断的能力。

(4)开拓能力:对某一学科、业务或工作领域进行研究、开发、创新、改革的能力。

(5)社会活动能力:为开展工作在社会交往、人际关系方面应具有的活动能力。

(6)语言文字能力:在撰写论著、文章,起草文件、报告,编写计划、情况说明、业务记录,讲学,演说,宣传等方面应具有的文字和口头语言表达能力。

(7)业务实施能力:在具体贯彻执行计划任务的过程中,处理工作业务,解决实际问题的能力。

3.经历要求

经历要求指胜任岗位工作所一般应具有的工作年限、从事低一级岗位的经历,以及从事过与之相关的岗位工作经历。

4.职业道德要求

通过职业道德水平的分析,管理人员应具备诚信、公正、敬业、规范等品质。

第三章　酒店人力资源规划

【学习目标】

了解战略人力资源管理的内涵和人力资源战略模式。
了解人力资源管理战略制订的程序。
了解酒店人力资源规划的内容。
掌握酒店人力资源预测的方法。
掌握酒店人力资源供需不平衡的解决措施。

【案例导入】

鼎文酒店集团的扩张

一、背景

鼎文酒店集团（下文简称集团）最初只是一家普通的国有宾馆，由于地处国家著名的旅游景点附近，故迅速发展壮大，原有宾馆已经推倒重建，现已建成一家五星级大酒店。

集团在此尝到甜头后，先后在四个旅游景点附近收购了四家三星级的酒店。对于新收购的酒店，集团只是派去了总经理和财务部全班人马，其他人员都采取本地招聘的政策。因为集团认为服务员容易招到，而且经简单培训就可以上岗，所以只是进行简单的面试，只要应聘者长相顺眼就可以，与此同时，为了降低人工成本，服务员的工资比较低。

二、问题

赵某是集团新委派的下属一家酒店的总经理，刚上任就遇到酒店西餐厅经理带着几名熟手跳槽的事情，他急忙叫来人事部经理商谈此事，人事部经理满口答应立即解决此事。第二天，赵某去西餐厅视察，发现有的西餐厅服务员摆台时把刀叉经常摆错，有的不知道如何开启酒瓶，领班除了长得顺眼和会一味傻笑外，根本不知道如何处理顾客的投诉。紧接着仓库管理员跑来跟赵某说发现丢失了银质的餐具，怀疑是服务员小张偷的，但现在已经找不到小张了。赵某一查仓库的账本，发现很多东西都写着丢失。赵某很生气，要求人事部经理解释此事，人事部经理辩解说因为员工流动率太高，多数员工都是才来不到10天的新手，餐厅经理、领班、保安也是如此，所以做事不熟练，丢东西比较多。赵某忍不住问："难道顾客不投诉吗？"人事部经理回答说："投诉，当然投诉，但没关系，因为现在是旅游旺季，不会影响生意的。"赵某对于人事部经理的回答非常不满意，他又询问了一些员工后，发现人事部经理经常随意指使员工做各种事情，甚至是接送人事部经理的儿子上下学、给他的妻子送饭等，如果员工不服从，立即开除。赵某考虑再三，决定给酒店"换血"——重新招聘一批骨干人员，于是给集团总部写了一份有关人力资源规划的报告，申请高薪从外地招聘一批骨干人员，并增加培训投入。同时，人事部经理也给集团总部写了一份报告,说赵某预算超支,还危言耸听导致人心惶惶,使管理更加困难,而且违背了员工本地化政策。

案例思考

(1)赵某写给总部的有关人力资源规划的报告中的想法是否正确?酒店是否必须从外地雇用一批新的骨干人员?

(2)赵某应当采取哪些措施以解决酒店目前面临的问题?

(3)酒店的人力资源规划重点应该是什么?服务员是否需要进行规划,或者等到需要时再招聘?

(4)赵某应当与什么人一起完成酒店的人力资源规划?在进行人力资源规划的过程中,会遇到哪些问题?如何解决?

第一节 人力资源战略

一、战略人力资源管理的内涵

战略人力资源管理(strategic human resources management,SHRM)产生于20世纪80年代中后期,近一二十年来这个领域的发展令人瞩目。对这一思想的研究与讨论日趋深入,并被欧、美、日企业的管理实践证明是获得长期可持续竞争优势的战略途径。相对于传统人力资源管理,战略人力资源管理定位于支持企业的战略发展中发挥人力资源管理的作用和职能。目前,学术理论界一般采用的定义是企业为能够实现目标所进行和所采取的一系列有计划、具有战略性意义的人力资源部署和管理行为。

传统人力资源管理与战略人力资源管理在许多方面有根本的区别(见表3-1)。传统人力资源管理方法将人员管理的主要职责放在公司人力资源部门的职能管理专家身上,而战略人力资源管理方法将人力资源管理职责放在与员工接触最多的业务管理人员身上。战略人力资源管理强调组织中的管理者,无论在哪个职能领域,都是人力资源管理人员。

表 3-1 传统人力资源管理和战略人力资源管理的区别

区 别 点	传统人力资源管理	战略人力资源管理
职责	职能专家	直线管理人员
焦点	员工关系	与内部、外部客户的合作关系
角色	事务工作者、变革的追随者和响应者	事务工作者、变革的领导者和发起者
创新	缓慢、被动、零碎	迅速、主动、整体
时间视野	短期	短期、中期、长期(根据需要决定)
工作设计	紧密型的劳动部门、独立、专门化	广泛的、灵活的、交叉培训、团队化
企业的关键投资	资本、产品	人、知识
经济责任	成本中心	投资中心

(一)战略人力资源管理的特点

现代人力资源管理不仅包括行政管理和事务管理两个方面,更显著的变化是它已成为企业战略管理的一个重要组成部分,人力资源管理在现在和未来的企业中会发挥行政管理、事务管理和战略管理三个方面的作用。战略人力资源管理的特点主要有以下几点。

1. 关键性

在传统的人事管理中,人事管理在企业管理中的地位通常较低,人事管理更多地停留在辅助性、作业性的层面。然而在当今社会,人已成为企业获取竞争优势的关键性资源。因此,企业决策层在研究企业战略发展时,日益需要考虑人力资源的配置问题,从战略的角度来研究人力资源的开发、培养和使用,而不只是让人力资源被动地做出反应。

2. 开发性

传统的人事管理将人力视为成本,因此,企业想方设法降低人力资源投资以降低成本。而战略人力资源管理则将人力视为组织的核心资源,企业愿意对人力资源进行开发投资,以激发员工的潜能,发挥团队能力的辐射力量,去培养长期、持久的实力。

3. 整体性

传统的人事管理不涉及其他职能部门的工作,而战略人力资源管理则以整合的方式统筹环境、战略及情景因素,对人的管理不再局限于人力资源管理部门,而是从组织整体、跨部门的角度去思考。在现代企业管理中,每一位管理者都有义务指导、培训、约束、激励下属人员,提升下属人员的职业境界,提升下属人员的人力资本价值。

4. 系统性

在传统的人事管理中,对员工管理的几个互相联系的阶段——招聘、培训、使用、考核、奖励等往往被人为地分割开,孤立地进行管理,其结果很可能使员工感到沮丧、士气不足,有损企业的竞争力。而战略人力资源管理则要求人力资源管理的各个部分有机地结合起来,进行系统化管理,以创造出一种协同效果,使员工明确可以期望什么,得到什么回报,以及什么事是重要的,从而增强员工对工作的投入,帮助企业利用自己的竞争能力来对付竞争对手。

5. 竞争性

传统的人事管理所做的工作大多是一些细节性的、单纯"技术"性的工作,活动范围有限,以短期导向为主。而战略人力资源管理的重点放在企业可持续竞争优势上,它的目的是发挥人力资源管理在企业制订战略和执行战略中的战略伙伴作用,帮助企业制订竞争战略,并争取与企业竞争战略相配合的人力资源管理制度和政策,使企业能够有效地开发和利用人力资源,从而提高企业经营绩效和市场竞争力。

从战略高度来看,企业要获得竞争优势,就必须有效地利用人力资源。人力资源管理在战略管理中的作用表现为:企业中的"人"比其他有形的资源更有价值。

(二)人力资源管理在战略管理中的作用

要完成企业的目标,组织必须进行外部和内部 SWOT 分析(即优劣势分析)。战略管理者将战略选择与实现企业战略目标的能力进行分析,做出战略选择,即描述一个组织通过什么样的途径来完成其使命并且达到其长期目标的组织战略。

在进行组织外部环境分析时,决策者必须注意将外部的机会和威胁与人力资源联系在一起。在日益竞争激烈的市场中,人才的竞争将越来越激烈。人力资源管理所扮演的角色之一就是从人力资源的角度密切关注与外部环境相关的机会与威胁,包括潜在的劳动力短缺、竞争对手的工资水平、对人员雇用产生影响的政府法律和规章制度等。若企业没有意识到与人力资源相关的外部环境威胁的存在,那么企业将在劳动力市场或人力市场中处于不利的竞争地位。

对企业的内部环境的优劣势进行分析时,同样也需要人力资源部门的参与。如果人力资源职能是构建战略管理的战略伙伴关系,战略规划者必须将人力资源管理与企业使命、目标、机会、威胁、优势和劣势等联系起来,找出战略选择前考虑到的所有与人有关的问题。虽然这只是战略形成,并不能保证企业战略取得成功,但是企业最终要选择能够获得成功的战略。目前,许多企业已经认识到在激烈的竞争环境中,战略人力资源管理能够为企业提供一种竞争优势,为了从战略高度对人力资源进行管理,多数企业必然会实现人力资源与战略决策一体化联系。

人力资源管理职能在执行战略过程中能发挥重要作用。企业的战略决定了对人力资源管理的特定需求。一般而言,企业战略实施的结果主要取决于五个重要的变量:组织结构,工作任务设计,人员的甄选、培训与开发,薪酬系统,信息及信息系统的类型。在这五个变量中,人力资源管理对其中的工作任务设计,人员的甄选、培训与开发,薪酬系统这三个变量负有责任,同时还对组织结构、信息及信息系统有直接影响。

(三)人力资源战略管理的重要性

由于企业战略越来越以人为中心,企业变革中的人力资源内涵也突显出来,并得到管理人员的重视。人力资源战略是组织为适应外部日益变化的需要和人力资源开发与管理日益发展的需要,根据组织的发展战略,充分考虑员工的期望,而制订的人力资源管理纲要性的长远规划,对人力资源管理具有指导作用,是组织发展战略的组成部分,也是组织战略实施的有效保障。

1.有利于企业适应外部经营环境的变化

人力资源部首先能够做的就是在企业高层制订企业战略规划时,向他们提供有关企业外部机遇和所受威胁方面的情报。比如,对于严重依赖初级劳动力的企业来说,劳动力供给方面的计划就十分重要。

人力资源管理部门还可提供竞争对手所使用的激励计划的详细情况,从员工意见调查中收集的顾客的意见等方面的信息。

2.有利于分析企业内部的优势和不足

人力资源管理部门在帮助最高管理者制订企业战略规划时所能做的第二件事就是提供有关企业内部优势和劣势的信息。

许多计划之所以失败是因为它们与企业当时的人力资源状况不吻合。在企业兼并过程中,企业管理人员如果对被兼并企业的员工士气、企业文化的不相容性以及工资和福利计划的接轨这一类问题加以考虑,那么必将是大有裨益的。

由此可见,人力资源管理部门对企业优势和劣势所进行的分析是制订企业战略规划的一个重要信息来源。人力资源管理部门在制订企业战略规划中也起到重要作用,如从人才的管理以及企业薪资计划的制订等方面都可以显示出来。当前,企业战略应越来越多地考虑到被兼并对象在人力资源条件方面的吸引力,由于新技术引进而带来的潜在人员问题,企业实行的战略在人力资源方面的优缺点等。

3.帮助企业成功地实施战略

企业的战略计划如果想成功实施,必须要有人力资源管理部门的积极参与。人力资源管理者在帮助执行企业战略时可以起到的作用包括：创造适当的企业文化；企业兼并后将关键的员工保留在企业中；确定员工需要什么样的培训；解决各种可能产生的人力资源管理问题，等等。尤其是在一个日益趋向服务型和高技术化的经济中，具有献身精神的员工越来越成为企业取得竞争优势而做出的一种必然选择。由此，人力资源管理已被置于一种帮助企业取得这种献身精神的位置上。

4. 对人力资源管理工作具有指导作用

人力资源战略可以帮助组织根据市场环境变化与人力资源管理自身的发展，建立适合本企业组织特征的人力资源管理方法，如：根据市场变化趋势，确定人力资源的长远供需计划；根据员工期望，建立与时代相适应的激励制度，用更合理、先进的方法降低人力资源管理成本；根据科学技术发展趋势，有针对性地对员工进行培训和开发，以提高员工的适应能力，适应未来科学技术的发展要求。由于人力资源战略充分考虑环境的不断变化，它也有利于组织不断根据人力资源战略、时代的特征、环境以及劳动者的价值观念而采用不同的方法。

二、企业人力资源战略模式

企业的人力资源战略是一项职能战略，它是整个企业战略的组成部分，与企业的其他战略如财务战略、营销战略等一起构成了企业的战略系统。企业人力资源战略的制订既要受到外部因素的制约，又要受到内部因素的影响。不同的企业，其人力资源战略往往有很大的差异性。很多学者提出了不同的人力资源战略模式，以下是两种被普遍接受的人力资源战略模式。

（一）戴尔和霍德的人力资源战略模式

根据戴尔（Dyer）和霍德（Hoder）的分类方法，可以将企业人力资源战略分为以下三种类型。

1. 诱因战略

采用诱因战略（inducement strategy）的组织主要目的是寻求具有高度稳定性和可靠性的员工，并且依赖于高薪酬政策来留住员工，与员工之间表现为纯粹的利益交换关系。诱因战略主要有以下几个方面的特点。

（1）强调对劳工成本的控制。采用该战略的企业一方面会严格控制员工的数量，另一方面在招聘中多选择有经验、技能高度专业化的求职者，以降低招聘员工和培训员工所需要的费用。

（2）员工的工作职责很明确。这类企业强调目标管理，用合理的分析和明确的工作责任来降低服务过程中的不确定性。

（3）富有竞争力的薪酬水平。通过提供丰厚的薪酬，提高对人才的吸引力，力求吸引到业内的尖端人才，形成稳定的高素质员工队伍。同时富有竞争力的薪酬水平可以帮助企业吸引高度专业化的员工，降低培训费用。

（4）薪酬与绩效联系密切。这类企业提供的薪酬中绩效薪酬占有很大比例，员工报酬与个人绩效和努力程度之间的联系比较紧密。

（5）企业与员工的关系比较简单。这类企业与员工之间的关系比较简单，以单纯的利益交换关系为主。

2. 投资战略

采用投资战略（investment strategy）的组织多处于成长期或不断变化的环境中，将雇佣关系建立在长期的观点上,雇佣多于组织需要的人力资源数量,同时相当重视员工的培训,以期拥有多技能的员工能多为组织做贡献。其特点主要有以下几方面。

(1)强调人力资源的投资,重视人员的培训和开发,鼓励员工的学习和自我发展,鼓励员工自身知识的积累。

(2)在招聘中强调人才的储备。采用这种战略的企业在招聘中会聘用数量较多的员工,并注意持续培训开发人才。

(3)员工被赋予广泛的工作职责。分工和工作职责界定不明晰,工作内容比较广泛,给员工提供充分展示自我的舞台,以利于员工的创新。

(4)注重良好的劳资关系和宽松的工作环境。这类企业把员工视为合作伙伴,对员工短期绩效要求较少,而更看重充分挖掘员工的工作潜质,注重员工的长期发展和长期服务。

3. 参与战略

采用参与战略(involvement strategy)的组织将权力下放到最基层,提高员工的参与性、主动性和创新性,让员工有参与感,并能与其他成员互动。参与战略的特点具体如下。

(1)鼓励员工参与企业的管理和决策,为员工提供多种渠道和机会,赋予员工参与决策的权利。

(2)管理人员是指导教练。管理人员不干预员工的工作,给员工较大的自主权,只为员工提供必要的咨询和帮助。

(3)注重员工的自我管理和团队建设。充分授权是这类企业的最大特点,鼓励员工的团队工作,培养团队精神。

(二)巴伦和克雷普斯的人力资源战略模式

巴伦(Baron)和克雷普斯(Kreps)将企业的人力资源战略分为以下三种类型。

1. 内部劳动力市场战略

内部劳动力市场战略要实现两个人力资源管理目标:①维护企业独特的知识资本;②使选拔和培训成本最小化。内部劳动力市场战略的特点具体如下。

(1)企业内部层级分明。官僚等级式的制度,为员工提供较多的晋升机会。

(2)强调内部招聘渠道。除初级岗位外,企业内的绝大多数职位都通过内部晋升填补,鼓励员工长期为企业效力。

(3)提供工作保障和发展机会。加强员工对企业的忠诚,维护企业独特的知识资本。

2. 高承诺战略

高承诺战略的目标是最大限度地提高员工的产出,增强员工对组织的认同感。高承诺战略的特点包括以下两点。

(1)更加认同扁平化的组织结构和团队合作。高承诺战略通过保证一定的员工流动率来获取企业所需要的知识和能力资本。

(2)体现工作成果差别的薪酬制度。用薪酬承认员工工作成果的差异,鼓励员工最大限度地提高产出。

3. 混合战略

混合战略是介于内部劳动力市场战略和高承诺战略之间的一种战略模式,它既有内部劳动力市场的工作保障和内部晋升,也采用了高承诺战略中基于工作成果的绩效考核和薪酬方案。

三、人力资源战略与组织战略的匹配

企业的组织战略是人力资源战略的直接决定因素,同时人力资源战略作为一项职能战略又直接促进组织战略的实现。在人才的竞争中,只有人力资源战略与组织战略协调一致,才能够帮助企业获得竞争优势,最终实现组织目标。

世界上许多著名的跨国企业一般通过以下三种途径将人力资源的管理与公司的经营战略相联系:一是为实现公司战略目标而选择人力资源管理模式;二是在一定战略目标或环境下预测人力资源的需求并实施管理;三是在战略目标与组织结构相统一的整体中努力融入人力资源管理。

(一)波特的组织战略分类下的人力资源战略

波特将组织战略分为低成本战略、差异化战略和集中化战略三种类型,并据此提出了相应的人力资源战略模式。

实施低成本战略的企业需要清晰地界定员工的工作范围,并规定他们的工作技能要求,加强在技能领域的培训工作,旨在提高员工的生产效率。此外,实施低成本战略的企业推行内部一致性较强的薪酬体系,管理人员与下属的工资差距比较大。[①]

实施差异化战略的企业强调员工具有创新精神和合作精神,因此不要求员工工作界限的明确,为员工提供松散的工作规则,分配多种任务,同时在绩效考核中更多地关注个人的表现,以绩效考核作为员工发展的依据,并且为员工提供多种发展渠道。在薪酬的制定上,更加关注薪酬的外部公平,因为企业会比较多地采用外部招募。

集中化战略结合了低成本战略和差异化战略的特点。

波特的组织战略分类下的人力资源战略模式如表3-2所示。

表3-2 波特的组织战略分类下的人力资源战略模式

组织战略	组织战略特点	人力资源战略模式
低成本战略	持续的资本投资; 严密地监督员工; 严格的成本控制,要求经常性的详细的控制报告; 低成本的配置系统; 结构化的组织和责任; 产品设计以制造上的便利为原则	有效率的生产; 明确的工作说明书; 详细的工作规划; 强调技术上的资格证明与技能; 强调与工作有关的特定培训; 强调以工作为基础的薪酬发放制度; 使用绩效考核作为控制的机制
差异化战略	营销能力强; 产品的策划和设计先进; 基础研究能力强; 以质量或科技领先著称; 公司的环境可以吸引高技能的员工、高素质的科研人员或具有创造力的人	强调创新和弹性; 工作类别多; 松散的工作规则; 外部招募; 注重团队基础的工作; 强调以个人为基础的薪酬发放制度; 使用绩效考核为发展工具
集中化战略	结合了低成本战略和差异化战略的特点	结合了上述人力资源战略模式的特点

---

① 张一驰、张正堂,《人力资源管理教程》(第二版),北京大学出版社,2010。

(二) Miles 和 Snow 战略分类下的人力资源战略

Miles 和 Snow 将组织战略分为防御者战略、分析者战略和探索者战略。实施防御者战略的企业强调标准和稳定,强调对员工的能力、技能和知识的开发培训,建立稳定的员工队伍。推行分析者战略的企业则强调员工的创新,鼓励员工自我发展,以期提供低成本的独特产品。采用探索者战略的企业要持续开拓新市场,因此雇用有丰富经验、高技能的少量员工,以求资源配置的快速。Miles 和 Snow 的组织战略分类下的人力资源战略模式如表3-3所示。

表3-3 Miles 和 Snow 的组织战略分类下的人力资源战略模式

组织战略	组织战略特点	人力资源战略模式
防御者战略	产品市场狭窄; 效率导向; 组织内部稳定; 有限的环境分析; 集中化的控制系统; 标准化的运作程序	基于最大化员工投入和技能培养; 发掘员工的最大潜能
分析者战略	追求新市场; 维持目前的市场; 注重弹性; 注重严密和全盘的规划; 提供低成本的独特产品	基于新知识和新技能的创造; 聘用自我动机强的员工,鼓励和支持能力、技能、知识等方面的自我发展; 在正确的人员配置和弹性结构化团体之间进行协调
探索者战略	持续寻求新市场; 外部导向; 产品(市场)的创新者; 不断地陈述改变; 广泛的环境分析; 分权的控制系统; 组织结构的正式化程度低; 资源配置快速	基于较少的员工承诺和高技能的利用; 雇用具有目前所需要的技能且可以马上使用的员工; 使员工的能力、技能与知识能够匹配特定工作

四、人力资源战略的制订

一个组织的战略决策过程通常发生在高层,即由首席执行官、首席财务官、总裁及副总裁在内的一个战略规划小组决定,然而,战略决策过程的每一个步骤,都会涉及与人有关的经营问题。因此,人力资源管理需要参与战略制订的每个步骤。

(一)人力资源战略的决策

人力资源战略决策就是指关系企业人力资源发展全局性的决策,即为了长期的发展制订出发展目标和实施方针,以及为达到发展目标而采取的重大措施的决策。人力资源决策具有全局性和长远性的特点。这一决策一经确定,其指导作用和影响面就涉及整个人力资源管理活动,并且在实践上往往与企业中长期战略目标相对应,一旦实施,较长时间内将成为人力资源管理活动的指导思想。

(二)人力资源战略决策的特征与依据

人力资源战略决策通常有五个特征:①要求有明确而具体的决策目标;②决策要以了解和掌握信息为基础;③决策要求有两个以上的备选方案;④要求对控制的方案进行可行性研究;⑤决策追求的是最大可能性的优化效应。

人力资源战略决策的依据主要包括:组织的战略目标、企业的经营环境、企业的内部条件。

(三)人力资源战略制订的程序

美国学者李·戴尔(Lee Dyer)提出了人力资源战略制订与组织战略连接的三种类型:并列的过程、单独的过程、整体化的过程。

(1)并列的过程,即人力资源战略制订可能与组织战略制订过程同时进行。在每个阶段,它都与组织战略相互影响,从组织战略中汲取思想,并为组织战略提供思路。这种方式中人力资源战略不仅没有使组织战略制订过程变得复杂化,反而使人力资源问题得到充分重视。

(2)单独的过程,即单独制订一个人力资源规划,其准备和思考过程都与组织战略分开进行。该方法的长处是能够制订一个人力资源战略用来了解计划、政策、活动以及行动。它适用于企业缺乏战略的时候,企业需要人力资源战略中某些专题计划的时候,或者对企业成功特别重要的具体方面进行改革的时候,这些时候可能单独需要人力资源战略、其他职能战略来说明这些变革并实施它们。当然,它们必须与组织战略方向一致。

(3)整体化的过程,即制订人力资源战略过程的首选方法,就是把人力资源战略作为组织战略的固有内容,与其他职能战略一样,或者比其他职能战略还重要。

任何一个职能战略都可以根据表3-4的流程来完成。

表3-4 战略制订流程

①环境评价	②制订战略	③战略实施	④战略评价
外部环境、内部环境	评价和修改使命、愿景	将期望、组织、人以及绩效管理结合起来	发现不足之处并及时调整
SWOT评价; 确定核心能力、竞争优势; 确定战略问题	确定战略; 分配资源	应用系统方法与技术; 协调好组织与个人间的利益关系	结果评价; 分析投入和产出比

1. 环境评价

环境评价主要包括如下几个方面。

(1)外部环境分析,主要包括:企业所处地域的经济形势及发展趋势;企业所处行业的演变、生命周期、现状及发展趋势等;企业在行业中所处的地位、所占的市场份额;竞争对手的现状及增长趋势;竞争对手的人力资源状况;预计可能出现的新竞争对手。

(2)内部环境分析,主要包括企业内部的资源、企业总体发展战略、企业的组织文化、企业员工的现状和他们对企业的期望。

(3)劳动力市场分析,主要包括劳动力供需现状及趋势、就业及失业情况、经济发展速度与劳动力供给间的关系、劳动力的整体素质状况、国家和地区对劳动力素质提高的投入、人力资源的再生现状和趋势。

(4)社会文化和法规分析,主要包括当地的文化风俗、政策与法规、人们的价值观、当地文化与本国文化的差异等。

（5）SWOT分析，主要包括企业在行业中的地位、企业的优势与劣势、可能出现的机遇、潜在的威胁等。

（6）企业内部资源分析，首先要进行人力资源分析，弄清企业内部人力资源的供需现状与趋势；其次要分析企业可利用的其他资源，如资本资源、技术资源和信息资源，特别是可用于人力资源开发与管理的资源。

（7）员工期望分析，需要了解员工的期望和理想。

2. 战略制订

制订人力资源战略，首先要确定人力资源开发与管理的基本战略和目标。人力资源战略与目标是根据组织的发展战略目标、人力资源现状和趋势、员工的期望综合确定的。人力资源战略目标是对未来组织内人力资源所要达到的数量与结构、素质与能力、劳动生产率与绩效、员工士气与劳动态度、企业文化与价值观、人力资源政策、开发与管理成本、方法水平提出更高层次的具体要求。

第一，总体目标的分解。人力资源战略总体目标确定后需要层层分解到子公司、部门和个人。分解总体目标、确定子目标时需要注意部门、员工的自身条件和能力，分解后的目标应为具体的任务，具有可操作性、可监控性。

第二，实施计划的制订。人力资源战略的实施计划是人力资源战略实现的保证。它要回答如何完成、何时完成人力资源战略这两个问题，即将人力资源战略分解为行动计划与实施步骤，前者主要提出人力资源战略目标实现的方法、程序，后者是从时间上对每个阶段组织、部门与个人应完成的目标和任务做出规定。

第三，保障计划的制订。实施保障计划是人力资源战略实施的保证。它从政策、资源、管理模式、组织发展、时间、技术等方面为人力资源战略的实施提供必要的保障。

第四，战略计划的综合平衡。由于各战略来自不同的部门、不同的决策者，因而它们往往带有一定的部门倾向性和个人倾向性，有时会过分强调自身的重要性，以争取组织的优惠政策与更多的资源。因此，组织必须要对各项战略进行综合平衡。

在制订人力资源战略时，应注意以下问题。

（1）人力资源战略是根据内外部条件变化的需要而制订的，因此首先要考虑的问题是内外部的环境。

（2）人力资源战略是组织发展战略的一部分，比组织发展战略更具体，因此，人力资源战略的目标应尽可能具体、现实。

（3）人力资源战略必须保障组织有一支稳定、高素质的员工队伍，必须在组织的发展过程中使员工得到相应的利益，让员工得到发展和提高。人力资源战略在制订的过程中需要将员工的期望与组织发展目标有机地结合起来。

（4）人力资源战略的评价与反馈是必不可少的环节。

（5）随着内外部环境的变化，人力资源战略也需要不断地修改与调整。

3. 战略实施

战略实施需要将员工期望、组织设计、人员配备及能力开发、绩效管理等与战略密切联系起来。

人力资源战略实施过程中，最重要的工作是日常人力资源开发与管理工作，它将人力资源战略与人力资源规划落到实处,并检查战略与规划实施情况,对管理方法提出改进方案,提高员工满意度,改善工作绩效。人力资源战略实施过程中一个重要的工作是要协调好组织与个人间的利益关系。这个问题如果处理得不好,会给人力资源战略的实施带来困难。

4. 战略评价

战略评价是在战略实施过程中寻找战略与现实的差异,发现战略的不足之处并及时调整,使之更符合于组织实际的过程。战略评价同时还是对战略的经济效益进行评价的过程,即进行投入和产出比的分析。

战略评价的重点应放在结果评价上,而不是日常活动和运作效率上,这样才能将注意力集中于重要问题上。衡量解决问题的结果是否满意要求确定问题的过程更细致、更全面,还要求制订出管理行动计划。战略实施也要求管理人员确保其质量。战略实施的效果应从以下方面进行评价。

(1)环境评价是否充分、彻底、客观、恰当。

(2)确定问题的过程是否彻底、是否基于标准,是否适合于本企业。

(3)形成战略的过程是否经过充分的酝酿、认真的思考、反复的调整,是否有数据根据,是否针对重要问题。

(4)行动计划、所分配的资源、标准的绩效成果是否与战略目标、计划及方案紧密相关。①

第二节 酒店人力资源规划

一、酒店人力资源规划的概念

(一)酒店人力资源规划的定义

酒店人力资源规划是指酒店从战略规划和发展目标出发,根据外部环境的变化,预测酒店未来发展对人力资源的需求及满足需求提供人力资源的过程。简单来说,就是运用科学的方法进行酒店人力资源供需预测,制定相应的政策,从而使酒店人力资源供给和需求达到平衡。

(二)酒店人力资源规划的内容

酒店人力资源规划可以分为战略发展规划(决策层)、组织人事规划、制度建设规划和员工发展规划四类。酒店人力资源规划的内容具体包括以下几方面。

1. 预测未来组织结构

外部环境的变化,如全球市场的变化、跨国经营的需要、流程和技术的更新、新服务项目的产生等,将对整个酒店的组织结构产生影响。

2. 晋升规划

晋升规划实质上是酒店晋升政策的一种表达方式,是指根据酒店的人员分布状况和层级结构,拟订员工的提升政策和晋升路线,包括晋升比例、平均年薪、晋升时间、晋升人数等指标。对酒店来说,有计划地提升有能力的员工,是组织发展的需要,也能满足员工自我实现的需求,从

---

① 李燕萍,《人力资源管理》,武汉大学出版社,2002。

而对员工产生激励作用,促进员工积极性的提高。

3. 补充规划

补充规划的目的是合理填补组织中长期存在的职位空缺。补充规划与晋升规划之间联系紧密。由于晋升规划的影响,组织内的职位空缺逐级向下移动,最终积累在较低层次的人员需求上。这也说明低层次人员的吸收录用必须考虑若干年后的发展问题。

4. 培训开发规划

在缺乏有目的、有计划的培训开发规划的情况下,员工自己也会培养自己,但是效果未必理想,也未必符合组织中职务的要求。当企业把培训开发规划与晋升规划、补充规划联系在一起的时候,培训的目的性就很明确了,可以为酒店中长期所需弥补的职位空缺提供储备人才。

5. 调配规划

酒店内的人员在未来职位的分配方面是通过有计划的人员内部流动来实现的。这种内部流动计划就是调配规划,如轮岗、人力资源使用计划等。制订调配规划,需要注意两个问题:一是上层职位少而待提升人员较多时,应通过调配规划增强流动,以减少员工对工作单调、枯燥乏味的不满,又可以等待上层职位空缺的出现;二是在超员的情况下,通过调配规划可改变工作的分配方式,从而减少负担过重的职位数量,解决工作负荷不均的问题。

6. 工资规划

工资规划的目的是确保未来的人工成本不超过合理的支付限度。未来的工资总额取决于酒店的员工是如何分布的,不同分布状况的人工成本有很大差异。需要注意的是,对成本的考虑不能以牺牲酒店长远发展为代价。

此外,酒店人力资源规划的内容还有其他类型的划分方式,如表3-5所示。

表3-5 酒店人力资源规划的内容的其他类型的划分方式

规划名称	目标	政策	预算
人力资源总体规划	绩效、人力资源质量等	扩大、收缩、稳定	总预算
人员补充计划	类型、数量、层次对人员素质结构的改善	人员标准、来源范围、起点待遇	招聘选拔费用
人员配置计划	人员配置优化	任职条件、职位轮换的范围和时间	薪酬预算
人员接替提升计划	后备人员数量的保持,人员结构的改善	选拔标准、提升比例、未提升人员的安置	职位变动引起的工资变动
培训开发计划	提高工作效率	培训计划的安排、培训时间和效果的保证	培训开发的总成本
工资激励计划	职工士气提高、工作效率提高	工资激励政策	奖金数额
员工关系计划	提高工作效率、改善员工关系、降低离职率	民主管理、加强沟通	法律诉讼费用
退休解聘计划	降低劳动力成本、提高生产率	退休政策及解聘程序	安置费用

(三)酒店人力资源规划的意义

酒店人力资源规划可以使酒店人力资源管理工作者系统地做好相应的准备工作:①规划组

织规模,如全体员工的数量、管理人员与一线员工之间的比例等;②各类员工之间的性别、年龄、质量状况是否符合酒店发展的要求;③通过对人员的预测,为酒店储备人才,并解聘那些不符合酒店要求的员工。

二、人力资源规划的实施

制订出组织的人力资源战略后,就可以着手进行人力资源规划了。人力资源战略转化成具体的人力资源规划的完整过程如图 3-1 所示。

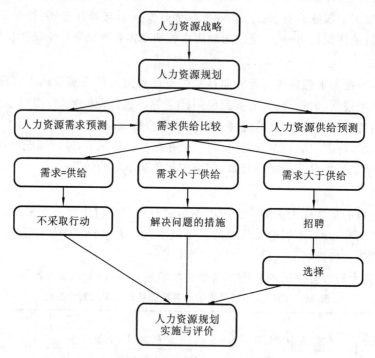

图 3-1　人力资源战略转化成人力资源规划的过程①

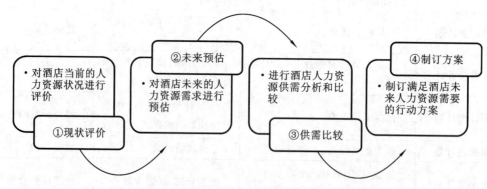

图 3-2　酒店人力资源规划的步骤

通常而言,酒店人力资源规划可以分成四个步骤,如图 3-2 所示。

---

① 李燕萍,《人力资源管理》,武汉大学出版社,2002.

(一)现状评价

酒店管理者尤其是人力资源管理者首先要考察酒店现有的人力资源状况,这是编制酒店人力资源规划的基础。考察的内容主要包括员工年龄结构、性别比例、工作经验、学历结构、知识水平、能力水平等。通常而言,员工在申请加入酒店之前的求职申请表和入职之初的员工登记表可以作为酒店人力资源管理者所需基础资料的来源。如果没有,可以根据所需的资料设计一份调查问卷发给组织内每一个员工填写,再根据收集到的资料对现有的人力资源状况进行分析和评价。

(二)未来预估

未来人力资源的需要是由酒店的目标和战略决定的。人力资源需求是酒店的产品或服务需求状况的一种反映,是对总营业额的估计,酒店管理者为达到某一营业规模而配备相应数量和结构的人力资源。在大多数情况下,是以酒店总目标和基于此进行的营业规模为主要依据来确定人力资源需求状况。

(三)供需分析

在对现有人力资源状况和未来人力资源需求进行了全面评估以后,人力资源部的管理者对酒店人力资源的需求量(数量和结构)和供应量(内部供应和外部供应)进行分析和比较,可以测算出酒店人力资源的短缺程度及出现超员配置的领域。

(四)制订方案

酒店人力资源管理部门根据上述分析和比较拟订出行动方案,包括酒店人力资源供求协调平衡的总计划和各项业务计划、调整酒店人力资源短缺或过剩的政策措施。[①]

三、酒店人力资源预测

为满足酒店生存发展过程中的人力资源需求,酒店必须通过人力资源预测,采取措施保留和吸引人才。人力资源预测,是在酒店人力资源现状、市场人力资源环境等基础上,对未来一定时期内人力资源状况的假设。人力资源预测可以分为人力资源需求预测和人力资源供给预测。人力资源需求预测是指酒店为既定目标对未来所需员工数量和种类的估算。人力资源供给预测是确定酒店能否保证员工具有必要能力以及员工来自何处的过程。

人力资源预测的作用主要体现在以下四个方面:

(1)满足酒店组织在生存过程中对人力资源的需求;

(2)是人力资源部门与其他直线部门进行良好沟通的基础;

(3)是实施人力资源管理的重要依据;

(4)有助于调动员工的积极性,促使员工进行职业生涯的规划。

由于人力资源预测是建立在酒店人力资源现状、市场人力资源环境等基础之上的,所以酒店在进行人力资源预测时,需要注意分析以下几个方面:

(1)酒店人力资源政策在稳定员工方面所发挥的作用;

(2)市场上人力资源的供求状况和发展趋势;

---

① 黄美忠、薛兵旺,《酒店人力资源管理》,天津大学出版社,2012。

(3)其他酒店的人力资源政策;
(4)其他酒店的人力资源状况;
(5)本行业的发展趋势和人力资源需求趋势;
(6)本行业的人力资源供给趋势;
(7)酒店的人员流动率及原因;
(8)酒店员工的职业发展规划状况;
(9)酒店员工的工作满意状况。

(一)酒店人力资源需求预测

由于人力资源需求预测主要是基于酒店的发展实力和发展战略目标的实现而进行的,因此,人力资源管理者必须了解酒店的战略目标的各个阶段需要多少人力资源,其数量和质量如何,人力资源的成本是多少,等等,以此为基础,才能做出较为准确的预测。

对需求的预测受许多因素的影响,包括技术变化、消费者偏好变化和购买行为、经济形势、企业的市场占有率、政府的产业政策等。人力资源需求预测的解释变量一般包括以下几个方面:第一,企业的业务量或产量,由此推出人力资源需求量;第二,人员的流动率,指由于辞职或解聘等原因引起的职位空缺规模;第三,提高产品或劳务的质量或进入新行业的决策对人力资源需求的影响;第四,生产技术水平或管理方式的变化对人力资源需求的影响;第五,企业所拥有的财务资源对人力资源需求的约束。

人力资源需求预测分为现实人力资源需求预测、未来人力资源需求预测和未来流失人力资源需求预测三部分。酒店人力资源需求预测的具体步骤如图 3-3 所示。

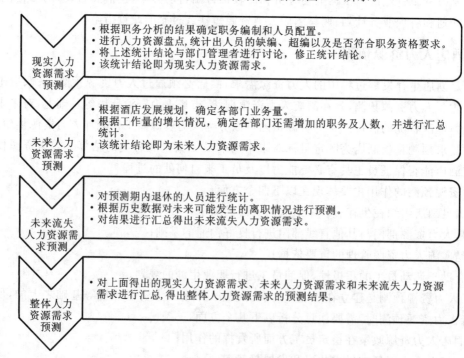

图 3-3 酒店人力资源需求预测的步骤

人力资源需求预测的方法可以分为定性预测法与定量预测法两大类。

1. 定性预测法

1）现状规划法

现状规划法假定当前的职务设置和人员配置是恰当的，并且没有职务空缺，所以不存在人员总数的扩充，人员的需求完全取决于人员的退休、离职等情况的发生，所以，人力资源需求预测就相当于对人员退休、离职等情况的预测。人员的退休是可以准确预测的，而人员的离职包括人员的辞职、辞退、重病（无法工作）等情况，是无法准确预测的，只能通过对历史资料的统计和比例分析，预测较为准确的离职人数。现状规划法适合于中短期的人力资源需求预测。

2）经验预测法

经验预测法，就是用以往的经验来预测未来的人员需求。不同的管理者的预测可能会有所偏差。可以通过多人综合预测或查阅历史记录等方法提高预测的准确度。此种方法是人力资源需求预测的方法中最简单的方法，适合于较稳定的小型酒店。而酒店的发展状况发生了方向性变化或工作方式发生了较大变化的职务不适合使用经验预测法。

3）自下而上法

自下而上法就是从酒店组织结构的最底层开始，逐步向上层进行需求预测的方法。具体方法是，先确定组织结构中最底层的人员需求预测，然后将各部门的需求预测层层向上汇总，最后确定酒店人力资源总体需求预测。但是由于最底层的员工无法准确把握酒店的发展战略和经营规划等，所以他们无法做出准确的中长期人力资源需求预测。这种方法适合于短期人力资源需求预测。

4）专家讨论法

现代社会技术更新非常迅速，传统的人力资源需求预测方法很难准确地预计未来对人员的需求，相关领域的专家由于对技术发展的趋势把握较好，能更加容易地对该领域的技术人员状况做出需求预测。为增加需求预测的可信度，可以采取二次讨论法：第一次讨论中，各专家独立拿出自己对技术发展的预测方案，管理人员对这些方案进行整理，编写成酒店的技术发展方案；第二次讨论主要根据酒店的技术发展方案来进行人力资源需求预测。专家讨论法适合于技术型酒店。

5）定员法

酒店的技术更新比较缓慢，发展思路非常稳定，所以每个职务的人员编制也相对确定。这类酒店的人力资源需求预测可以根据酒店人力资源现状来推测出未来的人力资源需求状况。在实际中，定员法可分为设备定员法、岗位定员法、比例定员法和效率定员法等。定员法比较适用于大型酒店和历史久远的传统酒店。[①]

2. 定量预测法

定量预测法是使用历史数据或因素变量来预测需求。它可以使定性预测更加科学、准确，有利于定性分析得出广泛而深入的结论。

1）回归分析方法

回归分析方法指利用数学中的回归原理对人力资源需求进行预测。

最简单的回归分析方法是趋势预测法。趋势预测法是一种基于统计资料的定量预测方法，

[①] 耿煜，《新编现代酒店人力资源开发与管理实务全书》，企业管理出版社，2007。

通常是利用过去五年的员工雇用数据,来分析、预测未来人力资源需求状况。利用趋势预测法进行初步预测很有价值,但仅此还不够,因为未来用工水平很少会完全由过去决定,内外部因素的变化,如产品的变化、市场的变化、销售量的变化等都会影响未来的人员需求量。

比较复杂的回归分析方法是计量模型分析法,它的基本思想是确定与组织中劳动力数量和构成关系最紧密的一种因素,一般是产量或服务的业务量。然后研究在过去组织中的员工人数随这种因素变化而变化的规律,得到业务规模的变化趋势和劳动生产率变化趋势,再根据这种趋势对未来的人力资源需求进行预测,最后预测的需求数量减去供给的预测数量的差额就是组织对人力资源净需求的测量。如果这一差额是正值,就说明组织人力资源短缺;如果是负值,则说明人力资源过剩。[1]

【知识卡片】

几个常用的人力资源指标[2]

(1)员工离职率:是以某一单位时间(如以月为单位)的离职人数,除以工资册上的平均人数然后乘以100%。其计算公式如下:

$$员工离职率 = \frac{离职人数}{工资册上的平均人数} \times 100\%$$

其中,离职人数包括辞职、免职和解职人数;工资册上的平均人数是指月初人数加月末人数然后除以二。

离职率可用来测量人力资源的稳定程度。由于以年度为单位时需要考虑酒店的经营周期变化以及季节的影响,所以通常离职率以月为单位。

(2)员工新进率的计算公式如下:

$$员工新进率 = \frac{新进人数}{工资册上的平均人数} \times 100\%$$

其中,新进人数指为补充离职人员而新雇佣的员工人数。

(3)员工净流动率。分析员工净流动率时,可与员工离职率和员工新进率相比较。对于一个处于成长和发展中的酒店,其员工净流动率等于员工离职率;对于一个处于紧缩时期的酒店,其员工净流动率等于员工新进率;而处于常态下的酒店,其员工净流动率、员工新进率、员工离职率三者相同。

2)劳动定额法

劳动定额法就是根据员工在单位时间内应完成的工作量的规定,以及酒店的业务目标和劳动定额,得出人员需求量。

3)转换比率分析法

利用转换比率分析法预测人员需求实际上是要揭示未来的经营活动所需要的各种员工的数量。这种方法首先需要估计组织需要的关键技能的员工的数量,然后再根据这一数量来估计其他人力资源管理人员、财务人员等辅助岗位人员的数量。需要指出的是,转换比率分析法假定组织的劳动生产率是不变的。

---

[1] 张一驰、张正堂,《人力资源管理教程》(第二版),北京大学出版社,2010。
[2] 王珑,《酒店人力资源管理》,上海交通大学出版社,2011。

需要指出的是,定量预测法存在着两个缺陷:一是需要对计划期的业务增长量、目前人均业务量和生产率的增长量进行精确的估计;二是这种方法只考虑了员工需求的总量,没有说明其中不同类别的员工需求的差异。另外,如果员工的数量不仅取决于业务量一个因素,而是取决于多个解释变量,就需要采用多元回归分析法。

需要注意的是,不论用什么方法,都以函数关系不变为前提,但这通常不符合实际,因此需要用管理人员的主观判断进行修正。第一,提高产品或劳务质量的决策或进入新市场的决策会影响到对新进人员和企业现有人员的能力等特征的需要,这时只考虑数量分析是不够的。第二,生产技术水平的提高和管理方式的改进会减少对人力资源的需求,这是数量分析中难以反映的。第三,企业在未来能够支配的财务资源不仅会制约新进员工的数量,也会制约新进员工的质量,因为财务资源制约着员工的薪资水平。

在进行人力资源需求预测时,应选择适合自身的需求预测方法。具体来说应遵循以下原则。

(1)灵活地将定性预测法和定量预测法相结合,会产生科学合理、符合实际的预测结果。

(2)由于定量的模型往往涉及较多的变量和参数,其变量的选择和参数的制订,必须经过多次的试验,才能确定其正确有效。

(3)对于一个具体的酒店,其人力资源需求预测模型的合适与否关键在于该模型对这个酒店是否有效,而与其复杂程度无关。[1]

(二)酒店人力资源供给预测

酒店人力资源供给预测需要从酒店内部供给和外部供给两个方面进行分析。其具体步骤如下。

(1)进行人力资源盘点,了解酒店员工现状。

(2)分析酒店的职务调整政策和历史员工调整数据,统计出员工调整的比例。

(3)向各部门的人事决策人了解可能出现的人事调整情况。

(4)将上述(2)、(3)项所述情况汇总,得出酒店内部人力资源供给预测。

(5)分析影响外部人力资源供给的地域性因素,包括以下几个方面。

①酒店所在地的人力资源整体现状。

②酒店所在地的有效人力资源的供求现状。

③酒店所在地对人才的吸引程度。

④酒店薪酬对所在地人才的吸引程度。

⑤酒店能够提供的各种福利对当地人才的吸引程度。

⑥酒店本身对人才的吸引程度。

(6)分析影响外部人力资源供给的全国性因素,包括以下几个方面。

①全国相关专业的大专院校毕业生人数及就业情况。

②国家在就业方面的法规和政策。

③该行业在全国范围的人才供需状况。

④全国范围内从业人员的薪酬水平和差异。

---

[1] 徐耀武,《人力资源管理工具箱》,中国电力出版社,2012。

(7)根据(5)、(6)项的分析,得出酒店外部人力资源供给预测。

(8)将酒店内部人力资源供给预测和酒店外部人力资源供给预测汇总,得出酒店人力资源供给预测。

进行内部人力资源供给预测的思路是:首先确定各个岗位上现有的员工的数量,然后估计下一个时期内每个工作岗位上留存的员工的数量。实际情况往往比较复杂,可能会发生组织内职位变化、员工的职位转换和离职等。因此,进行人力资源内部供给预测时需要对人力资源计划人员的主观判断进行修正。酒店人力资源内部供给预测可以采用的方法有以下几种。

1. 管理人员置换图

管理人员置换图也称作职位置换卡,如图3-4所示,它记录管理人员的工作绩效、晋升的可能性和所需要的训练等内容,由此来决定哪些人员可以补充企业的重要职位空缺。它是以图形的形式将管理者的绩效、提升潜力、年龄等个人信息标注在组织结构图中其所在的位置上,当酒店内员工,特别是高层管理人员突然离职时,酒店内的职位空缺就能及时地由适当的人选填补。

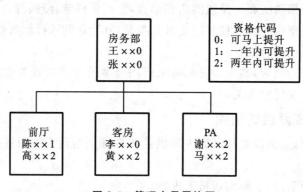

图3-4 管理人员置换图

2. 人力资源接续计划

人力资源接续计划的关键是根据工作分析信息明确工作岗位对员工的具体要求,然后确定一位显然可以达到这一工作要求的候选员工,或者明确哪位员工有潜力,经过培训后可以胜任这一工作。对于企业中各个岗位上普通员工的供给预测,可以使用人力资源接续计划来确定某一具体工作岗位上的内部人力资源供给情况,如表3-6所示。

表3-6 人力资源接续计划示例

外部招聘3人 提升进来5人	该岗位上现有员工50人	辞职2人 开除1人 降职1人 退休6人 晋升7人
流入总量8人		流出总量17人
该岗位员工的内部供给量=该岗位现有员工数量-流出总量+流入总量=50-17+8=41人		

3. 转换矩阵法

转换矩阵法也称为马尔可夫方法,它的基本思想是找出过去人事变动的规律来推测未来的人事变动趋势。这种方法的第一步是做一个人员变动矩阵表,表中的每一个元素表示从一个时期到另一个时期在两个岗位之间调动的员工数量的历史平均百分比。这些数据实际上反映的是每一种岗位上人员变动的概率,一般以 5～10 年的长度作为一个周期来估计年平均百分比。周期越长,这一百分比的准确性就越高。将计划初期每种岗位的人员的数量与每一种岗位的人员变动概率相乘,然后纵向相加,就可以得到组织内部未来劳动力的净供给量。它不仅可以处理员工类别单一的组织中人力资源供给的预测问题,也可以解决员工类别复杂的大型组织中的内部人力资源供给预测问题。

大型组织内部人力资源供给预测示例如表 3-7 所示。

表 3-7 大型组织内部人力资源供给预测示例

工作状态		目标状态(时期 2)										离职	总量
		A	B	C	D	E	F	G	H	I	J		
原来状态(时期 1)	A	1.00										—	1.00
	B	0.15	0.80				组织前程方向 I					0.05	1.00
	C		0.16	0.76	0.04							0.04	1.00
	D		0.01	0.23	0.73							0.03	1.00
	E					0.85	0.05					0.10	1.00
	F					0.25	0.65	0.05				0.05	1.00
	G		组织前程方向 II			0.04	0.05	0.03				0.07	1.00
	H						0.02	0.15	0.75			0.08	1.00
	I								0.20	0.50		0.30	1.00
	J					组织前程方向 III					0.50	0.50	1.00

表 3-7 中,A 到 J 表示 10 种岗位,其中 A 到 D 是一个由高到低的系列,由 E 到 I 是另一个由高到低的系列,J 是一个单独的系列。各个单元格中的数字表示的是员工在各种岗位之间转换的概率。在转换矩阵中,工作状态是对员工进行分类的标准,它的含义可以是工作的岗位类别,也可以是工资级别,还可以是员工绩效考核的等级等。

转换矩阵的列代表分析的七点,可以是以过去的某一时期,也可以是未来的某一时期。转换矩阵的行代表分析的时期,时间的间隔长度可以是日、月或者年。转换矩阵中的数字表示的是在时期 1 承担相应的行所表示的工作的员工在时期 2 承担在时期 1 的工作的员工的比例。"离职"列中的数字描述的是各种工作岗位上在分析期间离开组织的员工比率。

转换矩阵中的概率与预测期的实际情况可能有差距,使用这种方法得到的内部劳动力供给预测的结果可能会不精确。因此在实际应用中,会采取弹性的方法,估计出集中概率矩阵,然后得出几种预测结果。转换矩阵最大的价值在于它为组织提供了一种理解劳动力流动形式的分析框架。

4. 技能清单

技能清单是一个用来反映员工工作能力特征的列表,这些特征包括培训背景、以前的经历、持有的证书、已经通过的考试、主管的能力评价等。酒店的人力资源计划不仅要保证为酒店中空缺的工作岗位提供相应数量的员工,同时还要保证每个空缺都有合适的人员来填充,因此有必要建立员工的工作能力记录,其中包括基层操作员工的技能、管理人员的管理能力的种类及所达到的水平。

技能清单的一般作用是服务于确定晋升人选、管理人员接续计划、对特殊项目的工作分配、工作调动、培训、工资奖励计划、职业生涯规划和组织结构分析。对于主要用技能清单来制订管理人员接续计划的组织,技能清单中可以只包括管理人员。

根据技能清单编制的员工情况报告可以依编制目的和提交的对象不同分为以下三种。

(1)工作性报告,包括总的工作岗位空缺情况、新雇员招聘情况、辞职情况、退休情况、晋升情况和工资情况。工作性报告用于组织的日常管理。

(2)规定性报告,是应政府有关部门规定组织提交的报告。

(3)研究性报告,不定期地偶尔编制一次,是对组织内部人力资源状况的研究,为日后改进人力资源管理服务。①

当酒店内部的人员供给无法满足需要时,酒店需要了解外部的人力资源供给情况。这包括三个方面:第一,宏观经济形势,主要了解劳动力市场的供求情况,一般劳动力供给越紧张,招聘员工就越难;第二,当地劳动力市场的供求状况;第三,行业劳动力市场的供求状况,据此可以了解招聘某种专业人员的潜在可能性。酒店人力资源外部供给的预测可以借助于政府、市场调查机构等有关单位的统计资料。

四、酒店人力资源的供需平衡

通常比较人力资源需求与供给预测的结果会有四种:总量与结构都平衡、供过于求、供小于求、总量平衡而结构不平衡。除第一种情况外,其他三种情况都需要人力资源管理部门采取一些措施来解决,如表3-8所示。

表3-8 人力资源供需不平衡的解决措施②

供需不平衡的类型	解决措施	
	需求方面	供给方面
供过于求	扩大经营规模 对富余员工实施培训	裁员 冻结招聘 缩短员工的工作时间
供小于求	提高员工的工作效率 鼓励员工加班加点	从外部雇佣人员 进行内部调配
总量平衡而结构不平衡	进行人员内部的重新配置,来弥补那些空缺的岗位 对人员进行有针对性的专门培训 进行人员的置换,释放组织不需要的人员,补充需要的人员	

无论是人员短缺还是过剩,都有很多种办法可以解决。但是,需要注意的是,在选择具体方法时,不仅要看到该方法有利的一面,还要关注该方法可能会带来的问题。表3-9和表3-10列举出了一些人力资源供需不平衡的解决方法的见效速度和可能产生的问题。

---

① 张一驰、张正堂,《人力资源管理教程》(第二版),北京大学出版社,2010。
② 徐耀武,《人力资源管理工具箱》,中国电力出版社,2011。

表 3-9　减少预期出现劳动力过剩的方法①

方　法	见效速度	员工受伤害的程度
裁员	快	高
降薪	快	高
降级	快	高
职业调动	快	中等
工作分享	快	中等
冻结雇佣	慢	低
自然减员	慢	低
提前退休	慢	低
重新培训	慢	低

表 3-10　避免预期出现劳动力短缺的方法②

方　法	见效速度	可撤回程度
加班加点	快	高
雇用临时工	快	高
外包	快	高
再培训后换岗	慢	高
降低流动率	慢	中等
从外部雇用新人	慢	低
技术创新	慢	低

五、酒店人力资源规划的编写

在完成上文所述工作的基础上,就可以编写人力资源规划了。人力资源规划是企业人力资源管理工作的重要内容,也是员工招聘与录用的基础工作。由于各酒店的具体情况不同,编写酒店人力资源规划的内容也不尽相同。下面是人力资源规划的基本内容。

(一)规划的时间段

人力资源规划中应交代具体规划的制订是从何时开始、至何时结束。从人力资源规划的实现来看,其可分为长期规划、中期规划和短期规划。长期规划的时间一般为5～10年,主要指战略性的人力资源规划书;中期规划一般2～5年,主要是根据组织战略来制订"战术";短期规划时限一般是半年至1年,主要是制订作业的行动方案。

(二)规划达到的目标

在设立规划时一定要注意以下原则:规划要与企业战略目标紧密联系起来;规划要具体,即用数据"说话";规划应简明扼要。

---

①② 〔美〕雷蒙德·A.诺伊著,刘昕译,《人力资源管理　赢得竞争优势》,中国人民大学出版社,2005。

(三)现状分析

要在人力资源战略的制订、分析的基础上,分析目前人力资源供需状况,进一步指出制订该规划的依据。

(四)未来情况分析

在收集信息的基础上,在规划的时间段内,预测企业未来的人力资源供需状况,进一步指出制订该规划的依据。

(五)规划的具体内容

这是人力资源规划的核心内容。企业存在不同的人力资源规划:总体规划、人员增补计划、员工更新计划、团队参与计划、教育培训计划等。在每个具体的计划方面,都要落实具体内容,还要落实执行规划的项目负责人、负责检查项目执行情况的人、检查的时间等。

(六)规划的制订者

人力资源规划中应交代规划的制订者,规划的制订者可以是各职能部门或人力资源部门人员,也可以是一个群体或是企业外部顾问、专家等。

【知识卡片】

单项人力资源计划

一、职务编制计划

根据酒店发展规划,结合职务分析报告的内容来制订职务编制计划。职务编制计划阐述了酒店的组织结构、职务设置、职务描述和职务资格要求等内容。制订职务编制计划的目的是描述酒店未来的组织职能规模和模式。

二、人员配置计划

根据酒店发展规划,结合酒店人力资源盘点报告来制订人员配置计划。人员配置计划阐述了酒店每个职务的人员数量、人员的职务变动、职务人员空缺数量等内容。制订人员配置计划的目的是描述酒店未来的人员数量和素质构成。

三、预测人员需求

根据职务编制计划和人员配置计划,使用预测方法,来预测人员需求。预测人员需求中应阐明需求的职务名称、人员数量、希望到岗时间等。最好形成一个标明有员工数量、招聘成本、技能要求、工作类别以及为完成组织目标所需的管理人员数量和层次的分列表。实际上,预测人员需求是整个人力资源规划中最困难和最重要的部分,因为它要求以富有创造性、高度参与的方法处理未来经营和技术上的不确定性问题。

四、人员供给计划

人员供给计划是人员需求的对策性规划,主要阐述了人员供给的方式、人员内部流动政策、人员外部流动政策、人员获取途径和实施计划等。通过分析劳动力过去的人数、组织结构和构成,以及人员流动、年龄变化和录用等资料,可以预测出未来某个特定时刻的供给情况。预测结果描述出了组织现有人力资源状况以及未来在流动、退休、淘汰、升职及其他相关方面的发展变化情况。

五、教育培训计划

教育培训计划包含了培训政策、培训需求、培训内容、培训形式、培训考核等内容。

六、人力资源政策调整计划

该计划中应明确计划期内的人力资源政策的调整原因、调整步骤和调整范围等。其中包括招聘政策、绩效考评政策、薪酬与福利政策、激励政策、职业生涯规划政策、员工管理政策等。

七、人力资源部费用预算

人力资源部费用预算主要包括招聘费用、培训费用、福利费用等费用的预算。

八、关键任务的风险分析及对策

每个酒店在人力资源管理中都可能遇到风险，如招聘失败、新政策引起员工不满等，这些事件可能会影响酒店的正常运转，甚至会对酒店运营造成致命的打击。风险分析就是通过风险识别、风险估计、风险驾驭、风险监控等一系列活动来防范风险的发生。

人力资源计划编写完毕后，应先积极地与各部门经理进行沟通，根据沟通的结果进行修改，最后提交酒店决策层审议通过。[①]

六、人力资源规划的执行与评价

人力资源规划的执行与评价有以下四个步骤。

(一)实施

确保有专人负责既定目标的实施，并要保证实施人有实现目标的必要权利和资源，还要有执行进展情况的定期报告，以确保所有的方案都能够在既定的时间里执行到位，并且保证方案执行的初期成效与预测的情况一致。

(二)检查与评价

检查是必不可少的步骤，许多企业在执行人力资源计划时由于检查不到位而产生不少问题。检查者最好为实施者的上级，检查前一定要对照规划列出检查提纲，明确检查的目的与检查内容。检查后的评价结果与意见一定要及时、真实地反馈给实施者，以利于激励实施者进一步实施项目。

(三)反馈

通过反馈，可以知道原来计划中哪些内容正确，哪些错误，哪些不够全面，哪些不符合实际情况，哪些需要加强，哪些是需要引起注意的重要信息。

(四)修正

由于内外部环境的变化，人力资源规划并非一成不变，而是需要随着时间的变化而调整或修正的。[②]

---

① 耿煜，《新编现代酒店人力资源开发与管理实务全书》，企业管理出版社，2007。
② 李燕萍，《人力资源管理》，武汉大学出版社，2002。

本章小结

本章主要对战略人力资源管理的内涵和人力资源战略模式、人力资源战略制订的程序、酒店人力资源规划的内容、酒店人力资源预测的方法、酒店人力资源供需不平衡的解决措施进行了介绍。

在完成本章的学习后,学生可以对某一具体酒店的人力资源现状进行分析,在此基础上进行预测,并据此提出供需不平衡的解决办法。

【课后作业】

(1)传统人力资源管理和战略人力资源管理的区别有哪些?
(2)企业人力资源战略模式有哪几种?
(3)请简述酒店人力资源规划的步骤。
(4)人力资源预测的方法有哪些?
(5)解决人力资源供需不平衡的办法有哪些?各有何利弊?
(6)将图 3-5 与前文图 3-1 进行比较,分析其不同之处。

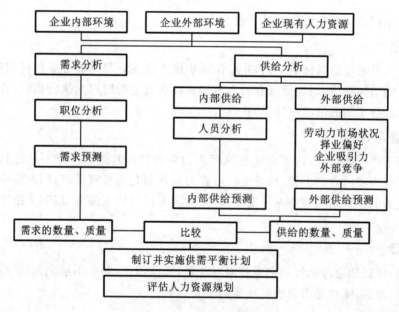

图 3-5 人力资源规划过程

第四章　酒店员工招聘

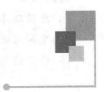

【学习目标】

了解招聘的意义。
掌握招聘简章的写法。
掌握招聘工作的过程与技巧。
了解招聘工作可能出现的问题。

【案例导入】

某酒店总经理李某从国内某知名高校招聘了高才生小王担任其秘书，由于这个年轻小伙子亲和力强、反应敏捷、口齿伶俐且文字功底好，文秘工作做得十分出色，深得李某喜爱。两年后，李某认为该给小王一个发展的机会，于是把他任命为酒店人力资源部经理，属下有十多位员工。谁知在半年内，先后有三个小王的下属离职，部门工作一片混乱，业务部门对人力资源部也抱怨颇多。原来小王从学校毕业后直接到酒店担任高管秘书，并不熟悉基层业务，从未从事过管理工作的他与同级、下属的沟通很不到位，决策理想化，让下属都觉得非常难以接受；同时，他个人认为工作只需要向总经理汇报，推行人力资源政策时没有必要征求业务部门的意见，于是，开展的一系列HR（human resource，人力资源）工作只会徒增业务部门的工作负担而收效甚微……在各种内部压力下，小王最终递交了辞职信。

案例分析

总经理李某任用小王担任人力资源部经理之前缺乏全面、客观的评估，其决策的基础是建立在对小王的个人感情而非岗位要求上，这是风险极高的事情。酒店在开展内部招聘活动时，不能念及私情，而应坚持"人职匹配"原则。如果让员工就职于一个与其才能不相适宜的岗位，不仅让被任用者身心疲惫，抑制其才能的发挥，而且还会影响其职业生涯的发展。

总结教训

内部招聘的首要原则应是以业务需求为主，而不能使"轮岗"过于放任自流。比如酒店可根据战略与业务发展需要进行指令性的员工内部调配等。但是像案例中所述，不考虑业务需要，只考虑员工需求，大范围开展内部岗位轮换，肯定是要出问题的。所以，内部招聘要仔细权衡，全盘考虑，树立正确的理念，建立和完善相关的制度和机制，关注一切可能导致内部招聘失败的缘由。

总体来说，内部招聘的优点主要在于成本小、效率高、员工激励性强、工作磨合期短等方面，而内部招聘的弊端往往在于岗位有限，易造成内部员工竞争，直接影响员工关系甚至导致人才流失。另外，内部招聘如果控制不好，易滋生内部的"近亲繁殖""团体思维""长官意志"等现象，不利于酒店的开放创新和发展成长。

案例思考

（1）总经理李某任命小王为酒店人力资源部经理是否合适？为什么？

（2）案例中采用了什么招聘方法？除此之外还有哪些招聘方法？各有何优缺点？

（3）请尝试为案例中的总经理李某拟订一个解订方案。

第一节　酒店员工的招聘与录用概述

一、酒店员工招聘与录用概述

酒店员工的招聘与录用是指根据酒店人力资源计划、酒店的经营目标，为保证酒店业务运转的需要，按照国家现行的劳动人事制度，制订一套筛选方案和步骤以判断空缺岗位的候选人是否具有担任该工作的资格，经过严格考核，招收符合酒店实际需要的新员工。

企业的生存与发展，人力资源是关键的因素。而招聘是人力资源管理的第一步，是保证企业员工素质、增强企业竞争优势、使企业良性运营的重要工作。能否有效地招聘到合适的员工，在很大程度上决定了企业能否可持续发展。员工招聘是企业增添新鲜血液、兴旺发达的标志之一。

有效的招聘指组织或招聘者在适宜的时间范围内采取适宜的方式实现人、职位、组织三者的最佳匹配，将合适的人安置在合适的岗位上，达到个人与岗位匹配。实际上，个人与岗位匹配包含着两层意思：一是岗位要求与个人素质要匹配；二是工作的报酬与个人的动力要匹配。

（一）酒店员工招聘与录用的目的

（1）目前出现了酒店"招工难、跳槽多"的现象使员工队伍不稳定、人手不足。

（2）在酒店的不断发展中，除了自然减员外，还有扩大再经营的可能。

（3）将竞争机制引入酒店人事管理，是促使酒店员工合理流动，不断提高员工素质，从而提高服务质量，使酒店顺利经营的重要保证。

（4）招聘的间接目的：树立企业形象、培育企业组织文化、适应和推动组织变革。

（二）有效的招聘对酒店的积极影响

1. 为酒店吸纳了合适的人才

人才是酒店的核心竞争力，只有不断地吸纳、发展各种人才，酒店才能持续健康地发展，而人才的主要来源就是招聘，只有通过有效的招聘才能使酒店获得长远发展所需的各种人才。

2. 人才招聘可以提高经济效益

没有所需的员工，酒店将无法按照预期的计划正常运营。通过员工招聘，发现和引进酒店所需要的人才，将为酒店的发展创造十分有利的条件。如果这些人才充分发挥其作用，必将大大提高酒店的经济效益。

3. 可以为酒店发展树立良好的形象，增强企业的影响力

策划严密、组织有序的招聘活动，必然可以吸引众多的求职者，为求职者提供一个充分认识企业的机会。更重要的是，它也是酒店展现自身形象的载体。招聘人员是外界了解酒店的一种渠道。如果招聘人员注意个人形象,必然会给酒店树立专业可信的形象。

(三)酒店劳动力需求的特点

(1)在酒店中,低技术岗位、劳动复杂程度低的工种占大多数,高技术、复杂性较高的工种相对用人较少。

(2)酒店员工队伍年轻化。

(3)用工机制的不断改革,使得酒店中正式员工比重减少,临时工比重逐渐加大。

(四)酒店招聘与录用的原则

1. 客观公正原则

人力资源管理部门及经办人员在人员招聘中,必须克服个人好恶以客观的态度和眼光去甄选人员,做到不偏不倚、客观公正。

2. 德才兼备原则

人才招聘中必须注重应聘人员的品德修养,在此基础上考察应聘者的才能,做到以德为先、德才兼备。

3. 先内后外原则

人事部门及用人部门在人才招聘中,应先从公司内部选聘合适人才,在此基础上进行外部招聘,从而充分运用和整合公司现有人力资源。

4. 回避原则

德才兼备、唯才是举是公司用人的基本方针,因此对公司现有员工介绍的亲朋好友,公司将在充分考察的基础上予以选用,但与之有关联的人员在招聘过程中应主动予以回避,同时不能对招聘过程或招聘官施加压力影响招聘的客观性、公正性。

二、酒店招聘与录用的影响因素

(一)外部因素

1. 国家的政策、法规

国家的有关法律、法规和政策,是约束企业招聘和录用行为的重要因素,从客观上界定了企业招聘对象选择和限制的条件。我国在1995年1月1日开始实施在劳动就业方面的法律总则《中华人民共和国劳动法》,并且在2008年1月1日开始施行《中华人民共和国劳动合同法》。此外,我国已经颁布了一系列与招聘和录用有关的法律、法规、条例和规定等,包括《女职工禁忌劳动范围的规定》《未成年工特殊保护规定》《人才市场管理规定》《禁止使用童工的规定》等都制约着企业的招聘行为。因此,企业在制订招聘计划和实施招聘录用决策过程中,必须充分考虑现行法律、法规和政策的有关规定,防止出现违背政策、法规的行为,避免产生法律纠纷,以免企业人力、物力、财力及形象遭受不必要的损失。

目前,国家政策不断出台偏向保护劳动者利益的政策法规,使应聘者在与用人企业的谈判中的筹码越来越重,这使得招聘工作受到影响。

2. 劳动力市场

1)市场的地理位置

劳动力市场状况对招聘具有重要影响,其中一个因素是劳动力市场的地理位置。根据某一特定类型的劳动力供给和需求,劳动力市场的地理区域可以是局部性的、区域性的、国家性的和国际性的。通常,那些不需要很高技能的人员可以在局部劳动力市场招聘,而区域性劳动力市场可以用来招聘那些具有更高技能的人员。专业管理人员应在国家的劳动力市场上应聘,因为他们必须熟悉企业的环境和文化。对某类特殊人员除了在国内招聘外,还可在国际市场招聘。另外,在局部或区域市场与国家或国际市场招聘之间的差异在于后者要引起人员的迁移。因此,酒店的地理位置往往是很多人考虑是否变更工作的重要因素。

2)市场的供求关系

劳动力供给小于需求的市场称为短缺市场,而劳动力供给大于需求的市场称为过剩市场。一般来说,当失业率比较高时,在外部招聘人员比较容易。相反,某类人员的短缺可能引起其价格的上升并迫使企业扩大招聘范围,从而使招聘工作变得错综复杂。总之,劳动力市场状况影响招聘计划、范围、来源、方法和所必需的费用。为了有效地进行招聘,招聘人员必须密切关注劳动力市场条件的变化。如果宏观经济形势比较好,其他组织也大量招聘,或者存在竞争对手,那么吸引足够数量合格的应聘者就比较困难。没有足够的候选人,就无法进行挑选,因此招聘工作的难度就会加大。

3.行业的发展性

如果企业所属的行业具有巨大的发展潜力,就能吸引大量的人才涌入这个行业,从而使企业人才的选择余地较大。相反,当企业所属行业发展远景欠佳时,企业就难以有充裕的人才可供选择。

4.社会文化和教育状况

社会文化背景及企业所在地的教育状况也会对企业的招聘活动产生影响。长期受社会文化的影响,人们会形成一定的就业观念,这些观念直接影响人们的职业选择甚至对教育的选择。国家整体的教育水平,尤其是企业所在地教育水平的高低直接影响到当地劳动力素质的高低,相应地也会影响企业招聘高素质人才的难易程度。

5.技术进步与社会发展

企业的生产技术水平、管理手段的现代化程度等,影响着企业对人力资源素质与结构的需求,技术的进步必然会对招聘活动产生深刻的影响,首先,技术进步对员工素质提出了更高的要求。现代技术的不断更新改变了传统的生产模式,工作岗位对人们脑力劳动付出的要求越来越高,工作技能的要求越来越高,工作沟通与协调的要求越来越高,因此,现代企业对既具备熟练的操作技能,又具备一定的管理技能的复合型人才的需求量越来越大。其次,技术进步对企业人力资源招聘数量会有影响。最后,技术进步对劳动力市场也会产生深刻的影响。

由此可见,技术进步与社会发展对企业与应聘者双方都将产生很大的影响,企业在进行招聘时应该考虑这些影响因素,并预测这些因素的发展变化趋势。

(二)组织内部环境

1.招聘职位的性质

企业人力资源招聘的主要目的:一是为企业未来发展储备人才;二是填补职位空缺。后者较为常见,空缺职位的性质由两方面决定:一是人力资源规划决定的空缺职位的数量和种类;二是工作分析决定的空缺职位的工作职责、岗位工作人员的任职资格要求等。因此,空缺职位的性质就成为整个招聘过程的关键,它决定了企业需要招聘多少人员,招聘什么样的人以及到哪个相关劳动力市场上进行招聘,同时,它可以让应聘者了解该职位的概况和任职资格条件,便于做出求职决策。

由此可见,职位性质信息的准确、全面、及时,是招聘工作最重要、最基础的要求,它一方面决定了企业录用人员的数量与素质,另一方面影响着职位对应聘者的吸引力。

2. 企业的发展战略

人力资源管理职能的相对重要性是随着企业所处的发展阶段而变化的。由于产品或服务范围的扩大需要增设新的岗位和更多的人员。所以,处于增长和发展阶段的企业比处于成熟或收缩阶段的企业需要招聘更多的员工。除了强调招聘规模和重点以外,处于发展阶段且规模在迅速扩大的企业还应在招聘信息中着重强调雇员有发展和晋升的机会,而一个成熟的企业则应该强调其工作岗位的安全性和所提供的高工资和福利。

在内部成长战略下,企业发展的重点是增强自身的实力,要借助内部的资源来实现企业经营规模或经营领域的扩大,为此企业就需要从外部招聘大量的人员,随着大量新员工的进入,原有的老员工要晋升到合适的位置上去。在人员大量变动的情况下,为了使员工更快地适应新的岗位,提供相应的培训就显得非常必要了。

外部成长战略则不同,企业壮大的途径是通过兼并或收购其他企业来实现的,由于不同的企业具有不同的制度和文化,因此人力资源管理的各项活动都是以消除差别、整合力量为目标的。

在稳定战略下,由于企业的规模要保持不变,企业的运行要维持稳定,因此员工队伍也要保持相应的稳定,人力资源管理活动重点则是人员的内部调配。

至于收缩战略,由于企业的规模要缩小,可能需要裁减人员,因此人员必然会产生流失,但是为了企业今后的发展,企业必须稳住核心的员工队伍。

3. 企业文化与形象

企业文化是企业全体员工在长期的生产经营活动中培育形成并共同遵循的行动目标、价值标准、基本信念及行为规范。每个企业都有自己的企业文化。企业文化影响着招聘人员的态度、行为方式和招聘方式,企业文化也影响着录用新员工所应具备的价值观与行为方式,因为企业会根据应聘者价值观念和行为方式是否与自己的企业文化相吻合来决定是否聘用该员工。酒店企业文化特别注重员工的仪表和行为规范标准,因此,在招聘过程中不同公司对应聘者行为也会有不同的评判。

企业文化影响着企业招聘人员的渠道。当企业的开放程度比较高时,它不会排斥外部的人员,因此在招聘录用时,就可以从内部、外部两个渠道来进行;反之,开放程度低时,由于企业员工不欢迎外部的人员,填补职位空缺尤其是高级职位空缺就要更多地从企业内部来选拔人员。

企业的社会声誉和企业在求职者心中的形象决定着求职者的择业倾向,决定了企业对求职者的吸引力。因为,每个人都希望自己成为优秀组织中的一员。业绩突出的或著名的大公司在公众中有良好的声望,容易吸引大量的求职者,因此,企业录用到优秀员工的概率就比较高,从而有利于公司进行进一步的甄选录用工作。

4. 企业的招聘政策

企业的招聘政策影响着招聘人员的招聘方法。例如,对于要求较高业务水平和技能的工作,企业可以利用不同的来源和招聘方法,这取决于企业高层管理者是倾向从内部还是从外部招聘。目前,大多数企业倾向于从内部招聘上述人员,这种内部招聘政策可以给员工提供发展和晋升机会,有利于调动员工的积极性,其缺点是可能将不具备资格的员工提拔到领导岗位或重要岗位。

另外,企业用人是否合理、是否有良好的上下级关系、升迁路径的设置、进修机会等,对有相当文化层次的人员来说,在一定程度上比工资待遇更重要。

企业内部的工资制度是员工劳动报酬公正性的主要体现,企业的福利措施是企业关心员工的反映,它们将从物质方面影响着招聘活动。

5. 成本和时间

由于招聘目标涉及成本和效益两个方面,同时各种招聘方法奏效的时间也不一致,因此,成本和时间上的限制会明显地影响招聘效果。招聘资金充足的企业在招聘方法上可以有更多的选择,它们可以花大量费用做广告,所选择的传播媒体可以是在全国范围内发行的报纸、杂志等。此外,也可以去大学或其他地区招聘。

一般来说,许多招聘方法所涉及的时间随着劳动力市场条件的变化而变化。当劳动力市场短缺时,一方面应聘人的数目减少,另一方面求职者愿意花更多的时间去比较和选择,所以企业一般要花较长的时间才能完成招聘工作。

一般来说,通过人员需求的预测可以使招聘费用降低而提高效率,尤其是在劳动力市场短缺时,对某类劳动力需求的事先了解可以使企业降低招聘费用并有效地获取所需的合格员工。

第二节 酒店员工的招聘程序

当部门有员工离职、工作量增加等出现空缺岗位需增补人员时,可向人力资源部申领并填写招聘申请表(见表 4-1),填好后的招聘申请表必须经用人部门经理的签批后报人力资源部,人力资源部详细审核该职位的工作职责、任职要求等事项,上报酒店总经理批准,如经批准,则在酒店内部尝试晋升、调动或招聘解决,当确认本酒店并无合适人选时,将公司总的人员补充计划上报总经理,总经理批准后人力资源部方可进行外部招聘,并及时将信息反馈给用人部门。

表 4-1 招聘申请表

申请时间: 年 月 日	
申请部门:	部门经理签字:

岗位:＿＿＿＿＿＿＿＿＿＿＿
兼职:＿＿＿＿名
专职:＿＿＿＿名(其中男性＿＿＿名,女性＿＿＿名)
年龄:＿＿＿岁至＿＿＿岁
学历:A. 大专以上 B. 本科以上 C. 硕士以上
工作经验:A. 应届 B. 一年以上 C. 两年以上 D. 三年以上
具体要求:

续表

特殊要求:	
期望到岗时间: 年 月 日	
主管经理签字:	总经理签字:

(资料来源:耿煜,《新编现代酒店人力资源开发与管理实务全书》,企业管理出版社,2007。)

一般而言,酒店员工招聘要经过发布招聘信息、甄选、录用三个主要的环节。酒店员工招聘流程图如图 4-1 所示。

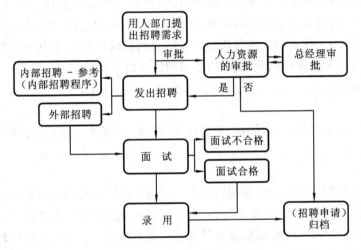

图 4-1 酒店员工招聘流程图

【知识卡片】

在招聘工作开展之前,企业人力资源部需要制订一套行之有效的面试流程。在流程中,除了人员、职责、工作环节明确之外,还要明确招聘工作的时间、地点等细节安排,否则会使整个招聘过程看起来杂乱无章。在招聘工作开展之前,需要注意以下几个主要关键点。

(1)明确人力资源部与人员需求部门在招聘中的职责与权限。人力资源部在招聘中的主要职责是考察应聘者的基本素质和核查资料的真实性,考察求职者是否具备企业所要求的基本素质、个性和能力特点。人员需求部门的主要职责是考察求职者的专业知识、实践技能、工作经验是否满足岗位要求。对于专业技术人员,主要由人员需求部门做录用决定;管理岗位的人员最终还须由主管高层领导面试做录用决定。

(2)明确不同岗位人员的测试环节、测试方法。招聘岗位不同,招聘环节的复杂性和测试方法在设计方面也是不同的。人力资源部应事先确定不同岗位的招聘环节及适用的测试方法,并能有条不紊地按流程来操作。比如招聘一名财务总监和一名文员都需要安排三次面试,如果测试的方法都是一样的就不能有针对性地检验出求职者与岗位要求相匹配的特征,看似规范的测试环节和程序其实并没有发挥作用。

(3)明确新员工入职程序。对于经过选拔录用的新员工,需要有规范的入职程序,这对于帮助员工感受企业氛围,尽快适应工作角色有着非常重要的作用。在新员工入职前,详细告知新员工需要准备的个人资料，以避免日后因资料不全引起麻烦。新员工入职后，需要不同的人员为其提供配套服务，如计算机、电话等设备的操作培训，办公用品的领用，用餐安排等，有时一个环节疏漏了，可能就会影响新员工的心理感受，唯有程序清晰化，才可能减少或避免此类问题的发生。

一、发布招聘信息

（一）撰写招聘简章

酒店招聘简章是员工招聘的宣传资料，它以广告的方式向应征对象进行宣传，达到扩大员工招聘来源与渠道、促进招聘工作顺利开展的目的，同时招聘简章也是酒店对外开展宣传推销的一种途径。因此，应当充分重视招聘简章的设计。在当前用人机制灵活、各行各业招聘广告铺天盖地的情况下，为了使招聘工作有效、成功，酒店的招聘广告必须下一番功夫，争取有独到之处，做到措辞严谨、形象设计别开生面、内容清晰详尽引人注目。

1. 招聘简章的内容

1）酒店简介

酒店简介主要包括酒店名称、性质、地理位置、规模、星级等，如果是在开业前招聘，还应注明开业日期。

2）职位与要求

招聘简章对招聘职位及人数可按部门分类。招聘要求可以分为基本要求和专业要求两类。基本要求包括品德、个性、容貌、健康等方面；专业要求则包括年龄、性别、学历、实际工作年限、专业水平（技术等级）、外语能力、体格条件等方面。为了使应聘者便于了解招聘岗位或职位，可将岗位明细和招聘要求以表格的形式公布，并且注意遵守国家、地方与就业歧视相关的法律法规。

3）甄选方法与录用条件

招聘简章应对招聘者必须经过的报名、考试（笔试、面试）、甄选，以及甄选合格后要进行的体检、审查、合同的签订等录用程序与内容做简要的说明。

4）报名方法

招聘简章应向应聘者说明报名手续与方法。如果采用书面报名方式，招聘简章中要规定应聘者来函必须详细写明的内容、报名截止日期及资料邮寄地点；如果采用目测报名方式，则要规定应聘者在约定的时间和地点携带本人身份证、有关学历或技术等级证书、本人近照等办理报名手续。

5）录用待遇

录用后所享受的待遇的介绍对吸引应聘者起着重要的作用，应如实介绍，不能为了扩大招聘来源提供虚假信息。录用待遇一般包括被录用人员的人事编制情况、工资福利待遇及培训机会等。

2. 制作招聘广告时的几个技巧

(1) 招聘广告题材要新颖，要具有吸引力，能引起受众兴趣。

(2) 招聘广告内容要务实、真诚，不能带有欺骗性。

(3) 招聘广告内容要清晰翔实，应简要说明工作地点、内容、发展前景、应聘条件、待遇、有无特殊要求、招聘方式、招聘时间等。

（4）招聘广告内容的侧重点要突出，广告中酒店的整体形象固然要适当地展现，但重点应放在招聘岗位及要求条件等方面的介绍，因为这毕竟有别于市场营销之类的广告。

（5）招聘广告使用之前，最好能在酒店内部一定范围内请各层次员工代表审核，以集思广益，提升广告效果。

（二）选择招聘渠道

员工的来源和途径对招聘成本、员工素质、酒店经营效益会产生直接影响，因此需要根据酒店的需求与现状以及人员供给状况选择合适的招聘渠道。总体上而言，员工来源可以分为酒店内部招聘和外部招聘两种。

1. 内部招聘

当酒店内部职位发生空缺时，首先应考虑从现有员工中调剂解决，或者按照酒店内部有关标准考核提拔。内部招聘可以分为内部公开招聘和内部调动两种情况。

1) 内部公开招聘

内部公开招聘是按照员工招聘的基本程序进行的招聘：①酒店内部公开发布招聘信息；②考核；③人力资源部与相关部门综合平衡提出补充方案；④下达调动令。

2) 内部调动

内部调动是根据对员工的考核结果和酒店发展的需要，将员工从一个岗位调动到另一个岗位。内部调动按员工的去向不同可以分为上调、平调、下调。上调通常称为提升，即挑选酒店内部符合条件的员工从一个较低级的岗位晋升到较高级的岗位的过程。平调通常是为了培养后备干部，将员工从一个部门调到另一个同级部门，使之对酒店有更多、更全面的了解。下调通常成为内部调动，即将员工从原来的岗位调往同一层次或略低层次的空缺岗位去工作的过程。

内部招聘的优缺点如表 4-2 所示。

表 4-2　内部招聘的优缺点

优　　点	缺　　点
①提高内部员工的积极性； ②降低选择和适应性培训的成本，使组织培训投资得到回报； ③提高员工的忠诚度，降低员工的离职率； ④管理者对应聘者的了解准确而全面	①可能引起落选者的不满； ②入选者可能难以建立自己的声望； ③供挑选的人力资源有限，不易吸收优秀人才； ④自我封闭，减少了引入有新观点、新技术人才的机会，可能使企业缺少活力

（资料来源：张玉改，《酒店人力资源管理》，中国林业出版社、北京大学出版社，2008）。

2. 外部招聘

当内部人员无法解决职位空缺的要求时，特别是当需要大量地扩充劳动力时，就需要考虑外部招聘。具体而言，当出现需要补充初级岗位、需要获取现有员工不具备的技术、需要获取具备新思想但不同背景的员工、需要解决组织现有人力资源不足、需要为组织发展储备人才等五种需求时，可以采用外部招聘。外部招聘的优缺点如表 4-3 所示。

表 4-3 外部招聘的优缺点

优　点	缺　点
①候选人员来源广，有利于酒店挑选合适人才； ②有利于吸收外部经营管理理念和经验； ③外部聘用在某种程度上可以缓解内部候选人竞争的矛盾	①应聘者实际能力与水平难以判别，不称职者可能会占一定比例； ②应聘者带来的文化可能与酒店自身文化相冲突； ③应聘者需要时间熟悉酒店情况，不能马上进入角色； ④酒店内部有胜任的人未被选用则易挫伤现有员工积极性

（资料来源：张玉改，《酒店人力资源管理》，中国林业出版社、北京大学出版社，2008。）

外部招聘的渠道有以下几种。

1）熟人推荐

熟人推荐一般是指由酒店内部员工或关系单位主管推荐人选。这种招聘方式的优点是：由于是熟人推荐，所以招聘和应聘双方在事先已对彼此有一定的了解，可以减少不少招聘环节和费用，尤其对于专业技术人员、主管人员等，可以常用此法。其缺点是：由于是熟人推荐，有时会因主观因素而影响招聘水平；选用人员的面较窄；如果此类录用人员过多，易在酒店内部形成不当的非正式群体，给管理带来难度。

2）职业介绍机构与人才交流市场

通过职业介绍机构与人才交流市场招聘员工，这种方法的优点是：应聘者面广，可以有效避免裙带关系的形成，人员选用耗时短。其缺点是：需要一定费用；对应聘者的情况不太了解；不一定能招到空缺岗位的合适人选；有些职介机构鱼龙混杂，应聘人员素质低。因此，在采用此种招聘渠道时，要选择信誉好的机构，要求机构提供尽可能多的信息，并且尽可能对应聘者多测试一次，同时还可利用各种人才交流会直接与求职者见面。这种形式见效快、中间环节少，对招聘和应聘双方都有利。同行业在职各类人员的正常调转，也是酒店招聘员工的重要途径。从这一渠道主要是招录相关层次的技术人员和管理人员，这部分人一般都具有较为系统的专业理论，或较为精湛的技术以及丰富的实践经验，能够很快上岗，并带来新的行之有效的管理理念和手段，给酒店带来新气象。但这部分人一般较为挑剔，各方面的要求诸如工资福利、住房、职能权限等较多，有时不易满足。

3）职业招聘机构和人员

职业招聘机构和人员，又称为猎头公司或猎头，是指一些专门为企业招聘高级人才或特殊人才的公司和人员。当组织需要雇佣对基层有重大影响的高职位的专业人员，或当组织需要多样化经营、开拓新市场或与其他企业合资经营时，可以委托猎头公司选人。猎头公司以其专业优势准确把握职位所需要的关键的工作能力、品质，科学地评估和确定应聘的人选，从而快捷、隐秘、针对性地、有效地完成招聘，而且聘用的人员可以马上上岗并立即发挥重大作用，甚至因此击败竞争对手，收到立竿见影的效果。这种招聘的缺点是：①费用较高，通常需要支付该职位税前年薪的20%～30%；②不利于调动本组织员工的积极性；③应用难度较高。与猎头公司合作时应注意：①选择猎头公司要对其资质进行考察；②约定双方的责任与义务；③选择猎头公司中最好的顾问服务。

4)校园招聘

大专院校毕业生是酒店业招聘的重要对象。相当一部分大专院校毕业生通过三四年的系统学习,基本上掌握了酒店经营管理的业务知识,并初步具备了服务及管理的技能,具有专业知识较强、接受新事物快、个人素质较高等特点。但因为他们缺乏实际工作经验,所以酒店需要投资对他们进行培训。应届毕业生年轻、求知欲强、成才快,录用他们是保证员工队伍稳定和提高服务质量、提高员工素质的有效途径。目前,大专院校毕业生在实习后重返实习酒店工作的比率逐年呈上升趋势,校企合作办学也成为酒店人力资源管理的一个新亮点。校园招聘的优缺点如表4-4所示。

表4-4 校园招聘的优缺点

优 点	缺 点
①针对性比较强,成功的可能性相对较高; ②能够吸引大量申请者; ③酒店可以节约招聘成本; ④与高校建立长期合作关系,利于人才储备	①录用的毕业生经验少、实践能力不足; ②人员稳定性差,流失率较高

(资料来源:张玉改,《酒店人力资源管理》,中国林业出版社、北京大学出版社,2008。)

5)网上招聘

网上招聘是人力资源配置的一种新形式,它不仅是用人单位招贤纳才的有效手段,还是单位宣传企业形象的有效途径。网上招聘具有成本低、方便快捷、可以大大增加申请人数量的特点。网上招聘能够突破地域和时空限制,可以轻松对工作类别、地区和需求等条件进行全方位智能查询,快速准确地查询到所需要的包括行业、职能、工作地点、工资等方面的信息,通过交互式、即时性的网上交流和选择,实现人才的选聘,因此,网上招聘技术在招聘中的运用越来越普遍。需要注意的是,网络招聘时要学会识别虚假信息。

6)利用媒体招聘

利用媒体招聘是酒店企业利用广播、电视、报纸、杂志和海报等多种媒介向酒店内外的人员发布招聘信息,为潜在的求职者提供一个公平竞争的机会,择优录用合格人员担任企业内部职务的方式。报纸适宜在某个特定地区招聘,适合候选人数量较大、录取率较高的行业和职业。广播电视适合让组织迅速扩大影响,招聘大量人员。一般而言,招聘的职位越高,发布的信息所面向的范围就越广。

利用媒体招聘的优缺点如表4-5所示。

表4-5 利用媒体招聘的优缺点

优 点	缺 点
①发布信息迅速、及时,覆盖面广,可以迅速提高酒店的知名度; ②可以同时发布多种类别工作岗位的招聘信息	①受广告信息吸引的应聘者层次不一,筛选的工作量大; ②录用率低,只适于中低层职位

(资料来源:张玉改,《酒店人力资源管理》,中国林业出版社、北京大学出版社,2008。)

在确定了媒体形式后,应进一步选择刊登招聘广告的具体媒体单位,此时主要考虑以下几个方面。

(1)媒体的定位:各种媒体的传播载体都有其特定的消费群体定位,因此组织应根据招聘人员的媒体消费特征选择其最有可能接触的媒体。

(2)媒体的相关内容集中度:求职者在选择职位时,往往集中关注传播职位招聘信息量较大的媒体,便于选择比较。因此,酒店在选择媒体时,应选择招聘信息相对集中的媒体,尤其是业界具有一定影响力的媒体。

(3)多媒体应用:酒店在进行大规模的人员招聘时或是人员招聘难度较大时,可以采用多种招聘方式,力求尽可能地覆盖目标人群接触范围。另外,由于互联网的兴起,大量的在校学生和新一代知识人才都青睐借助网络形式实现招聘信息的传递,主要包括专业招聘网站、高校 BBS 以及酒店官网等。

在具体招聘时,需要根据酒店各类岗位的不同特点选择不同的招聘渠道。比如:酒店管理人员,可以考虑顾问或同行推荐、广告媒体招聘、上门征聘等;酒店专业人员,可以考虑招聘广告、校园招聘、自荐或他人推荐等;酒店办公职员和秘书则可以通过媒体招聘、校园招聘、就业培训机构等渠道进行;酒店普通员工主要可以通过媒体、就业机构、职业学校等招聘。不同员工招聘渠道的适用范围如表 4-6 所示。

表 4-6　不同员工招聘渠道的适用范围

招聘方法	适用对象	不适用对象
媒体招聘	中下级人员	—
职业介绍机构	中下级人员	热门高级人员
猎头公司	热门尖端人员	中下级人员
上门推荐	初级专业人员	有经验人员
熟人推荐	专业人员	非专业人员

(资料来源:张玉改,《酒店人力资源管理》,中国林业出版社、北京大学出版社,2008。)

外部招聘有助于酒店获得高质量的人才,可以为组织带来创新,有助于提高酒店的知名度。一方面,发布外部招聘信息可以让社会了解酒店,在吸引人才的同时扩大酒店的影响力;另一方面,酒店的招聘信息也是在对外传递酒店正蓬勃发展的信号,外部招聘过程中酒店与广大受众直接与间接的接触也是酒店品牌形象的传递过程。

二、酒店员工甄选

(一)初步筛选

甄选的过程就像我们为了到达目的地而跨越一道道门槛,第一道门槛挡掉的是求职材料不实者和招聘资料明显不合格者。例如,某个职位要求本科学历、建筑专业,但某人送交的材料是"大专学历、建筑专业"或"本科专业、物理专业",这样的资料就属于明显不合格者。也有的是不够明显,属于模糊的状况,如"本科学历、建筑材料专业",属于这种情况则不应马上剔除,而必须再审核。经过初步筛选后,通常会有 1/10 的人被淘汰。

(二)初步面试

初步面试是应聘人的第二道门槛,一般由招聘主管进行,招聘主管根据经验判定那些明显不符合岗位需求的应聘者。初步面试的时间一般为5~10分钟,只是根据外表体征、初步对话等进行评判。招聘主管根据自己对相关岗位技能的熟悉和了解,剔除明显不合格者。例如:酒店行李员不能选择个子过分矮小、体力不支者;酒店前台不能选择五官不正、面貌丑陋者。初步面试要十分小心,不明显不合格者不能轻易剔除,要防止由于招聘主管的主观因素而去掉最合适的人选,也要防止招聘主管由于某些个人私利或个人品质原因出现舞弊现象。现实生活中,正是由于对招聘主管的能力和某些品质不够信任,很多企业已经去掉了这一步骤。

(三)心理和能力测试

根据测试结果剔除心理健康程度和能力都明显不合格者,也可以按一定比例从高分到低分淘汰低分者。

(四)诊断性面试

诊断性面试是整个甄选的关键,经过前面三个步骤的甄选后,诊断性面试为最后决策提出决定性的参考意见。目前有的企业的做法是对心理和能力测试结果和诊断性面试结果按权重进行加权平均计算得分,再按得分顺序推荐给董事会或决策小组。但更多的企业不采用加权平均的方法,而是按诊断性面试结果的优良程度进行排序,并将排在前1/3的求职者推荐到下一步骤中进行甄选。

(五)背景资料的收集和核对

当应聘者通过诊断性面试这个比较严格和狭窄的通道之后,企业的相关部门必须对应聘者的背景资料(包括教育背景、经历背景、社会背景、工作业绩)进行收集和核对,如有资料不实、信用等级低、品德不良、工作业绩差等情况应该剔除该应聘者。

(六)匹配分析

匹配分析其实是贯穿于测试的全过程,但前面几道门槛更侧重于"选优"的筛选,因而到诊断性面试时,就应该对匹配度进行重点测试,但由于招聘甄选的全部步骤不可能一气呵成,有一定的时间长度和时间区间,因此,专设一个环节进行匹配度分析是十分重要的,特别是招聘重要管理岗位,这一环节是不可缺少的。匹配度分析时,除了要有决策权的人参与外,还应有面试主考官参加,根据具体岗位需求剔除明显不匹配者。

(七)体检

体检为什么要放到后面来进行,这是因为体检所需费用较高。此外,此时的应聘者入选率将很高,应有一些针对性很强的项目检查。通过此步骤,剔除身体状态明显不符合岗位要求者。

(八)决策和录用

决策是根据招聘职位的高低而在不同层次的决策层中进行甄选的步骤,决策之后就交给相关部门做录用处理。

酒店员工甄选步骤详见图4-2。

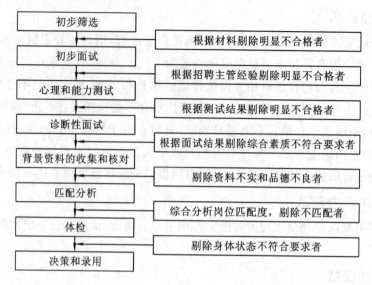

图 4-2　酒店员工甄选步骤

三、酒店员工甄选的方法

酒店在招聘员工时通常采用的甄选方法有面试法与测评法两大类。

(一)面试法

面试法是指在特定的场景下,经过精心设计,通过面试官与应聘者双方面对面地观察、交谈等双向沟通方式,了解应聘者素质、特征、能力状况及求职动机等的人员甄选方法。

1.面试法的主要内容

1)仪表风度

仪表风度主要是指应聘者的形体、外貌、气色、衣着举止、精神状态等。一般而言,仪表端庄、衣着整洁、举止文明的人做事有规律、注意自我约束、责任心强。

2)口头表达能力

口头表达能力主要是看面试中应聘者是否能够将自己的思想、观点、意见或建议流畅地用语言表达出来。考察的具体内容包括:表达的逻辑性、准确性、感染力、音质、音色、音量、音调等。

3)反应能力与应变能力

反应能力与应变能力主要看应聘者对面试官所提的问题理解是否准确,以及回答的迅速性、准确性等,对于突发问题的反应是否机智敏捷、回答恰当等,对于意外事情的处理是否得当等。

4)专业知识

专业能力是面试官了解应试者掌握专业知识的深度和广度,确认其专业知识更新是否符合所要录用职位的要求。这部分面试内容可作为对专业知识笔试的补充。面试中对专业知识的考察更具有灵活性和深度,所提问题也更接近空缺岗位对专业知识的需求。

5)自我控制能力

自我控制能力对于酒店员工尤为重要。一方面,在遇到上级批评指责、工作有压力或是受到不公正待遇时,能够克制、忍耐并理智地对待,不因情绪波动影响工作;另一方面,对工作要有耐心和韧劲。

6)人际交往能力

在面试中,通过询问应聘者经常参加哪些社团活动,喜欢同哪种类型的人打交道,在各种社交场合所扮演的角色,可以了解应聘者的人际交往倾向和与人打交道的能力。

7)综合分析能力

这是指面试中应聘者是否能对面试官所提出的问题通过分析抓住本质,并且说理透彻、分析全面、条理清晰。

8)工作实践经验

面试官一般会根据查阅应聘者的个人简历或求职登记表,做些相关的提问,查询应聘者有关背景及过去工作的情况,以证实其所具有的实践经验,通过对工作经历与实践经验的了解,还可以考察应聘者的责任感、主动性、思维能力、口头表达能力及遇事的理智状况等。

9)上进心与进取心

进取心强烈的人,一般都确立有事业上的奋斗目标,并为之积极努力,表现为努力把现有工作做好,工作中常有创新。上进心不强的人,一般都是安于现状,无所事事,不求有功但求无过,对什么事都不热心。

10)业余兴趣与爱好

应聘者休闲时爱从事哪些运动,喜欢阅读哪些书籍,喜欢什么样的电视节目,有什么样的嗜好等,通过了解一个人的兴趣与爱好,对录用后的工作安排常有好处。

11)求职动机

这是指了解应聘者为何希望来本单位工作,对哪类工作最感兴趣,在工作中追求什么,等等,以此判断本单位所能提供的职位或工作条件等能否满足其要求和期望。

12)介绍职位情况,回答应试者问题

面试时,面试官还会向应聘者介绍本单位及拟招聘职位的情况与要求,讨论有关工薪、福利等应聘者关心的问题,以及回答应聘者可能会问到的其他一些问题。[①]

2. 面试的分类

(1)根据面试人员的数量,可以将面试分为单独面试、综合面试和合议制面试。

①单独面试。单独面试是指只有一位面试官的"一对一"面试。面试官既可以是人力资源部门人员,也可以是用人部门人员,比较适用于应聘人员较多、时间不集中、淘汰率较高、主管人员比较繁忙的情况。单独面试一般需要经过初试和复试两个阶段,可以仅在初试或者复试时采取单独面试,也可以都采用单独面试。如果属于后者,则初试和复试的面试官不能为同一人。

②综合面试。综合面试是指人力资源部门和用人部门的相关招聘人员同时作为面试官参加的面试。人力资源部门的人员负责了解应聘者的背景和非智力因素,用人部门的人员负责了解应聘者的专业知识和岗位技能。综合面试适合应聘人员集中或数量较少时进行。

③合议制面试。合议制面试一般将初试和复试合并为一次面试,面试官有人力资源部门负责人、用人部门负责人、用人部门专业人员及酒店决策人员。合议制面试的提问较多、时间较长,但录用决策迅速、时间短。合议制面试适合在人员需求紧急时使用。

---

① 张玉改,《酒店人力资源管理》,中国林业出版社、北京大学出版社,2008。

(2)根据面试提问内容,可将面试分为结构化面试、非结构化面试和半结构化面试三种类型。

①结构化面试。面试提问有固定的模式和提纲,面试问题大多属于封闭式问题,有标准的答案。结构化面试一般包括四类问题:其一,情景问题,提出一个假设的工作情景,以确定求职者在这种情况下做出何种反应;其二,工作知识问题,探索求职者与工作的知识,这些问题既可能与基本教育技能有关,也可能与复杂的科学或管理技能有关;其三,工作样本模拟问题,设置一种场景,在该场景中要求求职者实际完成一项样本任务,当这种做法不可行时,可以采用关键工作内容模拟,可能要求体力活动;其四,工作要求问题,旨在确定求职者是否愿意适应工作要求,如面试官可能问求职者,是否愿意从事重复性工作或迁往另一城市,这种问题的性质是实践工作的预演,并可能有助于求职者做出选择。

在结构化面试中,面试官的人数必须在 2 人以上,通常有 7~9 名。面试官的组成应根据拟任职位的需要按专业、职务以及年龄、性别等,按一定比例进行科学配置,其中有 1 名是面试主考官,负责向应试者提问并把握整个面试的总过程。结构化面试座次安排如图 4-3 所示。

图 4-3 结构化面试座次安排

在结构化面试中,不仅面试题目对报考同一职位的所有应聘者相同,而且面试的指导语、面试时间、面试问题的呈现顺序、面试的实施条件都应相同,以使所有的应聘者在几乎完全相同的条件下进行面试,保证面试过程的公正、公平。

结构化面试的测评效度、信度都比较高,比较适合规模较大,组织规范性较强的录用面试,因此,结构化面试已经成为目前录用面试的基本方法。

结构化程度最高的面试方法是设计一个计算机化程序来提问,并记录应聘者的回答,然后进行数量分析,给出录用决策的程序化结果。结构化面试在工作分析的基础上提出与工作有关的问题,设计出应聘者可能给出的各种答案。因此,面试官可根据应聘者的回答迅速对应聘者做出"不理想""一般""良好"或"优异"等简单的结论,所以说结构化面试是一种比较规范的面试形式。

结构化面试的优点在于面试官可以根据应聘者回答的情况进行评分,并对不同应聘者的回答进行比较。在结构化面试中,每一个应聘者都被问到相同的问题,一般不会发生漏掉重要问题的情况,面试的有效性和可靠性很高。结构化面试的缺点在于它不可能进行话题外的提问,局限了谈话的深入性,而且由于每个问题都是事先安排好的,进行起来可能显得不自然,问题可能显得唐突。

②非结构化面试。非结构化面试即通常所说的随机面试,在随机面试中,面试官可以任意地与应聘者讨论各种话题。面试所问的问题没有一个事先安排的需要遵守的框架。因此面试官可能根据不同的应聘者,问出完全不同的问题,面试的话题也会围绕不同方向展开,当然问题必须是与招聘和录用有关的。在非结构化面试中,面试官可以根据应聘者对应上一个问题的具体回答来决定下一个问题问什么,而且可以根据应聘者的回答对某些问题进行追问,以了解更深入的信息。

非结构化面试可事先准备一些重要的问题,面试中根据情况随时发问。面试官可以在不同场合向应聘者提问,要求应聘者用口头语言来回答。

面试提问没有固定的模式和提纲,面试问题大多属于开放式问题,没有标准答案。非结构化面试主要考察应聘者的服务意识、人际交往能力、进取心等非智力素质。非结构化面试主要是筛选适合从事服务性或事务性的岗位和工作。

非结构化面试没有固定的面谈程序,面试官提问的内容和顺序都取决于面试官的兴趣和现场应聘者的回答。这种面试方法给谈话双方以充分的自由,面试官可以针对应聘者的特点进行有区别的提问,不同应聘者所要回答的问题可能不同。

非结构化面试的优点在于面试官和应聘者在谈话过程中都比较自然。由于问题不是事先设计好的,所以问起来不会显得前后没有联系和唐突。面试官可以由此全面了解应聘者的情况,应聘者也可以感觉更随便、自在,回答问题时可能会敞开心扉。非结构化面试的缺点在于:由于对不同的应聘者问不同的问题,可能会影响到面试的信度和效度,其中最大的问题在于,这种面试可能会把最关键的问题给遗漏了。

不同的工作岗位,其工作性质、职责范围、任职资格条件等都有很大差异。因此,非结构化面试的考察内容与考察形式都不能做统一规定,面试题目及考察角度应各有所侧重,不能一概而论。面试内容也因应聘者的经历、背景等情况的不同而无法固定。因此,非结构化面试的内容必须事先依目标拟订,以供提问参照,避免面试偏离岗位的任职资格具体要求,但这并不意味着面试官必须按照事先拟订好的题目逐一提问,而是要根据应聘者回答某一问题的情况,顺势追问,而不必拘泥于预定的题目。也是说,非结构化面试内容既要事先拟订,有的放矢,又要因人而异,灵活掌握;既要让应聘者表现自己的水平,又不能完全让应聘者自由发挥,应该在恰当的控制下灵活掌握面试主题内容。

③半结构化面试。半结构化面试是介于非结构化面试和结构化面试之间的一种面试方式。它包括两种含义:一种是面试官提前准备重要的问题,但是不要求按照固定的次序提问,且可以讨论那些似乎需要进一步调查的题目;另一种是指面试官依据事先规划出来的一系列问题来对应聘者进行提问,一般是根据管理人员、业务人员和技术人员等不同的工作类型设计不同的问题表格,在表格上要留出空白以记录应聘者的反应以及面试官的主要问题,面试官要在表格上做出评估和建议。这种半结构化面试可以帮助企业了解应聘者的技术能力、人格类型和对激励的态度等。

半结构化面试综合了结构化面试和非结构化面试的优点,弥补了它们的不足。由于现代酒店越来越重视员工的人际交往能力和沟通能力,所以半结构化面试越来越普遍。

(3)根据面试对应聘者所施加的压力,可以将面试分为以下类型。

①压力式面试。压力面试指面试官用穷追不舍的方法针对某一主题进行提问,问题逐步深入,详细彻底,直至应聘者无法回答。在这种面试中,应聘者会被一系列的直接问题弄得很不舒

服。其目的在于测试应聘者如何应付工作中的压力,了解应聘者的机智和应变能力,测试应聘者在适度的批评下是否会恼怒和意气用事。如果应聘者对面试的提问表现出愤怒或怀疑,则说明他容忍工作压力的能力有限。

在压力面试中,面试官可以一开始就从应聘者的背景中寻找弱点,如询问他或者她离开原来的工作是不是由于出现问题,如工作不积极、经常缺勤等。面试官希望通过这样的问题使应聘者失去平静。又如,如果发现一个从事顾客关系管理工作的人在过去两年之间换了四次工作,就可以问应聘者是不是不负责任,或者思想不成熟,或者经常与顾客发生矛盾,等等,如果应聘者很平静地、有理有据地解释他多次变换工作的原因,就说明应聘者有较强的应付压力的能力。如果应聘者本来十分平静,听完这些问题后马上表现出愤怒或者不信任的神色,就说明应聘者对压力的忍耐力比较低。

在面试中使用施加压力的方法有助于识别那些过于敏感的应聘者,这些应聘者对于即使很温和的批评也会做出过激反应。而对于需要面对顾客的职业,这样个性的应聘者是不合适的。

需要指出的是,由于压力面试的特殊性,主持面试的面试官必须具有运用这一方法的经验及一定的技巧和控制力。对应聘者施加的压力不应过大,而是实际工作中真正存在的。

②非压力面试。与压力面试相反,在非压力面试中,招聘者力图创造一种宽松亲切的氛围,使应聘者能够在最小压力情况下回答问题,以获取录用所需要的信息。事实上,除了那些需要真正在压力下工作的雇员外,非压力面试适用于绝大多数的情况。

目前有些人力资源专业人士认为,压力面试不仅不替别人着想且作用不大,他们认为压力环境下所获得的信息经常被扭曲、误解,这种面试所获得的资料不应作为录用决策的依据。

3.面试前的准备

1)确定面试官

面试官由人力资源部门主管、用人部门主管和相应的专业人员组成。面试官一般应具备如下能力和水平:掌握相关人员的测评要求;了解酒店状况及岗位空缺状况;能公正客观地评价应聘者;能熟练运用各种面试技巧;有丰富的工作经验和应变能力;具备相关的专业知识。

【知识卡片】

面试官的选择

面试官的是面试成败的关键,因为其各方面素质、性格特征、工作能力直接影响面试的质量。

(一)面试官必须具备的条件

(1)面试官必须具备良好的个人品格和修养,为人正直、公正。因为在面试过程中,面试官代表着公司,是公司文化的象征,他应使每位应聘者在与他们的接触中感受到彼此的价值。

(2)应具备相关的专业知识,起码在面试的小组中,面试官的知识组合不应有缺口。同时,由于在面试评价过程中,定性评价往往多于定量评价,这就要求面试官具有丰富的社会工作经验,能借助于工作经验的直觉判断来正确把握应聘者的特征。

(3)了解组织状况及职位要求,这样才能帮助公司选出真正需要的人才。

(4)面对各类应聘者,能熟练运用各种面试技巧,控制面试的进程。在面试过程中,面试官应能了解和感受应聘者心理上的恐惧和焦虑,妥善舒缓应聘者的紧张情绪,营造轻松的氛围,同时应具备某种驾驭人的能力，使面试过程和目的免受破坏。

（5）能公正、客观地评价应聘者，不受应聘者的外表、性格或背景等各项主观感受的影响，因此要求面试官有良好的自我认识能力。心理学研究表明，人们总是习惯以自我为标准去评价他人。作为面试官，如果不能对自我有一个健全、正确的认识，就无法正确地去评价他人。

（6）要求面试官掌握相关的人员测评技术，应能对岗位与能力的匹配度做判断与估计，对应聘者的能力、素质、潜能、经验及其他能力做出较为正确的判断。

（二）面试主考官的选择

面试主考官的选择是面试成败的关键。由于面试时间的限制，面试通常由面试主考官与应聘者的双向语言交流和智慧交锋来完成，其余的面试官通常在这样的"战场"上倾听、分析、观察、判断，从而获得自己的结论。面试主考官则必须集中更多的注意力，全力以赴地与应聘者直接交流，这种交流的结果，不仅应该使面试主考官本人获取应聘者的知识、能力、经验、风度、气质、成长背景、心理特征、应聘动机、未来发展前景、优点和缺点等各方面的信息，而且要让其他面试官也能从双方的问答中获取所需要的信息。因此，面试主考官的选择至关重要。

（1）面试主考官应由资深的人力资源专家担任，他必须同时具备理论和实践两方面的知识，有相当深厚的理论和实践积累。

（2）面试主考官个人应有较丰的人生阅历，应在人生的旅程中经历过失败与成功、荣辱甘苦等多种体验，了解人性的优点和弱点，体味了人生的酸甜苦辣，从而具有一颗仁爱之心。

（3）面试主考官应该有相当广博的知识修养和文化底蕴，对古今中外的重要典故和人文知识应相当了解，从而能对应聘者的知识深度和广度能做出较准确的判断。

（4）面试主考官应具有洞察力。面试主考官应具有去伪存真，去虚存实，洞悉不同人物在这一环境中的心理特征的能力，从而能独具一双慧眼，以识别人生百态中的真假人才。

（5）面试主考官应有爱才惜才之心，具备宽广的胸怀和健康的心理素质。面对不同的应聘者，均应予以爱护：选拔优秀的真正的成熟人才，对不够成熟的人才予以鼓励，对一些不够要求的应聘者也应给予继续努力的希望。博大的爱心是面试主考官必备的重要条件。

（6）面试主考官应有宏观驾驭的能力，善于把握其他考官和考生的情绪，善于控制考场的环境，面对任何可能突发的状况均能从容应对。

（7）面试主考官应该公正正直、品德高尚，绝不徇私情而丧失原则，一般不接受应聘者面试前的私下访问或给予个别应聘者单独辅导，也不因某些个人私利而放弃公平、公正。

（三）面试官小组的组成

面试官小组由5~7人组成，包括人力资源专家、董事会代表、公司分管领导、部门主管、工会代表等。

（四）面试官的培训

面试官有些已有一定经验，有些可能是初次上阵。在面试进行前，应由面试主考官对面试官进行培训。培训内容包括：考评指标设定的原因；评分的标准和评分的方法；如何观察和评价不同应聘者的表现；如何规避可能发生的错误，等等。

2）提前审阅资料

对求职者的家庭状况、受教育程度、个人经历、专长、成就等与工作所需条件有关的情况进行分析，以此来决定谈话的重点。同时，面试前还应拟订好面试的方式。

3）准备面试提纲

为了使面试工作顺利进行，保证面试效果，酒店往往采用结构化面试模式，这就要求酒店招聘人员提前准备面试提纲。一份理想的面试提纲应包括以下几个方面：开始用语；酒店经营情况及未来前景介绍；对空缺岗位及其要求的描述；与求职者讨论工作资格；与求职者个别讨论工作细节和工作各方面的关系等。

面试提纲应包括一个完整的"面试提问录"，包括从哪些方面、以何种方式提出哪些具体问题，它是面试的主线索，它决定着整个面试程序和面试效果。对于招聘人员来说，关键是通过应聘者对问题的回答，分析和判断应聘者的品格、态度以及其他方面的情况，从而起到全面了解应聘者的作用。

4）选择、布置面试场所

面试地点应该安静、不受干扰，并且可放置一些书刊杂志以缓解紧张的气氛，既要严肃又要有人情味，既要紧张又不失温馨。面试场所的环境选择非常重要，如舒适而整洁的环境、适宜的光线和温度、令人心情愉快的色彩等，这些都有助于营造一个宽松的面试环境，体现出企业对人才的重视，尽可能地缓解应聘者的压力，营造一种平等、温馨、和谐的氛围。

【知识卡片】

面试场所的选取与布置技巧

一、面试场所的选取

（1）根据招聘职位的高低选择场所的大小。通常招聘职位较高时，面试宜选择小一点的场所，便于交谈的时间长一些和交流的内容深入一些。同时，应聘高职位的人原先的工作环境一般较好，所以招聘环境宜静雅。

（2）根据招聘岗位面试的人数选择场所的大小。通常面试人数多的应该选择较大的面试场所。

（3）根据招聘岗位的不同选择场所的大小。不同的工作岗位对场所大小要求也不同，如需要展示表达能力的，场所要大一些。

（4）根据面试时是否需要听众和听众多少来选择场所的大小，听众多的面试场所要大。

（5）面试场所必须安静，应与其他公共场所隔开。

二、面试场所的布置

不少专家认为，面试场所必须是融洽温馨的，这对于当前的"竞聘上岗"而言是正确的。但就一般意义上的面试场所布置，必须根据面试的目的要求而定，对大企业的高管、重要岗位的竞聘，有时面试场所特意布置成严肃而有压力，以测试应聘者的心理承受能力。"竞聘上岗"是内部人才的选拔，是一种开发人力资源、使能岗匹配度提高的重要的人事制度改革，面试场所应是既严肃又有人情味，既紧张但不失温馨。同时面试场所的布置应注意以下几点。

（1）应聘者席与面试官席的距离不宜太远，便于面试官观察应聘者的面部表情和身体语言。

（2）应聘者席与面试官席的桌面布置应基本相同，如相同颜色的台布，一样的饮料和茶杯、纸、笔等。

（3）应聘者席的周边或桌上最好有鲜花布置。

（4）场记应安排在面试官席的右边或左边。

(5)如有听众席,听众席应离面试官席一段距离,且在面试官席的后面,不要摆在面试官席左右两侧,以造成"U"字形包围了应聘者席,使应聘者感到太大压力。

(6)应有共同的计时钟。

(7)要有明确标志的面试官席、应聘者席和场记席。

(8)面试场所的不远处应有应聘者的休息预备等候场所。

三、应聘者和面试官的位置安排

在面试中经常采取的座位排列形式(为简化起见,没有涉及秘书和旁观者)有以下几种。

(1)采用圆桌会议的形式,多个面试官(与应聘者正相对的是面试主考官)面对一个应聘者。

这种安排能使应聘者感觉比较自在,同时气氛又比较正式严肃。

(2)"一对一"的形式,面试官与应聘者成一定角度而坐。

如在长方形桌子相邻的两边,这样的角度避免了目光直视,可以缓和应聘者的紧张情绪,让应聘者在最佳的心理状态下进行面试。这样不仅避免了心理冲突,而且也有利于面试官对应聘者进行观察。

(3)面试官与应聘者在距离较近的桌子两端面对面而坐的形式。

由于距离很近,面试官与应聘者面面相对,目光直视,容易给应聘者造成心理压力,使得个别应聘者觉得自己好像在接受审判,使其紧张不安,以致无法发挥出正常的水平,使其可能因情绪紧张而影响水平的发挥。当然,如果考察的正是情绪控制能力或者承受压力的能力,这不失为一种很好的形式。

(4)面试官与应聘者在距离较远的桌子两端面对面而坐的形式。

双方距离太远,不利于进行交流,同时空间距离太远增大了人们的心理距离,不利于双方更好地进行沟通。

(5)面试官与应聘者坐在桌子的同一侧。

面试官与应聘者坐在桌子的同一侧,心理距离较近,也不容易造成心理压力,但这样应聘者的位置显得有些卑微,也显得不够庄重,而且也不利于面试官对被应聘者的表情、姿势进行观察。

如果采用压力式面试,一般而言采用(3)的座位排列方式是最合适的;而采用非压力面试,那么(1)、(2)是最佳选择。

四、面试官和应聘者距离

每个人处在不同的社会角色时对空间的需求是不同的。在面试环境下,面试官和应聘者的角色定位决定了他们的距离在2~4米的范围内是符合双方的期望的,即社交空间的远距状态。如果面试官距应聘者距离小于2米,那么应聘者就会感觉自己的空间被侵占,从而产生压力。所以,如果采用压力式面试,那么双方的距离一般在2米左右;如果采用非压力面试,则双方最佳距离为3~4米。一旦超过4米,则距离又太远,不利于双方交流,更不利于面试官对应聘者的表情、体态语言进行仔细观察。

五、面试官与应聘者座位高低

通过座位高度可以显示身份地位,所以在面试位置安排上,如果是想强调面试官的地位和威严,并给应聘者以压力,那么可以为面试官准备一个比较高的座位,相对而言应聘者的座位就要低一些。如果为了营造一个轻松、和谐、没有压力的面试,并希望应聘者可以尽可能地展示自己的才能,那么在座位高低上面试官和应聘者应该是一样的。

4. 面试过程控制

常见的面试流程如下。

1)握手、自我介绍

这是面试的第一步,也是大多数面试官往往忽视的一个细节。作为面试官,首先伸出手来主动与应聘者握手,会让对方感到几分亲切,也会消除一些应聘者的紧张心理。接下来就是面试官进行自我介绍。面试官的开场白一般不要超过两分钟。开场白一般包括以下内容:①欢迎应聘者,告诉他你的名字和职位,为接下来的面试打下积极的基调,明确表示欢迎应聘者来应聘本单位的某项职位;②赞扬应聘者的经验和成就,表示你一直想进一步了解他,感谢应聘者安排时间来面试;③解释面试的目的,面试是双方深入了解的机会,有助面试官进一步了解应聘者的背景和经验,有助于应聘者了解应聘的组织和职位;④描述面试计划,告诉应聘者你将回顾应聘者的工作和经验,然后问他在过去的工作、经验中做过的事情的实例,以及他是如何做到这一点的;⑤提供有关信息,并回答应聘者提出的有关职位和组织的问题,可以简单介绍一下公司概况、职位要求以及公司的基本工作规范。

在面试过程中做记录。面试官可以向应聘者解释记录只是为了帮助自己记住面试的细节。

2)面试提问

面试官完成自我介绍后即可转入面试正题。面试官对于应聘者简历上的疑点,事先要列出面试问题。对此,面试前面试官一定要认真细致地阅读应聘者的简历,努力找出疑点。提问疑点的目的就是设法搞清事实真相。一般来说,疑点有以下几条:工作时间是否存在空白段;为什么频繁跳槽;离职的真正原因是什么;最近获得哪些新技能,等等。对于职位要求的提问,是面试的重点。事先,面试官要根据每一项职位要求列出对应的2~3个问题,时间为15~20分钟。对于职位要求的提问,要满足"STAR原则",即每个问题都要涵盖情形(situation)、任务(task)、行动(action)和结果(result)。例如,首先要了解应聘者是在一个什么样的情形之下取得销售业绩的;接着,要了解应聘者要完成哪些工作,即上司赋予了哪些工作任务;接下来,要了解应聘者为了完成这些任务采取了哪些行动;最后,再来关注结果。

3)结束面试

当面试官觉得应该结束本次面试的时候,可以这样告知应聘者:"您还有什么问题要问吗?"或询问应聘者一些缓冲问题,如"给您两分钟,请您仔细思考一下,您还有什么优点我们没有谈到?"面试官可利用缓冲问题时间,回顾记录。

最后告知应聘者整个招聘的后续步骤,并且感谢应聘者来参加面试。

面试过程中,面试官应注意下面几点:①不宜问只回答"是"或"否"的问题,问题要富有诱导性;②应聘者答完一题后,稍候几秒钟,以供其补充;③多试几种话题,以引起应聘者作答的兴趣;④同一时间只问一个问题;⑤问题要清楚且不能有任何正确或不正确的暗示;⑥语句中没有批评、不耐烦或与应聘者争论的相关内容;⑦在建立起良好交流的气氛之前,不宜问太多的私事;⑧要当耐心的听众,尽量不打断应聘者的回答;⑨控制局面,防止偏离主题;⑩面谈结束之前要给应聘者提问的机会。

5. 面试官应规避的错误

由于各种环境因素和心理因素的影响,各种测验方法往往会带来一些误差,常见的有以下几种情况。

1) 第一印象主导

面试官经常在见到应聘者十分钟内就根据应聘表格和对应聘者的直觉,取得对他们的动机、情感、意图等方面的认识,最终形成关于这个人的印象而做出是否录用的判断。当面试官从应聘者的外观或行为立刻做出推断时,常导致不准确的结果。例如,应聘者看起来整齐清洁,就推测他是有效率、注意细节的人,事实上,应聘者可能只是喜欢打扮。又如,应聘者在面试时迟到,就认为他是不守时的人,事实上应聘者迟到可能只是因为在路上发生了交通事故。甚至有些面试官只看到应聘者穿着不合时宜,就已心生排斥。

2) 晕轮效应

晕轮效应指人们对他人的认知判断首先主要是根据个人的好恶得出的,然后再从这个判断推论出认知对象的其他品质的现象。如果认知对象被标明是"好"的,他就会被"好"的光圈笼罩着,并被赋予一切好的品质;如果认知对象被标明是"坏"的,他就会被"坏"的光环笼罩着,他所有的品质都会被认为是坏的。晕轮效应是在人际相互作用过程中形成的一种夸大的印象的社会现象。常表现在一个人对另一个人的最初印象决定了他的总体看法,而看不准对方的真实品质。

3) "心缘"产生的错误判断

应聘者一开始谈话,面试官可能在兴趣、爱好、价值观等方面与应聘者"心有灵犀一点通",这种"心缘"会导致面试官与应聘者的"息息相通",甚至有"知己"的感觉,这种感觉一旦产生,就可能使面试官的判断失去公正。面试官按照自己偏好评价应聘者,在很多企业的招聘面试中时有发生,也最难避免。比如:面试官很看重学历、他对高学历者一定是青睐有加的,在面试开始之前,学历稍低者肯定已失一分;有可能面试官是做市场、搞销售出身的,对能言善辩者就常有几分好感,而忽略了目前企业所招聘岗位的特点和要求。

4) 判分时"前紧后松"或"前松后紧"

给应聘者打分,前后尺度不一致,由于经验和对应聘者的整体素质认识不清,经常出现"前紧后松"或"前松后紧",因此,面试官必须认真做记录,必须用同一尺度去衡量各位应聘者,力求公平。

5) "近因效应"或"重要事件效应"产生判断偏差

因为竞聘上岗是从内部获取人力资源,大部分面试官均与应聘者认识,因此,应聘者的近期表现可能会对面试官产生重大的影响,使面试官以偏概全。有时一些重要事件也会产生效应,影响了面试官的判断,如:某一次企业歌咏比赛,某应聘者得了第一名;某一次重要球赛,某应聘者表现得特别优秀等。

6) 以点盖面

面试官常常会由于应聘者的某一项突出的优点,而草率做出整体的判断。比如在招聘项目开发负责人时,某位应聘者显示出高超的软件开发能力,面试官就误认为他有可能是项目开发负责人的合适人选。但实际上,担任项目开发负责人一职,更为重要的是要具备团队协调能力和项目管理能力,而不仅仅是有软件开发能力。

【知识卡片】

面试官有可能会犯的错误

1. 遗漏重要的信息

面试官往往把过多的精力和时间花在胜任工作所必须具备的几个关键因素上,这样往往只考察到应聘者有限的几个方面,而难以获得关于应聘者的完整信息。

2. 忽略了应聘者的工作能动性和组织适应性

面试官容易把注意力放在应聘者的工作能力上,而因此忽视了应聘者的工作能动性和组织适应性。须知:工作能力和工作能动性不同。前者指应聘者是否具有担当工作的客观能力;后者反映了应聘者的一种主观愿望:愿不愿意为企业服务。如果忽视这一点,可能会出现应聘者被录用后的低劣绩效表现,以及较高的流失率。

3. 问了非法的、与工作无关的问题

如果面试官问了非法的、与工作无关的问题,可能会把自己卷入令人生厌的法律纠纷中,或给应聘者留下非常不好的印象。

4. 面试官的问题重复

尽管有时面试官需要问应聘者一些重复的问题,但是,大量重复的问题就是在浪费面试宝贵的时间,不但容易使应聘者生厌,而且不能考察应聘者的全面素质。

5. 面试官不能系统性地组织招聘活动

如果面试官不能系统性地组织招聘活动,那么他可能会针对不同的应聘者采用不同的方法,有些应聘者因而处于不利局面。相反,一个系统的招聘活动将会很快地把不适合要求的应聘者拒之门外,而且花费甚微。

6. 应聘者对招聘过程不满

有的面试官有时会在面试中夸夸其谈、啰里啰唆、粗鲁且思维无序,在这种情况下,有些应聘者会拒绝面试,甚至拒绝录用,转而向其他企业投简历。更为糟糕的是,企业的声誉也因此受到损害。

7. 面试官头脑中存有偏见或先入为主

有些面试官习惯于先入为主地看待应聘者,但是他意识不到这种偏见给招聘本身带来的恶果。

8. 面试官不做记录或很少做记录

有的面试官不做或很少做记录,他(她)们依赖自己的记忆。这样做的结果往往是他(她)们对面试过程中的第一个人和最后一个人的面试过程记得比较清楚,而其他的应聘者的面试过程记得就不清楚了。

9. 错误地理解应聘者的回答

面试官在面试结束后总要从收集到的结果中分析应聘者的回答,以便进一步做出判断。有的面试官总在扮演业余心理学家的角色,但是他往往错误地从结果中判断应聘者的个性和能力。

10. 做出草率的判断

有的面试官会通过一次会面时的握手或随后的几次问答就做出录用决策,但是研究表明:如果面试官能够继续有计划地收集应聘者的情况,做出的决策无疑会更好。

11. 只依赖面试做出录用的决定

面试如果用得好,的确非常有用。但是,不可以单纯依赖面试,而应该综合其他的方法,如笔试、情景模拟以及向证明人查询等。

12. 被应聘者的某项特点左右

面试官有时会陷入一种被称作晕轮效应的现象中,即面试官被应聘者的某项强项或弱项左右、误导,做出错误的甄选判断。

(二)测评法

1. 心理测验法

1)智力测验

智力测验是对人的一般认知功能进行测量,测验结果常用智力商数即 IQ 来表示。智力测验一般包括知觉、空间意识、语言能力、数字能力和记忆力方面的内容,要求被测试者运用比较、排列、分类、运算、理解、联想、归纳、推理、判断、评价等技能来解答测试题。

2)个性测验

个性测验亦称"人格测验",是用以了解被测试者的情绪、性格、态度、工作动机、品德、价值观等方面。通过个性测试可以了解应聘者的性格特征和工作要求的匹配程度。随着现代社会中人的人性价值日益受到重视和尊重,各种个性测验问卷层出不穷。其中,影响较大、使用较广泛的主要有:国外有卡特尔 16 种人格因素问卷(16PF)、DISC 个性测试、艾森克人格问卷(EPQ)等;国内有苏永华编制 HR 个性测验等。

3)心理健康测验

在竞争日益激烈的今天,紧张的工作生活节奏和强大的心理压力影响着人们的心理健康状况,心理保健和心理治疗的重要性日益凸现。能有效用于心理健康诊断的心理测验主要有:明尼苏达多项人格测验(MMPI)、罗夏墨迹测验、主题统觉测验(TAT)等。

4)职业能力测验

职业能力是一种潜在的特殊能力,是一种对于职业成功在不同程度上有所贡献的心理因素。从内容上看,与职业活动效率有关的能力包括语言理解和运用、数理能力、逻辑推理、空间关系、知觉速度、手指关节灵巧度、人际协调、影响力、判断力、决策力等。职业能力测验可以分为两类:一类是一般职业能力测验,如普通能力倾向成套测验(GATB);另一类是专门职业能力测验,主要用于一些专业领域职业人员的选拔和录用,例如奥蒂斯的独立管理心理能力测验。

5)职业兴趣测验

一个人职业上的成功,不仅受到能力的制约,而且与其兴趣和爱好有密切关系。职业兴趣作为职业素质的一个方面,往往是个体职业成功的重要条件。了解职业兴趣的主要途径就是通过填写职业兴趣测验量表或问卷来进行。职业兴趣研究方面,西方在第一次世界大战期间进行了最早的尝试,而我国起步较晚,主要以引进和修订西方量表为主。现在较常用的测验有斯特朗-坎贝尔兴趣量表(SCII)、库德职业兴趣调查表(VIE)等。

6)创造力测验

一般而言,发散性思维是创造力的基本操作模式。创造力包括的基本能力主要是流畅力、变通力、精致力、敏觉力和独创力。创造力的测验并不玄妙,一些简单的方法就可施测,如单字联想测验、物件用途测验、寓言测验、模型含义、远隔联想等。现在运用较多的创造力测验量表有南加利福尼亚大学编制的发散性思维测验、托兰斯的创造思维测验、芝加哥大学编制的创造力测验等。

2. 评价中心法

评价中心法,是创设一个模拟的管理系统或工作场景,将被测试者纳入该系统中,采用多种评价技术和手段,观察和分析被测试者在模拟的工作情境压力下的心理和行为,以测量其管理能力和潜能的测评方法。由于评价中心法不是对被测试者的素质进行抽象的分析,而是将其置于一系列的活动、安排、环境布置、压力刺激的动态情境中来测试,故具有预测的高信度和高效度、信息量大、针对性强、客观公正等特点,是一种很有价值和发展前途的测评方法,因而被广泛地应用到企业高层管理人员的测评中。评价中心法常包括以下几种方法。

1) 公文筐处理

公文筐处理是一种具有较高信度和效度的测评手段,可以为企业高级管理人才的选拔、聘用、考核提供科学可靠的信息。在这项测试中,设计出一系列管理者所处真实环境中需要处理的各类公文,这些公文可以涉及财务、人事备忘录、市场信息、政府法令、客户关系等。由于这些公文通常是放在公文筐中,公文筐测验因此得名。测验要求被测试者以管理者的身份,模拟一个公司所发生的实际业务、管理环境,在规定的条件下(通常是较紧迫困难的条件,如时间与信息有限、独立无援、初履新任等),对各类公文材料进行处理,形成公文处理报告,从而对被测试者的计划、组织、分析、判断、决策、文字等能力进行评价。

2) 无领导小组讨论

在无领导小组讨论中,被测试者组成一个临时工作小组,让他们讨论一些精心设计的管理活动中比较复杂棘手的问题。由于这个小组是临时拼凑的,并不指定谁是负责人,在这种情况下,通过对被测试者在讨论中所显露的语言表达能力、独立分析问题的能力、概括能力、应变能力、团队合作能力、感染力、建议的有效性、措施的可行性、方案的创意性等划分等级,进行评价。其目的就在于考察被测试者的表现,尤其是看谁会从中脱颖而出,成为自发的领导者。

3) 角色扮演法

角色扮演法是在一个模拟的人际关系情境中,设计出一系列尖锐的人际矛盾和人际冲突,要求被测试者扮演其中某一角色并进入情境,去处理这些矛盾和冲突。通过对被测试者在不同的角色情境中表现出来的行为进行观察和记录,评价被测试者是否具备符合其身份的素质特征,以及个人在模拟情境中的行为表现与组织预期的行为模式、将担任职务的角色规范之间的吻合程度,这代表了个人的个性特征与工作情境间的和谐统一程度。这种方法主要用于评价角色扮演者的协调人际关系技巧、情绪的稳定性和情绪的控制能力、随机应变能力、处理各种问题的方法和技巧。

4) 管理游戏

管理游戏是一种以完成某项实际工作任务为基础的标准化模拟活动。在这种活动中,小组成员各被分配一定的任务,必须合作才能较好地解决它。有些管理游戏中包括劳动力组织和动态环境相互作用及更为复杂的决策过程。通过被测试者在完成任务的过程中所表现的行为来测评被测试者的实际管理能力。

3. 观察判断法

观察判断法是以观察被测试者行为反应作为基本手段,判断其内在素质、能力的一种方法。它是以测评人员素质为目的,借助一定的量表,在观察的基础上进行测评活动。

1) 事件记录与关键事件法

事件记录一般包括事件的真实记录与记录者当时对事件客观性分析这两个部分。事件记录主要用来描述被测试者在异常情况下如何行事,如何对发生的情况做出特定的反应,如何寻求找出问题的原委及其解决矛盾的办法等内容。关键事件则是指通过对被测试者生活和工作中极为成功或极为失败的事件的观察与分析来测试其有关素质。

2）检核性描述量表

检核性描述量表一般由左、右两部分内容组成，左边是一些词句组成的有待检核的项目，右边是"是"与"否"的两列空格，要求被测试者选择其中的一个做记号。对于该表内的各个项目，可以根据实际需要赋予一定的分数，然后求出总和。

3）观察测评量表

观察测评量表形式上类似其他量表，也是由两部分组成。一部分是被测试的行为项目，另一部分是测评结果的表述或记录的方式。观察测评量表，从表格的内容形式上划分有简单型与综合型；从测评技术上划分有标准参照式与常规比较式；从测评的结果表述形式上划分有图示类、数字类、等级类或词语描述类等几种。

4）人物推定表

人物推定表一般是由推定标准与推定结果记录两个栏目构成，同时也附有推定说明或指导。人物推定表是间接观察测评中常使用的一种工具，它的使用必须在组织内个体间关系正常与和睦的情况下才比较有效，若帮派团伙太多则不宜使用。

5）背景考察

这里所说的背景考察包括学历、经历、家庭、社会关系等的分析，包括知识结构、生长的地理环境与社会环境，也包括家长、直接主管、组织和群众的评价分析。理论研究与事实分析表明，每个人的工作业绩、工作能力、品性等个性素质与他所生活的背景直接相关。一般来说，履历表与个人档案材料是对被测试者背景情况的详细描述。

4. 纸笔测评法

纸笔测评法是测试应聘者学识水平的重要方法。这种方法可以有效地测量被测试者的基本知识、专业知识、管理知识、综合分析能力、逻辑推理能力和文字表达能力等素质差异。纸笔测评法的优点是一次能够出十几道乃至上百道试题，考试的取样较多，对知识、技能的考核的信度和效度都较高，可以大规模地进行分析，因此花的时间少、效率高，被测试者的心理压力较小、较易发挥正常水平，成绩评定比较客观。

纸笔测评法的不足主要表现在不能全面地考察被测试者的工作态度、品德修养、组织管理能力以及口头表达能力等。因此纸笔测评法虽然有效，但还必须采用其他的测评方法以相互配合。

5. 测评工具的比较

国外学者曼琴斯基曾以效度、公平性、实用性、花费代价等多个指标对素质测评的几种测评方法和工具进行了比较研究，具体比较结果如表 4-7 所示。

表 4-7 系统测评工具的比较

测评方法 \ 比较指标	效度	公平性	实用性	花费代价	采用广度	高级管理人员甄选常用方法	基层管理人员甄选常用方法	普通员工甄选常用方法
智力测验	中	中	高	低	多	√	√	×
职业能力测验	中	高	中	低	少	√	×	×

续表

测评方法 \ 比较指标	效度	公平性	实用性	花费代价	采用广度	高级管理人员甄选常用方法	基层管理人员甄选常用方法	普通员工甄选常用方法
人格品德测验	中	高	低	中	少	√	×	×
情景模拟测评	中	高	低	中	多	√	×	×
观察评定	高	高	低	高	少	×	×	√
面试	低	中	高	中	多	√	√	√
背景(档案、履历等)考察	高	中	高	低	多	√	√	√

6.甄选测试的可靠性分析

信度与效度是企业在决定采用何种甄选方法时所依据的两个非常重要的指标。在对应聘者进行甄选测试时,应做到既可信又有效。

1)测试的信度

测试的信度又称可靠性。为了使甄选标准有更高的可信度,甄选的标准必须保持一致性,这就是所谓的信度。一个好的甄选工具必须稳定可靠,即多次测量的结果要保持一致,否则就不可信。招聘过程中所用的甄选工具都应有良好的信度,但目前人们对信度的讨论主要集中在甄选测试及面试上。

影响测试信度的误差来源主要有以下几种。

(1)被测试者的特征。

被测试者的个人影响因素有:应试动机、测试经验、身心健康状况、注意力、持久性、求胜心、作答态度等。被测试者团体因素有:团体的异质性和团体的平均水平。

(2)主测者的影响因素。

其具体内容包括:不按规定实施面试或测试;制造紧张气氛;给予某些被测者特别指导;主观评分等。

(3)测试内容方面的影响因素。

其具体包括:测试题目取样不当、不一致性低、题目数量过多或过少、题目意义含糊等。一般来说,在一个测试中增加测试题可相互抵消每个题目上的随机误差。这很像投篮,投一个球有很大的偶然性,但是投100个球就基本能反映一个球员的稳定水平。测试难度与信度之间没有什么必然联系。但是如果测试太难或者太容易,则分数差距将缩小,导致信度下降。这表明要提高测试的信度,能产生最广的分数分布的难度水平是最合适的。

(4)实践测试的情景方面的影响因素。

这具体包括测试的现场条件、通风、温度、光线、噪声、桌面好坏、空间宽窄等。

(5)其他干扰因素。

如停电、计时设备出了问题,题目或答题纸出了问题,考场上有人生病等。

2)测试的效度

测试的效度是比信度更重要的甄选指标。效度又称为有效性或正确性,指一种甄选技术能够真正衡量所要衡量对象的程度。在甄选过程中,有效测试的结果应能够正确地预计应聘者将来的工作成绩,即甄选结果与以后的工作绩效考评得分是密切相关的。这两者之间的相关系数越大,说明测试越有效。

影响测试效度的误差来源主要有以下几种。

(1)测试组成方面的影响因素。

测试的取材、测试的长度、试题的难度、试题的编排方式等对测试效度均有影响。如果测试试题经过审慎选择,测试的长度合适,难易程度适中且安排得当,则效度比较高。

(2)测试实施方面的因素。

在测试实施的过程中,无论是场地的布置、材料的准备,还是作答方式说明、时间的限制等,如果不按照标准化的程序进行,则必然使效度降低,失去测试的意义。

(3)被测试者的反应方面的影响因素。

被测试者的兴趣、动机、情绪、态度和身心健康状况等,都足以决定其在测试情景中的反应,而被测试者是否充分合作与尽力而为,均能影响测试结果的可靠性和正确性。

效度与信度的关系:信度是效度的必要非充分条件,信度和效度的这种关系从日常经验中可以看出来。一种测试方法对某一目的具有一定的信度,但并不一定是有效的;而一种测试方法如果对某一目的是有效的,那么它一定是可信的。测试的效度受其信度的制约,信度不高的测试方法,其效度也一定不高。

7.有效甄选测试的步骤

1)工作分析

工作分析是甄选测试的科学依据。

2)选择测试

选择能够测量对胜任工作来说很重要的特征(预测因子)的测试。通常根据经验、以往的研究和"最佳猜测",选择几个测试组成测试组。这样做的目的是测量许多可能的预测因子,例如进取心、外向性和数字能力等。

3)实施测试

用选择好的测试方法进行测试。这里有两种选择:一种是对企业目前在岗的雇员进行测试;另一种是在雇佣求职者之前对他们进行测试。

4)将测试成绩与标准联系起来

确定测试分数(预测因子)与工作表现之间的关系,以此来判断测试的效果。一般是通过相关分析来确定测试分数与工作绩效之间的统计关系。

(三)招聘时应注意的问题

为了获取优秀的人力资源,不少酒店已经设有专职的招聘人员负责酒店的常年招聘。常年招聘只是一种形式,能否招到优秀的员工取决于很多方面的因素,招聘工作本身的策划组织也是一个重要因素。招聘时应该注意以下几个问题。

1.简历并不能代表本人

简历的精美程度与应聘者个人能力无关。招聘人员可以通过简历大致地了解应聘者的情况,初步地判断出是否需要安排面试,但招聘人员应该尽量避免通过简历对应聘者做深入的评价,也不应该因简历对面试产生影响。不能说应聘者的简历一定有虚假的成分,但每个人都有装扮自己的倾向,谁都希望只表现出自己的优点,隐藏自己的缺点。

2.工作经历比学历重要

对于有工作经验的人而言,工作经历远远比他的学历重要。他以前所处的工作环境和他所从事的工作最能反映他的需求特征和能力特征。另外,从应聘者的工作经历中还可以反映出他的价值观和价值取向,这些东西远远比他的学历所包含的信息更加重要。

3. 不要忽视求职者的个性特征

对岗位技能合格的求职者,招聘人员要注意考察他的个性特征。首先要考察应聘者的性格特征在这个岗位上是否会有发展潜力。有些应聘者可能在知识层面上适合该岗位的要求,但个性特征却会限制其在该岗位上的发展。比如一个应聘技术攻关的应聘者,他可能掌握了相关的知识,但缺乏自学能力,并且没有钻研精神,显然不适合这个岗位。

另外,由于许多工作并非一个人能够完成,而是需要团队合作,所以,团队合作精神已经越来越为酒店所看重。如果应聘者是一个非常固执且偏激的人,在招聘时应该慎重。

4. 让应聘者更多地了解酒店

招聘和求职是双向选择,招聘人员除了要更多地了解应聘者的情况外,还要让应聘者能够充分地了解酒店。应注意的是,当应聘者与酒店进行初步接触时,因为酒店的宣传材料或者招聘人员的宣传,应聘者一般都会对酒店有过高的估计,这种估计默认会形成一个应聘者与酒店的"精神契约"。招聘人员让应聘者更多地了解酒店是非常重要的。

5. 给应聘者更多的表现机会

招聘人员不能仅根据面试中标准的问答来确定对应聘者的判断。招聘人员应该尽可能为应聘者提供更多的表现机会。比如,在应聘者递交应聘材料时,可让应聘者提供详尽的能证明自己工作能力的材料。另外,在面试时,招聘人员可以提一些能够让应聘者充分发挥自己才能的问题,如:"如果让你做这件事,你将怎么办";"在以前的酒店里,你最满意的是哪一项工作",等等。

6. 面试安排要周到

为了保证面试工作的顺利进行,面试安排非常重要。首先是时间的安排,面试时间既要保证应聘者有时间前来,又要保证酒店相关领导能够到场;其次是面试内容的设计,比如面试时需要提哪些问题,需要考察应聘者哪些方面的素质等,都需要提前做好准备;最后是要做好接待工作,要有应聘者等待面试的场所,最好备一些酒店的宣传资料,以备应聘者等待时翻阅。面试的过程是一个双向交流的过程,面试安排是否周到、合理可以体现出一个酒店管理能力和酒店形象。

7. 注意自身面试时的形象

在面试时,招聘人员应该注意自身的形象。面试的过程不仅是酒店在选择应聘者,也是应聘者在选择酒店,特别是那些高级人才更是如此。招聘人员首先应注意的是自己的仪表和举止,此外还要注意自己的谈吐,在向应聘者提问时,应该显示出自己的素养。因为招聘人员代表着酒店的形象,所以面试不应过于随便,更不能谈论一些有损酒店形象的内容。

四、录用

面试合格的人员经总经理最终审核批准后方可通知报到。人事部门相关人员应详细告知入选应聘者报到时间和地点、报到时应携带的证件等材料,约定签订合同的时间、地点等,在新员工报到时为其发放工作必需的物品,必要时引荐同事,帮助新员工更快地适应工作环境。

录用员工报到通知书范例如图 4-4 所示。

```
                    录用员工报道通知书

    ×××先生（小姐）
        您应聘本公司___职,经复审,决定录用,请与___年_月_日（星期_）上
    午__时,携带下列物品文件及详填函附表格,向本公司人事部报到。

        （1）居民身份证；
        （2）个人资料卡；
        （3）体检表；
        （4）保证书；
        （5）二寸半身照片__张。

    注意事项：
        （1）按本公司之规定,新进员工必须先行试用__个月,试用期间月薪_____元；
        （2）报到后,本公司将在很愉快的气氛中,为您做职前介绍,包括让您知道本
            公司人事制度、福利、服务守则及其他注意事项,使您在本公司工作
            期间能感到满足、愉快。如果您有疑惑或困难,请与本部联系。


                                                    人力资源部
                                                     年 月 日
```

图 4-4　录用员工报到通知书范例

五、招聘风险防范

在招聘过程中,由于招聘人员并不知道求职者的真实工作能力,低能力的求职者可能伪装成高能力的求职者来欺骗企业（比如求职者伪造文凭、推荐信）,夸大自己的能力蒙骗企业与自己签订劳动合同,这就会造成招聘录用有效性大大降低,从而引发招聘的风险,给企业带来巨大的损失。为正确规避风险,达到招聘的目的,主要对策就是增加双方信息对称的程度,具体而言,可以采取以下手段。

1. 规范招聘流程,建立科学有效的招聘体系

招聘的质量不是取决于花费,而在于明确职位要求、合适的选聘方式和规范的招聘程序。为了防止招聘过程中的伪装现象,招聘人员必须规定包括确定招聘需求、发布招聘信息、告知聘用结果、对招聘工作本身的评估等在内的招聘流程和程序。

2. 招聘人员要获取更多的求职者信息

要求招聘人员主动收集关于求职者的信息,包括对求职者进行面试、心理测试等,以获取求职者的内隐信息,比如个性、潜力、人格等；招聘人员也可以通过各种渠道（如前任雇主、求职者的毕业院校、猎头公司等）来核实求职者材料真实性和能力评价。

3. 招聘人员要采用不同的招聘技术和方法

在评价应聘者时,招聘人员可以采取心理测验、专业技能测试、面试、情景模拟测评等方法。除此之外,还要采取克服信息不对称矫正技术,根据信息的变化和发展阶段的不同应用"可信传递信息法"招聘技术。招聘人员获取信息对于招聘是有收益的,但这需要支付一定的成本。招聘人员究竟要将信息获取工作做到何种程度应取决于企业的成本与收益的平衡状况。

本章小结

本章对招聘的原则与过程、影响招聘的因素、甄选的方法及可能出现的问题进行了详细介绍。通过本章的学习,将对面试官的选择、面试地点的选择与布置、面试官与应聘者位置的安排、面试的过程控制及防范招聘风险的方法等有所了解。

【课后作业】

(1)有哪些招聘渠道?各有何优缺点?
(2)收集传统媒体与网页上发布的招聘简章,比较它们的不同。
(3)收集专业招聘网站的相关信息,尝试用专业知识来分析、评价该网站的招聘工作质量。
(4)招聘有哪些甄选方法?分别适用于哪些情况?
(5)收集酒店招聘面试中常见的问题,思考该如何回答。
(6)什么样的面试官才是合格的面试官?
(7)将全班同学分成几组进行模拟面试,互换角色后再模拟一次。

【课外阅读一】

一次情境面试的案例

机缘巧合,几个 HR 总监在一起聊天,谈如何面试的问题。一位 HR 总监王女士谈到了她所经历的一次招聘故事。

公司要招一个办公室助理,办公室的几个同事一起讨论了招聘标准、职责和要求后,有人提议,用情境面试的方式来试试看招聘的效果会怎样。于是,他们做了详细的策划。

面试的时间安排在 9:00,办公室的同事们基本上都在 8:50 左右到达,根据设计,办公室的四个人中,小张整理近期报纸,小刘在打扫自己的个人卫生,王女士在看近期文件,小李待在隔壁的办公室在 9:00 的时候打电话给王女士,说老总要求尽快把报告整理出来,9:10 必须交给总经理。

三个面试者通知的时间都是 9:00 钟面试,他们分别在 8:55、9:02、9:10 到达办公室,且记者 A 君、B 君、C 君。

A 君到达时,大家都忙着,进来后介绍自己是应聘者后,办公室小张让他在沙发上等一等就忙于整理报纸了,并告诉他,他可以自己去倒杯水、看会报纸。A 君说谢谢后,就规规矩矩地坐在那里了。

B 君来了,进来后首先抱歉自己迟到,并解释说走错楼梯了。小张一边整理报纸,一边解释,因为王女士有急事,需要他等一等,面试 9:20 开始。同样,告诉他可以自己倒杯水、看会报纸。B君说谢谢后,倒了两杯水,一杯给了A君,另一杯留给了自己。B君看到小张把报纸搞得乱糟糟的,他问,反正现在也是等,我来帮你一块整理吧。小张说不必不必,B君说:"你负责日期,我帮你按版面进行整理,这样会快些。"然后就干开了。

A君有些不自在,就拿起报夹上的报纸翻起来。

C君9:10到达,C君是某一关系户介绍过来的,进来后,冲着办公室里面的人点点头,自己就找位置坐下来,他随身带了一瓶矿泉水。沙发边上有些杂志,乱糟糟的,他胡乱地翻了一下,抽出其中一本,跷着脚,看了起来。

9:12左右,隔壁打电话的小李过来喊打扫自己卫生的小刘,要把办公室的一张桌子搬出去。A君站起来,看到桌子必须从沙发边搬出去,知道碍事,把报纸放在边上。B君则一副"我是男的,我可以帮忙"的架势。C君仍然翘着自己的腿。

要知道,这是第二轮面试。

最后,你猜,公司选择了谁?

结果是三个人都选了,录用A君是因为公司需要一个库房管理;B君被办公室录用了;C君被领导安排在销售部门。

你猜三个人后来的发展如何?王女士说:"一年后,这几个人不出他们所料,收获了不同的命运:A君规规矩矩、原地踏步;B君得到了晋升;C君离职了。"

【课外阅读二】

酒店人力资源的困惑与关注

据旅游行业部门统计,酒店人才现状报告反映,酒店业人才流失严重。调查情况显示,我国一般企业的人员流动率在5%～10%之间,旅游酒店业最适合的流动率在8%左右,然而相关调查显示,旅游酒店人员流动率达到了23.95%,部分酒店人才流失率竟达到了45%以上。

当前,每个酒店在经营管理过程中,都必须面对员工流失问题,而员工流失率偏高,又是各酒店普遍存在的一个现象。同时,员工流失率偏高也给酒店带来了负面影响,其负面影响集中表现在:员工的流失给酒店带来成本损失;员工的流失影响酒店的整体服务质量;员工的流失使酒店业务受损;员工的流失会极大地影响员工士气。

一、国内酒店业的发展趋势,人才资源是关键

(一)酒店集团与品牌化

在国际化程度越来越高的酒店行业,集团化成为中外酒店经营管理不可避免的潮流与趋势,中国需要能够参与国际竞争的旅游酒店企业集团,否则,将严重阻碍我国成为旅游强国的进程。品牌是中外酒店业经营管理发展的灵魂,也是国内旅游酒店企业在新世纪实现可持续发展的关键。

(二)生态化

当前,中外酒店经营管理的生态化主要体现在以下方面:注重环境生态的营造,包括旅游酒店的选址、服务项目设计、功能生态布局等;强化绿色生态环保意识,如节能降耗、废品处理、一次性用品改造等。

(三)智能化

酒店应该培养自己的高技术人才,利用现在快捷的互联网系统为客人提供优质的服务,让

客人从预定入住到结账都能一步到位,实现全计算机系统化管理与服务。酒店的智能化应该体现出快捷、方便、信息通信等方面,让客人在享受酒店优质服务的同时能感觉到酒店智能化带来的超值享受。

(四)坚持以人为本

酒店的发展离不开拥有专业知识的人才,未来酒店的发展经营理念应该从以前的"顾客第一、顾客是上帝"变为"顾客第一,员工第一""没有满意的员工就没有满意的顾客",让员工在酒店工作有种归属感,保障员工的福利,灌输酒店的经营与服务理念,充分挖掘员工的潜能,在员工实现自身人生价值的同时,为酒店做出更大的贡献。

(五)服务的个性化

在这个经济飞速发展的新时代,特色产品必须配合个性化的推销服务才能在市场的竞争中站住脚,才具有竞争力。酒店的员工应该在规范服务的同时,对客人提供拥有针对性的个性化服务,个性化服务就是在做好规范化服务的基础上针对客人个性的差异最大限度地满足客人的需求。

二、提高酒店业经营管理的对策

加强人员培训,解决人才短缺问题。导入竞争机制,建立科学评估体系,实现对人才最大限度的发现和激励。人才短缺是限制经济型酒店发展的最大障碍。人才培训系统是未来经济型酒店必须关注的一个重要方面。此外还应进一步完善薪酬福利和考核制度。以往的人事管理系统都是针对星级酒店的特点发展而来的,在经济型酒店的管理框架下,如何做好人事激励和考核管理是摆在经营者面前的一个新问题,这个问题会随着经济型酒店的快速发展而日益凸现。

三、关注实习生这一重要人力资源

(一)酒店使用实习生的原因

1.酒店方面的因素

(1)降低人力资源管理成本。这往往是酒店接受实习生最直接的动机。对于酒店而言,使用实习生最大的好处在于节省人力成本,酒店只需向实习生支付生活费,以及向其所在学校或者中介组织支付管理费,无须再支付其他费用。根据《劳动合同法》等法规规定,酒店对一般员工除支付薪酬、福利、奖金之外,还需为员工办理养老、失业、工伤以及生育等保险和住房公积金,还要承担许多连带责任,这些都增加了酒店的运营成本。

此外,酒店根据经营形势或实习生工作表现需要裁员时,实习生更易于解除关系,节省费用开支;而正式员工,因劳动合同等条款,酒店必须谨慎处理、循序渐进、避免争议,从而会拖延裁员计划的实施。正是基于对成本与效益的考虑,多数酒店每年都保留一定比例的岗位给实习生。

(2)提前进行人才储备。在经济变革迅猛的时代,人才已成为企业在竞争中制胜的关键。酒店的人力资源开发与储备目光也放得更远,转向了在校学生,因为未来高素质、高能力的人才常产生于这些即将毕业的学生当中。而实习恰好提供了让酒店与其未来的人力资源一次亲密接触的机会。随着旅游业的大发展带动的酒店数量的膨胀导致大量人才需求,各酒店纷纷提前进行人才储备。同时,在酒店业劳动力竞争加大,酒店劳动力市场资源相对不足的新形势下,酒店员工流动的速度随之加快,一些高学历、年纪轻、酒店从业经验比较丰富的管理型、技能型员工,成为各大酒店争夺的重点对象,从而导致人才流失严重,尤其是一线服务人员,平均流动率超过20%。而雇佣实习生是解决酒店人力资源配置问题的有效途径,有利于酒店人力资源的合理配置和有效使用,最终达到组织效益最大化的经营目标。

(3)使用与管理方便。酒店实习生多是旅游专业或者酒店专业的学生,在校学习期间都经过系统的理论学习与实践训练,在实践中接受新知识新技能比较快,一般只需经过短期培训就能适应工作,节省了培训费用和岗前培训时间。一般来讲,实习生基本素质较好,普遍敬业,不怕吃苦,多数想在学习期间取得好成绩,因此在实习工作中的表现都不错,有利于提高酒店的服务质量。同时,实习生与酒店没有直接的人事关系和利益冲突,且大多数年龄较小、思想比较单纯、社会关系也少、社会经验少、自律性较强,这种单纯的思想有利于酒店引导他们建立正确的价值观和服务理念,易于统筹安排人力资源,不会因社会关系影响工作。实习生到酒店实习前一般由学校进行了实习教育,加上学校对实习生管理上的协助与配合,酒店对实习生管理比较简单和容易。对于酒店的一般岗位,如果培训和指导能够跟上,实习生一般一个月以后就可以独立顶岗操作。

2.旅游院校方面的因素

(1)推行"2+1"教学模式的现实需要

我国许多旅游高职院校正推行"2+1"教学模式改革,学生在校进行理论学习与实践技能训练之后,普遍选择送学生到旅游酒店进行为期半年到一年的顶岗实习。出于执行教学计划与培养适销对路的毕业生的考虑,每年这些院校都向酒店企业提供大批实习生。

(2)现代教育发展的必然要求

现代教育越来越趋向于素质及能力教育,各类旅游和酒店管理学校除了注重对学生理论知识的培养外,也越来越重视其实践经验的积累,实习就成为学校对学生培养的必要环节之一。学校以输出人才为最终目的,为即将毕业的学生提供了一个接触社会、理论联系实际的实操场所;学生也因到酒店实习,锻炼了才干,磨炼了意志,为今后正式走上工作岗位铺好了道路。

(二)使用实习生过程中易出现的问题

(1)排外现象影响实习生对酒店的认同感。一些酒店有排外现象——既包括领导层的对实习生的漠不关心,也包括老员工的"欺生言行"——让实习生感觉没有归属感,从而出现对酒店的认同感降低,以至于发展到应付工作、消极怠工等情况的发生。

(2)由于待遇较低,实习生工作积极性不高。由于酒店雇用实习生多是通过旅游院校或者有关中介机构进行,这种方式的好处是获得他们在管理上的配合,酒店既避免了多头联系,对实习生管理与使用也简单易行。但由此而导致实习生的"生活费"(工资)较低,由于待遇较低,实习生工作积极性不高,从而影响到酒店的生产经营。

(3)由于是学生身份,切身利益较少,所需经历的实习期短暂,且期满后一般不会留下来工作,这些客观因素容易使实习生难以产生强烈的工作责任感、使命感,造成他们的服务意识比较淡漠,缺乏对工作的热情,对所实习酒店经营成果也不关心,对现有的实习机会重视不足,不能真心实意地工作,只图表面应付,部分人甚至会滋生"做一天和尚,撞一天钟"的心理,这些都不利于服务质量的稳定与提高。

(4)因为实习生实习时间多在半年到一年之间,实习生被分配到各个部门工作,尤其是到相关含有技术含量的部门时,一个新人需要3个月左右的时间才可以把他们带出来,往往是他们的业务刚熟悉又要返校学习或者要求调换实习岗位,以至于又要重新培养新人,这对酒店部门内部的正常运作会有一定的影响,也不利于长期管理。如何在短时间内让他们最大限度地发挥作用,是酒店管理者必须思考的问题。

(5)接收实习生的来源单一且数量众多,一旦发生集体撤退现象,就会造成服务人员的急剧减少,临时补充又在短时间内无法完成,这对酒店的影响将会是巨大的。

四、科学开发实习生这一人力资源

(一)增强实习生对酒店的认同感

要鼓励合同员工与实习生与多交流、多沟通,避免人为地制造排外现象,要避免歧视、欺生、边缘化现象的出现。酒店的经营管理者应在感情上把实习生当作正式的员工,把他们当合同员工一样对待,力戒歧视的发生。管理者的工作作风要使实习生感到酒店是可以信赖的,是值得为之而努力工作的。这些对于一直处在学校里、思想单纯、要求公平待遇的实习生而言,正面推动的作用更为明显,能够增添他们的归属感。酒店对实习生要多鼓励、少处罚,多指导、少埋怨。酒店管理部门应定期召开座谈会,倾听实习生的意见。一方面了解部门配合实习的情况,掌握实习生的意见;另一方面鼓励实习生给酒店找缺陷,对实习生提出的有价值的建议要给予表扬、奖励。对实习生多关心,在关心生活的同时要密切注意实习生的思想变化。要特别关心实习生的生活起居,在成本允许的范围内做好相应设施和集体活动的安排。

(二)减少中间环节,提高实习生待遇

酒店应尽量提高实习生的"生活费"标准,这对刺激他们的工作积极性大有益处。

(三)对实习生进行科学的人性化管理

酒店应树立"员工第一"的管理思想。酒店在日常管理中对员工的教育是"客人是上帝""客人至上",这也是酒店生存的宗旨,但要贯彻这一思想,必须依靠员工,因为员工是对客人服务的提供者,"只有满意的员工,才会有满意的客人",这就需要管理者要树立"员工第一"的思想。实习生年龄偏小、心理未完全成熟,对酒店的管理制度有一个适应的过程,作为管理者在严格执行管理制度的过程中稍带一些人情味,随着时间的推移,实习生会慢慢适应酒店的管理,从而努力工作。

(四)制订长远的实习生使用计划

学生实习的时间少则几个月,多则一年。如果实习时间较短,实习生大量进出,必然会对一线部门的人员结构产生一定的影响,这一问题协调不好会直接影响酒店经营活动的正常开展。因此,酒店对实习生资源的开发与利用不应是一种短期行为,而要有一个长远的规划与考虑。酒店要依据自身条件和需要,与旅游院校签订稳定的实习生轮换合同。同时选择三到五家生源质量好的旅游院校进行长期合作。这样可以保证生源质量,实习生上岗后可以为酒店创造更大的效益,间接地降低人力成本,也节省了每年前往招生的招聘成本,同时有利于做好时间、人员、费用、管理、培训、使用等方面工作的衔接和安排。

(五)加强校企合作

学校和酒店双方共同对实习生管理,互相配合,旅游院校领导层、实习带队教师及实习酒店良性互动,积极探索并创新实习生管理方式方法,达到双方预期目的。也可以采取订单式人才培养方式,从旅游院校定向培养所需人才。

(六)合理确定实习生数量与实习时间

实习生资源是酒店人力资源的补充与调剂,对于那些在旺季广募临时工的酒店来说,旅游院校学生的价值更大,渠道更稳定。因此,酒店应根据营业活动的变化,合理安排实习人数与时间。实习生的实习时间至少为半年,实习人数以占全员人数的15%左右较为适宜,实习生的轮换应安排在旅游淡季进行。

(七)实施人才储备战略

在每年数以百计的实习生中不乏优秀者,酒店人力资源管理部门应通过观察、考核,发掘其中的优秀者作为后备人才。对于优秀者可以安排初级管理岗位进行锻炼与考察,也可以以协议的形式提前预订他们。如此循环几年,酒店将会有大量的人才储备,可以有力地支持经营管理活动及企业发展对人才的需求,使酒店人力资源管理工作进入良性循环的轨道。

另外,国内酒店人才在素质与培养模式上与国际酒店人才存在较大差距,一个不可回避的现实是中国现有高级酒店管理人才70%来自国外,或者有过国外酒店培训经历。中国至今还没有真正意义上的专业酒店管理学院,也没有一个规范完整的酒店人力资源市场。

第五章 酒店员工培训与开发

【学习目标】

了解酒店员工培训的概念、类型和意义。
理解酒店员工培训的特征、体系和内容。
理解职业生涯各个阶段的特征、问题和任务。
掌握酒店员工培训的方法。
掌握职业生涯规划的概念和内容。
掌握进行职业生涯规划的步骤和方法。
掌握职业生涯管理的概念和内容。

【案例导入】

事件一:酒店总经理候选人分不清四星级酒店的区别、五星级酒店的区别

几年前,上海某四星级酒店面向社会高薪招聘总经理,虽引起不小轰动,但应聘者却几人而已。后经猎头公司推荐,才凑了10余名候选人,但到面试时仅剩下3人,而且在面试中全军覆没。该四星级酒店老总在接受媒体采访时大吐苦水:"这些总经理候选人连四星级、五星级酒店的区别都不知道,更谈不上熟悉旅游市场动态,把握酒店业发展趋势了。"

事件二:50万元年薪聘西餐总厨

2003年年初,上海国际会议中心开出50万元的天价年薪招聘一名西餐主厨,没想到应聘者寥寥,无奈之下,不得不费尽周折从法国引进一名总厨。据负责招聘的酒店人事经理介绍,西餐总厨的从业要求较高,不仅要有精湛的厨艺、良好的合作精神和不断创新的意识,还要对世界各地不同风格和口味的西餐了如指掌,此外还必须会讲一口流利的英语。在上海近千家西餐厅中,西餐总厨不足百名,符合要求的更是凤毛麟角。

事件三:2名香港专才加盟上海酒店业

2003年年底,"引进千名香港专才"计划正式实施,在引进的11位香港专业人才中,酒店管理人才就占了2个名额,一位是担任上海云都温泉商务酒店总经理的李式俊,另一位是担任上海南新雅华美达大酒店粤菜总厨的刘卓琦。上海南新雅华美达大酒店总经理郁为泽表示,由于多次招聘都找不到符合要求的人才,因此就想从香港引进专业人才,只是苦于没有好的渠道。"引进千名香港专才"计划开了个好头,今后酒店还将通过这个渠道引进专业人才,以解燃眉之急。

人才:酒店业发展的"瓶颈"

记者从上海市旅委了解到,人才匮乏是上海酒店业普遍面临的问题,最紧缺的是两类专业人才:一类是宾馆酒店总经理,酒店销售部、公关部、餐饮部、客户服务部、人事部、财务部经理等中高层管理人才;另一类是中西餐厨师、日韩料理厨师、酒店设备维护、餐饮客房服务等技能型人才。

据了解,懂国际惯例、语言能力和沟通能力强的酒店管理人才严重短缺,已成为制约上海酒店业发展的最大障碍。目前已有17个国际酒店管理集团在上海安营扎寨,接手管理高星级酒店,每年都需要数以千计的国际化酒店管理人才。从国内酒店业的情况看,也是如此。

培训:解决人才"瓶颈"的关键

(1)提供量体裁衣的培训。为每一位员工提供独特的培训尤为重要。培训针对性强的酒店,其人员流失率一般能保持在正常水平。酒店应当拥有一套系统的培训体系。每年根据酒店员工的素质、各部门的业务发展需求等拟出一份培训大纲,清楚地列出该年度培训课程的主题、培训内容、培训教员、授课时间及地点等,并在年底将大纲分发给各业务主管。根据员工的工作范围,结合员工的需求,参照培训大纲为每个员工制订一份培训计划,员工再按此计划参加培训。

(2)提供平等的、多元化的培训机会。每位员工都有机会接受酒店概况、商务英语写作、有效的办公室工作等方面的基本培训。酒店还应重视对员工潜能的开发,根据员工不同的教育背景、工作经验、职位需求提供不同的培训。培训范围覆盖前台接待员的"电话英语"到高级管理人员的"危机处理"。此外,如果员工认为社会上的某些课程对自己的工作有所帮助,可以向主管提出,酒店也应合理地安排人员进行培训。

案例思考

(1)如果现有人才的能力无法满足酒店自身发展的需要,如何解决此问题?

(2)如何对员工进行培训?上述案例提供的培训内容是否完善?

第一节 酒店人力资源培训与开发概述

一、酒店人力资源培训

(一)酒店人力资源培训的概念和特点

《财富》杂志曾预言"21世纪最为成功的企业将是那些学习型的企业"。人力资源是企业的第一资源,酒店作为劳动密集型企业,在经营管理中必须充分培育和发挥"人"的作用,紧紧围绕"人"来构建酒店的核心竞争力。培训作为开发人力资源的主要手段已成为现代酒店经营管理的一项重要内容,它是酒店获得竞争优势的重要手段,是衡量酒店竞争力的重要指标。酒店培训就是根据酒店的发展目标,为了使员工在现在和未来工作岗位上的表现达到组织的要求,使员工具备应有的工作知识、态度和技能,增进员工积极工作的动机与行为,提升员工的工作绩效,而有计划、有组织地对全体员工开展的教育训练活动。从以上概念可以看出,酒店人力资源培训体现了以下特征。

1. 培训目标的发展性和针对性

酒店培训注重从企业发展目标出发,对两者加以系统思考,进行人力资源规划,设计一个旨在综合提升竞争力的体系,从而使受训员工能适应酒店经营业务发展的要求。在新经济时代,企业的核心能力是决定企业发展的关键因素,培训作为增强竞争力的手段之一,必须将其与企业经营策略和发展方向相结合。因此,企业在设计培训体系时,必须思考几个关键问题:未来几年,企业将往哪个方向发展?企业需要怎样的竞争优势?目前与竞争对手的差距在哪里?企业管理者将会需要什么样的新能力?员工将会需要什么样的新技能?什么样的课程才能真正满足企业及员工的需要?在回答这些问题的基础上,制订并执行符合本酒店实际的培训计划等内容。除此之外,酒店应针对不同部门、不同岗位的职务标准进行培训,在计划安排、课程设置、训练方法的选择等方面,从酒店实际出发,注重针对性。

2.培训内容的系统性和层次性

传统培训注重的是岗位技能的训练,这一观念从根本上讲,是把员工看作企业运作过程中的一个工具。在这一理念下,企业的劳动效率从理论上讲确实能得到提高,但事实上企业难以适应组织面临的激烈竞争的形势。现代酒店需要的是复合型人才,要求员工不仅要有丰富的知识,还要具备良好的专业态度和专业技能。因此,知识不断更新、跟上时代节奏、培养具备综合能力(包括岗位技能、创新技能、管理技能等)的员工,成为现代酒店培训的新方向。要做到这一点,酒店必须要对员工实施有计划的、全面综合的教育和训练活动,通过开发员工的潜能、丰富员工的知识、改善员工的态度,从而充分发展员工的综合能力,使他们能高效地完成组织目标。

此外,酒店员工要分层次进行培训。对于不同的对象,不同等级水平和不同需要的员工,由于他们承担的工作任务不同,知识和技能需要各异,因而培训的内容也应当有所不同。

3.培训形式的多样性和灵活性

酒店员工培训可以根据市场竞争程度、现代企业制度和员工自身的特点,立足于现实需要,采取灵活多样的培训形式。在期限上,既有较长时间的定期培训,又有不定期的短期培训;在方式上,既有脱产培训,又有不脱产的在职培训;在方法上,既有一般的理论讲授,又有交流讨论、案例分析、实际操作、考察了解等,以充分发挥员工的主动参与精神;在组织上,既有内部培训,又有外部培训等。

4.培训周期的速成性与长期性

酒店接待工作的季节性、员工的高流动性与高劳动力成本等特点,加之许多酒店本着效率原则,希望接受培训的员工在较短的时间里就达到所期望的培训目标,或实施较短的在职培训,或充分利用工作间隔期、经营淡季开展培训,所以培训一般具有周期短、速成的特点。随着科学技术的日益发展,不断变化的市场需求,以及酒店对人才在不同岗位之间变换的需要,要求员工必须对不断出现的新设备、新方法、新流程、新政策、新制度做出有效的反应,这就意味着员工只有不断接受新的知识,不断学习,才能不断提高自身的工作能力,更好地适应酒店发展的更高需求,因此任何企业对其员工的培训都应该是长期的。

(二)酒店人力资源培训的类型

酒店员工培训按照不同的标准,可划分为不同的培训类型。酒店在制订培训计划时,如果能明确界定该培训项目的类型,就可以组织更有针对性的培训内容,选用更有效的培训方法,从而提高员工培训的效率。

1.按培训性质划分

按培训性质的不同,员工培训一般可划分为岗前培训、在岗培训和转岗培训。

1) 岗前培训

岗前培训属于基础性培训，是指酒店新员工步入工作岗位之前的培训。其目的是提高新员工的素质，使新员工上岗后能尽快适应工作岗位的要求。为了保证新员工做好本职工作，必须坚持"先培训，后上岗"的原则。

岗前培训，根据培训内容侧重点的不同又可分为一般性岗前培训与专业性岗前培训。一般性岗前培训是指对新员工就酒店行业的特征与态势、酒店工作的性质与特征、酒店工作人员的基本素质与职业道德、酒店情况等常识性内容进行培训。专业性岗前培训是指对新员工按部门、按岗位、按工种进行专业针对性培训。岗前培训的种类如表5-1所示。

表5-1 岗前培训的种类

序号	种类	目的	内容
1	一般性岗前培训	增进新员工对酒店行业与酒店工作的理解	企业文化、职业道德、礼节礼仪、仪表仪容、安全知识、法律法规、规章制度等方面
2	专业性岗前培训	使员工在上岗前掌握所在部门工作的任务、流程、技术、方法与规范	包括业务流程、服务流程、服务技能与技巧、专业外语、食品饮料知识、卫生防疫知识等

2) 在岗培训

在岗培训是指向酒店在职员工进行的以提升其工作能力与工作绩效为主要目标的培训，是酒店员工在完成工作任务过程中所接受的培训，是岗前培训的深化与发展过程。酒店日常遇到的各种经营问题、新技术、新设备的使用等，都需要通过在岗培训来实现。在岗培训有助于改进酒店的服务方式，克服服务中的不足，改善酒店服务状况。

在岗培训一般采用重复培训和交叉培训等形式。重复培训有助于提升员工的服务熟练度，提升员工的服务技能与服务技巧。交叉培训是指通过让员工掌握两个或两个以上的工作岗位技能，如针对管理人员的工作轮换法等，使员工能理解或胜任多个岗位，或者使员工学会从多个角度看待酒店工作与分析工作中出现的问题，学会换位思考，融入工作团队。

3) 转岗培训

转岗培训是指针对员工从一个工作岗位转向另一个工作岗位而开展的培训。转岗培训与岗前培训较为类似，但培训对象不同。转岗培训的内容要视转岗人员的具体情况而定。转岗培训有时是全方位的培训，有时只是针对某一专业技能的培训。

2. 按管理模式划分

酒店员工培训可以内外结合，或以内为主，或以外为主，与其他培训机构的合作形式也可以多种多样。因此，酒店员工培训可以划分为以内为主的培训、企业办学、产学结合的培训、外包培训等类型。

1) 以内为主的培训

以内为主的培训是指酒店通过组建培训部或培训中心，来推进酒店的常规培训工作。酒店通过专职培训师、兼职培训师或指导老师，对员工开展有针对性的常规培训活动。

2) 企业办学

企业办学，即酒店为储备人才、提升员工整体素质而兴办职业技术学院或教育场所。这是大型酒店集团为适应日益激烈的市场竞争环境与推进长期的发展战略而采用的人力资源开发策略。企业办学能够很好地实现理论与实践的结合,能够有效地提高员工素质,保持人力资源优势,储备各个层次的人才。

3)产学结合的培训

产学结合的培训是指通过酒店与高校的协作办学,来培训酒店员工。产学结合的培训具体有委托培养、委托办班、联合办学等形式,与高校形成优势互补,酒店能够利用高校在人才、科研与信息方面的优势,培训管理人才、专业人才和紧缺人才。

4)外包培训

外包培训是指把酒店的培训工作全部委托给外面的培训机构。有效的外包培训可以降低酒店的成本,提高培训的效率。

3. 按培训对象层次划分

1)决策管理层培训

高级管理人员属于酒店的决策管理层,其具体包括酒店的正副总经理、驻店经理、各部门总监,同时还包括高层技术人员。作为酒店管理的领导中枢,对决策管理层的培训的目的是通过培训使决策人员掌握经营环境的变化、行业发展趋势以及进行决策的程序和方法,提高思维能力、决策能力、领导能力。对决策人员培训的重点是市场经济所要求的系统管理理论和技能,如管理学、组织行为学、市场营销学、酒店战略管理、酒店经营过程控制、领导科学与艺术等。

2)督导管理层培训

督导管理层是酒店人力资源的中坚力量,包括各部门正副经理、部门经理以下各级管理人员,如督导员、领班或班组长。这一层次是酒店经营计划、技术创新决策实施的组织者,在酒店管理中起着举足轻重的作用。对这类人员进行培训的目的是使其掌握市场经济条件下的管理方法,具备多方面的才干和更高水平的管理能力,改善管理工作绩效,同时为酒店决策管理层培养接班人。对这类人员的培训内容主要包括管理学的基本知识与技能、与部门相关的业务知识与技能、工作改进、对下级的训练方法和领导艺术等。

3)服务员及操作人员层培训

酒店服务员、各技术工种操作人员及后台勤杂人员是维持酒店运行的基本力量。这一层次人员的个人素质、技术熟练程度与工作态度直接影响整个酒店的经营水准与服务质量,对他们的培训目标是使员工拥有积极的工作心态、熟练的操作规程与服务技巧,提升他们服务的效率与效果等,越来越多的酒店开始重视这一层次人员综合素质的提升,酒店应对其进行相应的专业知识、业务技能与工作态度的培训。

此外,按培训方式的不同,酒店员工培训还可划分为不脱产培训、脱产培训与半脱产培训。

按培训地点不同,又可将酒店员工培训分为店内培训、在岗培训和店外培训三种类型。

【案例分析】

麦当劳的人才训练阶梯

麦当劳诞生之后就以极快的速度发展,它现已成为覆盖全世界50多个国家和地区,拥有14 000多家分店的连锁快餐店。

如何在快速发展中使公司维持一支高素质、富有生产力的员工队伍,是很多企业经营中的一大难题。麦当劳解决这一问题的秘诀是大量采用兼职人员,提倡所谓的"年轻人才短期战斗力"和"持续的人才活性化"系统。

在一家麦当劳分店里,一般只有三四名正式员工,包括主要从事管理工作的店长和副店长,而其余的约六七十名员工都是兼职人员,分店对他们采用轮班制并计钟点工资。

以下为麦当劳的晋升及训练制度,从中可以窥见其组织发展和对人才的阶梯训练策略。

一、新员工入职训练

新员工一经录用,即成为麦当劳戴白色船帽的"水手"(取名"水手",象征每一家麦当劳餐厅都是一艘船,员工是船员,在激烈的市场竞争的大海中,全体员工须同舟共济)。

新员工训练的第一天是"水手指导"项目的训练,内容包括认识新环境,了解"麦当劳文化"、作业状况及工作准则、员工各项权利和义务等。训练方式是资深指导员利用"水手手册"录像带等进行亲切、和善的说明、讲解以及参观现场等。主要目的是通过了解麦当劳,消除新员工初到新环境可能产生的紧张和不安。

第二天进行初级课程训练。男生跟随一名指导员学习厨房事务,包括认识厨房设备和器具用法、学习厨房礼仪、产品制造、如何清洁环境等,时间约3小时;女生则分配到柜台,学习接待客人、引导客人点菜、收账及收拾整理环境等技巧。

经过5天新员工训练后,第6天进行成果检验。通过检验的员工发给蓝色船帽,晋升为"正式水手",也称"蓝帽水手",钟点费同时加级。

二、晋升指导员的训练

新员工戴上蓝色船帽后,即加入生产、销售行列,成为"蓝帽水手"。在指导员带领下,经过一两个月的学习和锻炼,如果已经熟练掌握分内工作,新员工可以自己申请,或通过主管推荐,参加一项员工高级训练项目。这项训练和考核非常严格,时间也较长,因此参加这项高级训练的员工被称为"挑战者"。

通过这项训练,男生必须掌握柜台销售工作,女生则必须懂得厨房生产作业,而且要利用上班时间努力改善"一对一"训练时所指出的店中业务缺陷,最后经过严格的考核后,合格者从"蓝帽水手"升格为指导员,优秀者更可成为"明星"(比指导员高一级)。

三、晋升副经理的训练

晋升副经理的人,必须是指导员中成绩优秀者,同时他须在一家分店担任指导员3个月以上。满足以上条件的人经由店长和副店长推荐,方可有资格参加为期一到两个月的"副经理训练程序"课程。

"副经理训练程序"课程包括学习生产管理、客席管理、食品管理、基本的营运管理、接待和安全管理等知识。课程的最后会进行考核,考核合格者成为副经理。副经理是兼职人员中的最高级别。

四、晋升第二副店长训练

第二副店长属于正式员工,麦当劳的正式员工来源有两个:一是从优秀的兼职人员中内部提拔,二是对外招聘。

无论哪种途径,候选人都必须在店中实习两个月,同时接受店长的"管理训练程序",进行在职训练,然后进入麦当劳公司的汉堡包大学受训9天,学习商品制作法,销售管理,原料和商品库存管理,店铺卫生安全管理,劳务、顾客、利润、保养和情报管理等专门为该职位设计的课程。修完全部课程,成绩合格者,可取得汉堡包大学学士学位,同时晋升为第二副店长。

五、晋升店长训练

员工晋升为第二副店长后,回到分店参与实际作业,同时再研修"管理发展程序"。约6个月后,第二副店长又进入汉堡包大学接受10天密集训练,学习专为培养店长而设立的课程。

店长训练课程内容包括机器制造原理、全套经营管理、普及技术革新及新产品的指导等课程。学员考核合格后可取得汉堡包大学硕士学位。但是要晋升店长,还须时常复习,反复演练在训练课程中学到的知识,并经过推荐和审查。由于店长是一家分店的主脑,其才干及领导能力关系到全店业务与管理的成长,所以在店长人选的考虑和审核上,麦当劳公司特别慎重和严谨。

(三)酒店人力资源培训的基本原则

1. 端正观念,激发动机

高绩效的员工培训始于正确的培训理念。因此,从酒店高层到基层员工都必须具有如下培训理念:培训是人力资源提升和发展的最有效手段;培训是各级主管的职责,需要各部门的大力支持和参与;培训必须全面普及,兼顾到管理、技能、知识、态度、习惯等各方面;培训是为实现组织目标而设,因此需要系统化、策略化;培训是企业推行新政策或进行改革的得力法宝;每个人都有再开发的潜能,都需要培训,只是需要培训的内容和适合的培训方式不同而已;培训不仅要为今天服务,而且要为明天做准备。

酒店培训更注重激发员工的学习动机,强调员工有自我发展的主观能动性与获取新知识、新技能的积极性。酒店通过营造文化氛围来影响员工,在培训中必须结合员工内在的需要,合理安排培训项目,使员工产生强烈的自我成长、自我发展、自我完善的愿望促进员工提高综合素质的积极性,使员工拥有努力工作的动机和主动工作的热情。事实上,员工的自我发展过程正是他们对企业的贡献过程。如今,越来越多的企业通过不断地提供改进自我的机会,使员工形成对企业的奉献精神,这是一个双赢的局面。

2. 目标明确,统筹安排

进行培训,首先要确立培训目标。酒店培训是以进行职业定向教育为基本特征的,因此,培训目标必须紧紧围绕酒店行业的需求,根据行业对劳动者的需求变化做出调整,特别是根据用人部门的复合要求来制订相应的目标,以此为依据开设培训课程。培训目标不仅要切合实际,培养出满足部门需要的员工,而且应该有一个长远的规划。酒店有很多不同的部门,部门内又有很多不同的岗位,各个岗位的理论和技术含量存在一定的差别。为了使酒店更具竞争力,各个岗位的工作人员更具有竞争意识,酒店就要对各岗位的人力资源进行储备,最好的办法就是实行跨岗位培训。这不仅会提高员工的业务素质,也会在无形中增加员工的紧迫感,促使其提升自我,在工作和业务上多下功夫,提高服务和管理质量。因此,酒店应根据现有的人力资源现状,对人力供需进行预测,制订出合理的、可操作的培训计划,针对参训人员确定合理的培训内容,并制订出相应的考核与监督办法,严把培训质量关。培训之后,视情况进行相应的奖励与惩罚。

3. 因材施教,重点突出

"因材施教"的思想对酒店开展培训工作具有深远的指导意义。一方面,酒店应对各个层面的员工开展系统培训;另一方面,由于不同岗位的酒店员工,在知识、态度、能力上存在差异,其工作职责也不尽相同,这就要求培训应因人而异,根据员工的受教育程度、专业背景、自身素质、工作经历、到店时间等因素,设计出各种各样的培训内容、方式、时间、力度等,并能充分考虑到员工自身的特点,做到因材施教。例如,对于一线员工来说,技术能力是其能力结构中最主要的组成部分,而公司最高领导层是决定公司命运的人物,综合能力和决策能力是其能力结构中的重点。这些体现在具体的培训工作中,就要求在培训内容和方法上有所侧重和区别。

4. 由浅入深,循序渐进

知识的更新、能力的提升、态度的改变都需要一个循序渐进的过程,培训要由浅入深、由易到难、由细节到全局。作为一项系统工程,培训应采用系统的方法,并与企业的发展方向相一致。首先,培训工作应根据酒店现状和外部环境,从组织层面、任务层面和员工个人层面分析培训需求、确定培训目标;然后根据培训目标确定具体的培训内容,确定是进行技能培训还是知识培训,或是观念培训;接着,拟订培训计划,然后组织实施培训活动,培训时要根据不同层次员工的素质,有计划地安排培训内容,让他们有时间消化培训内容,感到培训有收获,从而激发他们再次参加培训的兴趣;最后,培训结束后还要进行总结评估,分析计划与结果的差距,归纳出经验和教训,同时发展新的培训需要,为下一轮培训提供依据,使员工培训不断循环。比如对实习生的培训,一般分为两个阶段,第一阶段的培训工作应着重酒店业务知识和岗位操作能力的培训,在此基础上,逐步对他们进行第二阶段更深层次的岗位内容培训工作,即主要以酒店服务应用技巧、顾客心理知识、语言技巧、外语等内容为主,通过两个阶段的培训,帮助学生有效掌握岗位职责所必需的基础知识、技能和态度。

5. 学以致用,提高效率

为了使培训工作更适应在职员工的要求,必须坚持学以致用的原则。一方面,兼顾员工现有工作岗位的要求,并紧密结合员工未来个人发展的需要;另一方面,结合酒店发展状况和工作实际需要,使培训内容与组织目标相一致。在具体的培训工作中,企业要根据培训需求和培训目标选择合适的培训方法和培训内容。一般来说,酒店员工培训可采用案例教学法、角色扮演法、情景模拟法、研讨会法、多媒体教学、模拟训练法等。同时,在实际工作中寻求切实可行的方法,如工作轮换、设置助理职务、临时职务代理等方法,使培训人员在实践中学习,提高学习效率。在培训内容上必须抓住重点,尤其要紧密结合实际工作中经常遇到的问题和难题,要做到"全、新、专、变"。"全",是指培训的内容要全面。"新",就是培训的内容要不断更新,及时了解国内外有关本行业新情况、新趋势、新问题的研究成果,使员工学习到最新知识,掌握到最新技术。"专",是指培训的内容要根据企业发展不同时期的需要,及本行业发展的特点,结合企业不同岗位要求和员工特点,组织专门人员,开设专门课程。"变",是指任何一个培训项目都有许多可变化的因素影响培训设计的可行性,因此必须预先做好充分的设想并制订相应的变通方案应对新的情景。

6. 及时反馈,正面强化

为了使培训工作产生应有的作用,必须坚持及时反馈原则。一方面,在培训过程中,要促使培训师给予学员及时的反馈,注重与学员的互动,及时解决学员提出的问题,并对学员的正确观点与优秀表现给予及时的表扬。另一方面,在培训考核后,要及时向学员反馈考核结果,让他们及时知道自己在培训中的收获与不足。很多培训活动都存在反馈滞后或不重视反馈的情况,这势必减少员工对培训活动的兴趣与激情。

在考核培训结果的基础上,如何奖惩是非常重要的一个环节,必须建立相应的奖惩机制。

为了使员工自觉主动地加入培训当中,应该倡导正面强化原则,即对员工在培训中的好的行为与结果进行正面激励,以使员工把培训收获转移到工作行为与工作绩效中。正面强化体现了酒店对培训工作的政策导向,而少用惩罚措施则是为了减少员工对培训工作的抵触情绪。在大多数酒店培训工作中,经常看到的一种现象是员工对待培训工作的态度消极,人在培训现场而心不在,其根源在于现行的培训奖惩体系。一般来说,在培训考勤环节上,大多数酒店都做得比较好,而对于培训内容的考核,则相对比较宽松。而且,对于通过者一般不会采取有力度的奖励措施,对于不通过者则会有一定警诫效应的惩罚措施。实际上,如果择优进行正强化,则必然会使许多员工积极参与培训工作,最终的培训效果自然会大大优于负强化的举措。

(四)酒店人力资源培训方法

随着酒店人力资源培训活动的广泛开展,培训方法也日渐多样化。目前使用较多的方法主要有课堂讲授、研讨法、案例教学法、头脑风暴法、项目学习法、角色扮演法、游戏学习法、实际操作、师傅带徒弟、参观考察等。从广义上讲,除课堂讲授外,其余方法都可以称为参与式培训方法。课堂教授在传统的院校培训中居于主导地位,它注重知识的单向传递,但培训师与学员之间的沟通与交流较少。与课堂讲授法不同,参与式培训方法注重发挥学员在教学过程中的主导作用,培训师在其中起组织和引导的作用,培训师与学员、学员与学员之间的双向或多向的交流和沟通较多,侧重学员能力的培养。参与式培训方法近年来在星级酒店中的运用很普遍。酒店员工培训方法的恰当与否直接关系到培训的最终效果,在实际培训活动中,酒店要结合培训层次、内容与培训要求选择适当的培训方法。

二、酒店人力资源开发

酒店人力资源开发是根据酒店人力资源的生理和心理特点,运用科学有效的方法,充分发挥人力资源的开发潜力,力求做到各尽所能、人尽其才,达到酒店和员工个人的共同发展。

酒店人力资源的开发由"三维空间"组成,具体如下。

一是个体素质开发,即员工自觉性开发,其目的是提高员工自我管理、自我调节、自我开发的能力。为此,要从文化、教育、修养三个方面来努力,在这三个要素中,文化是前提。这里说的文化是指酒店企业文化,就是要通过企业文化,来增强员工行为的自觉性,促使员工与酒店形成一个同舟共济、利益分享、风险共担的命运共同体。教育这个要素是基础,酒店在竞争中取得胜利和发展需靠管理水平和服务质量,管理水平和服务质量靠人才,人才靠教育。要通过全方位的员工教育来开发员工的智慧,提高员工的综合素质,增强员工自我管理、自我调节的能力。

二是集体行为调控,即强制性的驱动,目的是为了保证人的行为的合理性和有效性。为此,要在组织、制度、激励三个方面下功夫。在这些要素中,组织是骨骼。组织形成既要有利于个人积极性的开发,又要有利于集体优势的发挥,不仅要使人与物和谐,更要使人与人和谐。制度要素是保证。个体的积极性与群体的协调性能否在良性循环的磨合中渐趋一致,不能光依赖于"人治",而应让管理科学化、规范化,即要靠科学的制度加以保证。激励要素是杠杆。把三个要素有机组合起来,就能形成对人的行为合理、有效的强制性驱动,从而取得更大的群体效能。

三是物质、社会保障,即积极性"再充电",包括生活、交往、保健三要素。也就是说,酒店人力资源开发与管理,绝不仅仅是管理者向员工的单方索取,期望最大限度地榨干员工的所有能量,以实现急功近利的短期效应目标。这样或许会收取一时之效,但从长远来看是失败的。酒店人力资源的开发,在提高员工的素质和调动积极性的同时,还必须解决员工的多层次需要问题。酒店员工作为人,都有生理、安全、社交、文化及自我发展等需要。为此,就要使员工社会生活社会化、交往广泛化和保健科学化,就要为员工提供物质、社会的保障。这样,就可以对员工多方面、多层次的物质文化需要提供基本保障,从而实现对员工积极性的"再充电"。

从"三维空间"的相互关系来看,自觉性的开发侧重于个体素质和积极性的提高;强制性的驱动,侧重于群体行为的协调性和有效性;积极性的再充电侧重于人的多种需要的满足。综合起来看,用一个公式可描述:"酒店生命＝人的素质＋积极性和自觉性的开发＋强制性的驱动＋积极性的'再充电'"。

三、酒店人力资源培训与开发的意义

酒店人力资源培训与开发是酒店获得竞争优势的重要手段,是衡量酒店竞争力的重要指标。不断变化的市场需求以及酒店对人才在不同岗位之间变换的管理需要,要求员工必须对新设备、新方法、新流程、新政策、新制度做出有效的反应。只有通过培训,才能不断地提高员工的工作能力,使他们适应时代发展的需求。酒店的发展和个人的发展都离不开人力资源培训。

(一)员工层面

1. 有利于提高员工的职业能力

员工培训的直接目的就是要发展员工的职业能力,使其更好地胜任现在的日常工作及未来的工作任务。酒店是创造快乐的企业,员工是创造快乐的使者,为了满足宾客日益多样化的需要,这就要求酒店的员工既够随时把握时代的脉搏,有更新的观念和开阔的视野,站在更高的平台上,看得更远,做得最好,又能以亲切、热情、友好的服务态度和敬业精神提供服务;既能不断地吸收知识、补充知识、更新知识、分享知识,创造性地运用知识来调整产品或服务,又能掌握娴熟的服务技巧和管理技巧。这一切都需要通过酒店系统而有效的培训来得以实现。有效的培训具有更新观念、开阔视野、增加知识、改善态度、提升技能的功能,促进员工适应不断提升的工作要求。

2. 满足员工实现自我价值的需要

通过培训,可以加深员工对酒店及各部门工作的认识,协调各部门之间的关系,从而促进人际沟通,减少隔阂,增强酒店员工对所在企业的归属感。在现代酒店中,员工的工作目的更重要的是为了"高级"需要——自我价值的实现。酒店培训同员工的个人发展紧密相关,如果培训充分地考虑了员工的需要,设计有针对性的培训内容与方式,这样的培训在教授给员工新的知识和技能,提高员工的综合素质的同时,能够激发员工积极向上而又强烈的工作动机,为员工个人的成长和发展创造机会,使员工更加积极与自信地应对未来的工作挑战,实现自我成长和自我价值,并能将个人发展目标与组织发展目标有机结合起来,这不仅使员工在物质上得到满足,而且使员工在精神上获得成就感。

(二)企业层面

1. 有利于改善酒店工作质量,提高劳动效率

酒店工作质量的高低主要取决于员工素质的高低,高素质的员工是赢得顾客忠诚的保证。工作质量包括生产过程质量、产品质量与客户服务质量等。毫无疑问,培训使员工掌握良好的技能及丰富的行业知识,将直接提高和改善酒店工作质量,缩短服务质量规范与实际服务提供

之间的差距。培训能提高员工个人素质和职业能力,改善员工对客服务质量;培训可增加员工的安全操作知识,提高员工的劳动技能水平;培训能增强员工的岗位意识和责任感,规范生产安全规程;培训能增强安全管理意识,提高管理者的管理水平。因此,企业应加强对员工敬业精神、安全意识和知识技能的培训。

培训是酒店提高劳动生产率的重要途径。实践证明,经过有效培训的服务员能端正工作态度,掌握服务知识,提高专业技能,适应不断提升的工作要求。提高酒店效率不是单个员工的事情,而是全体员工的事情。通过系统培训,可以使全体员工达成共识,使他们协调行动、保持干劲与提升效率。

2. 有利于降低损耗和劳动力成本,增加效益

据有关专家研究结果显示,培训可以减少 73% 左右的浪费。酒店要有效满足消费者不断变化的住宿、餐饮与康乐需求,必须投入相当大的资金,由于酒店服务工作具有一定的浪费和损耗,又需要有足够的设备维护保养和更新改造资金。此外酒店服务的特点是人对人、面对面的,要保证酒店业务的正常运行并保持必要的品质,就必须有足够的人力资源作为保证,这就使得酒店的劳动力成本较高。为了提高设备与设施的使用率,降低劳动力成本,就必须依托持续有效的培训。受过良好培训的员工,工作效率高,专业化水平高,责任心强,会按照正确的操作程序和标准操作、维护和保养酒店设施与设备,可以减少或避免工作中的人力、物力浪费和工作事故的发生,从而降低酒店不必要的损耗和浪费。

工作效率的提高、服务质量的提升、运作成本的降低最终必然转化为效益的增加。有效的员工培训不但可以提升酒店的短期效益,更可以提升酒店的长期效益。通过对员工进行持续、系统的培训,使酒店人力资源整体水平不断提升,其效果必将在酒店效益指标上反映出来。随着员工素质的整体提高,酒店能降低人力、物力、财力消耗,提供更为优质的产品与服务,创造更为卓越的顾客价值与企业价值。

3. 增强酒店凝聚力和竞争力

在员工培训的过程中,酒店需要解决的重点问题包括:如何促使员工个人与酒店价值观保持一致?如何解决内部冲突和矛盾?如何打造宽松愉快的工作氛围?如何构建友好温馨的人际环境?

通过有效的培训,可以让酒店员工更为清楚地了解企业文化,提高对酒店的认可度和在本酒店工作的自豪感,从而在态度、理念和行为上保持与酒店要求的一致性,提高员工的凝聚力和竞争力。这种凝聚力体现在面对酒店经营中遇到的各种问题,全体员工能够团结一致、齐心协力、共同解决;还体现在当个人利益与集体利益发生冲突时,员工能够顾全大局,舍弃"小我"。

第二节 酒店人力资源培训的实施

现代培训的系统理论认为,培训是一个系统,这一系统始于对培训需求的分析评价,然后是根据培训目标,选择和设计培训方案,实施培训方案,最后是培训效果的检验。因此,酒店人力资源培训实施的过程包括培训需求分析—制订培训计划—实施培训计划—评估培训效果—转化培训成果等环节。

一、培训需求分析

培训需求分析实际上就是要找到企业的培训工作现状和想要达到的理想状态之间的差距，其根本目的在于决定是否需要培训，以及谁需要进行培训，需要培训哪些内容等问题。因此，它是培训的首要和必经环节，是其他培训活动的前提和基础，从根本上决定了培训的针对性和有效性。据统计，目前约有70%的酒店选择了70%以上不需要的培训课程，主要原因在于没有进行科学的培训需求分析，导致了培训的盲目性和资源的浪费。

酒店培训需求首先主要取决于员工工作表现的不足程度，即取决于员工的实际表现与酒店对员工的工作要求之间的差距。这种差距的存在，决定了酒店有必要对员工进行培训。其次，由于酒店经营环境的变化，导致员工缺乏相应的技能而产生培训需求。例如，酒店在推进办公自动化过程中为办公系统装备了计算机系统，那么就需要考虑相关的员工是否具备应有的计算机知识。再次，由于酒店工作的需要而产生培训的需要。最后，由于酒店员工的流动而产生培训需求。除上述情况外，酒店的培训需求有时还来自于主管部门对酒店的培训要求。

(一)酒店培训需求分析的方法

酒店分析和判断培训需求的方法很多，以下介绍几种常见的方法。

1. 工作任务分析法

工作任务分析法是以工作说明书、工作规范或工作任务分析记录表作为确定员工要达到要求所必须掌握的知识、技能和态度的依据，将其和员工平时工作中的表现进行对比，以判定员工表现与要完成工作任务之间的差距所在，从而找出培训需求的方法。

工作任务分析法是一种非常正规的培训需求分析方法，它通过岗位资料分析和员工现状对比得出员工的素质差距，结论可信度高，适用于分析新员工的培训需求，此外，也适合于对引进新技术、安装新系统、增加新职位等情况下的培训需求分析。

2. 工作绩效分析法

工作绩效分析就是通过检查当前工作绩效与要求的工作绩效之间的差距，从而确定是通过培训来纠正这种差距，还是通过其他方式来纠正。工作绩效分析法的具体步骤有三步：首先，从工作态度、工作行为、工作结果三方面评价员工或组织当前的绩效水平；其次，结合员工工作岗位的知识和能力要求，明确实际工作结果与期望工作目标的差距；最后，对产生问题、差距的原因进行具体分析，由此确定是通过培训还是通过其他方法来解决问题。

如客房楼层服务员的期望工作目标是每个人能整理14间客房，但目前员工无法完成这个工作量，员工目前的水平是每天整理12间客房，差距是2间客房。那么就需要分析，是员工技能不够熟练还是其他因素导致这个差距的。如果是技能不熟，则需要加强练习；若是操作程序不够合理，则需安排老员工进行指导；若是其他客观原因导致，则需消除不利因素的影响。

3. 问卷调查法

问卷调查法是运用专门设计的问卷向酒店员工或有关人员调查并分析培训需求的方法。问卷设计的常见内容包括培训内容、培训课程、培训方法、培训需求与建议等，它能较快捷地收集到大部分人员的培训需求，成本较低，统计和汇总方便。

编写调查问卷时，要确定所需信息种类，尽量用通俗的语言进行问题表述，方便被调查者理解。此外，要给被调查者充足的时间思考，回答时间控制在20分钟以内，要收回足够的问卷，以获得较为全面和准确的信息。下面的"案例参考"中提供了2份酒店的培训需求调查问卷,仅供参考。

【案例参考】

××酒店年度培训需求调查问卷(管理者适用)

您好,为了推动酒店快速发展,更好地为酒店客户提供专业、高效、温馨的服务,促进酒店及各部门的有效管理,制订年度培训计划,请您配合我们认真填写相关内容,愿我们的合作最终带来共同的收获。

您的姓名:_____ 您的部门:_____ 您的年龄:_____

您的职务:_____ 您在酒店的工作年限:_____

(注:本调查问卷分三部分,请您根据实际情况选择答案或者书写建议。)

一、培训意愿调查

1. 您认为哪些教育类别的课程对部门员工最合适,并有助于业务发展,可多选。
□学历教育　　□资格认证课程　　□与业务有关的技能　　□其他

2. 您一般会在什么时候考虑组织部门员工培训?
□部门业绩不佳　　□凝聚力较差　　□管理存在障碍
□任何时候　　□部门发展态势良好,需要持续巩固

3. 您在组织部门员工培训时有哪些顾虑?
□费用支出太大　　□培训效果是否符合预期　　□员工会不会满意
□在何时进行比较恰当　　□其他

4. 您多长时间组织本部门员工参加培训?
□从没组织过　　□大约每季度一次　　□大约每月一次　　□大约每半年一次　　□其他

5. 您组织本部门员工参加培训时,通常涉及哪些内容?
□团队建设　　□规范化管理　　□业务讲解　　□人际关系及沟通　　□行业知识

6. 您觉得部门员工在什么时候参加酒店统一组织的培训比较合适?
□尽可能不占用员工休息时间　　□工作日的晚上　　□其他

7. 您是否会积极安排部门员工参加酒店统一组织的各项培训?
□是,不论什么培训,必然会提高员工素质
□不一定,要看培训的主题和讲师的选择
□不一定,要看本部门实际业务冲突,部门工作优先
□其他

8. 您乐于接受的学习方式有哪些?(此题可多选)
□企业内训　　□外部培训　　□外聘内训　　□在工作中学习　　□光盘教学　　□讨论分享
□阅读书籍　　□其他

9. 您认为酒店员工每月参加多长时间的培训合适?
□4小时内　　□5～7小时　　□8～12小时　　□12小时以上

10. 您认为培训能提高员工的工作绩效吗?
□有很大提高　　□有一定提高　　□不清楚　　□基本没有提高　　□完全没有提高

11.您认为培训难以吸引人的原因是什么?
□与工作时间冲突,无法协调　□无法满足实际的培训需求　□经常占用休息时间　□其他
12.您最希望参加哪一类型的培训?
□人际关系沟通技巧　　□如何做一个好主管　　□专业技能培训
□如何提高素质,进行有效的个人管理　　□其他
13.公司选拔内部讲师,您是否愿意承担自己擅长领域的课程培训?
□愿意并有能力胜任　　□愿意,但目前还不能授课　　□愿意,但授课能力有待提高
□不愿意,不具备相关能力　　□其他
14.您认为酒店的岗位设置合理吗?
□很合理　　□比较合理　　□一般　　□不合理
15.您对部门员工的工作满意吗?
□很满意　　□比较满意　　□一般　　□不满意

二、培训项目及课程参考(请根据类型选择您希望开展的培训项目及课程,可多选)

1.发展战略类
□现代企业规范化管理　　□如何改善企业体制,提高经营效益　　□突破执行力不足的瓶颈
□如何走出管理误区　　□中国式危机管理策略　　□培训发展与自我学习

2.公共必修类
□基本工作流程　　□职业化员工的优良心态　　□高效员工工作守则　　□人际关系管理
□口才提升与突破　　□个人情绪管理　　□员工综合素质提升方案　　□细节与态度

3.通用管理类
□领导者的魅力　　□员工心理辅导　　□团队经营方略　　□如何培养和善用人才

4.业务销售类
□如何分析客户需求　　□沟通与说服的技巧　　□商务礼仪　　□销售心理学

5.行政后勤类
□办公室礼仪　　□消防安全　　□行政公文写作　　□办公自动化　　□保安物业管理
□时间管理

6.财务管理类
□财务基础知识　　□财务报表月度分析　　□如何降低成本　　□企业信用管理

7.人力资源管理类
□职业生涯规划与发展　　□有效竞争的弹性薪酬体系　　□绩效管理与考核
□岗位胜任与素质提升　　□劳动纠纷调解与注意事项

8.行业发展类
□现代酒店行业概况　　□现代酒店经营管理　　□收银员基础培训　　□服务人员基本礼仪
□客房管理方法与技巧　　□餐饮管理方法与技巧　　□司机服务礼仪培训
□康体娱乐项目开发与维护

三、您对酒店的建议

1.对培训的建议

2.其他建议

———————————————————————————————
———————————————————————————————
———————————————————————————————

衷心感谢您的配合！

××酒店员工个人培训需求情况调查表

为保证培训活动的有效性,我们需要了解您的实际需要,以便于我们能更好地为您提供帮助。请您根据实际情况完成此项调查问卷。谢谢合作！

第一部分:基本情况

姓名		性别		出生年月	
教育程度		入职时间		目前职位	

第二部分:培训态度(请在与您观点相符的方框中打"√")

	非常赞成	赞成	中立	不赞成	反对
1.培训对于帮助我做好工作非常重要	□	□	□	□	□
2.培训可帮助我解决工作上遇到的一些问题	□	□	□	□	□
3.总体上来说,我可以接受的培训不是很多	□	□	□	□	□
4.工作靠的是经验,跟培训无关	□	□	□	□	□
5.有没有培训都无所谓,我目前状态很好	□	□	□	□	□

第三部分:培训需求

1.您参加过哪些方面的培训(指正式参加工作以后)?

2.请简单描述一些您目前的工作内容。

3.针对您目前的工作岗位,您认为目前自己具备哪些方面的技能或知识?

4.您目前在工作上遇到过困难吗？分别是哪些方面的困难？

5.您认为什么样的培训内容可以帮助您解决您遇到的那些困难？

6.您计划明年将会在工作的哪些方面特别需要提升自己？

7.为了弥补您存在的不足,您想接受哪些方面的培训？

8.您认为您比较适合哪种培训方式？（可多选）
□自学　　□本部门经理指导　　□参加外部培训机构组织的课程　　□在本部门轮岗锻炼
□到其他酒店轮岗锻炼　　□扩大工作面,增加工作内容　　□其他方式

4.现场观察法

现场观察法是指酒店培训部门的对工作背景非常熟悉的工作人员亲自到员工工作岗位上,对日常经营管理及服务操作情况进行一段时间的现场考察,发现需要解决的问题,从而确定培训需求。需要观察的内容包括动作的熟练度、动作的精确性、工作产量、工作质量、操作水平等,因此,这种方法比较适用于酒店操作层员工的培训需求分析。为了取得良好的可比性,可以设计一份培训需求分析观察记录表,用来核查各个要了解的细节。现场观察法是发现问题、证实问题的最原始和最基本的工具之一,但也有缺点,比如容易受到观察者主观因素的影响,短期的观察可能无法遇到突发事件而影响准确性等。

【案例参考】

××酒店观察记录表

观察项目：_____ 员工姓名：_____

编　　号：_____　日　　期：_____　类别：_____

工作时间安排：
1.
2.
3.

工作完成情况：
1.
2.
3.

存在的不足：
1.
2.
3.

需要改善的内容：
1.
2.
3.

……

5.面谈法

面谈法是通过对受训者、培训者、督导者、管理者、决策者等关键人物进行面谈,经过全面系统的分析之后确定培训需求的一种调查方式。面谈法主要有个别面谈和集体面谈两种方式。

个别面谈可以采用正式或非正式的方式约见受训者,可以亲自到工作现场,也可以召开会议等方式进行。不管采取什么样的方式,调查前首先应明确想要获得哪些有用的资料,如以下几个方面。

(1)酒店所面临的主要问题是什么?
(2)酒店对员工影响的范围如何?
(3)有必要参加培训的员工有多少?
(4)员工工作表现的缺点是什么?原因何在?
(5)什么是员工应做而未做好的?
(6)员工培训积极性不高的原因是什么?

集体面谈比个别面谈得到的资料更全面,可以集思广益,更有启发性,但要注意避免涉及个人缺点或隐私,否则,宜采用个别面谈。

无论采用何种面谈方式,都应做好记录,并避免对方紧张或心生警惕而影响资料的可靠性。下面的"案例参考"提供了一份××酒店部门经理培训需求调查面谈问卷,仅供参考。

【案例参考】

××酒店部门经理培训需求调查面谈问卷

(1)您对培训部有哪些期待与要求?

(2)对您的部门来说,哪些培训项目是最重要和最紧急的(如服务技巧、礼貌礼节、沟通技巧、服务程序及标准、安全知识、服务英语等)?

(3)您所处部门的员工在入职前都参加岗前培训了吗?如果参加了,您认为培训效果如何?没有参加培训是因何种原因?

(4)请您根据本部门的实际情况,思考以下培训项目的重要程度,请在相应行列打"√"。

序号	培训项目	非常重要	重要	不重要
1	酒店知识介绍			
2	安全知识培训			
3	处理客户投诉的技巧			
4	与客户沟通的技巧			
5	如何关注客户			
6	如何与客户保持良好关系			
7	常用管理技巧			
8	时间管理方法			
9	如何评估下属			
10	员工部门内岗位交换培训			

续表

序号	培训项目	非常重要	重要	不重要
11	员工酒店内岗位交换培训			
12	接听电话技巧			
13	电脑知识培训			
14	酒店英语初级水平培训			
15	酒店英语中级水平培训			
16	酒店日语初级水平培训			
17	礼仪培训			

(5)除上述培训项目外,您认为还有哪些培训项目对您的部门或酒店而言是非常必要的或急需的?
_____
_____

(6)您本人需要哪些方面的培训?
_____
_____

(7)您认为哪种培训方式适合您?
□管理学习　　　　　□参观、考察　　　□半脱产式培训　　　□脱产培训
□参加短期专项培训班　□自学　　　　　　□其他

(二)酒店培训需求分析的步骤

酒店在分析和判断培训需求时,一般分为以下四个步骤。

1.前期准备工作

(1)收集员工资料以建立员工培训资料库。员工资料应当包括培训档案、员工的人事变动情况、绩效考核资料、个人职业生涯规划以及其他相关资料等。员工培训资料库可以帮助培训部经理更方便地寻找员工的背景资料,为员工的个人培训需求分析提供材料。

(2)掌握员工的现状。培训部门应将培训对象看作是服务对象,要与其他部门保持密切联系,及时更新和补充员工培训资料,掌握员工动态,以便更准确、更及时地提供有效培训。

(3)确立收集培训需求信息的渠道。要想及时掌握员工的培训需求,就必须建立起通畅有效的培训信息交流渠道,如可以通过建立"培训信箱""培训信息公告牌"等方式与员工和部门交流培训信息,也可以利用公司内部网络搭建培训信息交流平台。

2.制订培训需求分析计划

(1)确定分析目标,即确定分析工作需要达到的具体目标,有了具体目标,培训需求分析目标才会有方向。

(2)确定计划内容。计划内容应包括需求分析工作的时间进度、各项具体工作在开展时可

能遇到的问题及应对方案等。

（3）确定分析方法。培训需求的分析方法主要有工作任务分析法、工作绩效分析法、问卷调查法、现场观察法、面谈法等。

3. 实施培训需求分析计划

培训需求分析的实施主要是按照事先制订好的工作计划依次展开，但在分析培训需求的时候，要根据实际工作情况随时对计划进行调整。如计划实施中遇到太大的阻力或偏离计划目标时，就要及时增加人力、物力的支持或更换调查方法。

（1）征求培训需求。培训部向各个相关部门发出通知，征求各部门的培训需求。

（2）汇总培训需求。将收集来的各类需求信息进行整理汇总，填入培训需求分析汇总表，如下例所示。

【案例参考】

××酒店培训需求分析汇总表

类别	问题（或项目）	选项及结果统计				
第一部分：培训信息调查	①关于培训的重要性，你是什么看法？	非常重要 47.83%	重要 40.58%	一般 11.59%	不重要 0	没必要 0
	②在不影响你日常工作的情况下，你认为哪种培训周期更好？	每月 21.74%	每季 57.97%	半年 15.94%	每年 4.35%	
	③你希望每次培训持续多长时间为宜？	<1小时 7.25%	1~2小时 31.88%	半天 23.19%	1天 13.04%	2天 18.84% / 更长时间 5.8%
	④你认为培训应在什么时间进行？	周末 15.94%	工作日下班时间 2.90%	工作时间内 37.68%	皆可 43.48%	
	⑤如果是外部培训，需要个人出资，你能接受的最大出资额是多少？	500元内 56.53%	1000元内 14.49%	2 000元内 11.59%	2 000以上 17.39%	
第二部分：培训问题调查	①对公司的各项管理制度及流程是否都熟悉？	熟悉 76.81%		不熟悉 23.19%		
	②个人岗位职责及职务涉及的相关流程是否都了解？	了解 92.75%		不了解 7.25%		

续表

类别	问题（或项目）	选项及结果统计				
第三部分：对培训现状的评价和期望	①为保证培训效果，你认为培训评估将如何进行？	纳入奖惩管理，给予相应奖惩处理 21.74%	纳入当月的绩效考核，给予评分 39.13%	与薪资或职位晋升挂钩 24.64%	其他 14.49%	
	②公司在安排培训时，你倾向于哪种培训方式？（可多选）	参加公开课 46.38%	公司安排内训 44.93%	会议讨论 24.64%	读书心得分享 4.35%	光盘培训 8.70% / 以上皆可 30.43%
	③公司安排培训时，你期望的培训讲师来源是哪种？	职业培训师 53.62%	内部培训讲师 21.74%	以上皆可 24.64%		
	④你认为过去一年内举办的培训课程哪些地方有待改进？（可多选）	培训内容针对性 52.17%	培训内容实用性 68.12%	提高讲师水平 26.09%	培训形式应多样化 31.88%	培训次数太少，可适当增加 27.54%
第四部分：我期望参加下列培训课程（可多选）	基础技能	团队建设 68.12%	执行力 40.58%	沟通技能 63.77%	时间管理 23.19%	服务礼仪 17.39% / 效率管理 13.04%
		员工激励 53.62%	职业素养 28.99%	压力管理 11.59%	情绪管理 21.74%	
	企业文化	企业文化宣导 80.00%				
	专业技能 - 领导艺术	中层管理技能提升 46.38%				
	专业技能 - 人力资源	非HR经理的HR管理 8.70%	招聘面试技巧 10.14%	内部培训师训练 2.90%		
		绩效管理 23.19%	薪酬设计与管理 10.14%	培训体系建设 18.84%	员工关系处理 11.59%	
	专业技能 - 财务管理	非财务经理的财务管理 13.04%	成本控制与管理 28.99%	税收筹划 11.59%	财务预算管理 7.25%	
	专业技能 - 生产管理	前厅管理 36.23%	客房管理 31.88%	成本管理 36.23%	采购管理 17.39%	一线领班管理提升 21.74%
	销售能力提升	销售技巧 11.59%	大客户销售管理 15.94%			

（3）分析培训需求。结合企业组织分析、工作分析、人员分析、绩效分析的内容和结果，对收集的培训需求信息进行分析。分析培训需求的内容主要包括以下三个方面。第一，分析受训员工的现状，包括其在组织中的位置、是否受过培训、受过什么培训以及培训的形式等。第二，分析受训员工存在的问题，包括是否存在问题以及问题产生的原因。第三，分析员工的期望和真实想法，包括员工期望接受的培训内容和希望达到的培训效果，并核实员工真实的想法以确认培训需求。

4. 确认培训需求

通过对汇总的各类培训需求加以分析,培训部门参考相关部门的意见,根据重要程度和迫切程度排列培训需求,为制订培训计划奠定基础。

5. 撰写培训需求分析报告

培训需求分析报告是培训需求分析工作的成果表现,其目的在于对各部门申报汇总上来的培训需求做出解释和评估结论,并最终确定是否需要培训和培训什么。因此,培训需求分析报告是确定培训目标、制订培训计划的前提和重要依据。培训需求分析报告的主要内容如表 5-2 所示。

表 5-2　培训需求分析报告主要内容一览表

序号	项　目	内　容
1	报告提要	简明扼要介绍报告的主要内容
2	实施背景	(1)产生培训需求的原因; (2)培训需求的意向
3	目的和性质	(1)培训需求分析的目的 (2)以前是否有类似的培训分析 (3)以前的培训分析的缺陷或失误之处
4	实施方法和过程	(1)介绍培训需求分析使用的方法 (2)介绍培训需求分析的实施过程
5	培训需求的分析结果	阐明通过培训需求分析得到了什么结论
6	分析结果的解释、评论	(1)论述培训的理由 (2)可以采取哪些措施改进培训 (3)培训方案的经济性 (4)培训是否充分满足了需求 (5)提供参考意见
7	附录	分析中用到的图标、资料等

备注:以上项目,并不要求完全具备,可以根据酒店实际情况予以修改完善

二、制订培训计划

酒店培训计划包括长期计划和短期计划两种类型,长期计划是酒店人力资源规划的组成部分,它是以酒店的长期经营战略规划为基础制订的;短期计划即培训实施计划,它是以长期培训计划为依据,并从现实中的培训需求出发,结合有关具体条件制订,以提高培训的针对性和有效性。

这里所讲的培训规划是指拟订培训实施计划,即短期计划,包括培训什么,培训谁,何时培训,在哪里培训,谁做培训师和怎样培训等方面内容。××酒店餐饮部 2014 年第一季度培训计划表如表 5-3 所示。

表 5-3　××酒店餐饮部 2014 年第一季度培训计划表

题目	培训目标	方法	地点	日期	受训人数	培训员	设备材料
引座	掌握问候客人和引座技巧	讲解与示范	餐饮部西餐厅	1月5日 9:00—9:30	4人	刘芳	
台面服务	掌握摆台、点菜服务技巧	讲解与示范	餐饮部西餐厅	1月9日 14:00—14:40	15人	刘芳	各种餐饮器皿台布、菜单等
结账	做到准确、迅速结账和热情送客	讲解与示范	餐饮部西餐厅	2月9日 14:00—14:40	15人	刘芳	账单、笔
葡萄酒服务	掌握葡萄酒相关知识及服务技巧	讲解与示范	餐饮部西餐厅	2月23日 9:00—10:00	15人	吴强	常见品牌的葡萄酒和相关服务设备
处理投诉	掌握处理投诉的技巧和程序	讲解与示范	餐饮部西餐厅	3月8日 9:00—10:00	15人	吴强	
推销	了解顾客消费心理,掌握常见的推销技巧	讲解与示范	餐饮部西餐厅	3月22日 14:00—15:30	15人	吴强	菜单、酒水等

(一)明确培训目的

在分析培训需求的基础上,明确员工的实际表现与酒店对员工的工作要求之间的差距,结合酒店各岗位的任职资格,以及不同员工的职业生涯发展轨迹对能力素质的要求,确定相应的培训目标,把培训目标细化、明确化,转化为各层次的具体目标。目标要力求具体、切合实际,要能够观察、可以衡量,能够成为人们评估培训效果的依据。以员工职业生涯发展过程为例,培训一般包括上岗培训、在岗培训、转岗培训和晋升培训。在每个阶段,酒店都应着眼于员工长远的发展,明确员工的培训目标。上岗培训的主要目标是让员工融入酒店环境,明确岗位职、责、权等,以保证员工适应工作的基本要求。在岗培训的目标是解决问题、提高绩效。转岗培训主要是适应工作变化,明确新职务所需要的各项知识和技能。晋升培训的重点则是提升工作能力,以胜任更高层次岗位的要求。

(二)编制培训费用预算草案

培训费用预算草案是指通过会计方法估算出培训项目的各项费用支出。

(1)编制培训费用预算草案前的准备。这些准备包括收集员工需参加酒店外培训的资料,预计各项费用,购置培训器材等。

(2)编制培训费用预算草案,即了解培训的成本使用信息,进行成本控制。

(3)计算培训成本。预算培训的不同阶段所需的设施、人员和材料的成本,明确不同培训项目成本的总体差异。培训成本包括直接成本和间接成本。具体来说,有培训师费用、交通费用、培训项目管理费用、培训对象受训期间工资福利以及培训中的各项花费等。

(4)确定培训收益。培训成本预算就是对培训项目进行成本-收益分析。主要是通过会计方法决定培训项目的经济效益的过程,它需要从成本和收益两方面的信息进行考虑。培训收益一般为潜在收益,如培训的实施可能降低生产成本或额外成本,或者增加重复购买量。在酒店大规模投入资源前,可通过实验性的培训评价小部分受训员工所换得的收益。通过对成功工作者的观察,可帮助酒店确定成功工作者与不成功工作者的绩效差别。

(5)编制培训预算方案。每年酒店培训部门必须就编列的预算向酒店管理层做简报,简报内容扎实、明确,才能获得管理当局对预算的支持。因此简报一定要包含培训目标及财务分析报告。

(三)确定培训对象

培训计划要先确定培训对象,然后再确定培训内容、期限、场所、师资和方法等。准确选择培训对象,有助于控制培训成本,增强培训的目的性,增强培训效果。选择培训对象,应综合考虑工作岗位的需要,以及员工的能力和需求,即根据酒店现存问题,找出那些与酒店目标仍存在差距的岗位,制订相应的培训计划,还要结合员工的能力,合理选择那些有潜力的、有参与意识和提高欲望的员工进行培训。

(四)确定培训内容

培训内容以培训目标为根据,与其他计划因素相互作用。选择合适的培训内容,是提高和保证培训效果的重要因素。培训内容包括思想教育、文化知识教育、业务技能培训、经营管理知识培训等,酒店应针对不同部门、不同岗位、不同层次的工作人员,结合各岗位的工作标准和要求,以市场变化和顾客需求及问题的轻重缓急为依据,分别设计不同的培训内容。酒店各级别培训内容一览表如表5-4所示。

表5-4 酒店各级别培训内容一览表

培训级别	培训内容
新进员工训练	酒店历史、组织介绍 认识工作环境 服务礼仪与概念 工作辅导系统 工作相关作业情形教导 人事行政、规章、福利 酒店安全消防训练 酒店安全卫生训练 酒店相关资讯简介
基层员工训练	接待服务技巧 微笑训练 美姿美仪 抱怨处理 国际礼仪 外语训练 推销技巧 专业技巧 电话礼仪 酒店安全卫生训练

续表

培 训 级 别	培 训 内 容
督导人员训练	训练员训练 领导统御训练 管理训练 简报与沟通技术 餐饮行销训练 专业研讨会 面谈与咨商技巧 酒店安全卫生训练
高层主管训练	企业文化领导 领导技能与沟通 酒店管理与市场营销 辅导员工生涯规划 全面质量改善与管理 如何做好提案改善 员工训练之规则 酒店安全卫生训练

(五)确定培训时间

培训的时间可根据培训的目的、内容、场所、师资和培训对象的素质水平、上班时间等因素来确定。新员工可以实施1周或10天,甚至1～2个月的岗前培训。一般员工可根据培训对象的能力、经验来确定培训期限。培训时间的选定,以尽可能不过分影响工作为宜,如酒店经营的淡季。如果选择业余时间,需要首先征求培训对象的同意。培训时间不宜过长,课程的进度要均匀,既不能前松后紧,也不能前紧后松。

通常有下列情况之一时就需要进行培训:
(1)新员工加盟组织;
(2)员工即将晋升或岗位轮换;
(3)由于环境的改变,要求不断地培训老员工;
(4)满足补救的需要,如由于劳动力市场紧缺或行政干预等各方面的原因,不得不招聘不符合要求的员工,或者招聘了看起来似乎具备条件,但实际工作时表现却不尽人意的员工。

(六)选择培训场所

为了保证培训顺利实施,培训部门应根据培训内容、培训人数和培训形式事先选择适合的培训场所。培训场所可以是教室,也可以是工作现场或室外的专门场所。培训场所应保持干净整齐、宽敞明亮、安静、舒适,应提供必要的设备,并对其进行合理的布局和装饰,注意颜色、绿化、灯光、空调、音响系统等环境的配合,为培训营造良好的学习氛围。

(七)确定培训师资队伍

培训师素质的高低直接影响酒店人力资源素质的高低。酒店要根据培训内容和培训方式来选择和考评培训师,提前确定培训师。从事培训工作的师资包括本酒店自有的师资和从外部聘请的师资这两部分。为提高培训质量,酒店必须建立一支实力雄厚的师资队伍。很多国际知名公司都拥有自己的内部培训师队伍,并且通过"培训培训师"(train the trainer,TTT),在公司内部设立固定的流程来培训自己的管理人员,使之成为合格的培训师。此外,酒店中层以上的管理人员都要担负起培训辅导下属的责任,各部门的业务骨干、技术专家和操作能手也是专业技能培训中内部培训师的主要来源。培训师的来源与优缺点如表 5-5 所示。

表 5-5 培训师的来源与优缺点

来源	优点	缺点
酒店外部聘请	选择范围大,可获取高质量的培训教师资源;可带来许多全新的理念;对培训对象具有较大吸引力;可提高培训档次,引起酒店重视;容易营造氛围,增强培训效果	与酒店之间缺乏了解,培训失败的风险较大;对酒店及其培训对象缺乏了解,可能降低培训适用性;可能由于缺乏实际工作经验,导致"纸上谈兵";成本较高
酒店内部开发	对酒店各方面情况比较了解,更加有针对性,可增强培训效果;与培训对象熟悉,更易于保证培训中交流的顺畅;培训相对容易控制;成本低	不易于树立威信;可能影响培训对象的参与态度;内部选择范围较小,不易开发出高质量的培训师队伍;培训师看待问题受环境影响,不易上升到新的高度

(八)选定培训方法和教材

酒店要根据不同的培训内容和培训对象等来选定不同的课程和教材,并根据自身的规模、经费、技术性质、培训对象、人数、目的等实际情况选定适合的培训方法。培训方法的选择有利于受训者做好充分准备,并且会直接影响到受训员工对培训内容的接受程度。常见的培训方法有以下几种。

1. 课堂讲授法

课堂讲授法就是围绕一个特定的主题,培训师通过语言表达,系统地向受训者传授知识、培养技能与进行态度教育的方法。这种方法是目前最常见的培训方式,适用于新上岗、转岗和轮岗的人员培训。这种方法具体又可分为灌输式讲授和启发式讲授两种形式,具有理论性强、知识面宽、易于操作、经济高效、全面系统的优点。它主要的缺点是单向式沟通、反馈力度不够,受训人员处于被动状态,缺乏实际的直观体验,培训效果易受培训师讲授水平的影响。

要使课堂讲授法发挥良好的效果,要注意以下几个方面:一要善于利用视听设备,将培训内容形象化、可视化,激发受训者的兴趣与活力,必要时运用板书;二要运用启发式教学方式,利用提出问题、讨论回答、循循善诱的方式活跃课堂气氛以提升培训效果;三要口头语言精练,讲授要有系统性、条理清晰、重点突出、逻辑性和感染力强;四要对新讲授的原理、概念和知识做出合理解释、严密论证,以令人信服与认同。

2. 案例教学法

案例教学法是指把酒店实际运营中的情景或问题加以典型化处理,形成案例供受训者集体讨论、分析问题原因所在,并提出解决问题的对策和措施。案例教学法是目前企业培训中经常使用的一种方法。与课堂讲授法相比,案例教学法具有生动活泼、双向交流、易调动受训者主动性、重能力培养等优点,在酒店管理人员培训中比较受欢迎,但其耗时较长,对培训师和受训者的要求较高,而且案例往往难以完全反映企业的真实情况。

案例教学法的要点包括以下几个方面:一是案例必须真实,具有典型性和教育性;二是案例教学没有标准的答案;三是案例教学要与培训内容相匹配;四是案例的呈现要客观生动,不要仅仅简单罗列一些数据与事件;五是要运用分组讨论的方式,营造良好的氛围,引导学员充分表述自己的观点,由小组负责人代表全组汇报分析结果,在此基础上,培训师要对学员解决问题的方案进行评讲,指出优秀方案以便借鉴。

3. 研讨培训法

研讨培训法是对某一主题进行深入探讨的培训方法。这主要适用于概念性或原理性的知识的学习和把握。在受训者做好事先调查与深入分析的基础上,通过报告、研讨、互动等途径,与他人进行信息交流和问题探讨。此方法可以引导受训者积极思考,相互交流、补充和激励,而且形式灵活,适用于酒店各层次员工的培训,但是组织和实施过程较为复杂,要定好主题、主持人、形式和时间。

培训师在主持研讨会时,应把握以下要点:①在研讨前,应对主题进行深入理解和充分论证,提出的问题应具有典型性、普遍性、引导性;②在研讨过程中,要使每位受训者参与其中,启发受训者提出鲜明的观点,防止受训者夸夸其谈、言过其实,尤其要避免个别受训者占用太多讨论时间的情形;③在研讨结束时,培训讲师应结合受训者的认知,深刻剖析主题,提炼主要观点,得出清晰的结论。

4. 角色扮演法

角色扮演法就是在一个模拟真实的工作情景中,由受训者扮演不同的工作角色,去处理各种问题和矛盾,以提高受训者行动能力的培训方式。它常用于让员工扮演与自己工作相关的另一职位上的角色,亲自体验对方的感受,如服务员扮演顾客、同事,学会换位思考,从而达到有效沟通和掌握服务技能的目的。由于角色扮演法使受训者成为人们注意的中心,并且受训者面对着他们的同伴做出各种表演,因此其实施重点是消除受训者的各种顾虑,让受训者用心扮演分配的角色。培训师要努力让那些焦虑不安的受训者拥有积极向上的情绪,否则他们的不安会传染给其他人,从而影响整体培训效果。

5. 游戏培训法

游戏培训法由于自身的趣味性而深受众多员工的欢迎,成为酒店培训中一种重要的培训方式。游戏培训法是指通过让受训者参与一些精心设计的游戏,使受训者在不知不觉中学习知识和技能、开阔思路与提升能力。虽然表面上培训中的游戏与其他游戏相差无几,但实际上蕴含着酒店管理与服务工作的原理、知识与技能。游戏培训法的优点是生动、具体、员工参与性强、员工参与热情高、培训内容和技巧易掌握、培训效果易转移到现实工作中,缺点是开发难度高、设计要求高。下文"案例参考"中提供了两个常见的培训中采用的游戏,以供参考。

【案例参考】

游戏一:不可能完成的任务

形式:4人一组。

时间:30分钟。

材料:卡片。

地点:室内。

应用：分析能力、创新能力、交流技巧。

说明

这个游戏能训练人们在最困难的情况下，如何发散思维、开动脑筋将问题解决，完成那些"不可能完成的任务"。研究发现，能解决这类问题的人不仅有较高的智商，更重要的是他们的情商更高，这使他们接受信息和传递信息的能力高于他人。在这个游戏中参与者将体会到这点。

游戏规则与程序

(1)把受训者分组，每组4人，然后发给每组一个任务卡。每张卡上写着一件商品的名字以及它应卖给的特定人群。要注意，这些人群看起来可能不需要这些商品，实际上他们更可能完全拒绝这些商品。比如向非洲人销售羽绒服，向和尚销售梳子等。总之，每个小组面临的挑战是：销售不可能卖出的商品。

(2)每个小组应根据任务卡的要求准备一条30秒的广告语，用来向特定人群推销商品。该广告应注意以下三点要求：①该商品如何改善特定人群的生活；②这些特定人群应怎样有创造性地使用这些商品；③该商品与特定人群现有的特有目的和价值标准之间是如何匹配的。

(3)给每组20分钟的时间，按照上述3点广告要求写出一条30秒钟长的广告语，要注意趣味性和创造性。

(4)其他受训者暂时扮演那个特定人群，认真倾听该小组的广告词，他们应该根据广告能否打动他们，是否激起了他们的购买欲望，是否能满足某个特定需求的标准，来做出广告词好坏的判断。最后通过举手表决的方式，统计出有多少人会被说服而购买这个产品，以及有多少人觉得这些推销员很可笑，简直是白费力气。

(5)选出优胜的一组，给予奖励。

相关讨论

(1)善解人意在我们的生活和工作中扮演何种角色？做到这点是否给你带来了好处？

(2)为了与你的客户甚至是反对你的人心意相通，你需要做出哪些让步和牺牲？

(3)在推销你们组的商品时，你们是怎么分析特定人群和此商品的关系的？你们是否考虑过他们的习惯、需要、想法和价值标准呢？

(4)你一定遇到过这种情况：有时候你的目标和他人的需要并不一致，你纵有雄心壮志却无人欣赏。在做这个游戏之前面对这种情况你是怎么处理的？做过这个游戏之后你将如何改进你的处理方法？

总结

(1)在这个游戏中，每个人都必须采用他人的视角。第一次是把自己看成你的目标人群，以他们的眼光看你的产品；第二次是其他学员以卡片中特定人群的视角倾听广告。

(2)讨论一下情商之善解人意——以他人的价值标准和能力为基础实现自己的目标。善于成功地驾驭这种能力的人更易于感动和影响他人。

游戏二：众志成城

目标：让学员体会合作的重要性，通过团体合作与思考达到解决问题的目的，并体会个人在团体中的重要性。

对象：各层次员工均可。

时间:30~40分钟。
道具:报纸数张。
场地:不限。
游戏规则与程序
(1)先将全体学员分成几组,每组约10人。
(2)分别在不同的角落(依组数而定)的地上铺一张全开的报纸,请各组成员均站在报纸上,不论用任何方式都可以,就是不可以让脚碰报纸之外的地面。
(3)各组完成后,再请各组将报纸对折后,然后各组成员站在报纸上,若有成员被挤出报纸外,则该组淘汰不得再参加下一回合。
(4)每一回合都会不断地缩小报纸的面积,直至淘汰到最后一组时结束。
(5)分享与反馈:请各位成员围坐成一圈,讨论该游戏的过程并分享心得。
总结
(1)要获得团体的成功或胜利,唯有通过合作。合作是在团体中贡献一己之力,并取长补短,同心协力共同创造团体成功的机会。
(2)解决问题时可通过团体合作与思考达到目的,每个人在团体中都有一定的重要性。
注意事项
(1)注意成员安全。
(2)考虑异性成员一起参与的可能性,必要时可男女分组进行。

6.现场培训法

现场培训法是指让受训者在工作现场边工作、边学习或边锻炼的培训方式。这包括以让员工适应新岗位要求为目的的现场培训和以培养人才、改善绩效为目的的现场培训。这种方法常采用国际酒店培训通用的"四步法",即"告诉你如何做"(tell you)、"示范做一遍"(show you)、"跟我做"(follow me)、"检查纠正"(check you)。这种方法省去了专门的培训场所和设备,受训者可以兼顾工作和学习。

7.对话训练法

对话训练法是指把酒店员工在工作中与顾客或管理者的对话录下来,在培训课上播放并进行讨论,以增强员工口头语言表达能力和解决问题能力的培训方式。其讨论的内容主要包括员工的用语不当、态度粗暴、不讲礼貌、不熟悉业务、不懂推销常识、不懂沟通技巧等方面。这种方法可以增强员工的学习兴趣与培训效果,可以提升员工的工作信心和工作能力。

8.心理训练法

心理训练法主要是帮助员工建立和增强自信心,提高对挫折的承受力和战胜挫折的能力,帮助员工以积极快乐的心情面对生活和工作。酒店员工需要和不同的顾客打交道,并为顾客提供优质服务。这一特殊的职业特点要求员工学会控制自己的情绪,以理性的想法去思考问题,保持心理健康,从而给顾客提供一贯性的优质服务。酒店心理训练法涵盖正向激励和逆向挫折训练两个方面,前者用积极、愉快和善意的方式激发员工的自信心和成功欲,后者通过向心理、体能挑战的课程,训练员工的挫折承受力、意志力和自信心。

9.头脑风暴法

头脑风暴法又称智力激荡法、无限制自由讨论法,其主要用于群体制订决策,在轻松的气氛下,围绕某一议题,自由发表自己的看法,交流观点和构想。它的目的是通过学员们的思维"共振",最大限度地发挥大家的想象力,利用集体智慧,创造性地分析问题和解决问题,提高决策质量。头脑风暴法的培训具有一定难度,主持人要很好地掌握控制会议的技巧,既要使培训现场保持热烈的、自由的气氛,又要让参与者积极发言、主动表态,产生众多意见或方案,但又要遵守"庭外裁决"的原则。

10.拓展训练法

拓展训练法是在预先制造的危险、巨大压力和荣辱与共的情境中,训练团队和个人突破自我、超越自我、发展潜能、激发潜力的一种培训方法,是一种全新的学习方法和训练方式。多种典型场景和活动方式,精心设计的拓展活动,使学员在解决问题、应对挑战等过程中,达到磨炼意志、激发潜能、培养健康的心理素质和积极进取的人生态度、增强团队凝聚力的培训效果。其主要形式有体能磨炼、生存训练、人格训练、独特体验、经验分享等。与传统培训方式相比,它具有活动综合性、挑战极限、高峰体验、强调团队精神、注重自我教育等特点。

【案例参考】

拓展训练项目活动举例:信任背摔

信任背摔是一项培养责任感和信任感的项目,它通常分为四个环节。

(1)背摔者站在与肩同高的高台上,背对队友。

(2)给背摔者戴上眼罩,将其双手双脚用手套或绳索缚住,背摔者大声宣布:"我是××部门的××,我自愿进行信任背摔,队友们准备好了吗?"队友分成两排,面对面站着并将手搭在对面队友的肩膀上,围着背垫而站,齐声高呼:"请放心,我们准备好了。"背摔者和队友们还可以进行这样的对话:"我遇到了困难怎么办?""我们来帮你!"组织者可以根据需要,灵活设计对话内容。

(3)背摔者平身倒下,队友接住背摔者,讲师和辅导员给予安全保护。接着,团队的每个成员都要轮换背摔者和接人者的角色。

(4)由培训导师和学员共同探讨、交流心得体会。

这项活动看似容易,做起来却要付出相当的努力,背摔者既要克服自己的心理障碍,又要对下面的队员充分信任,人在失重状态下,往往会不由自主地收缩身体,将体重集中在臀部,受力的只是相应位置的几个队员;相反,身体越平,体重就越平均地分配到众多队员的臂上,上面的队友更安全,下面的队友也更容易接住。

除以上几种培训方法之外,在酒店培训中可能用到的培训方法还有"师带徒"法、试听材料法、多媒体培训法、模拟训练法、计划性指导法等。

面对多种多样、各有优劣的培训方法,酒店应根据培训目的、培训内容、培训类型、培训对象等方面进行选择,同时酒店要创新、优化培训方法,变灌输为互动、分享、体验和参与,增强培训师和受训者之间的沟通,将在职培训、脱产培训、远程培训等有机结合,做到工学两不误,从零散培训转向系统培训,要整合各种资源,建立完备的培训体系。

(九)确定培训的考核方法

培训效果是衡量培训工作的标准,为了验证员工素质是否提高到预期的目标,每一次培训后都必须进行考核。考核从考核对象角度可以划分为三个方面:其一是对被培训者的考核;其二是对培训师的考核;其三是对培训组织工作的考核。酒店应制订具体有效的培训考核鉴定系统和标准,包括采取哪些考核的指标、各种指标的权重以及相应的奖惩措施。

三、实施培训计划

培训课程的实施是指把课程计划付诸实践的过程,它是达到预期课程目标的基本途径。课程设计得再好,如在实践中得不到实施,也没有什么意义。课程实施是整个课程设计过程中的一个实质性阶段。

(1)前期准备工作。在培训计划实施之前做好各方面的准备工作,是培训成功实施的关键。准备工作主要包括以下几个方面:落实培训场所与设施、落实培训费用、培训后勤管理、确认并通知培训对象、确定培训时间、备齐培训材料、确认并联络理想的培训师。

(2)培训实施阶段。做好培训上课前的准备,做好培训器材的维护、保管工作。

(3)培训实施计划的控制。培训实施计划控制步骤为:①收集培训相关资料;②比较目标与现状之间的差距;③分析实现目标的培训计划,设计培训计划检讨工具;④对培训计划进行检讨,发现偏差并纠正;⑤公布培训计划,落实并跟进培训计划。

四、评估培训效果

培训评估是员工培训系统中的重要环节。一般包括五个方面的工作:①确定培训项目评价标准;②评价方案设计;③培训控制;④对培训的评价;⑤对培训效果的评价。

(一)确定培训项目评价标准

评价培训项目,必须明确根据什么来判断项目是否有效,即确立培训的结果或标准。只有目标确定后才能确定评价标准,标准是目标的具体化,又称为目标服务。

1.培训结果的确定

培训结果可以划分为五种类型:认知结果、技能结果、情感结果、效果以及投资净收益。①认知结果,它可用来判断受训者对培训中强调的原则、事实、技术、程序等的熟悉程度,也是衡量受训者从培训中掌握了哪些知识的指标,通常可用书面测验的方法来评价。②技能结果,它是用来评价受训者的技术及行为的一种指标。技能结果包括技能的获得(或学习)、技能在职应用(即技能转化)两方面,两者都可以通过观察来评价。③情感结果,它包括受训者的态度和动机两个方面的内容。情感结果的一种类型是受训者对培训项目的反应。反应性结果是指受训者对培训设施、培训者以及培训内容的感知。对反应性结果的评价可通过受训者填写问卷获得,这种信息对于确定哪些因素有利于学习,哪些因素阻碍学习是很有用的。④效果,它用来判断项目给企业所带来的回报。效果性结果表现在企业成本节约、产量增加以及产品质量或顾客服务质量的改善等。⑤投资净收益,它是对培训所产生的货币收益与培训的成本进行比较,企业从培训中所获得的价值。

2.评价标准

评价标准通常由评价内容、具体指标等构成。制订标准的具体措施步骤为:一是对评价目标进行分解;二是拟订出具体标准;三是组织有关人员讨论、审议、征求意见、加以确定;四是试行与修订。在确定标准时必须把握一定的原则:评价标准的各部分应构成一个完整的整体,各标准之间要相互衔接、协调,各标准之间应有一定的统一性与关联性。

(二)评价方案设计

酒店可以采用不同的评价设计来对培训项目进行评价。评价设计主要有以下几种。

(1)小组培训前和培训后的比较。它是将一组受训者与非受训者进行比较,对培训结果的信息要在培训之前和培训之后有针对性地进行收集。如果受训组的绩效改进大于对比小组,则培训有效。

(2)受训者的预先测验。它是让受训者在接受培训之前先进行一次相关的测试,即实验性测试。一方面使受训者在接受培训之前受到一次培训,以更好地引导培训的侧重点,另一方面也对培训效果进行评价。

(3)培训后测试。它只需要收集培训的结果信息,如果评价设计中找到对比小组,操作则更方便。

(4)时间序列分析。它是利用时间序列的方法收集培训前和培训后的信息,以此来判断培训的结果。

(三)培训控制

培训控制贯穿于整个培训实施过程之中,即根据培训的目标、员工的特点等调整培训系统中的培训方法、进程等。它要求培训组织者具有观察力,并经常与培训师、受训者沟通,以便及时掌握培训过程中所发生的意外情况。

(四)对培训的评价

对培训进行评价时应对培训目标、方案设计、场地设施、教材选择、教学的管理以及受训者的整个素质等各个方面进行评价。因此,评价的过程一般包括评价培训师、评价受训者、评价培训项目本身这三个方面。评价的过程一般包括:首先是收集数据,如进行培训前和培训后的测试、问卷调查、访谈、观察,了解受训者观念或态度的转变等;然后分析数据,即对收集的数据进行科学的处理、比较和分析,解释数据并得出结论;最后把结论与培训目标加以比较,提出改进意见。

(五)对培训效果的评价

对培训效果的评价是对培训效果迁移的评价,即对员工接受培训后在工作实践中的具体运用或工作情况的评价。对培训效果的评价要考虑评价的时效性。有些培训的效果是即时性的,如对操作人员进行一种新设备操作技能的培训,其培训效果在培训中或在培训结束后就会表现出来,则即时性评价能说明培训的效果;而有些培训的效果要通过一段时间才能表现出来,如对管理人员进行的综合管理能力的培训,在这种情况下,对受训者长期的或跟踪性的评价则是必需的。

五、转化培训成果

转化培训成果即培训成果的迁移,包括两个方面:一是个人将培训内容转化为知识和技能,即个人转化;二是员工将所学到的知识和观念应用于提高酒店业绩或组织目标,即组织转化。酒店培训部门应制订具体的培训效果转化方案。

(一)实地训练方案

这个方案的设计包括两个方面:一方面培训设计时要加强培训内容与实际工作的相关性;另一方面是培训结束后,员工在实际工作中能够有机会运用所学到的知识技能。具体方法包括以下两种。

(1)实习训练,在培训课程进行期间让受训者在实际工作环境中进行一些实际工作的演练。

(2)工作设计,为员工提供机会执行与培训内容高度相关的任务,并在执行后反馈工作成绩。

(二)团队支持方案

根据培训效果转化的影响因素来看,营造培训效果转化的氛围非常重要,其重点就在于通过管理者、同事等为受训人员提供使培训效果转化的工作环境。

管理者可以采取具体的措施来支持员工在工作中应用培训成果,具体包括以下内容。

(1)鼓励员工采用新技能和新方法来完成原来的工作。

(2)降低员工应用新技能、新方法的风险。比如,允许员工使用新技能时引发的暂时绩效下降和工作失误。

(3)与员工探讨如何在工作中使用新技能和新方法。

(4)在员工使用新技能工作时及时给予表扬。

(5)通过工作设计使员工可以运用新技能。

(6)鼓励员工向其他同事传授新知识和新技能。

(7)共同参加培训的员工可以组成小组,定期讨论运用新知识、新技能时所遇到的问题,共同寻找答案。

(8)没有参加培训的同事通过学习和赞扬创造支持的氛围。

(9)当同事使用新技能遇到挫折时,及时给予鼓励和技术支持。

(三)关联性激励方案

培训转化中的激励可以使受训者产生学习动机,并主动将所学应用于工作之中,从而提高个人能力和组织业绩。

1.目标设立

期望理论认为,人们对目标的期望越大,执行任务的动机越强。因此,帮助员工在培训时设立有效的期望目标,可以激励员工实现培训效果转化。目标涉及培训内容与个人需要的关系、培训知识与个人业绩提高的关系、业绩与奖励的关系、奖励与满足个人需要之间的关系等。

2.目标考核

管理者应当把培训效果转化纳入管理体系之中,对实现培训效果转化目标的员工给予奖励,对没有实现培训效果转化目标的员工给予惩罚。

(四)知识分享方案

知识分享方案有利于培训效果的组织转化,通过各种形式的知识分享活动,组织可以加大知识传播的范围。知识分离方案的类别及具体内容如表5-6。

表5-6 知识分离方案的类别及具体内容

类别	具体内容
知识分享会	以小组讨论的形式交流学习心得,通过知识的交流和分享共同提高,也叫作团队学习或小组学习
知识网络	建立企业中心知识库,将分散在员工个人身上的知识通过电脑输入到中心知识库中,员工可以通过内部网络寻找自己所需要的相关知识
公开演讲	给员工提供机会进行公开演讲,让员工将自己的学习心得与同事分享

第三节 酒店员工职业生涯规划与管理

一、酒店员工的流动

据不完全统计,酒店企业员工流动率高达45%,远远高于其他行业的员工流动率,也高于企业正常运转而应该保持5%~10%员工流动率的要求,这一问题一直困扰着我国酒店企业,使酒店企业经营管理者不得不面对员工流失问题而寻找对策。尽管保持适度的员工流动率有助于企业的更新和活力再现,有利于淘汰不合格员工,引进高素质人才,推动企业实现效益目标和组织愿景,但如果员工的流动率过高,超过适当的比例,企业缺乏一个较为稳定而忠诚的员工队伍的支撑,企业必然会面临较为严峻的市场竞争的风险。

(一)酒店员工流动的原因与控制

1. 酒店企业自身"磁性"不足导致员工的流失

尽管很多酒店已经把"人事部"更名为"人力资源部",但是其工作的内容仍然停留在传统的人事管理阶段。很多酒店自身"磁性"不足,如员工工资薪酬待遇较低,酒店用人机制不合理,激励制度不先进,没有建立科学的评估、考核、晋升机制;甚至有些酒店企业为了降低成本、增加收益,一味地将员工的工资压低,把应缴纳的各项社会保险的基数压到最低限度;招聘来的员工没有得到系统的培训,得不到充分的尊重、信任和认可;组织内部缺乏融洽的人际关系和良好的沟通渠道,使员工不能正确认识企业的长远目标和战略意图,没有与酒店一同成长的意愿。这种由于酒店企业自身"磁性"不足而导致的酒店员工流失是最主要的因素。

2. 社会环境因素影响酒店员工的流动

21世纪的竞争是人才的竞争,这已成为企业管理者的共识。当下人才市场发达,企业所需要的人才都可以到人才市场上或任何别的同类企业中找到,企业可以用品牌、高待遇或良好的发展机会吸引人才前来加盟。这种宽松的用人环境,导致酒店员工的流动率增加。此外,酒店进入屏障较低,很多基础岗位不需要特别的技能,而酒店并不重视员工内在素质的提高和职业发展的需求,在酒店供职更像是一种阶段性的工作而不是终身职业,这些因素导致酒店员工对酒店的忠诚度较低,一旦有更好的机会,员工就会毫不犹豫地选择跳槽。

3. 员工自身的一些因素导致员工的流动

酒店服务工作单调而枯燥,每天都重复着相同的工作程序,虽然在对客服务中具有一定的挑战性,但却缺乏创新性。长时间在酒店工作很容易使员工产生一种厌烦情绪,萌生跳槽的念头,尤其是思想活跃、拥有自身引以为傲的服务技巧和良好的客户关系的优秀员工。员工发挥着对酒店发展举足轻重的作用,为酒店获取利润和客户的忠诚,因此他们希望得到酒店在薪金、福利待遇、物质和精神奖励、个人兴趣爱好的发挥和受到尊重等方面的认可。如果酒店管理者无视员工的个性需求,员工不能在工作中享受到快乐,自然就会产生跳槽的念头。此外,如果酒店企业一直忽视员工的学习意愿、渴望获得教育培训机会来更新知识及获得较高职位的需求,也会造成员工的流失。

(二)员工流失问题管理策略

员工在酒店的经营中起着决定性的作用,员工的过度流失会影响酒店工作流程的正常运行,会增加酒店经营成本,会降低酒店员工的忠诚度,会降低酒店的市场竞争力。因此,采取有效的管理策略,控制员工流失,是每个酒店人力资源管理工作的重要内容。

1. 以科学方法招聘酒店员工

留住员工的第一步是雇用合适的人才。酒店在招聘员工时应该设计出合理而科学的招聘问卷,通过一系列的提问、交流、沟通,对应聘者的心理素质、职业取向、性格特征、兴趣爱好等方面有一定程度的了解,从而选择最适宜的人才。同时在招聘过程中还应该为应聘者提供酒店有关工作的各种信息(包括积极和消极的信息),使应聘者对未来所要从事的职业有较为准确的了解,降低应聘者的预期要求,避免应聘者进入酒店后由于理想与现实的差距太大而产生不满情绪,导致辞职的现象发生。因此,酒店要严把进人关。

2. 以企业文化凝聚人

研究表明,良好的企业文化更有可能产生较高的员工忠诚度。因此,营造一个充分沟通、知识信息共享的工作环境对凝聚酒店员工十分重要。酒店在长期的发展过程中逐步生成和发展起来的日趋稳定的独特的价值观,以及以此为核心而形成的行为规范、道德标准、群体意识、风俗习惯等,为酒店员工的努力工作提供良好的氛围,这样不仅可以规范员工的行为,更可加强员工与企业之间的信任程度,使员工产生强烈的归属感,并愿意为酒店的发展贡献自己的力量。为此,酒店应该在员工倾尽全力工作的时候为员工提供良好的工作环境,做好员工职业生涯的计划与开发,协助员工开发其各种知识与技能,并为员工提供实现个人专长的机会,同时酒店要建立年功序列制,根据员工在酒店连续工作的年限来增加工资和提升职务,留住经验丰富而又乐于工作的员工。

3. 以制度、合同约束员工

制定员工工作制度,采取合同或协议约束员工,不失为一种有效控制员工流失的管理手段。如:建立员工内部流动制度,及时发布酒店空缺职位以及获得此职位必须具备的条件,使员工能更精确地设计自己的未来蓝图;及时地指导或纠正员工的预期目标,避免造成员工的失落感;在员工手册中详细规定酒店的用人机制,重点描述酒店日常人事管理的具体措施,明确员工的责任与义务。此外,与员工签订劳动用工合同也是一种有效的管理工具。合同约束应在员工进入企业之前制订,采取契约的形式规定员工对企业的义务,约束员工的行为,目的是为了防范由于员工流失而给酒店企业带来的损失。制订合同时应对员工量体裁衣,细化合同具体内容,加大制约力度,将损失降到最小,把好出口关。不过,合同可以留住人,但不能留住心。因此,酒店要真正留住员工,确保雇佣关系的稳定性就一定要着眼并贯穿于员工职业发展的始终,应主动促进,而不是被动就范。

二、酒店员工职业生涯规划与管理

(一)员工职业生涯

职业反映了个人的社会地位,个人通过职业与特定的人群建立关系。职业生涯是指个人在一生工作经历中从事职业的全部历程,这个过程可以是间断的,也可以是连续的,它既包含一个人所有的工作、职业、职位等的外在变迁,也包括工作态度、价值观、工作需要和情感等的内在变化。员工职业变化主要受两个方面因素的影响：一是个人因素，如兴趣、能力、价值观等；二是环境因素，尤其是所在企业对个人努力的回报程度。如果企业能帮助员工实现个人追求的目标，员工的职业变化就可能在企业内部垂直流动；如果员工认为付出未必能得到应有的回报，其职业变化就体现为在不同职业领域内的发展过程。

由于职业生涯的主体是员工个人，职业目标与工作目标可能存在差异，因此，酒店必须了解与引导员工制订职业生涯规划，并通过有效的职业生涯管理过程，促使员工职业目标与工作目标的协同发展。

（二）酒店员工职业生涯规划

酒店员工职业生涯规划是指把酒店员工个人发展与组织发展相结合，通过对决定个人职业生涯的个人、组织和社会等主客观因素进行分析、总结和测定，制订个人一生中在事业发展上的战略设想和计划。

从个人角度来讲，职业生涯规划是指个人结合自身情况以及眼前的制约因素，为自己实现职业目标而确定行动方向、行动时间和行动方案。按照时间的长短来划分，职业生涯规划可分为长期规划（5~10年内）、中期规划（3~5年）与短期规划（3年内）三种类型。

从企业角度来讲，个人职业生涯规划就是酒店协助员工开发各种知识和技能，尤其是专业性知识和技能，向员工提供实现个人专长的契机。

（三）职业生涯规划的特征

良好的职业生涯规划应具备以下特性。

（1）可行性。规划要有事实依据，规划并不是美好的幻想或不着边际的梦想，否则将会延误生涯良机。

（2）适时性。规划时预测未来的行动，确定将来的目标，因此各项主要活动何时实施、何时完成，都应有时间和顺序上的妥善安排，以作为检查行动的依据。

（3）适应性。规划未来的职业生涯目标，牵涉到多种可变因素，因此规划应有弹性，以增加其适应性。

（4）持续性。人生每个发展阶段应能持续连贯地衔接起来。

（四）职业生涯发展阶段

关于职业生涯发展阶段的探讨经历了漫长的发展过程。最初人们将人的职业发展等同于一个人的人生发展过程，提出了一些人生发展的阶段划分，但随着对职业观念的逐渐清晰和不断加强，学者们开始单独研究人的职业生涯发展阶段，对此的划分也有多种观点。例如Raymond将人的职业发展过程划分为四个阶段：探索阶段、立业阶段、维持阶段、离职阶段。更为理论界和实践界所接受和采用的是Gary Dessler提出的五阶段模型，具体如下。

1. 成长阶段（出生至14岁）

在这一阶段，大多数人都在接受教育，个人主要受家庭、朋友、老师的影响，形成了自我意识、职业概念，开始对各种可选择的职业进行带有现实性的思考，在就业竞争日益激烈的现在，良好的教育几乎成为未来职业发展的必要条件。在这一阶段，个体所接受的教育基本上属于基础性教育，这些基础能力的培养是在人们还未正式进入组织工作之前进行的，其通常并不由企业这样的组织来具体实施。

2. 探索阶段(15~24岁)

这是一个人认真地探索各种职业特色的阶段。在学校教育、业余活动、兴趣、能力、知识等影响下,个人对自己形成某种现实评价,根据各种职业的可靠信息做出相应的职业选择,并开始尝试第一份工作。在这一阶段,人们开始进入职场,并且开始崭露头角,但是稳定性不高,在一个又一个的公司和职位上转换,寻找最为合适的职位。

在这一阶段,企业主要面临两项任务:一是如何对新员工进行培训以便他们尽快融入企业;二是如何提高员工的忠诚度,留住优秀的员工,降低员工的离职率。刚刚进入组织的员工,无论其学历高低,通常都对将要从事的特定职业感到陌生,因此企业应有针对性地对新员工进行上岗前和上岗初期的培养与训练,使其尽快熟悉企业和本职工作。在新员工完成培训后,企业应适时地让他们承担具有一定挑战性的工作,或独立完成某项工作任务。对于表现出色者,企业应予以表扬、奖赏,以树立其在组织中的地位,让其成为晋升的候选人。对那些表现不尽人意的员工,组织也应尽早识别,这表明这些员工的个人才干与其最初选定工作的能力要求不匹配,这种情况下首先可以考虑在与员工沟通后让其在组织内部转岗,如果转岗后员工的绩效依旧不尽人意,那么就只能表明员工的个性与企业文化并不匹配,这样的员工无论是从组织的角度还是从员工个人职业发展的角度都不适宜再留在企业中了。因此,这一时期就是企业帮助员工在企业内部找到与员工匹配的良好职位,逐步确定其职业方向,为中后期职业生涯发展奠定一定基础。

3. 确立阶段(22~44岁)

这是大部分人工作的核心阶段。在这一阶段,人们寻找到合适的职业并投入到工作中,同时还会不断提高自己的能力。这一阶段是决定职业生涯攀升的核心阶段。一般认为,35~45岁是职业发展的黄金时期,主要是因为在这一时期人们开始建功立业,走上管理岗位并成为公司发展的中流砥柱。但是在这一阶段他们的知识结构开始老化,于是他们就面临着这样一个局面:比起上一代人他们的资历不够,比起下一代人的学习能力他们又无法与之相媲美。因此,如何在这个新的环境下树立自己的权威,并且继续推动职业生涯的发展,避免中年危机就成了这个阶段的主要议题。此外,人们在过了35岁之后,可能会发现自己没有向梦想方向发展,或者原来那个梦想不是自己真正的梦想,这时他们就会在"真正想要"和"可以实现"之间做出艰难的抉择。

有鉴于此,企业应该努力帮助处于此阶段的员工。比如,对处于职业黄金阶段的员工进行继续培训和教育。这一时期企业可以根据员工的具体情况和需求,采取不同的开发办法,对那些很有发展前途和富有敬业精神的管理者及专业技术人员,可以进行方式和内容各异的教育培训,更新其专业技术知识,为其攀登事业巅峰创造条件。另外,还应该为这一阶段的员工安排富有挑战性的新的工作任务,从而增强其成就感、自信心和上进心,最终进一步加强其对企业的忠诚。不可否认,在一部分人向职业生涯顶峰攀登的时候,还有一部分人陷入中年危机,在技术革新的环境下无所适从或是对某项工作感到厌倦,工作热情也随之减退,开始消极怠工。面对此种情况,企业可以考虑实行工作轮换,为无法适应原有环境的员工提供一个新的工作岗位,新的工作岗位可以重新激发其新鲜感和兴趣,激发其干好工作的热情,从而度过中年危机。

4. 维持阶段(45~65岁)

这一阶段,人们在职业领域中创立自己的一席之地,并将大多数精力放在维持此地位上。

这时人们关心的是如何保住工作位置。面对这一阶段的员工,尤其是面临下岗的员工,企业应该为他们提供必要的帮助。这些员工由于技术的欠缺,很难再找到工作,生活会很容易陷入困境。企业不能像扔包袱一样将他们丢掉,而应该帮助他们掌握相应的技能,以利于下岗再就业。

5. 下降阶段(60岁以后)

这一阶段,职业生涯接近尾声,人们开始接受权力和责任减少的现实,慢慢地接受新的角色,即成为年轻人的良师益友,准备退出职业发展道路。企业对于这类员工,尤其是仍旧在管理岗位上的老员工,应给予充分尊重,但要帮助他们转换角色,从职业中期的中心、主导角色向后期的辅助、指导、咨询角色转变。由于他们特殊的经历,使得他们身上具有很多后几代人不具备的精神,企业应该有意识地让年轻员工学习,将这种精神继承下来。同时,由于处于职业生涯晚期的人们在体力、精力上开始衰退,他们即将退休,而退休通常意味着员工职业生涯的结束,相当一部分人面临退休时都会有一种失落感。所以,企业应该帮助员工做好退休准备,为其最终结束职业生涯做好工作上、情感上和心理上的过渡。

(五)员工职业发展途径

职业发展途径是指企业为员工实现其职业生涯规划指明方向,并给出实施计划的具体方法。员工职业发展途径大致可以分为四种类型:纵向职业发展途径、横向职业发展途径、网状职业发展途径及双重职业发展途径。

1. 纵向职业发展途径

纵向职业发展途径即在同一职位序列中,向更高职位级别上的发展。如某酒店餐饮部管理人员从中(西)餐厅服务员—领班—中(西)餐厅经理助理—中(西)餐厅经理—餐饮部经理助理—餐饮部经理—餐饮部总监—酒店副总经理—酒店总经理的纵向职业途径。纵向发展途径具体表现为职务的晋升和待遇的提高。纵向职业发展途径的优点是直线向前、清晰明了,让员工清楚地了解自己向前发展的特定程序,缺点是随着现代企业组织结构趋向扁平化,职位等级减少,可能产生多人走独木桥的情况,使一些员工走这条途径的可能性有所减少。

2. 横向职业发展途径

横向职业发展途径即在同一职位级别,向不同职位序列发展,如员工从餐饮部调到客房部。横向发展途径能够扩大员工的知识面,积累多方面的工作经验,从而提高员工自身的价值和素质。

3. 网状职业发展途径

网状职业发展途径指综合纵向和横向的一系列工作职务发展,它承认某些层次的经验的可替换性,以及晋升到较高层次之前需要拓宽本层次的经历。网状职业发展途径比纵向职业发展途径和横向职业发展途径更具有现实性,因为大多数员工很难完全走纵向职业发展途径。一般来说,员工在晋升到某一高度之后,会在该层次上横向调动以积累足够的技能和经验,然后才被提升到更高的层次上去。

4. 双重职业发展途径

双重职业发展途径是指组织根据员工实际情况,为员工建立一种平行的职业途径:一是管理类职业(如人力资源、财务、销售等),二是技术类职业(如前厅、客房、餐饮等需要专业技能的部门)。在管理类职业阶梯向上晋升,员工将拥有更多的决策权和参与权。在技术类职业阶梯上晋升,组织将给予员工更多的资源进行开发和研究,使其更具有自主权和独立性,而且走技途径的员工也可以转走管理途径。

出于人力资源管理成本的考虑,酒店一般实施的是网状职业发展途径,部分国有酒店或者酒店个别部门(如酒店厨房)实施双重职业发展途径。

(六)职业生涯规划的步骤

设计员工职业生涯规划需要综合考虑多方面的因素,应从员工自身实际出发,在明确员工所处的职业生涯发展阶段和员工职业生涯发展途径的基础上,设计符合员工与组织需要的职业生涯规划。

职业生涯规划为员工一生的职业发展指明了路径和方向。酒店员工职业生涯规划包含如下五个步骤。

1. 对员工进行剖析与定位

自知者明,自胜者强,每个人都应客观地认识自我,并围绕自我定位用实际行动塑造自我。在进行职业生涯规划时,酒店管理者应帮助员工全面了解自己的个性和特长、知识与技能、兴趣与爱好、优势和弱点等。要想获得事业的成功,创造人生的辉煌,个人必须准确地评估自己,明确适合自身的职业发展方向与职业发展路径,对自己的认知越深刻,职业生涯规划的目标性和方向性才越强。在此基础上,酒店管理者结合员工所处的相关工作环境和岗位进行深层次的综合分析,根据员工自身特点和所在环境特点指导其进行准确的职业发展定位,设计相应的职业发展目标和实施计划,并围绕目标开展有效行动。

2. 职业环境与职业发展机会评估

对员工职业环境和职业发展机会进行评估,主要是评估员工职业环境和职业发展的机会,各种环境因素对员工职业发展的影响,尤其是组织内外环境因素对员工职业生涯发展的影响。

环境分析包括社会环境分析和组织环境分析。社会环境分析主要是对社会的职业需求、职业声望、社会人际环境、社会制度和社会经济发展状况等进行分析。组织环境分析主要是分析组织的特色(如企业文化、规模、组织结构、人员状况等)组织的发展战略、人力资源状况等。通过对组织环境的分析,员工可以确定该组织是否是自己所偏好的职业环境、自己在组织中的发展空间和机会如何,从而确定是在组织中寻求发展还是脱离组织到其他组织中寻求发展,以及哪些类型的组织是适合自己未来发展的组织。

3. 帮助员工设定职业生涯目标

职业生涯目标的选择和确定是职业生涯发展的关键。职业目标指出了个人未来职业发展的方向,是职业生涯的方针和纲领,对个人职业生涯有着重要影响。在自我剖析和自我定位、机会评估的基础之上,酒店需要帮助员工把酒店和个人需求结合起来,制订恰当的长期目标和短期目标。确定的职业目标必须符合以下要求:①符合员工自身特点,扬长避短;②符合组织和社会需要;③把"志当存高远"与脚踏实地相结合,把长期发展与短期发展相结合;④富有挑战性、具体、可实现;⑤要把职业目标、生活目标、家庭目标等协调统一。

4. 帮助员工设计职业生涯路线与行动计划

职业生涯路线选择是指一个人在选定职业、确立职业目标后,决定从什么方向、沿着什么道路前行,去发展自己的职业生涯、实现职业目标。选择生涯路线就是要解决个人职业发展的"桥"和"船"问题,是个人职业发展的重要环节之一。此时,酒店管理者应指导、帮助员工做出正确的决定:采取什么样的路径、方法和措施才能达成个人短期或长期的职业目标。酒店组织可以按照已设计好的职业生涯路线来安排员工的工作变动,从而训练与发展其担任各级职务或从事不同职业的能力。

同时,在有关部门或专家的指导下,酒店管理者应与员工共同制订相应的行动计划,包括目标、实施步骤及时间表。行动计划具体包括培训课程、研讨会、开展信息交流、申请空缺岗位、找一位导师、获得新的工作经验等。注意行动和方法必须要服从于职业发展的需求和目标。

5. 职业生涯发展的评估与调适

这一步骤就是要具体实施既定的职业生涯规划,采取各种积极的行动扎扎实实地去发展员工的职业生涯,争取职业目标的达成。在实施过程中,酒店管理者应定期对员工的工作能力、绩效、进步和不足进行评估,及时校正误差、取长补短,推动员工职业生涯的有效进行;评估和修正不恰当的自我认知、职业定位、职业目标、职业路线与策略等,及时纠正行动偏差;注意平衡计划与实践、主观与客观、职业目标与工作目标、生活目标与组织目标之间的关系,从而完善职业生涯规划,保证职业生涯规划及其指导下的职业活动都能卓有成效。

(七)职业生涯管理

酒店员工职业生涯管理指酒店帮助其员工制订职业生涯规划和帮助其职业生涯发展的一系列活动,目的在于把员工的个人需要与酒店的需要统一起来,做到人尽其才,并最大限度地调动员工的积极性,同时使他们对自己在该酒店中的发展和前途有信心,增强他们对酒店的归属感。

职业生涯管理主要包括两种:一是由组织主动实施的职业生涯管理,简称组织职业生涯管理;二是由个人主动进行的职业生涯管理,简称自我职业生涯管理。企业职业生涯管理属于组织职业生涯管理范畴。企业职业生涯管理是指在设计思想上把个人职业生涯目标与企业人力资源需要联系起来的一套方法、步骤和实践系统。它集中确保个人职业目标与整个企业的发展目标的协调一致,以期实现个人目标与企业需要之间的最佳匹配。一般来说,职业生涯开发要将其与企业的各种人力资源结构、政策以及常规做法统一起来,要使企业的需要与个人职业发展的需求一致,这种相互统一最终会给企业带来巨大的战略优势。

员工、管理者和企业三大部分都在职业生涯管理系统中起着突出作用。员工负责自我评估,从自身实际出发,结合企业需要,在企业现实背景中制订计划,确立职业目标并采取行动实现职业目标,这个过程同时也是员工追求理想、实现自我价值的过程,对员工有着特殊意义。管理者帮助员工理解企业的需要和要求,支持他们发挥关键性的作用,是连接员工和企业的纽带。而企业本身则负责提供工具、资源和设施来支持这一进程。企业将员工视为可开发的、增值的资本,通过为员工提供一个不断成长及挖掘个人最大潜力和建立成功职业的机会,并且引导和帮助员工向职业目标努力,制定相应政策措施为员工提供发展的机会,满足其职业需求。一方面,全体员工的职业技能的提高可以带动企业整体人力资源水平的提高;另一方面,有意引导与企业目标方向一致的员工脱颖而出,为培养企业高层经营管理人员提供人才储备,能增强企业内部活力和竞争力。员工对职业生涯的开发负有主要责任,管理者和企业则扮演协调管理的角色。

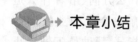

本章小结

酒店培训就是根据酒店的发展目标,为了使员工在现在的和未来的工作岗位上的表现达到组织的要求,使员工具备应有的工作知识、态度和技能,促进员工积极工作的动机与行为,提升员工的工作绩效,而有计划、有组织地对全体员工开展的教育训练活动。

酒店员工培训按照不同的标准,可划分为不同的培训类型。酒店员工培训需要遵循一些基本原则,培训方法的恰当与否直接关系到培训最终效果的好坏。随着酒店培训活动的广泛开展,培训方法也日渐多样化。目前使用较多的方法主要有课堂讲授法、案例教学法、研讨培训法、角色扮演法、游戏培训法、现场培训法、对话训练法、心理训练法、头脑风暴法、拓展训练法等,它们各有利弊、互相补充。

培训是一个系统,酒店人力资源实施培训的过程包括:①培训需求分析;②制订培训计划;③实施培训计划;④评估培训效果;⑤转化培训成果。

员工的流动问题一直困扰着酒店业的发展,酒店业要留住员工,就一定要着眼并贯穿于员工职业发展的始终。

酒店员工职业生涯规划是指把酒店员工个人发展与组织发展相结合,制订个人一生中在事业发展上的战略设想和计划。设计员工职业生涯需要综合考虑多方面的因素,应从员工自身实际出发,在明确员工所处的职业生涯发展阶段和员工职业生涯发展途径的基础上,设计符合员工与组织需要的职业生涯。职业生涯管理的目的在于把员工的个人需要与酒店的需要统一起来,做到人尽其才,并最大限度地调动员工的积极性,同时使他们对自己在该酒店中的发展和前途有信心,增强他们对酒店的归属感。

【课后作业】

(1)简述员工培训的特征是什么?酒店员工培训应遵循哪些原则?
(2)酒店可以采用的培训方法有哪些?各自的优缺点是什么?
(3)培训对酒店及员工有什么重要意义?
(4)系统的酒店员工培训包括哪些环节与内容?
(5)怎样制订培训计划?
(6)酒店员工职业生涯规划包含哪些内容,怎样进行员工职业生涯规划?
(7)结合所学的理论知识,为自己设计一份职业生涯发展规划。

第六章　酒店员工绩效管理

【学习目标】

了解和掌握绩效管理的定义和特征。
熟悉当前绩效管理中存在的主要问题。
掌握绩效管理的整个工作流程和工作内容。
掌握实施绩效管理各环节工作的方法。
掌握绩效考核的方法。

【案例导入】

18世纪末期,英国政府决定把犯了罪的英国人全部发配到澳大利亚去。

一些私人船主承包从英国往澳大利亚大规模地运送犯人的工作。英国政府实行的酬劳办法是以上船的犯人人数支付船主费用。当时那些运送犯人的船只大多是一些很破旧的货船改装而成的,船上设备简陋,没有什么医疗药品,更没有医生,船主为了牟取暴利,尽可能多地装犯人,致使船上条件十分恶劣。一旦船只离开了岸,船主按人数拿到了政府的钱,对于这些人能不能远涉重洋活着到达澳大利亚就不管不问了。有些船主为了降低费用,甚至故意断水断食。3年以后,英国政府发现:运往澳大利亚的犯人在船上的死亡率达12%,其中最严重的一艘船上424个犯人死了158个,死亡率高达37%。英国政府花费了大笔资金,却没能达到大批移民的目的。

英国政府想了很多办法。每一艘船上都派一名政府官员监督,再派一名医生负责犯人的医疗卫生,同时对犯人在船上的生活标准做了硬性的规定。但是,死亡率不仅没有降下来,有的船上的监督官员和医生竟然也不明不白地死了。原来一些船主为了贪图暴利,贿赂官员,如果官员不同流合污就被扔到大海里喂鱼了。政府支出了监督费用,却照常死人。

政府又采取新办法,把船主都召集起来进行教育培训,教育他们要珍惜生命,要理解去澳大利亚去开发是为了英国的长远大计,不要把金钱看得比生命还重要。但是情况依然没有好转,犯人的死亡率一直居高不下。

一位英国议员认为是那些私人船主钻了制度的空子,而制度的缺陷在于政府给予船主报酬是以上船人数来计算的。他提出从改变制度开始,政府以到澳大利亚上岸的人数为准计算报酬,不论你在英国上船装多少人,到了澳大利亚上岸的时候再清点人数支付报酬。

问题迎刃而解。船主主动请医生跟船,在船上准备药品,改善生活,尽可能地让每一个上船的人都健康地到达澳大利亚。多一个人就意味着多一份收入。

自从实行上岸计数的办法以后,船上的死亡率降到了1%以下。有些运载几百人的船只经过几个月的航行竟然没有一个人死亡。

课前思考

这个故事告诉我们,绩效考核的导向作用很重要。

企业的绩效导向决定了员工的行为方式和方向。如果企业认为绩效考核是惩罚员工的工具,那么员工的行为就是避免犯错,而忽视创造性,忽视创造性,就不能给企业带来战略性增长,那么企业的目标就无法达成。如果企业的绩效导向是组织目标的达成,那么员工的行为就趋于与组织目标保持一致,分解组织目标,理解上级意图,并制订切实可行的计划,与主管成为绩效合作伙伴,在主管的帮助下,不断改善,最终促使组织目标的达成。

第一节 酒店员工绩效管理概述

一、绩效管理的内涵

(一)绩效的定义

绩效是指组织或个人为了实现目标而采取的各种行为的结果。绩效有广义和狭义之分,狭义的绩效仅指组织或个人实际完成的工作结果。广义的绩效指员工在工作过程中所表现出来的与组织目标相关且能够被评价的工作业绩、工作效率,以及工作过程中展现的工作方式、工作能力与工作态度等。其中,工作业绩就是工作结果,工作能力和工作态度就是工作中的行为,绩效既要反映工作结果,又要反映工作过程。为了对组织与员工做出全面客观的评价,一般更倾向于使用绩效的广义概念。

绩效包括组织绩效和个人绩效。组织绩效指的是组织任务在数量、质量、效率和盈利状况等方面的完成情况;个人绩效即酒店员工在某一时期内的工作结果、工作行为和工作态度的总和。

(二)绩效管理

1. 绩效管理的定义和特征

绩效管理是指管理者为了达到组织的目标,通过持续开放的沟通过程,形成组织所期望的利益和产出,并推动团队和个人做出有利于目标达成的行为,即通过持续的沟通和规范化的管理不断提高员工绩效和组织绩效、提高员工能力和素质的过程。

绩效管理有如下几个特点。

其一,绩效管理是一项战略任务,是综合管理组织、团队和员工绩效的过程。员工工作的好坏、绩效的高低,直接影响着组织的整体效率和利益的高低,因此,掌握和提高员工的绩效水平,强化和完善绩效管理系统是企业人力资源管理部门的一项战略性任务。组织通过绩效管理过程,使组织的目标逐层分解为各部门或团队的目标,再进一步将部门或团队的目标落实为各岗位的目标,确保员工的工作活动和产出与组织或团队的目标保持一致。因此,通过绩效管理过程,管理者可以把员工的工作目标与组织目标进行有效整合。绩效管理特别强调管理者与员工之间的双向、持续的沟通。绩效管理的各个环节,都需要组织与员工双方进行持续开放的双向沟通,通过良好的沟通,员工对绩效目标有清晰的认识,并能发现绩效实施过程中的障碍与不足,以便采取有效措施,不断提高绩效水平。

其二，绩效管理是提高工作绩效的有力工具，这是绩效管理的核心目的之一。绩效管理的各个环节都是围绕这个目的服务的。绩效管理的目的并不是要把员工的绩效分出上下高低，或仅仅为奖惩措施寻找依据，而是针对员工绩效实施过程中存在的问题，采取恰当的措施，提高员工的绩效，从而保证组织目标的实现。

其三，绩效管理是促进员工能力开发的重要手段，这也是绩效管理的核心目的之一。通过完善的绩效管理促进人力资源的开发职能的实现，已成为人力资源管理的核心任务之一。绩效沟通与绩效考评，可以发现员工工作过程中存在的问题，如知识、能力方面的不足之处，从而通过有针对性的培训措施及时加以弥补，更为重要的是，绩效管理还可以了解员工的潜力，从而为人事调整及员工的职业发展提供依据，以达到把最合适的人放到最合适的岗位上的目的。

其四，绩效管理是一个完整的系统。绩效管理是通过制订员工的绩效目标并收集与绩效有关的信息，定期对员工的绩效目标完成情况做出评价和反馈，以改善员工工作绩效，并最终提高组织整体绩效的制度化过程。它是一个系统的循环过程，包括绩效管理体系设计、制订绩效考核计划、对员工进行绩效辅导和培训、绩效考核评估、评估结果反馈与面谈、绩效结果运用等环节。

2.绩效管理与绩效评价的区别

绩效管理与绩效评价并不等同。绩效管理是人力资源管理体系中的核心内容，从绩效管理系统来看，绩效评价仅仅是绩效管理过程的一个关键环节，但在酒店实际运用中，管理者往往只重视绩效评价而容易忽视绩效管理的系统过程。

从实施方向看，绩效评价更多地以单个员工为基础，强调考核员工的工作绩效，但绩效管理更强调从组织的战略整体出发，强调考核的过程——员工与管理者之间的沟通。从内容来看，绩效评价更多地强调员工考核的结果，而绩效管理不仅关注结果，还侧重于信息沟通和绩效的提高。从过程来看，绩效评价侧重于判断和评价，包括评价标准的制订、标准的衡量与绩效信息的反馈，强调事后评价，而绩效管理是一个完整的过程，强调事前沟通和承诺，作为一种管理模式贯穿于企业运作的始终。从实施的结果来看，绩效评价的结果更多地与员工的薪酬挂钩，而绩效管理的结果更多地用于开发员工潜能、培养员工技能和提高员工绩效。绩效管理和绩效评价的区别如表6-1所示。

表6-1 绩效管理和绩效评价的区别

区　　别	绩效管理	绩效评价
角度	从组织的战略整体出发，强调考核的过程——沟通	以单个员工为基础，强调考核的结果
过程完整性	一个完整的管理过程	绩效管理过程中的局部环节和手段
侧重点	侧重于信息沟通和绩效提高，强调事先沟通与承诺	侧重于判断和评价，强调事后评价
出现阶段	人力资源管理的核心内容，贯穿始终	绩效管理关键环节，只出现在特定时期

总之，绩效管理和绩效评价存在着较大的差异，但又密切相关。通过绩效评价可以为组织绩效管理的改善提供参考依据，帮助组织不断提高绩效管理水平，使得绩效管理真正帮助管理者改善组织管理水平，帮助员工提高绩效水平，帮助组织获得满意的绩效水平。

3.酒店绩效管理的五个评价标准

第一,战略一致性标准。这是指酒店绩效管理系统与酒店发展战略、酒店目标和酒店的企业文化的一致性程度,酒店绩效管理伴随酒店的战略、目标和文化的变化而变化。

第二,明确性标准。这是指酒店绩效管理系统能够在多大程度上为员工提供一种明确的指导,告诉他们组织对他们的期望是什么,并使他们了解如何才能达到这些期望的要求。

第三,可接受性标准。这是指运用酒店绩效管理系统的人接受该系统的程度。相关研究者开发了许多绩效评价的方法,但是,不论一种绩效评价方法多么科学,如果这种方法不能被使用它的人接受,就不能发挥应有的作用。

第四,信度标准。这是指测量的一致性程度,即一种评价方法所得到的结果的前后一致性,以这种一致性程度作为指标来判断考核方法的可靠性。

第五,效度标准。这指的是绩效评价是否评价了要评价的内容,也就是评价系统所测量的与所要测量的工作绩效的相关程度,简而言之就是测量与评价目的之间的相关性。

二、绩效管理的目的

德鲁克在其管理学奠基之作《管理的实践》一书的开始提出了三个经典问题:我们的事业是什么?我们的事业将是什么?我们的事业究竟应该是什么?弄清楚管理的目的决定着管理的方向性和有效性。因此,讨论绩效管理的目的绝非无足轻重,而是绩效管理的逻辑起点。

对这个问题的认识,现实中存在着不同的立场和角度。从目前的研究和酒店管理实践来看,普遍认为绩效管理的目的有如下几个方面。

(一)绩效管理的核心目的是提高组织或者团队的绩效

绩效管理的目的是通过对个人绩效进行管理和评估,提高个人的工作能力和工作绩效,从而提高部门的工作能力和工作绩效,最终实现整个组织或者团队的经营目标。

绩效管理,有利于员工了解其工作实绩,促进员工把工作做得更好,通过参与设定自己的工作目标而满足事业发展、自我实现的需要。酒店员工绩效考核和管理反馈的结果能够发现员工的不足和有待开发的潜能,促进酒店采取有针对性的培训,以便员工不断改进绩效和发挥潜力。公正客观的酒店绩效评价体系,使不同岗位上的员工的工作成绩得到合理的比较,甄别出高绩效和低绩效的员工,从而为组织的奖惩系统提供依据,这样才能真正起到激励和引导员工的作用,从而提高酒店团队的效率,促进酒店目标的实现。总而言之,绩效管理在酒店的人力资源管理这个有机系统中占据着核心的地位,发挥着重要的作用。

(二)绩效管理是实现酒店战略目标、培养核心竞争力的重要手段

酒店绩效管理与酒店战略相联系,是酒店绩效管理的显著特点之一。酒店绩效管理与酒店战略、总体营运计划紧密联系,通过充分调动各方面的积极性和责任感,形成科学合理、与薪酬挂钩的绩效考核机制,提高员工业绩,推动酒店整体业绩的提升,从而实现酒店的总体营运计划。

酒店的战略是对酒店对未来发展的一种期望,这种期望的实现要依靠酒店的所有成员,按一定的职责和绩效要求,通过持续努力和发挥创造性来实现。因此,酒店绩效管理的系统已成为酒店战略管理控制系统中不可缺少的管理工具和手段。酒店的成功,不仅仅要保证过程绩效的可靠性,而且要为酒店的发展战略的成功设计它的绩效管理系统,建立一个旨在提高酒店核

心竞争力的绩效管理系统。酒店绩效管理将酒店的战略目标分解到各个业务单元，并且分解到每个岗位，岗位职责最终由员工来实现，避免员工目标偏离组织目标，一年中对员工多次地评估与奖惩，实现酒店对目标的监控、实施，保证了工作目标按时完成。对每个员工的绩效进行管理、改进和提高，从而提高酒店整体的绩效，使得酒店的业绩和价值也随之提高，酒店的竞争优势也就由此而获得。

三、当前绩效管理中存在的主要问题

（一）酒店绩效管理与战略实施相脱节

现实生活中，许多酒店的各部门、各岗位的绩效目标并不是从酒店的战略逐层分解得到的，而是根据各自的工作内容提出的，这导致绩效管理与战略实施发生了脱节现象，以及员工出现与酒店战略目标相背离的行为，不能够引导所有员工与组织目标保持高度一致性，结果造成绩效考核时每个人的绩效都很好，但组织的绩效却一直不理想。

（二）绩效管理过程中缺乏持续的双向沟通

部分酒店过于注重绩效考核的成绩，片面强调考核成绩与薪酬的挂钩，忽略了将企业整体发展和战略计划与员工沟通的重要性。绩效管理是一个管理者与员工之间持续双向沟通的过程，如果管理者强制性地向员工分配任务，并以考核和奖惩为手段迫使员工就范，员工就会将其当作一种强制性的制度，很容易产生抵触情绪。有的管理者认为对下属工作的考核，没有必要让他们知道结果，把绩效考核变成了某种暗箱操作的东西，员工得不到工作结果的反馈信息，不可能根据考核结果调整自己的行为，从而偏离了绩效管理的真正目的。

（三）以考核代管理

如前所述，绩效管理是由绩效管理体系设计、制订绩效计划、对员工进行绩效辅导与培训、绩效考核评估、评估结果反馈与面谈、绩效结果运用等环节环环相扣构成的一个有机整体，绩效考评只是这个整体中的一个关键环节，把员工的绩效分出优劣或者给员工布置完工作任务后就等着绩效考核的思路和做法脱离了绩效管理的实质目的。绩效管理的真正目的是通过持续开放的双向沟通不断对员工进行绩效辅导，及时解决员工工作过程中出现的问题，促进员工能力的提高和绩效的改善。因此，绩效管理是管理者的一种常规性管理工作。

（四）重视奖惩，忽视发展

在有些酒店中，绩效管理仅仅被当作奖金分配的手段。实际上绩效管理的核心作用在于提升员工的绩效，对员工进行有效的激励价值分配只是绩效考核结果应用的一个方面。酒店管理者只有通过绩效管理使员工的能力不断得到发展，绩效不断提高，从而不断体验到成功的乐趣，才能获得员工对绩效管理的认可，消除员工对绩效管理的恐惧心理和抵触情绪。

（五）绩效管理只是人力资源部门的工作

在一些酒店中，绩效管理被认为是人力资源部门的工作，各级管理者没有在绩效管理中承担相应的责任，甚至认为绩效管理工作影响和干扰了本部门的任务工作，把绩效管理当作一种负担。事实上，绩效管理者是在管理者与员工之间就目标制订和如何实现目标而达成共识的过程，以及促使员工成功地实现目标的管理方法，其实施的真正主体只能是管理者和被管理者双方，而绝不是其他部门或其他人。人力资源部门作为服务性的职能部门，在绩效管理中发挥的

是组织、支持、服务和指导的作用，人力资源部门并不是绩效管理的主体。

(六)忽视绩效管理与人力资源管理其他系统之间的对接

绩效管理是建立在目标管理与工作分析基础之上的，否则绩效指标就成了无源之水、无本之木。同时，要使绩效管理发挥应有的作用，必须与人力资源的其他系统实现良好对接，如员工奖惩系统、员工培训与开发系统、人事调整系统等，忽视绩效评价结果的应用，绩效管理必将流于形式，起不到应有的作用。

第二节 酒店绩效管理流程

有效的绩效管理是一系列管理活动连续不断的循环过程，具体包括绩效管理体系设计、制订绩效考核计划、对员工进行绩效辅导和培训、绩效考核评估、评估结果反馈与面谈、绩效结果运用这六个阶段。一个绩效管理阶段的结束，是另一个绩效管理阶段的开始，通过这种循环，个体和组织绩效得以持续发展。

酒店绩效管理系统图如图6-1所示。

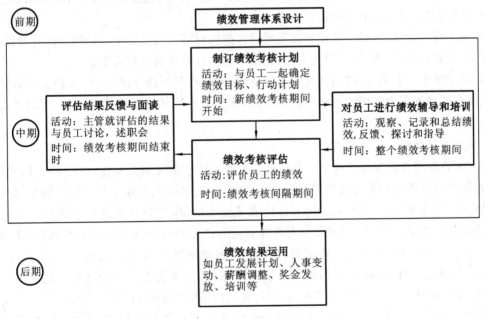

图6-1 酒店绩效管理系统图

一、绩效管理体系设计

绩效管理体系设计即绩效管理规划，是绩效管理流程中的第一个环节。绩效管理规划要解决以下几个问题。

(1)谁参与——确定绩效管理的参与者。
(2)考核什么——确定合适的绩效考核指标。
(3)谁来考核——选择合适的考核者。

(4)怎样考核——确定绩效考核的方法。

(5)何时考核——确定绩效考核的时间和周期。

(一)确定绩效管理的参与者

绩效管理不仅仅是人力资源管理部门的事,更是酒店各级部门、各级管理者及全体员工的责任。各个部门及人员在绩效管理中的分工不同:人力资源部门是绩效管理系统的设计者和组织实施者,也是绩效管理的宣传者和培训者,与各级管理者共同建立细化到每个职位的考核指标体系;各级部门根据部门特色和职能特色,对考核制度进行细化;各级管理者负责对绩效管理的计划、交流、观察、评价与沟通等实施过程的具体落实。

(二)确定合适的绩效考核指标和考核标准

设定了绩效目标之后,管理者就要确定评价绩效目标达成的标准。制订有效的绩效考核指标是绩效考核取得成功的保证,也是建立绩效考核体系的中心环节。

1. 绩效考核指标的意义

(1)从绩效管理的全过程来看,不提出并设定合适的绩效指标对绩效进行管理,就无法提高酒店或员工个人的绩效。不设定绩效指标,就无法知道现在的绩效表现与期望是否有差距,也不知道该提高到什么程度,而且也无法掌握绩效提高前后的关键性信息资料,也就无从检查和对比员工绩效是不是真正有所提高。

(2)对于管理者来说,提出并设定合适的绩效指标对酒店或员工个人的绩效进行考评,能够把握全局、明确目标、突出重点、简化程序,满足酒店绩效管理的各种需要。

(3)对于被考评者来说,提出并设定关键绩效指标,有利于被考评者——无论是团队还是员工个人都有明确的努力方向和清晰的目标地位,他们清晰地知道自己将要做什么,以及将要做到什么程度。

2. 绩效考核指标的设计原则

SMART原则是最常用的区分一项标准是否符合要求的工具。其中,"S"(specific)代表具体的,指绩效考核指标的设计应当细化到具体内容,即切中团队主导绩效目标且随情景变化而变化的内容,不能笼统;"M"(measurable)代表可度量的,指绩效指标是数量化的或者行为化的,验证这些绩效指标的数据或者信息是可以获得的;"A"(attainable)代表可实现的,指绩效指标应当设计为通过员工的努力可以实现,在时限之内做得到,避免设立过高或过低的目标;"R"(realistic)代表现实性,指绩效指标是可以证明和观察的、现实生活中的确存在的;"T"(time-based)代表有时限,指为了保证考核效率,绩效考核指标应当是有时间限制的。

同时,还应注意标准的设定应分出层次,例如,可以将标准分为优秀、良好、合格、需改进和不合格五个水平。而将合格作为绩效考核的基准水平,它的作用在于判断被考核者的绩效是否能够满足基本的要求。另外,在制订标准的时候,一定要注意与员工的沟通,即绩效考核标准的确定应由酒店部门主管与员工共同来确定完成。

(三)选择合适的考核者

绩效的考核应由直接上级、同事、被考核者本人、被考核者下级和外部人员(宾客等)或人力资源管理部门人员五类人员共同组成考核小组,共同或分别对相同的对象做出考核。具体选择哪些考核人员,主要考虑考核目的、考核标准和被考核人的类型三方面的因素。

(四)确定绩效考核的方法

酒店可采用的绩效考核的方法多种多样,详见本章第三节的详细介绍。

(五)确定绩效考核的时间和周期

绩效考核的周期是指员工接受绩效考核的间隔时间。通常,在确定考核周期时,酒店管理者要考虑考核目的、考核对象和奖金发放的周期等因素来确定,只有综合考虑各种因素,才能设计出符合企业实际的考核周期。一般来说,酒店有以下几种确定考核周期的方法。

1.根据考核目的来确定

决定考核周期最主要的因素是考核目的,不同的考核目的其考核间隔的时间是不一样的,如表6-2所示。

表6-2 基于考核目的的考核周期

考核目的	考核周期
试用期满转正	以试用期为准,如试用期三个月,则周期为三个月
绩效薪酬的发放	可分为一年、一季或一月
检查奖励资格	考核周期与奖励周期一致
能力开发,调动配置	按年连续考评
续签聘用合同	以合同所约定的期限为周期

2.根据酒店行业特点来确定

绩效考核的周期应根据酒店行业特点来设计。一般酒店进行绩效考核是以周、月、季度、年为周期进行考核的。

3.根据其他影响因素来确定

在设计考核周期时,酒店管理者除了考虑考核目的和酒店行业特点之外,其他一些因素也对考核周期的设计有影响,也应予以考虑,具体如表6-3所示。

表6-3 绩效考核周期的确定

依据	考核周期
薪酬的发放周期	如果酒店每半年或每一年分配一次奖金,那么绩效考核的周期最好与奖金发放的时间相对应
绩效目标的完成周期	对于一些项目管理来说,要根据项目的完成周期来考核
职工的职务类型	对于操作类员工,他们的绩效结果有时当天就可以看到,所以考核周期相对短一些;对于管理类和技术类的员工,他们出成果的周期相对长一些,所以考核周期也相对长一些
考核的工作量	如果考核的工作量非常大,那么考核周期短,其质量就很难保证,这时,考核周期宜长一些;反之,则周期可以短一些
分散式考核周期	当员工在本部门工作时长达到一个考核周期时,即对他进行考核,如此员工的绩效考核就分散到部门主管平时的工作中了

二、制订绩效考核计划

为了实现企业的愿景及据此制订的战略计划,管理者首先要将企业战略分解为若干可以具体执行的项目或目标,再将这些目标落实在职能部门的各个岗位上,针对各个职能部门和各个岗位的不同进行适当的职能分析、工作分析、就职人员资格分析。

（一）绩效考核计划的内容

绩效考核计划是用于指导员工行为的一份计划书。绩效考核计划应包括以下内容。

(1)员工在本绩效考核期间的主要工作内容和职责是什么？应达到何种工作效果？

(2)员工在本绩效考核期间如何分阶段地实现各种目标，从而实现整个绩效考核期间的工作目标？

(3)员工在完成工作任务时拥有哪些权利，决策权限如何？

(4)员工从事该工作的目的和意义何在？工作的重要性排序如何？

(5)管理者和员工计划如何对工作的进展情况进行沟通，并防止偏差的出现？

(6)为了完成工作任务，员工是否有必要接受某一方面的培训或通过自我开发的手段掌握某种工作技能？

一般而言，在具体的绩效考核计划制订之前，先由人力资源部与各部门管理者共同制订出符合部门实际情况的绩效目标和标准框架，用以指导绩效考核计划的制订。作为制订绩效考核计划的主体之一，各部门的管理者需要了解每个岗位的工作职责和每个员工的绩效表现，根据各个岗位的具体要求和员工的具体情况，与员工就其应该实现的实际绩效进行沟通，并订立正式的书面协议，即绩效考核计划。作为另一主体，每个员工的积极参与是制订和实施绩效考核计划的重要保证。通过参与绩效考核计划的制订，员工能更加明确其工作的绩效目标，并且能够了解如何实现所设定的绩效目标，对所制订的绩效考核计划产生更高的认同感。

在这个过程中，人力资源部可以为各部门管理者和员工提供有关制订绩效考核计划的培训，指导绩效考核计划的制订工作。

某酒店销售部经理季度绩效考核计划表如表6-4所示。

表6-4 某酒店销售部经理季度绩效考核计划表

姓名					职位			
考核时间				年第		季度		
工作目标	关键绩效指标	权重	测量方法	预期目标	实际完成	数据来源	得分	
营业指标 (60%)	营业收入	30%	完成比例	万元	万元	财务部		
	酒店GDP	20%	完成比例	万元	万元	财务部		
	部门管理费用	10%	完成比例	万元	万元	财务部		
客户关系 (20%)	客户满意度	10%	问卷调查			客户评价		
	新客户开发	10%				销售部		
员工情况 (20%)	员工满意度	10%	问卷调查			员工评价		
	员工流失率	10%	流失比率			人力资源部		
困难与障碍								
权力与资源								
沟通方式								
考评等级			被考评人签字			考评人签字		

说明：工作目标、关键绩效指标的设定应与酒店实际运营情况相符，在此仅列出部分关键绩效指标。

(二)制订绩效考核计划的程序

1. 准备阶段

绩效考核计划通常是部门管理人员与员工双向沟通形成的。因此,为了使绩效考核计划取得预期的效果,管理人员必须进行充分的准备工作,获取所需的信息。

1)酒店的信息

为了使员工的绩效考核计划能够与酒店的绩效考核目标结合在一起,管理者与员工需要就酒店的战略目标和年度经营计划进行沟通,并达成共识。

2)部门的信息

根据酒店的整体目标分解酒店内各个部门的目标。不仅经营的指标可以分解到前厅、客房、餐饮和销售等业务部门,财务部、人力资源部等职能部门的工作目标也与酒店的整体经营目标紧密相连。

例如,某酒店下一年度的整体经营目标是:市场占有率提高30%;开发新的酒店产品;降低管理成本。那么,分解到人力资源部的目标就可以定为:建立激励机制,鼓励开发新客户,鼓励创新;在人员招聘方面,注重开拓性、创新精神和关注成本等核心胜任素质;提供开发客户、提高创新能力以及成本控制等方面的培训。

3)员工个人的信息

作为绩效考核对象的员工,其信息主要来自两个方面。一是工作描述,在员工的工作描述中,通常规定了员工的主要工作职责,以工作职责为出发点设定工作目标可以保证个人的工作目标与职位的要求联系起来。在制订绩效考核计划之前,酒店管理学要对工作描述进行回顾,重新思考职位存在的目的,并根据不断变化的环境调整工作描述。二是上一轮绩效考核期的考核结果。如果员工在上一轮绩效管理周期内绩效考核合格的话,那么新的绩效考核计划就应该设定新的绩效目标;反之,则需要考虑如何完成那些尚未达成的绩效指标。

2. 沟通阶段

沟通阶段也是整个绩效考核计划的核心阶段。在这个阶段,管理人员与员工必须有充分的交流,对员工在本次绩效考核期内的工作目标和计划达成共识。

1)沟通方式

一般来说,采取什么样的方式,需要考虑不同的环境因素、员工特点以及需要达成的工作目标的特点。如果酒店管理者希望借助绩效考核计划的机会向员工做一次动员,不妨召开员工大会。如果只与部门或小组成员有关,可以开一个部门会议或者小组会议,对绩效目标和计划予以讨论,有助于在部门或者小组成员之间达成共识,增强成员之间的协调和配合。即使是考核者与被考核者之间的单独交谈,也应该考虑沟通的方式,无论采取何种方式,目的都是使考核者和被考核者对绩效目标和计划达成共识。

2)沟通氛围

(1)选择沟通的环境,创造良好的沟通氛围,制造专门的时间进行沟通。

(2)营造相对宽松和良好的环境与气氛,尽可能减少环境和气氛带来的压力,同时减少来自外界的干扰。

(3)双方在沟通中是一种相对平等的关系,都应该认真听取对方的意见和建议。

(4)应该承认被考核者是自己所负责业务领域的专家,因此确定衡量标准时应该更多地发挥被考核者的主动性,更多地听取被考核者的建议和意见。

(5)考核者的责任主要在于如何使被考核者的工作目标和整个业务单元或者这个组织的目标结合在一起。

(6)双方一起做决定,而不是考核者依靠自己职位上的权力代替员工做决定,实践证明,被考核者自己做决定的成分越大,绩效管理的阻力越小,最终越容易成功。

3)沟通的过程

(1)回顾之前所获得的有关酒店、部门和员工三方的信息:酒店的战略目标经营计划信息、部门的目标、员工的工作描述和上一个绩效管理期间的评估结果等。

(2)确定本期的关键业绩考核指标、考核标准以及各个指标的权重。绩效考核基础比较好的企业,一般有部门或岗位绩效考核指标数据库,管理者根据部门下一考核期间工作重点以及组织目标等情况,综合确定各个岗位的关键业绩考核指标。关于评价标准,管理者一般应该定期修订,以便反映最新的工作状况。

(3)确定各个考核指标的绩效目标或者工作标准,应做到具体、客观和方便度量。对于数量化的考核指标,确定下一考核期的绩效目标,对于定性指标,明确该项工作应该达到的标准。

(4)确定管理者应该提供的资源支持。

4)沟通结果

这一阶段,沟通的结果是指达成的关于绩效的契约,或者说协议。管理人员要对员工的参与表示感谢,并激励员工朝绩效考核计划设定的目标努力,同时要安排人员制作相关文档,解决遗留问题。

3. 确认阶段

经过认真的准备和充分的沟通,形成了初步的绩效计划之后,管理者还需要对绩效计划进行审定和确认,以保证绩效计划实现以下结果和目标。

(1)绩效目标和计划与被考核者的工作职责是一致的。

(2)被考核者的工作目标与公司的总体目标紧密相连,并且被考核者清楚地知道自己的工作目标与组织的整体目标之间的关系。

(3)考核者和被考核者对被考核者的主要工作任务、各项工作任务的重要程度、完成任务的标准、在完成任务过程中享有的权限都达成了共识。

(4)考核者和被考核者双方都十分清楚在完成工作目标的过程中可能遇到的困难和障碍,并且明确了考核者所能提供的支持和帮助。

(5)形成了一个经过双方确认的绩效计划文件,该文件中包含员工的工作目标、衡量工作目标完成情况的标准或者方法、各个工作目标的权重,并且考核者和被考核者在这份文件上签字确认。

三、对员工进行绩效辅导和培训

(一)绩效辅导和培训的目的

员工对任何形式的绩效评估都会很敏感,对绩效评估工作存在着这样或那样的顾虑和抵触情绪,如有的员工担心绩效评估的公正性和公平性,对主管人员缺乏信任感;有的管理人员对绩效人员存在不正确的认识,如认为绩效管理是扩充自己权力的机会,或者担心影响自己同下属之间的关系。这些认识上的偏差和误解,势必会影响绩效管理的有效实施。因此在执行绩效管理之前,人力资源管理部门应该对管理者和员工进行有关培训,使管理人员和员工对绩效管理有一个全面正确的理解。此外,绩效管理中的很多技能,比如怎样操作绩效指标和标准,如何做好工作现场的表现记录,如何评分,如何进行绩效沟通等,都需要通过辅导和培训来帮助管理者正确运用绩效管理的管理工具。

(二)绩效辅导和培训的内容

1.绩效管理介绍

绩效管理介绍是大多数绩效管理的培训课程都有的开篇性课程。对任何绩效管理课程来说,比较符合逻辑的开端是向员工解释组织为什么使用绩效管理系统,它的目的是什么、有什么用途,以及企业中现在要使用的是一套怎样的绩效管理系统等。

绩效管理介绍应概要性讲解关于绩效管理整个过程的知识,讲师通过讲解,举一些企业中的例子让学员了解绩效管理的目的和过程,消除学员由于不了解绩效管理而产生的紧张和焦虑的情绪。

课前讲师要发给员工一份绩效管理手册,其内容包括以下几个问题。
(1)什么是绩效管理?
(2)绩效管理的方法和提供的信息有什么作用?
(3)企业中用什么样的程序来保证绩效管理的客观性和准确性?
(4)绩效管理用到哪些工具?

2.绩效评价的介绍

讲师要与学员讨论和分享目前绩效评价中存在的影响准确性的因素,包括绩效评估方法的选择、工作描述的准确性和绩效标准设定中的问题等。

讲师通过实际操作性的活动使学员学会如何做好工作描述。绩效评价的介绍最重要的内容是关于绩效评估中的偏差。可使用角色扮演、案例分析、录像带等方法使学员认识到晕轮效应、趋中误差、首因效应、对比效应等评估误差以及避免的方法,使评估者了解自己在有效的绩效管理操作过程中的影响力,以便更好地实施绩效管理。参加这一课程培训的人员一般为参加绩效管理的管理者。

3.关键绩效指标的介绍

关键绩效指标的介绍主要是为了使员工了解以下几个方面。
(1)关键绩效指标的定义、内容,学会设定关键绩效指标。
(2)讨论设定关键绩效指标的重要性。
(3)了解关键绩效指标的 SMART 原则。
(4)学会建立客户关系示意图和定义工作产出。
(5)学会设定关键绩效指标和标准。

关键绩效指标的设定是进行绩效管理的基础,讲师要与学员讨论和分享目前绩效指标设定中的问题。

讲师通过实际操作使学员学会如何运用客户关系示意图的方法定义工作产出和关键绩效指标。

4.绩效评估工具的介绍

这一课程主要是为了使员工了解以下几个方面内容。

(1)绩效评估中常用的评估工具,学会正确使用这些评估工具。
(2)解释如何将被评估者的行为对应到评估量表中。
(3)了解不同评估者评估的差异。

这一课程通过讲解、练习等方法使评估者正确掌握评估工具的使用方法,并了解评估者对评估结果的影响。

5.绩效反馈面谈的介绍

这一课程主要是为了使员工了解以下几个方面内容。
(1)如何有效地准备绩效反馈面谈。
(2)列出绩效反馈面谈中所要做的活动。
(3)计划绩效反馈面谈的时间。

这一课程通过讲解、练习等方法使评估者正确掌握如何准备绩效反馈面谈,了解如何预测在面谈中可能出现的问题,以及如何计划面谈各个环节的时间等。

6.实施绩效反馈面谈的介绍

这一课程主要是为了使员工了解以下几个方面内容。
(1)如何有效地实施绩效反馈面谈,如何提高面谈技巧。
(2)对照了解有效的和无效的绩效反馈面谈技巧。
(3)描述非语言行为在绩效反馈面谈中的作用。
(4)掌握如何控制面谈的过程,使之不偏离预期的轨道。

这一课程通过讲解、练习等方法使评估者正确掌握如何实施绩效反馈面谈,掌握面谈中的各种技巧,例,如何建立双向沟通关系、如何利用非语言交流、如何控制谈话的方向等。

7.绩效改进的介绍

这一课程主要是为了使员工了解以下几个方面内容。
(1)绩效管理中出现的问题和障碍,并学会如何克服它们。
(2)识别员工在绩效方面存在的有关知识和技能、兴趣、动机、努力程度等方面的问题。
(3)掌握针对各种具体问题如何给予督导和帮助的方法。

对于一名合格的管理者或评估者来说,教导和咨询的技能是基本必备的技能。讲师要帮助学员了解下属在绩效方面存在问题的可能原因,以及如何给下属提供一些指导和帮助。

四、绩效考核评估

很多酒店管理人员认为绩效管理就是绩效考核,但实际上绩效考核只是绩效管理循环过程中的一个关键环节,它是确定员工是否达到预定的绩效标准的管理活动。具体来说,绩效考核的实施包括以下几个方面。

(1)绩效考核前的各项组织准备工作,包括宣传发动工作、工作日程安排、考核主体与客体的选择、考核工具的准备等。
(2)绩效考核测量方法的选择。
(3)绩效信息的收集、整理与分析工作。
(4)绩效考核结果的统计。
(5)绩效评估的审核。

五、评估结果反馈与面谈

在绩效考核结束之后、最终的绩效评价结果生效之前,管理者应就绩效考核结果与员工进行沟通,使之明确绩效的不足和改进方向,以及个人特征和优缺点。

绩效反馈的有效性对绩效管理效果有很大影响,反馈应该关注于具体工作行为,应依靠客观数据,而不是主观意见和推断。反馈需要三个方面的支持。一是反馈手段,主要手段是绩效面谈。很多组织还设立"投诉制度",允许员工在一定期限内对绩效考核结果提出意见,然后组织相关人员对产生异议的评价结果进行复核,以纠正评价中因主观和客观因素造成的偏差,保证评价结果的公正性和公平性。二是酒店必须建立正规的绩效反馈制度,使对员工进行持续的绩效反馈成为管理者的一种制度化的行为。三是营造一种绩效反馈的环境和氛围。

六、绩效结果运用

传统的绩效考核思想认为绩效管理的最终目的是薪酬管理,实际上,薪酬管理只是绩效考核结果较为普遍的用途之一,绩效考核的结果已在酒店人力资源管理的许多方面得到广泛的应用,为人力资源管理的其他功能提供支持。

(一)绩效结果与绩效改进

绩效改进是进行绩效考核的主要目标,通过管理者与员工双方对绩效反馈的结果达成一致意见后所形成的绩效改进计划,提出一系列具体行动和措施,帮助员工提高和改善现有的绩效水平。

(二)绩效结果与人力资源规划

绩效考核是进行人力资源规划的重要基础,通过对员工绩效的考核,能够清查酒店内部的人力资源状况,了解有关员工的经验、能力、知识、技能和培训情况,获得有关人力资源的需求预测和内部供给的信息,为人力资源规划提供依据。

(三)绩效结果与员工招聘和录用

通过对绩效考核结果的分析,酒店人力资源管理人员对酒店各个岗位的优秀人才所应具备的优秀品质与绩效特征会有更深的理解,把这些共同特征作为酒店招聘的参考标准,使酒店能相对比较容易挑选到理想的员工。绩效考核的结果也是酒店内部员工选拔和提升的重要依据。

通过绩效管理活动,酒店可以掌握员工在劳动态度、岗位适合度、工作成就、知识与技能的运用程度等方面的信息,根据这些信息,可有效地组织员工提升、晋级、降职、降级等人力资源管理工作。

(四)绩效结果与员工培训

通过对绩效结果的分析,酒店不仅要了解员工的现有绩效和企业的期望绩效之间的差距,同时还应找出绩效差距的问题和原因,是知识、能力方面的差距,还是态度方面的差距,考虑是否需要通过培训来改善员工的绩效水平以及制订有针对性的培训方案。

(五)绩效结果与员工激励

绩效考核的结果是员工薪酬决策的重要依据,酒店根据绩效考核的结果,确定员工的工资级别及奖金分配方案,采取奖勤罚懒、奖优罚劣的手段,这样有利于激发员工主观能动性和创造性,激励员工朝着组织所希望的方向行动。

第三节 绩效考核的方法

一、工作行为评价法

(一)客观评价法

1. 行为锚定法

行为锚定法是一种通过建立与不同绩效水平相联系的行为锚定来对绩效进行考核的方法。具体方法是:通过对某职位工作特别熟知的人长期观察、记录,从其众多工作行为中选取能反映不同绩效水平的关键事件进行特征描述,将优、良、中、差的考核标准等量化成"行为锚",使各考核项目都有一组"行为锚"作为考核等级标准。考核者只需选择与被考核者行为特征相符的"行为锚"对应等级作为考核成绩。行为锚定法的关键在于锚定评分表的合理性。

优点:①可以向员工提供企业对于他们绩效的期望水平和反馈意见,具有良好的连贯性和较高的可信度;②绩效考核标准比较明确。

缺点:①设计锚定标准比较复杂,关键事件的选择一旦错误,就会误导绩效考核;②考核某些复杂的工作时,特别是对于那些工作行为与效果的联系不太明确的工作,管理者容易着眼于对结果的评定而非依据锚定行为进行考核。

行为锚定法示例如表 6-5 所示。

表 6-5 行为锚定法示例(节选自某酒店绩效考核表)

项 目	行为特征	评分标准	评 分
完成任务精神	有困难也积极确保完成	4	
	基本上能完成,质量欠佳	3	
	有困难时无法完成	2	
	无困难时也不能确保完成	1	
承担责任	勇于承担责任和过失	4	
	基本会承担责任	3	
	对于责任能避就避	2	
	强词夺理,推卸责任给他人	1	

2. 关键事件法

关键事件法是一种通过员工的关键行为和关键结果来对其绩效水平进行绩效考核的方法。一般由管理者将其下属员工在工作中表现出来的非常优秀的行为事件或者非常糟糕的行为事件记录下来,然后在考核时与该员工进行一次面谈,根据记录共同讨论来对其绩效水平做出考核。

3. 评级量表法

评级量表法是酒店绩效考核中普遍使用的一种方法。评级量表法是指先确定绩效考评的指标,并确定每个考评指标的权重,根据被考评者的表现,将一定的分值分配到每一个考评指标上,最后加总得出被考评者的绩效评分。如考评酒店前厅服务员的工作绩效时,其考评指标一般包括服务态度、服务技巧、服务效率、团队协作、仪容仪表、组织纪律、推销技巧与学习能力等。评级量表法成功的关键在于考评指标是否设计科学、合理并得到员工的认可。

优点:清楚易懂,容易操作,适用岗位范围大,成本小。

缺点:等级标准相对模糊,主观因素大,有随意性,易导致晕轮效应;某些考核项目无法清楚地反映员工具体工作的情况,对员工进行有效改进指导较难。

以下3个表格(见表6-6至表6-8)是某个组织应用评级量表法对人力资源专员进行绩效考核,分为三个部分:工作职责评估表、工作目标评估表和工作态度评估表。

表6-6　工作职责评估表

序号	工作职责	权重	实际完成情况	评分
1	员工招聘的及时性	20%		
2	关键岗位人员流失率	20%		
3	建立与完善绩效考核体系	20%		
4	员工职业生涯规划	10%		
5	建立人才测评系统	10%		
6	准确统计数据	10%		
7	上级布置的其他工作	10%		
			得分:	
评价人:	年　月　日		审核:	

注:得分1~30分表示不满意,31~50分表示不太满意,51~80分表示比较满意,81~100分表示满意。

表6-7　工作目标评估表

序号	工作职责	权重	实际完成情况	评分
1	制订本月招聘计划并实施招聘	20%		
2	完成培训任务	20%		
3	绩效考核分数统计	20%		
4	设计新的人员评价体系	20%		
5	完成酒店人才需要调查报告	20%		
			得分:	
评价人:	年　月　日		审核:	

注:得分1~30分表示不满意,31~50分表示不太满意,51~80分表示比较满意,81~100分表示满意。

表6-8　工作态度评估表

序号	考核指标	权重	实际完成情况	评分
1	帮助部门或酒店完成经营任务	10%		
2	主动请求承担富有挑战性的工作任务	10%		
3	严格遵守规章制度要求	10%		

续表

序号	考核指标	权重	实际完成情况	评分
4	善于发现问题、解决问题	10%		
5	出现问题及时向上级反映	10%		
6	敢于承担工作中的责任	10%		
7	愿意与同事协作,乐于营造合作氛围	10%		
8	工作中积极与上级沟通,并寻求工作绩效反馈	10%		
9	与上级的工作关系融洽	10%		
10	当部门有紧急任务时,总是积极热心参与	10%		
	得分:			
评价人: 　　年　月　日			审核:	

注:得分1~30分表示不满意,31~50分表示不太满意,51~80分表示比较满意,81~100分表示满意。

(二)主观评价法

1.简单排序法

简单排序法是指考评者根据统一的标准对所有员工按绩效表现进行从高到低的排序。这种方法简单明确,易于理解和执行,但只适用于人数较少的团队,不适合在工作性质存在明显差异或者不同部门的员工之间进行排序。

2.交替排序法

交替排序法是对简单排序法的改进。交替排序法是指考评者根据统一的标准对所有员工按绩效最好与绩效最差分别进行排序。其基本步骤是:第一步,挑选出绩效最好和最差的两名员工,在排序中,最好的员工列在第一位,最差的员工列在最后一位;第二步,在剩下的员工中挑选出绩效最好和最差的两名员工,在排序中,分别列在第二位与倒数第二位;之后依次类推,在剩下的员工中,考评者不断挑选出绩效最好和最差的两名员工,直到排序完成为止。

3.配对比较法

配对比较法又称两两比较法,它的特点是每一个考核要素都要进行人员间的两两比较和排序,使得在每一个考核要素下,每一个人都和其他人进行了比较,所有被考核者在每一个要素下都获得了充分的排序,如表现好的员工记"+",另一员工就记"-",最后统计出每个员工的总分数,分数越高表明该员工的综合绩效成绩越好,其他员工则依次排出名次。该方法的优点是考核结果比较简单,排序相对全面准确,较为直观。缺点是评分标准相对模糊,不能有效监控和指导员工工作,被考评者人数较多时,工作量较大。配对比较法考评表如表6-9所示。

表6-9　配对比较法考评表

	A	B	C	D	E
A		−	+	+	+
B	+		−	+	−
C	−	+		+	+
D	−	−	−		−
E	−	+	−	+	
对比结果	差	中	差	最好	中

4.强制分布法

强制分布法也是酒店采用较多的一种绩效考核方法,是指根据正态分布规律和二八原则,管理者事先按绩效表现将员工划分为几个等级(如优秀、良好、中等、合格、不合格),再根据事先确定的比例将每位员工归类到各个等级中,如优秀员工占10%,良好员工占30%,中等员工占20%,合格员工占30%,不合格员工占10%。强制分布法适用于如销售等结果比较明确的岗位。

优点:容易设计和使用,具有一定科学性,能有效区分高绩效和低绩效的员工;能有效避免由于管理者个人的因素引起的考核误差,克服平均主义。

缺点:强制分布法促使管理者根据分布比例的要求而不是员工的绩效表现来归类,如果员工绩效相差不大,而又一定要把相当一部分员工归入"合格"和"不合格"的等级里就不尽合理,容易引起员工的不满和反感的情绪,不利于绩效考核结果的有效运用。

强制分布法考评表如表 6-10 所示。

表 6-10 强制分布法考评表

评估指标					
等级	优秀	良好	中等	合格	不合格
百分比(%)	10	30	20	30	10
员工					

二、工作成果评价法

(一)目标管理法

目标管理法是一种综合性的绩效考核方法,其实质就是考核人员与员工共同讨论和制订员工在一定考核期内所需要达到的绩效目标,确定实现这些目标的方法及步骤。目标经过贯彻执行后,到规定的考核期末,由双方共同对照原定目标来测算实际绩效,找出成功和不足之处,然后再制订下一考核期的绩效目标,如此不断循环下去。

目标管理法是酒店业中比较流行的一种绩效考核方法,它是一个不断循环的系统,主要包括以下六个步骤。

第一步,确定酒店总体绩效目标。管理者根据酒店某阶段的发展战略制订本绩效考核期酒店所应达到的绩效考核指标及其相应的等级标准,根据平衡计分卡理论,科学的指标体系应从财务、客户、内部经营过程、学习与成长四个方面来确定。

第二步,确定酒店部门特定绩效目标。部门绩效目标要根据部门的各自特性来确定,不同部门的绩效目标也不同,如酒店餐饮部侧重于营业额等。

第三步,确定员工个人目标。这一目标的确定必须是管理者和员工共同商讨决定的,一方面,上司要对部门目标进行规划,制订出员工绩效的目标;另一方面,管理者要组织员工根据自我实际情况制订本考核期内所要达到的目标,双方共同商讨决定这两个清单,尽可能使两者吻合,对员工在本考核期内所要达到的目标形成共识。为了制订切实可行的目标,管理者必须明白员工追求的是什么,准确把握员工的需要、价值观与能力,以制订出员工愿为之奋斗的目标。

第四步,员工目标实施与辅导。管理者与员工一起设计目标工作单,并制订具体措施去实现这些预期目标。这种工作单一般分为目标的制订、为实现目标应采取的措施、分段评价目标进展情况的方法三部分。管理者与员工协同制订工作目标,是目标管理法的关键环节。但更为重要的是,管理者要帮助员工找出、制订实现目标的具体措施。管理者需要关注的要点包括:一是以工作目标为导向,促使员工对实现预期目标的具体措施进行认真思考;二是了解员工过去的做法,并将自己的想法归纳起来;三是询问员工的想法并发表自己的意见;四是与员工一起探讨能否采取创新性的措施;五是对各种意见进行探究,再选择出切实可行的具体措施,并予以实施。

第五步,员工绩效目标期末考核。员工绩效目标的期末考核是考察员工绩效目标的实际完成情况,考核结果是员工奖惩、晋升等的依据。

第六步,绩效成果的总结与反馈。当目标管理循环即将结束时,管理者要求每一个员工对照目标清单,衡量自己的工作成果,提交一份绩效说明书,使之成为下一期酒店制订绩效目标时的参考依据。此外,员工的薪酬待遇与目标完成情况相挂钩。

优点:管理者通过目标的制订能有效指导、监控员工的工作行为,同时能够充分发挥人本管理思想,加强员工自我管理意识,提高工作绩效,使酒店与员工达到共赢;能加强员工与管理者的沟通;由于具体的目标可由员工自我设定和编写,管理者可以相对节省时间。

缺点:具体、挑战性的目标设定往往较为困难;重结果、轻行为,具体行动方案不够详尽,不宜用于新员工;容易造成员工的"短视",对于其他方面的关注减少;因人而异地设定目标易出现"忙闲不均",整个过程费时费力等;在动态变化的不确定的环境下,目标管理法难以操作。

目标管理法示例如表 6-11 所示。

表 6-11 目标管理法示例(节选自某酒店绩效考核系统文件)

指　　标	权重	考核方式说明	评 分 标 准
宾客满意度	15%	集团市场部开展问卷调查	85.1 分以上　　　　5 点 80.1~85 分　　　　4 点 75.1~80 分　　　　3 点 70.1~75 分　　　　2 点 70 分以下　　　　　1 点
员工满意度	15%	集团开展问卷调查	具体评分标准另附
最低标准执行	15%	按集团制订的最低标准进行检查。检查在集团职能总监到酒店巡视时随时进行。最低标准包括:工程、餐饮、房务、安全、VI、插花手册、服装手册	90.1 分以上　　　　5 点 85.1~90 分　　　　4 点 80.1~85 分　　　　3 点 75.1~80 分　　　　2 点 70.1~75 分　　　　1 点 (各项最低标准的累计总分为 100 分)
常客奖励计划	15%	散客会员人数、2007 年新增存款额比 2006 年有一定比例增长。会员人数和新增存款各占 7.5 点	评分标准另附

续表

指标	权重	考核方式说明	评分标准	
内部审计	15%	集团财务部开展制度审计、合规审计及管理审计,每发现一项不合规事项扣1分	90.1分以上 80.1～90分 70.1～80分 60.1～70分 60分以下	5点 4点 3点 2点 1点
人员流失	15%	酒店人员流失率保持稳定	流失率24%(不含)以下 流失率24%(含)～28%(不含) 流失率28%(含)～32%(不含) 流失率32%(含)～36%(不含) 流失率36%(含)以上	5点 4点 3点 2点 1点
民意测评	10%	集团人力资源部组织,按测评要求进行测评	95.1分以上 90.1～95分 85.1～90分 80.1～85分 80分以下	5点 4点 3点 2点 1点

(二)评语法

1.成绩评语法

成绩评语法是在评级量表法的基础上改进的方法,把被考核岗位的工作内容划分为相互独立的几个模块,在每个模块中用明确的语言描述完成该模块工作需要达到的标准,考核者只需针对被考核者的表现对照评语做出单项选择,可评定出被考核者的考核成绩。

2.叙述评语法

叙述评语法是由考核者撰写一段评语来对员工进行评价的一种方法。这种方法集中描述员工的工作绩效、工作表现、优缺点及需要改善的方面等。叙述评语法的主要特点是以总结性、描述性的方式进行。

三、绩效考核方法的发展

(一)关键绩效指标考核法

1.关键绩效指标考核法的含义

关键绩效指标(key performance indication,KPI)考核法,是运用关键业绩指标进行绩效考核的方法。KPI考核法的思路基于"抓主要矛盾"的二八原则,即在企业的价值创造中,20%的骨干员工创造了80%的价值,而每一位员工80%的工作任务又是由20%的关键行为来完成的。因此,只要抓住这20%的关键行为,对之进行分析和衡量,最终达到考核目标。作为绩效管理的一种新的考评方法或新模式,建立明确、可行的KPI体系,是做好绩效考核的关键。

KPI考核法可以使部门主管明确部门的主要责任,并以此为基础,明确部门人员的业绩衡量指标。实际上,关键绩效指标不仅特指绩效考评指标体系中那些居于核心或中心地位、具有举足轻重的作用、能够制约影响其他变量的考评指标,也代表了绩效管理的实践活动中所派生出来的一种新的管理模式和管理方法。更具体地说,关键绩效指标法是检测并促进酒店宏观战略决策执行效果的一种绩效考评方法。它首先使酒店根据宏观的战略目标,经过层层分解之后,提出的具有可操作性的战术目标,并将其转化为若干个考评指标,然后借用这些指标,从事前、事中和事后多个维度,对组织或员工个人的绩效进行全面跟踪、监测和反馈。

优点:从众多的绩效指标中提炼出少数的关键指标,在减少对员工的束缚的同时,大大降低了绩效考核的成本,有利于提高酒店的核心竞争力。

缺点:无法提供完整的指标框架体系来指导绩效考核,部门须量化指标的相关参数,采集成本较高。

2. 关键绩效指标考核法的意义

从众多绩效考评指标体系中提取重要性和关键性指标,它不仅是衡量酒店战略实施效果的关键性指标,也是试图建立一种新型的激励约束机制,力求将酒店战略目标转化为组织内部全员、全面和全过程的动态活动,不断增强酒店的核心竞争力,持续提高酒店的经济效益和社会效益。由此,KPI考核法不仅是一种检测的手段,更应该成为实施酒店战略规划的重要工具。因此,建立战略导向的KPI体系具有以下重要意义。

首先,KPI体系不仅能激励、约束酒店员工行为,同时还能发挥战略导向的牵引作用。

其次,管理者通过对酒店战略目标的层层分解,将员工的工作与企业愿景、战略相结合,使KPI体系有效地诠释、传播酒店的总体发展战略,成为实施酒店战略规划的重要工具。

最后,彻底转变传统的以控制为中心的管理理念。战略导向的KPI体系更加强调对员工的行为激励,最大限度地激发员工的斗志,调动全员的积极性、主动性和创造性。

3. 战略导向的KPI体系与一般绩效评价体系的区别

(1)从绩效考评的目的来看,前者是以战略为中心,指标体系的设计与运用都是为酒店战略目标服务的;而后者是以控制为中心,指标体系的设计与运用来源于控制的意图,为了更有效地控制员工个人的行为。

(2)从考评指标产生的过程来看,前者是在酒店内部自上而下对战略目标进行层层分解而产生的;后者通常是自下而上根据个人以往的绩效与目标产生的。

(3)从考评指标的构成上看,前者是通过财务与非财务指标相结合,体现关注短期效益,兼顾长期发展的原则,指标本身不仅传达了结果,也传递了产生结果的过程;而后者是以财务指标为主,非财务指标为辅,注重对过去绩效的评价,并且指导绩效改进的出发点是过去绩效存在的问题,绩效改进行动与战略需要脱节。

(4)从指标的来源看,前者来源于酒店的战略目标与竞争的需要,有助于推进酒店战略的实施;而后者与战略目标的相关程度不高,来源于特定的程序,即对过去行为与绩效的修正,与个人绩效的好坏密切相关。

4. 关键绩效指标体系的设计

从酒店绩效管理系统设计与运行的要求来看,除了要正确地回答谁是考评者与被考评者,用什么样的方法考评,如何对员工个人进行考评等几个基本问题之外,还有一个非常重要的需要面对和解决的实际问题:考评什么,即采用什么样的指标和标准对员工的绩效进行考评。

1) 关键绩效指标体系的特点

在绩效管理的实践活动中,酒店各级主管往往受到两个方面问题的困扰。一是可以选择的考评指标很多,如财务性或非财务性指标、数量或质量指标、相对数或绝对数指标等。到底选择哪些指标作为主要考评的依据呢?大家无所适从。二是酒店很多岗位的工作难以找出客观的量化的绩效指标。销售工作比较容易设定量化的评估指标,可以较为客观地进行考评,而对于其他一些技术性或管理岗位来说,采用客观的量化指标进行绩效考评就十分困难。

为了满足酒店绩效管理的科学性、可行性、可靠性和准确性的要求,无论对于团队的绩效还是个人的绩效,都需要构建一个完整的关键绩效指标和标准体系,并且它应当具有以下几个基本特点。

(1)能够集中体现团队与员工个人的工作产出,即所创造的价值。

(2)采用关键绩效指标和标准突出员工的贡献率。

(3)明确界定关键性工作产出(即增值指标)的权重。

(4)能够跟踪检查团队与员工个人的实际表现,以便在实际表现与关键绩效指标标准之间进行对比分析。

2) 选择关键绩效指标的原则

(1)整体性。关键绩效指标必须具有整体性,它应当是一个完整的用于管理被考评者绩效的定量化、行为化的指标和标准体系。也就是说,关键绩效指标作为绩效考评的指标与标准的结合体,它必须是量化的,如果难以量化,那么也必须是行为化的。如果定量化和行为化这两个特征都不具备,那么就无法对酒店和员工个人的关键绩效指标进行测评。

(2)增值性。关键绩效指标标准体系必须具有增值性,它作为一个完整的指标和标准体系,应当对酒店的发展具有举足轻重的作用,能够对酒店整体价值和业务重点产生重要的影响,使酒店不断增值。同时,关键绩效指标还是连接个体绩效与酒店绩效的一个桥梁。酒店关键绩效指标是针对酒店目标起到增值作用的工作产出而设定的指标,基于关键绩效指标对绩效进行管理,就可以保证员工个人的良好行为受到鼓励,对酒店的贡献受到褒奖。

虽然,关键绩效指标是通过对酒店整体价值的创造以及工作业务流程的分析,而找出的影响程度较大的若干指标,但需要注意的是,在不同的市场形势、战略目标和发展阶段条件下,同一指标的重要性会有所不同。

(3)可测性。关键绩效指标必须具有可测性,不但各个指标标准有明确的界定和简便易行的计算方法,还能够有利于管理人员采集获取和处理,以保障相关数据资料的可靠性、公正性和准确性。

(4)可控性。关键绩效指标必须具有可控性,关键绩效指标体系的结构和内容,不仅应当在相关岗位人员可以控制的范围之内,而且指标的先进与落后、其数值的大小或高低也都应当限定在员工通过积极努力和辛勤劳作可以达到的水平范围内。如果关键绩效指标体系可望而不可即,就失去了绩效考评激励鞭策酒店员工的真正意义。

(5)关联性。关键绩效指标之间必须具有一定的关联性。关键绩效指标之间在时间和空间上具有相互依存性,不但有利于酒店和员工个人绩效目标的确定、实施、监控和评估,也有利于酒店各级主管与下属员工围绕着工作期望、工作表现、工作成果和未来发展等方面的问题进行沟通,促进酒店和员工绩效水平的不断提高。

总之,具有整体性、增值性、可测性、可控性和关联性的酒店关键绩效指标体系,既是员工绩效管理的重要基石,也是酒店进行绩效沟通的共同语言。

3)关键绩效指标体系的设计步骤

(1)确定个人或部门业务重点,确定哪些个体因素或组织因素与企业相互影响。

(2)确定每一职位的业务标准,定义成功的关键因素,即满足业务重点所需要的策略手段。

(3)确定关键绩效指标,即判断一项绩效标准是否达到的实际因素。

(4)关键绩效的分解与落实。

【实例说明】

以市场营销人员为例,要确定其关键绩效指标,首先必须根据企业的战略目标,确定市场营销部门实现企业战略目标的职责和关键成功要素,然后通过层层分解,确定市场营销部门内部各职能部门和业务部门及相关流程的关键绩效指标体系,最后分解为市场营销人员的绩效考核指标。

例如,如果将企业的战略目标定位于世界领先企业,那么,市场营销部门的关键绩效目标必须定位于市场领先,而要实现这一目标,必须在三个方面处于世界领先地位:市场形象、营销网络和市场份额。而市场营销人员的职责决定了其关键绩效指标应围绕着市场份额展开。

由此可以确定,市场营销人员某一考核周期的关键绩效指标体系如下。

(1)客户满意度(如客户满意度提高率、客户投诉量)。

(2)销售订货额(如销售订货额、销售订货额增长率)。

(3)货款回收(如货款回收额、货款回收目标完成率)。

(4)销售费用(如直接销售费用率、直接销售费用降低率)。

(5)合同错误降低率。

除此之外,依据市场营销人员的业务现状,还可加入团队合作、市场分析、客户关系等定性关键绩效指标。

(5)难以量化绩效者的处理。对于关键绩效指标难以量化的员工,如人力资源管理者、行政事务人员、财务人员,其关键绩效指标的确定难度相对大一些,但也并不是无法实现的。这类人员的关键绩效考核指标体系来源于:①职位职责中的关键责任;②对上级绩效目标的贡献(通过对企业目标或部门目标自上而下分解来确定);③对相关部门绩效目标的贡献(从横向流程分析,确定其对相关流程的输出)。由此可见,这类人员的关键绩效指标可以依据对其考核周期内的工作任务或工作要求的界定来实现。至于其衡量指标,可以通过时间来界定,从实质上讲,被时间所界定的工作任务或工作目标也是定量指标。只要能够对员工的工作任务或工作目标做出明确的说明,同时提出明确的时间要求,这些关键绩效考核指标就具备了可操作性。

【案例参考】

前厅部业绩 KPI 体系

序号	考核指标	数据来源	指标说明
1	客房营业额	财务部	考核期内酒店中客房营业额总计
2	对客结账差错率	财务部	对客结账出现差错次数/当期所有结账次数×100%

续表

序号	考核指标	数据来源	指标说明
3	预订信息差错率	前厅部	预订信息出现差错次数/当期所有预定次数×100%
4	分房准确率	前厅部	准确分房数/分房总数×100%
5	迎送工作	质检部	确保以规定标准为客人服务,并且热情、周到、到位
6	行李运送与保管差错率	前厅部	$\dfrac{客人行李运送与保管出现差错次数}{当期行李运送与保管总次数} \times 100\%$
7	行李搬运准确率	质检部	(搬运行李总数－损坏、丢失件数)/行李总数×100%
8	行李寄存服务准确率	质检部	(寄存行李总数－损坏、丢失件数)/行李总数×100%
9	客人有效投诉数	前厅部	考核期内客人对前厅工作有效投诉数量
10	紧急事件处理速度	前厅部	$\dfrac{考核期内紧急事件处理总时间}{考核期内解决的紧急事件总数}$
11	金钥匙服务	前厅部	按客人的要求为客人提供金钥匙服务的响应速度和态度
12	叫醒服务准确率	前厅部	正确叫醒次数/总叫醒次数×100%
13	叫醒服务完成率	前厅部	实际叫醒电话次数/应叫醒电话次数×100%
14	电话开线、关线完成率	前厅部	实际开关电话次数/应开关电话次数×100%
15	电话开线、关线准确率	前厅部	正确开关电话次数/总开关电话次数×100%
16	工作记录完整率	前厅部	实际记录项数/应记录项数×100%
17	接转电话正确率	前厅部	接转电话正确次数/接转电话总数×100%
18	前厅工作记录差错率	前厅部	前厅工作记录出现差错次数/前厅工作记录总次数×100%
19	受理客人意见处理率	前厅部	实际处理客人意见件数/受理客人意见总数×100%
20	宾客满意率	前厅部	(非常满意的次数×100%＋满意的次数×90%＋基本满意的次数×70%＋不满意的次数×50%)/被调查总数×100%

(二)平衡计分卡

平衡计分卡(balanced score card,BSC)是由美国哈佛商学院的罗伯特·S.卡普兰(Robert S. Kaplan)教授和复兴全球战略集团的创始人之一戴维·P.诺顿(David P. Norton)共同创建的一套业绩评价体系。作为一种新的管理工具,它被《哈佛商业评论》评为"过去80年来最具有影响力的十大管理理念"之一,现已为世界500强中80%的企业所应用,全球最强的300家银行中有200家使用平衡计分卡。其自1996年由国际咨询公司引入中国以来,现在国内有相当多的企业开始尝试导入BSC系统。例如,联想集团、重庆力帆足球俱乐部、报喜鸟集团有限公司、海信集团有限公司等企业结合自己的生产经营特点,试行了平衡计分卡的管理模式,积累了一些有益的经验,并取得了一定的成效。在我国酒店业,平衡计分卡的应用也比较普遍。

简单来说,平衡计分卡就是根据企业组织的战略要求而精心设计的绩效考评指标体系。用其创始人的话来说:平衡计分卡是一种绩效管理的工具,它将企业战略目标逐层分解转化为各种具体的相互平衡的绩效考评指标体系,并对这些指标的实现状况进行不同时段的考评,从而为企业战略目标的完成建立起可靠的执行基础。

1. 我国酒店绩效评估模式

我国酒店绩效评估一般有以下几种模式。

(1)以酒店星级评定标准来评估酒店绩效。酒店根据《星级酒店评价体系》标准中的星级酒店标准评价、管理活动评价、经济效益评价、公众形象评价四个方面来评估酒店绩效。以量化指标为主,配合一定的定性指标。这种以酒店星级评定标准来评价酒店绩效的模式,主要评价的是酒店的硬件设备水平。

(2)从经济效益方面评估酒店绩效。这类酒店的绩效评估标准是"部门营业收入",他们将各营业部门,如客房部、餐饮部、确定为收入中心,每年年初或年末再将营业额与预算营业额比较,并将比较结果作为奖罚依据。

(3)经济效益指标和酒店经营管理状况及发展潜力相结合的综合绩效评估模式。该模式从经济效益状况和经济管理状况两个方面综合评估酒店绩效,采取这种绩效管理方法的酒店对经济效益状况采取的是量化的指标,定量分析酒店的偿债能力、运营能力和盈利能力,而在经济管理状况方面则以定性指标为主,综合绩效管理法的绩效管理。

2. 平衡计分卡应用于我国酒店业绩效管理中的特点

平衡计分卡指标体系打破了酒店以财务指标为主体的绩效考评体系的传统,在财务指标的基础上加入了未来驱动因素,即客户因素、内部经营管理过程和员工的学习成长,因此,平衡计分卡指标体系主要由财务指标、内部经营管理过程、客户以及员工四个维度来加以确定,不仅使酒店有效地跟踪财务目标,而且使酒店更重视关键战略能力的提升,引导酒店各层面推动战略组织目标的实现。平衡计分卡之所以称为"平衡",是因为它反映了财务与非财务指标之间、企业内部和外部之间、定量和定性之间、绩效结果与过程之间、长期目标和短期目标之间的平衡。因此,它能够反映企业的综合运营状况。同时,它能让绩效考核的结果更加完善,从而有利于企业的长期发展。与关键绩效指标考核法一样,平衡计分卡要求企业绩效考核的指标与企业的战略是紧密联系的,在实际使用中,平衡计分卡与关键绩效指标考核法往往能够相互补充、相互促进。

平衡计分卡的角度与关键绩效指标举例如表 6-12 所示。

表 6-12 平衡计分卡的角度与关键绩效指标举例

角度		关键绩效指标举例
财务角度	财务收益状况	总资产报酬率、净资产收益率
	资产营运状况	总资产周转率、流动资产周转率
	偿债能力状况	资产负债率、已获利息倍数
	发展能力状况	销售额增长率、资本积累率
顾客角度	服务状况	顾客满意度、顾客投诉率
	品牌状况	市场占有率、促销效益比率
	价格状况	价格波动比率
内部运营角度	销售状况	销售计划完成率、营业额
	质量状况	产品合格率、环境优良率、客用品优良率、服务设施安全率
	成本状况	总成本降低率、采购价格指数
学习与创新角度	学习指标	岗位技能培训频次、核心人才流失率
	创新指标	新技术应用效益、年度新技术项目数量

3. 平衡计分卡在酒店绩效管理中的应用

下面以 A 酒店为例,来说明平衡计分卡在酒店绩效管理中的应用。A 酒店是 B 市客房最多的一家五星级酒店。酒店当年的战略目标确定为:以顾客为导向,进一步保持市场占有率,提高酒店营业总利润(gross operating profit,GOP),给客户提供最满意的服务;培养人才、留住人才,以建立高素质的员工队伍,继续保持酒店在该行业的领军地位。其运用平衡计分卡确定的绩效考核指标体系包括以下几个方面。

1) 财务目标——企业如何满足股东

财务目标是四个层面最主要的追求目标。其引导酒店经营管理者关注企业经营活动的经营结果。财务目标一般从四个层次予以考核:利润指标(GOP、纯利);收入指标(收入额、收入增长率);资金指标(应收账款、存货);资产指标(固定资产利用率)。其中,利润指标是引导企业关注酒店最终的经营结果;收入指标引导企业关注市场增长和市场机会;资金指标和资产指标则关注企业资金和资产的利用效率情况。当然,酒店在制订年度财务指标时并不是一成不变的,酒店每年的财务指标可根据年度不同的战略重点而有所侧重。

2) 客户指标——顾客如何看待企业

平衡计分卡在酒店一级考核指标中通过客户指标引导酒店高层关注顾客需求,将顾客满意度作为酒店战略发展的重要驱动因素。客户指标使酒店和顾客建立长期的战略伙伴关系。顾客指标一般可以从三个维度予以考核:顾客满意度(包括宾客意见征集和宾客投诉处理)、重要客户的维护拜访、客户档案管理。其中顾客满意度关注顾客需求和质量反馈,引导酒店各个层面的管理人员及员工以顾客为关注焦点。

3) 内部经营管理指标——企业必须擅长什么

酒店的产品质量状况包括服务质量、成本状况、效率状况、创新程度。服务质量引导酒店管理人员关注服务人员的素质、培训和服务过程控制,减少不合格产品,降低投诉率。成本状况引导酒店管理人员研究酒店内部供应链管理,降低采购价格综合指数及单位成品的成本率。效率状况引导酒店管理人员关注酒店内部流程,减少不必要的环节和内耗,提高服务效率。创新程度引导酒店管理人员根据顾客需求和竞争对手状况对酒店服务及产品进行创新,增加酒店竞争力。

4) 员工学习和成长——企业能否继续提高并创造价值

平衡计分卡在酒店一级考核指标中通过员工的学习和成长指标引导酒店建立以人为本的组织文化,关注员工的成长和发展,建立企业远景与员工成长和发展结合在一起的绩效文化,通过关注员工的学习和成长,建立员工和酒店的战略伙伴关系。员工的学习和成长一般可以从三个维度予以考核:员工满意度(包括员工离职率)、员工培训指标、员工职业发展设计等。

(三) 360 度反馈系统

360 度反馈系统产生于 20 世纪 40 年代,最初被运用于英国军方所设立的评价中心,其在评价部队战斗能力以及选拔士兵等活动中发挥了重要作用。从 20 世纪 50 年代起,360 度反馈系统被推广到工商企业和服务业,主要用于工作岗位分析,以及管理人员的能力评价、筛选与安置。到了 20 世纪 80 年代,360 度反馈系统日趋完善,成为跨国公司人力资源管理与开发的重要工具之一,也成为酒店绩效考核的重要方法之一。

360 度反馈系统的产生和发展适应了现代经济、科技飞速发展带来的客观要求。随着知识经济时代的到来,酒店管理环境发生了巨大的变化:外部市场变化越来越快;酒店内组织结构扁平化;管理者职权范围扩大化;参与式管理、团队协作、矩阵式管理模式的出现等。这些变化要求企业采用参与式管理模式和更多的授权,要求企业更加关注客户服务质量,要求企业加快建立职业经理人队伍,以及采用更科学的绩效考评方法。

360度反馈系统主要强调全方位、客观地对员工进行考评,它既注重考评员工的最终成果,又将员工的行为、过程和个人努力的程度纳入考评的范围内,使得绩效考评更能客观全面地反映员工的表现和业绩,因此越来越多的国际知名大酒店开始使用它,并将之与酒店员工的开发、晋升等相联系。据调查,在《财富》杂志排名前100位的企业中,已有90%的企业将不同形式的360度反馈系统用于人力资源管理和开发。目前,360度反馈系统在国内也开始被一些酒店采用。

1. 360度反馈系统的内涵

360度反馈系统又称为全视角考评方法、306度评估(360-degree feedback)或360度考核法,它是指由被考评者的上级、同事、下级和(或)客户(包括内部客户、外部客户),以及被考评者本人担任考评者,从多个角度对被考评者进行360度的全方位评价,再通过反馈程序,达到改变行为、提高绩效等目的的考评方法。这种方法可以全方位、多角度地对员工进行考评,与其他考核方法相比,可避免单个主体评估的主观武断,具有较高的信度和效度,同时它体现了员工参与的原则,使绩效考核更具有激励作用,是目前国际上流行的考评方式。但其考核程序复杂、成本较高,因此多用于重要人员的绩效考评。

1) 上级评价

上级评价又称主观评价,即由酒店各级主管对其下属进行绩效评价。这是绩效评价中最常采用的方式,因此主管人员必须熟悉评价方法,并善用绩效考评的结果对下属进行指导,开发下属潜能。

酒店存在一些跨部门的合作方案,因此某些员工可能同时会在很多主管领导下工作,在这种情况下,可以采用矩阵式的上级评价方式,即每位主管都可以对自己曾经指导过的下属员工进行评价。考评负责人在汇总考评结果时,应将所有主管对某一被考评者的评价结果进行汇总,并按照预定方法,核算出上级对该员工评价的最终结果。

2) 同级评价

同级评价又称同事评价,它是指通过同事之间互评绩效的方式,来达到绩效考评目的的方法。同事之间一起工作的时间较长,相互了解较多,让他们互评可能比较客观、准确。而且,同事之间的互评,可以让员工知道自己在人际互动方面的能力,即在同事的眼中自己的团队合作、人际关系能力如何。如果要将考评结果用于选拔人才,同事评价这种方式往往较能使众人信服。

3) 下级评价

下级评价又称下属评价,即由下属来评价主管。它是现代酒店业常用的一种考核管理人员的方法,对酒店民主作风的培养、企业凝聚力的提高等起着重要作用。通过下级的评价,主管可以清楚地知道自己需要加强哪方面的管理能力,知道自己目前与下属期望之间的落差,有助于对主管的潜能进行开发。

4) 客户评价

客户包括外部客户和内部客户两部分。外部客户指宾客(顾客或客户),宾客是产品和服务的直接接受者,他们最清楚员工的服务质量和服务态度,以及行销技巧等方面的表现,因此顾客满意度已成为众多酒店绩效考核体系的重要组成部分。很多酒店采用"神秘顾客"、填写顾客问卷调查表、电话调查等方式获取顾客对酒店方面的评价,从而使酒店的产品、服务朝着顾客的意图改进。内部客户就是指员工在内部提供服务的对象,如用餐员工就是员工餐厅工作人员的内部客户。现代酒店已十分重视内部客户即员工的满意度状况,每年均会开展一些员工满意度调查,为酒店提供更多的绩效改进信息。

5) 员工自我评价

员工自我评价是指让酒店员工根据自己在工作期间的绩效表现评价自己的能力和潜能,并据此设定未来的目标。这种评价方式最好用在绩效考核阶段的前期,评价的内容常以开放式的问题为主,有利于员工了解自己的优势,做好职业生涯规划,了解自己的不足,做好自我完善和开发。

一般而言,员工自我评价具有较强的主观性,他们常会给予自己较高的分数。因此,使用自我评价时应特别小心,尽量降低其主观性。

360度考核法示意图如图6-2所示。360度考核法中各种评价方式的优缺点如表6-13所示。

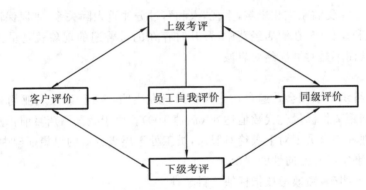

图6-2 360度考核法示意图

表6-13 360度考核法中各种评价方式的优缺点

评价方式	优 点	缺 点
上级评价	省时、简单,有利于全面了解被考评者的素质和能力	上司掌握奖惩权,容易造成员工对上司权威的惧怕心理;上司可能存在个人偏见,影响考评的公正性
同级评价	同事对彼此的工作绩效非常了解,熟悉被考评者的素质技能等,能够给出相对全面、细致和真实的评价	同事之间的圈子文化、感情偏差、利益之争等易使考核结果偏离实际情况
下级评价	有助于改善上级工作的不足之处,同时也能够达到权力制衡的目的	由于下级对上级工作了解不够全面,容易造成评价片面性;员工对上级的评价会有所顾虑或偏见,需采取匿名制
客户评价	顾客对服务效果最有发言权,为员工的晋升、调动和培训提供依据	顾客的评价目的与组织的评价目标可能不完全一致
员工自我评价	通常会降低员工自我防卫意识,有利于员工思考自己的绩效、提升自我和改进不足	容易出现"自夸、自批、自圆"的不良倾向

有效的绩效考核是酒店为员工创造良好工作环境的重要环节,对提高酒店的服务质量和员工的工作积极性、增强酒店竞争力、提高酒店经营效益具有重要意义。360度反馈系统作为一种新型的绩效评估模式,自20世纪90年代以来已经被世界许多著名公司所采用。目前,国内的一些酒店也开始采用这种评价方法,然而,一些酒店斥巨资引进360度反馈系统,却收效甚微,甚至适得其反,造成评价者和被评价者关系紧张,给酒店带来了不利的后果。360度反馈系统来自国外,因此,在我国"水土不服"在所难免,国内酒店在引进、实施360度反馈系统时应推陈出新,做到"它山之石,可以攻玉"。

2. 360度反馈系统在我国酒店店业应用中所存在的问题

从理论上讲,利用多个评价者的全视角绩效考核比传统自上而下的绩效评估更为客观和全面。然而360度反馈系统毕竟是舶来品,在我国酒店这种不同文化环境的企业中,存在许多应用陷阱。相关研究已经表明,如果运作不当,酒店实施360度反馈系统可能会在酒店内造成紧张气氛,影响员工的工作士气,甚至遇到诸如酒店文化震荡、员工忠诚消失、监督机制失效、裙带关系出现等一系列问题。

1) 酒店文化因素的影响

中国酒店企业深受儒家文化影响,重视"人和",过分注重人际关系,难以保证员工能理性运用组织赋予的权利。目前,在酒店经营中,晋升时存在的最普遍的现象就是员工攀附权威管理者,对人绝对忠诚而不是对酒店绝对忠诚。

2) 权利距离

权利距离是组织乃至社会普遍存在的现象。研究表明,美国、澳大利亚均是权利距离低的国家,而中国权利距离指标量化代数值达80(满值100)。由于我国酒店目前仍然以军事化管理为特征,酒店管理者要求员工对上级绝对服从,员工处于层级权威的思想框架中,因为害怕打击报复常做出夸大事实或有偏向性的评价。

3) 评价标准不明确,绩效考核指标缺乏科学性

酒店员工流动率相对较大,同部门员工工作年限与个人素质相差较大,不同的员工对待同一个问题的认识可能不一样,对待评审的态度也不尽相同,在考核中还会出现由于个别考核者对被考核者的表现不了解而被动做出评定结果的情况,为统一评价标准制造了阻力。另外,酒店的绩效指标中,任务绩效方面仅从经营指标去衡量,过于单一化,周边绩效采用的指标多为评价性描述,而不是行为性描述,评价时多依赖评价者的主观感觉,缺乏客观性。

4) 考核成本大于考核价值

实施360度反馈系统是一项系统工程,其反馈来自不同的方面,如果对每位员工进行360度考核,由其上级、同级、下级业务部门同事等同时对其进行综合的考核,需要投入大量的人力、物力和财力。酒店企业在应用360度反馈系统时,从考评准备到考评结束,工作量大、涉及范围广、时间耗费多、动用资源多。这样考核所导致的成本上升可能会超过考核所带来的价值。

5) 缺乏评价前培训,考评的参与性和合作性低

酒店在实行360度反馈系统时大多是在没有培训和指导的情况下,员工不得不自己去处理所获得的评价结果,在该过程中并未制订出绩效改善目标和行动方案。从参与性和合作性的角度来看,一方面,员工对这种新的考核方式有一种担忧心理,怕与自己的年终奖金挂钩,担心给别人的评价过低会影响以后的合作关系和私人感情,同时担心上级的打击报复;另一方面,各级主管在认同绩效管理工作的同时又阻碍其具体推进,怕浪费时间和精力,怕暴露自身缺点,毕竟

没有人愿意被看作是低效率或无能的,尤其是管理者。

6)反馈系统的保密性不强,缺乏有效反馈

360度反馈系统作为一种考核体制,考核反馈是考核环节中的关键。但在酒店中,常常出现选择评价者不当造成匿名方式实施失效的现象。在考核后,酒店不但不对员工进行反馈,反而将结果隐瞒,仅将其当作管理层一种单方面的措施,只是一种表面上的"民主化",加深了管理人员和普通员工对这种考核方式的误解,从而导致360度反馈系统的价值失效。

3.酒店有效实施360度反馈系统的建议

1)营造有适应性的酒店文化

要使360度反馈系统在酒店中成为有效工具,管理者就必须根据酒店的现状,了解其在酒店运用中应该注意的问题,从而寻找最佳的解决方案。营造有适应性的酒店文化对于360度反馈系统的应用效果有很大影响。若酒店文化不适合360度反馈系统的理念,无论怎么控制都无法达到很好的效果。360度反馈系统更适合于"自由发展、相互信任"的企业文化。研究表明,建立一个相互信任、积极寻找反馈行为、并融合中外文化精华的"第三文化",能够为360度反馈系统的运行提供良好的平台。所以,酒店企业应该积极建立扁平化的组织,营造一种学习型组织的企业文化氛围。另外,在引进360度反馈系统的初期阶段,应该允许新老绩效考评系统同时存在,但是两套绩效考评系统的目的应有所不同,360度反馈系统主要用于员工的发展和团队建设,以此作为全面引入和实施360度反馈系统的切入点,而老的绩效考评系统则用于薪酬管理、人员培训等传统的人事功能中。

2)选择合理的绩效

一种科学合理的考核指标体系必须在"业绩"和"素质"中有恰当的比例,酒店在实施360度反馈系统时必须根据自己的组织目标、价值观及各职位工作的要求来合理分配二者的比例。评价指标的选择不当或不够全面很可能会导致评价者的注意力被那些与酒店终极利益无关的工作引开。因此,酒店在实施360度反馈系统时所要评价的内容必须反映出自己最为重要的行为,并且这些行为与组织目标的实现是紧密联系的。在制订指标时,管理者还要注意尽量量化指标。一般业绩的评价易于定量,而对素质的评价只能以定性为主,但定性评价很难有一套客观、明确的标准,只能由评价者自己把握,因此会带有较大的主观性和模糊性。所以在设立指标时,管理者要尽量设计各种方法和公式来实现"模数转换",将定性东西量化以提高其客观准确性。比如可采用要素分解法,把每一项指标细分为若干等级并规定每一等级的要求,这样就可大大减少评价者的主观误差。在实施之后管理者还要设定一个具体的时间表对该系统达成目标的情况进行评价,在未能达成既定目标的情况下,酒店需要反思在哪些方面存在问题,以便谋求改善。

3)合理界定评价者和被评价者

在360度反馈系统中,并不是所有的人都必须由员工自己、上司、同事、下属、顾客等全方位进行考核。酒店一定要选那些与被评价者在工作上接触多、没有偏见的人充当评价者。即使这样,也不一定要求所有的评价者对被评价者所有方面进行评价,适当的时候可以让被评价者确定由谁来对他(她)的哪些方面进行评价。为了防止评价者受信息层面、认知层面和情感层面等因素的影响,在进行360度考核前,应对评价者和被评价者进行选择、指导和培训。这里特别强调,要想做好人员的培训工作,需要进行三种类型的培训:调查培训、管理培训和员工培训。

4)努力争取全体员工对系统的支持

360度反馈系统是一个自上而下的过程,是一个完整、不断向前循环推进的系统,高层管理者的支持与全体员工的接受是有效实施360度反馈系统的关键。只有高层经理同意推广该系统,投入充足的资源,管理者和普通员工相互信任,才能支持并配合设计者开发、贯彻并实施系统。为此可采取以下做法:①召开管理委员会会议,统一思想;②人力资源部负责将评估方案印发给全体雇员阅读、讨论;③设计民意调查问卷,全面了解雇员的想法及疑问;④召开员工动员大会,动员员工支持360度反馈系统的实施,并解答雇员所提出的问题。

5)注意操作细节,确保各步骤有序推进

为确保360度反馈系统有序推进,应充分考虑到运作上的细节。为此,可采取以下措施:①加强全体管理者、员工的沟通,并对他们进行有关360度反馈系统的培训,使他们对360度反馈系统有正确的认识;②考评材料的设计应尽量减少社会称许性,使用定量分析和定性分析相结合的方法来提高反馈效果;③淡化考评的行政目的;④明文规定实施360度考核采用匿名方式,增加下级考评人数,加强保密工作,保证提供信息的真实性;⑤采取切实可行的措施保证程序公平,常见的做法有两种,一是建立评价委员会或高层复审机构,以便对初评结果进行复核,避免过严、过松等现象,二是建立上诉系统,上诉系统为酒店员工提供了一种获得公正、听证的渠道,员工可以表达心声,防范不必要的纠纷。

此外,酒店应该在规章制度和激励制度上对360度反馈系统提供保障,以提高员工在考评中参与的积极性。

6)及时反馈评价结果

虽然评价是360度反馈系统中的最重要一环,但反馈结果决定着被评价者的业绩改善,所以酒店在评价完成之后,应该及时反馈,并且确保评价结果反馈的双向性。反馈一般由人力资源部、评价者的上级或者外部专家,根据评价结果,比较自评结果和他评结果的差异,面对面地向被评价者提供反馈,帮助他们分析哪些地方做得比较好,哪些方面要改进,如何改进。酒店还应努力建立良好的信息共享机制,让员工有机会在专家的辅导下自由地对评价结果进行沟通交流。

第四节 绩效反馈与改进计划

一、绩效反馈

(一)绩效反馈的概念

绩效反馈是绩效管理过程中的一个重要环节。它主要通过考核者与被考核者(也称评价者和被评价者)之间的沟通,就被考核者在考核周期内的绩效情况进行面谈,在肯定成绩的同时,找出工作中的不足并加以改进。绩效反馈的目的是为了让员工了解自己在本绩效周期内的业绩是否达到所定的目标,行为态度是否合格,让管理者和员工双方达成对评估结果一致的看法。双方共同探讨绩效未合格的原因所在,并制订绩效改进计划,同时,管理者要向员工传达酒店的期望,双方对绩效周期的目标进行探讨,最终形成一个绩效合约。

有效的绩效反馈对绩效管理起着至关重要的作用。有效的绩效反馈可以使员工意识到自己工作中的不足,真正认识到自己的潜能,从而采取积极的行为改进工作与完善自我,同时,促进酒店管理者与员工的相互沟通,有利于员工与管理者之间建立良好的人际关系。有效的绩效反馈是酒店绩效管理体系的重要组成部分,对整个酒店绩效管理体系的完善起到了积极的作用,为提高酒店绩效提供了保证。

(二)绩效反馈的机制

(1)员工的绩效反馈应是经常性的、不定期的。管理者一旦意识到员工在绩效中存在缺陷,就有责任立即去纠正,因此应向员工提供经常性的绩效反馈,而不应当是一年一次。

(2)对事不对人,绩效反馈应集中讨论和评估的是员工工作行为或结果,而不是讨论员工本身个性特点。如果讨论员工个性特征,必须是与工作绩效有关的情况。

(3)反馈要具体,避免一般,不要泛泛地、抽象地一般性考核,要拿具体结果出来支持结论,援引数据,列举实例,让员工心服口服。

(4)赞扬和肯定员工的有效绩效,与员工一起找出绩效缺陷和导致不良绩效的实际原因,然后就如何解决这些问题达成共识,将反馈重点放在解决问题上。

(5)要保持双向沟通,多问少讲。管理者应该把80%的时间留给员工,20%的时间留给自己,多提问,引导员工自己思考和解决问题、评价工作进展,而不是发号施令。

(6)制订具体的绩效改善目标,落实改进的行动计划。绩效反馈的目的不仅是总结上一个绩效周期的员工表现,还应对下一个绩效周期的工作进行指导,绩效反馈的根本落脚点就是要上级与下级共同商量出下一步绩效目标和有针对性的改进计划,共同确定相应的资源配置。

(三)绩效反馈面谈的步骤

1.面谈准备

面谈准备主要包括相关的数据和分析的准备,也就是要求主管在绩效面谈前一定要进行绩效诊断。主管不仅要告诉员工考核结果,还要告诉员工为什么会产生这样的绩效,应该如何避免出现低的绩效。

2.面谈过程控制

(1)主管应当在开始的时候花时间讲清楚面谈的目的和具体议程,这样会有助于消除双方的紧张情绪,同时也便于双方控制面谈的进程。

(2)在面谈过程中,主管一定要注意平衡讲与问,注意倾听被考核者的意见,充分调动对方讨论的积极性,赢得他们的合作,避免对抗与冲突的发生。

(3)主管应当只谈员工的工作表现,而不要对员工的本人做出评论。负面的评价不可避免,但为了让员工保持正面的自我印象,主管可以先说好的评价。

(4)如果管理者和员工的看法有较大的差异,双方应先认清差异所在。

3.确定绩效改进计划

双方在讨论绩效产生的原因时,对于达成的共识应当及时记录下来,那么这些问题可能就是员工在下一个绩效周期需要重点关注和提高的地方,对下一阶段绩效重点和目标制订改进计划。

二、绩效改进计划

绩效改进计划又称个人发展计划(individual development plan,IDP),是指根据员工有待发展提高的方面所制订的一定时期内完成有关工作绩效和工作能力改进与提高的系统计划。很多人认为,绩效评估是绩效管理最为重要的环节,但实际上绩效改进计划比绩效评估要重要得多。究其原因,主要在于绩效评估仅仅是从"反光镜"中往后看,而绩效改进计划是往前看,以便在不久的将来能获得更好的绩效,而不是关注那些过去的、无法改变的绩效。由于绩效评估的最终目的是为了改进和提高员工的绩效,因此制订与实施绩效改进计划是绩效评估结果最重要的用途,也是成功实施绩效管理的关键。

(一)制订绩效改进计划的准备工作

1. 选择合适的时间

酒店选择何时制订绩效改进计划是非常关键的,不合适的时间会影响制订绩效改进计划的效果。要选择主管和员工双方都有空闲、能够全身心地投入到制订绩效改进计划中去的时间,这段时间不要被其他事情打断。例如,主管马上要去参加总经理召集的会议,或者员工马上要赶去见客户。在这样的情况下,制订绩效改进计划往往会心不在焉、草率收场,无法展开细致的讨论。同时要注意时间应尽量安排得充裕一点。有些主管总是在酒店人力资源部门催交绩效改进计划表的时候,才抽出半天时间,与部门中十几名员工走马观花般地进行这项工作,这样无法保证绩效改进计划的效果。

2. 选择适宜的场地

通常,主管的办公室是最常用的制订绩效改进计划的场地。办公室给人以一种严肃、正式的感觉,这固然很好。然而,选用办公室作为制订绩效改进计划的场地也有一些局限性。其一,办公室经常会遇到各种各样的打扰,例如电话、来访的客人等;其二,办公室的情境会给人明显的上下级的感觉,容易给员工造成层级的压力。因此可以考虑到酒店的咖啡厅等地与员工进行这项工作,因为在这样的环境中员工会感觉比较放松,远离电脑、电话和成堆的文件,主管和员工坐在一起,喝上一杯茶或咖啡,更容易充分表达真实的感受。

3. 准备相关的资料

在制订绩效改进计划之前,主管和员工都应准备好制订绩效改进计划所需的各种资料。主管需要准备的资料包括:职位说明书、绩效计划、绩效评估表格、员工日常工作表现记录等。在与员工一起制订绩效改进计划之前,主管必须对有关的各种资料谙熟于胸,当需要的时候可以随时找到相关的内容;员工需要准备好个人的发展计划。通常主管除了想听到员工对个人过去绩效的陈述和总结之外,更希望了解到员工针对绩效考评中不足的方面如何进一步改善和提高的计划。员工能够自己提出发展的目标和计划,而不是等待主管为自己制订发展计划,这样的做法本身就能够得到主管的赞赏,是应该鼓励员工具备的行为。

4. 主管的心理准备

在制订绩效改进计划之前,主管除了要准备时间、场地和资料外,还要对制订计划的员工有所准备。这种准备是一种心理上的准备,也就是要充分估计到员工在制订计划时可能表现出来的情绪和行为。主管和员工一同制订计划的前提是双方对绩效评估的结果已经达成一致意见。要做好这一点,主管就必须充分考虑到员工的个性特征、本次评估结果对其的影响,以及员工对本次绩效评估可能表现出来的态度等。

在实际生活中经常会出现员工与主管对评估结果意见不一致的情况,对于这种情况,主管应事先考虑好将要如何解释和对待。

(二)制订绩效改进计划的流程

1.回顾绩效考评的结果

每个人都有被他人认可的需要,当一个人取得某种成就时,他往往会希望得到其他人的承认。所以,开始制订绩效改进计划之前,主管可以先对员工在绩效期间的成绩和优点加以肯定,从而对员工起到积极的激励作用。然而,员工想要听到的不只是肯定和表扬的话,他们也需要有人中肯地指出其有待改进的地方。因此,主管接下来可以指出员工的绩效中存在的一些不足之处,或者员工目前绩效表现尚可但仍需要改进的方面。主管和员工可以就绩效评估表格中的内容逐项进行沟通,在双方对绩效评估中的各项内容基本达成一致意见后再开始着手制订绩效改进计划。

2.找出有待发展的项目

这里所说的有待发展的项目是指员工在工作的能力、方法、习惯等方面有待提高的地方,可能是现在水平不足的项目,也可能是现在水平尚可但工作需要更高水平的项目,这些项目应该是通过努力可以得到改善和提高的。一般来说,在一次绩效改进计划中应选择最为迫切需要提高的项目,因为一个人需要提高的项目可能有很多,但不可能在短短半年或一年时间内全部得到改善,所以应该有所选择。而且,人的精力有限,只能对有限的内容进行改善和提高。

3.确定发展的具体措施

将某种待发展的项目从目前水平提升到期望水平可以采取多种形式。许多管理者一想到绩效改进的方法就会想到送员工参加培训,其实,除了培训之外,管理者还可以通过许多方法提升员工的绩效,而且其中大部分方法并不需要酒店进行额外的经费方面的投入。这些方法包括征求他人的反馈意见、工作轮换、参加特别任务小组、参加某些协会组织等。

4.列出发展所需的资源

"工欲善其事,必先利其器"。要落实绩效改进计划,必须要有必要的资源支持。这些资源包括工作任务的分担、学习时间的保证、培训机会的提供、硬件设备的配备等。在这些方面,主管人员一定要统筹安排,提供帮助,尽量为员工的绩效改进创造良好的内外环境。

5.明确项目的评估期限

工作的能力、方法、习惯等方面的提高是一项长期任务,须在一个较长时间段中才能得到准确评估。员工需要一个宽松、稳定的环境,不应增加太多的管制。因此,评估周期如果过短,有可能造成员工的逆反心理,这样不但分散了员工的精力,影响工作进度,还有可能使员工疲于应付评估,使得评估效果适得其反,所以建议将评估周期设定为半年到一年,这样安排也可以与酒店半年或年终总结相衔接。

6.签订正式的改进计划

当人们亲身参与了某项决策的制订过程并做出了公开的表态,他们一般会倾向于坚持立场,并且在外部的力量作用下也不会轻易改变。因此,在制订绩效改进计划的过程中,让员工参与计划的制订,并且签订非常正规的绩效改进契约,也就是让员工感到自己对绩效改进计划中的内容是做出了很强的公开承诺的,这样他们就会倾向于坚持这些承诺,履行自己的绩效改进计划。员工的绩效改进计划如果只是口头确定的,没有进行正式签字,那就很难保证他们坚持这些计划。

(三)实施绩效改进计划的要点

1. 保持持续的沟通

员工和主管通过沟通共同制订了绩效改进计划,达成了绩效改进契约,但这并不等于说后面的计划实施过程就会完全顺利,主管就可以高枕无忧,等待收获成功的果实了。在绩效改进计划实施的过程中,员工与主管人员还必须进行持续的沟通。一方面,计划有可能随着环境因素的变化而变得不切实际或无法实现,这时就需要对计划进行调整,使之更加适应内外环境变化的需要;另一方面,员工在实施计划时可能会遇到各种各样、层出不穷的困难,员工不希望自己在改进的过程中处于孤立无援的状态,他们希望自己处于困境时能够得到主管的帮助,持续的沟通有助于问题及时得到解决。

2. 注意正强化的运用

绩效的改进从本质上说是促进一些符合期望的行为发生或增加其发生的频率,或者减少或消除不期望出现的行为,因此可以运用正强化的方法来进行绩效改进。正强化是指给予一种愉快的刺激,促使某种行为反复出现。按照行为强化原理,人们会根据对行为后果的判断来决定是否采取某种行为,而且人们可以从过去的行为结果中得到学习。所以在绩效改进的过程中要及时表扬员工已经取得的进步。任何行为改善都是需要一个过程,当员工行为开始有所改善时,主管应该及时给予认可和称赞,以激励员工取得更大的进步。

3. 适当采取处罚措施

在实施绩效改进的过程中,如果不是因为外在的因素如工作任务繁重、没有得到应有的资源保证等,而是因为员工个人主观因素对工作改进不积极、不主动,主管采取帮助措施仍然不能奏效时,主管应考虑采取一些必要的处罚措施,如职务调整、取消奖金等。但处罚只是手段不是目的,最终还是期望通过这种方式促进员工改进绩效,所以在采取处罚措施时要注意几个问题:一是采取处罚措施之前要事先与员工沟通,让员工了解为什么要采取处罚措施,所要采取的措施是怎样的,以及在怎样的情况下自己将要被处罚;二是所采取的处罚措施要合乎情理,而且要由轻渐重,不要过于严苛;三是采取措施之后要注意监控和评估处罚后的结果。

本章小结

绩效管理是提高员工和组织绩效、提高员工能力和素质的过程。绩效管理系统是一个包括绩效管理体系设计、制订绩效考核计划、对员工进行绩效辅导与培训、绩效考核评估、绩效反馈与面谈、绩效结果运用等环节在内的循环过程。

绩效管理与传统绩效评价相比,在实施的方向、过程、结果、内容等方面具有很大的差异。绩效管理是实现酒店发展战略目标、培养核心竞争力的重要手段,其核心目的是通过提高员工的绩效水平来提高组织或者团队的绩效。

有效的绩效管理体系应具备战略一致性、准确性、可靠性、可接受性和明确性等五个特征。

员工绩效管理是一项复杂而艰巨的过程,必须按照科学的工作程序进行,否则,难以把这项工作做好。酒店业绩效评估中常用的绩效考评方法有工作行为评价法、工作结果评价法等。关键绩效指标考核法是把企业的战略目标分解为可操作的工作目标的工具,是企业绩效管理的基础。平衡计分卡法就是通过建立一整套财务与非财务指标体系,对企业的经营绩效和竞争状况进行综合、全面、系统的评价。360度反馈系统的信息来源主要有：直接上级、同级同事、直接下属、被考评者本人和顾客。

绩效反馈是绩效管理过程中的一个重要环节。一份完整的绩效改进计划的制订包括准备工作、制订流程及具体的实施过程。

【课后作业】

一、名词解释

绩效　绩效管理　绩效评估　平衡计分卡　关键绩效指标考核法

二、简答题

(1)酒店绩效管理的目的是什么？

(2)影响绩效管理的因素有哪些？

(3)简述酒店绩效管理的基本流程。

(4)简述战略导向的KPI体系与一般绩效评价体系的主要区别。

(5)酒店管理者在判定绩效管理计划目标时应注意哪些问题？

(6)酒店绩效计划的基本内容和流程有哪些？酒店绩效评价如何实施？

(7)如何理解酒店绩效评价操作程序？

(8)酒店绩效评价结果的运用体现在哪些方面？

三、案例分析题

西厨房高级行政主厨杰克对贾明说："你下班前十五分钟左右到我办公室来一趟好吗？我想把你的半年度工作表现评定给你，我知道你想三点钟前下班。"

贾明一直在期待着这次谈话，因为他想讨论一下，并为自己的工情况制订新的标准。此外，他对评定结果也有些担心，因为他认为自己在上半年度的工作表现不是太好。

两点四十五分，贾明准时敲响了杰克办公室的门。当贾明走进办公室时，他看见杰克正忙于处理一些宴会的订单。贾明坐下后，杰克说："我已经填好了你的评定表，你看看吧，没问题的话就在上面签上名。我在所有方面都给你评了优。不过这次大家都得了优，因为最近两个月大家都加班加点把业主公司的会议和其他几个VIP服务做得很不错，所以我没有什么可多说的了，继续好好干吧，我会给你加薪的。"

贾明看过考评表后签了字，他看出杰克确实很忙，所以想想自己还是离开为好。而且，他也不想毁掉一个加工资的大好机会。可是，离开杰克办公室时，他还是感到了强烈的失望。

思考：

(1)杰克对下属的业绩评定是否合理？

(2)杰克对下属的绩效反馈存在哪些问题？

(3)如果你是杰克，将如何处理这次面谈？

第七章　酒店员工激励

【学习目标】

掌握激励的含义及其特点。
掌握激励的作用。
重点掌握激励的内容理论、过程理论和强化理论。
掌握激励的原则。
掌握员工激励的方式。
了解不同员工的激励策略选择。

【案例导入】

　　王总是一位平易近人、心直口快的饭店总经理,他关心下属,放手让大家开展工作,谁出了问题,他一方面批评,一方面承担责任,但是王总有一个缺点就是随便许诺。这一天,性格内向的秘书小田将一份开夜车整理并起草的饭店工作报告拿给王总过目。读着这篇内容全面、水平很高的报告,王总很满意,信口说了句:"小田,下次出国我先让你去,出去学习学习,回来长进就更大了。"小田听了,心里美滋滋的,工作劲头更足了,天天盼着有出国学习的机会。出国学习的机会终于来了,3个名额,望着各部门报上来的名单及情况介绍,王总感到很符合要求,大笔一挥签字了,把对小田的许诺忘得干干净净。3个人都走了,就是没有小田,小田心灰意冷,工作不主动了,甚至提出要调动工作。看到小田的变化,王总有些奇怪:"她怎么了?"

　　通过上述案例,思考以下问题。
　（1）小田怎么了?
　（2）王总在小田闹情绪中有什么责任?
　（3）我们从中得到什么启示?

第一节　员工激励概述

一、激励的机制

（一）激励的概念

　　激励,在管理学的一般教科书中,通常是和动机连在一起的。美国管理学家罗宾斯把动机定义为个体通过高水平的努力而实现组织目标的愿望,而这种努力又能满足个体的某些需要。

因此,无论是激励还是动机,都包含三个关键要素:努力、组织目标和需要。一般而言,动机是指诱发、活跃、推动、指导和引导行为指向一定目标的心理过程。

所以,所谓激励,是指人类的一种心理状态,它具有加强和激发动机,推动并引导行为指向目标的作用,通常认为,一切内心要争取的条件、欲望、需要、动力等,都构成对人的激励。

激励作为一种内在的心理活动过程和状态,不具有可以观察的外部状态,但是,由于激励对人的行为具有驱动和导向作用,因此,可以通过人的行为表现及效果来对激励的程度加以推断和测定。

激励在管理中的作用包括:①有助于激发和调动员工的工作积极性;②有助于将员工的个人目标导向实现组织目标的轨道;③有助于增强组织的凝聚力,促进组织内部各组成部分的协调统一。

(二)人的需要、动机、行为和激励

激励是持续激发动机的心理过程。激励过程本身不能被直接观察到,但可以通过被激励者的行为来考察激励的效果。而考察人的行为,就必须要涉及两个重要的心理学术语:需要与动机。

1.人的需要

人的需要是人生存的基本条件和形式,在人的内部活动和外显行为中具有十分重要的作用和意义。需要是刺激人们积极行动的原因,是个体积极性的源泉。因此,认识和了解人的需要,有利于激发员工的创造性,调动员工的工作积极性,挖掘员工的内在潜力,从而提高管理效率和员工绩效,促进组织目标实现。

1)人的需要的特点

(1)社会性特征。人和动物都有需要,但人的需要不同于动物的本能性要求,人的需要无论在内容、范围及方式上都与动物的有着本质的区别,具有明显的社会性。人可以有意识地调节自己的需要,可以根据一定的道德规范、社会环境条件来改变自己的需要。

(2)个性和共性特征。需要是人的一种心理状态,这种心理状态与个体的阅历、年龄、性别、兴趣、爱好、能力等因素,以及工作的性质和难度等客观因素有着密切的联系,因而使人的需要呈现出共性和个性特征。需要的共性是显而易见的——人都需要吃饭和休息,需要放松精神、保持愉快心情等。但需要的个性也是很明显的,有的人喜欢广交朋友,享受热闹;有的人则喜欢独处,享受寂寞。

(3)不确定性特征。人的需要是各种各样的。实施同一行为的人们一般都渴望能实现不同的需要,如攻读工商管理硕士这一行为,有的人是需要获得一份硕士文凭,有的人则是希望系统学习工商管理知识,而有的人则纯粹是为结交更多的志同道合的朋友。需要的多样性有时使人们无法确切地说出其行为是根据什么样的需要出发的,再加上有些需要并不一定如愿以偿,所以人们常常是努力实现自己的主要需要,在努力过程中尽量实现其他不确定的需要。

(4)选择性特征。人的需要太多,但不可能同时满足,人们总是在同一时间牺牲一些需要的满足,而实现另一些需要的满足。人们对于自身需要的调节原则是选择一个自己认为最佳的方案,最大限度地实现自己的需要。

正因为人的需要呈现如此多的特征,每个人在不同的年龄阶段、不同的工作环境下都会有不同的需要。作为人力资源管理人员,做好激励工作首要的前提就是必须了解员工目前的需要

是什么,以及哪些是员工最迫切的需要。

2)需要的分类

根据满足需要的资源来分类,员工需要可以分为内在性需要和外在性需要。两者的根本区别在于:外在性需要对应外在性需要的资源,存在于工作之外,控制在组织、领导和同事的手中;内在性需要则正好相反,满足这种需要的资源存在于工作本身,员工通过工作活动中的体验来满足这些需要,比如完成工作时的成就感。

外在性需要可以进一步分为两类:

(1)物质性的需要,比如工资、奖金、福利等;

(2)社会-感情需要,比如上级同事给予的关怀、信任、尊重、表扬、认可等。

物质性需要和社会-感情需要虽然同属于外在性需要,但还是存在不少的差异。其一,从资源转移过程来看,前者多发生在经济性交往中,后者则多发生在社会性交往中。其二,从成本发生、资源有限性、资源需要者与资源控制者间的关系来看,前者的满足要成本,因为物质资源总是有限的,因而资源的需要者和控制者之间的关系便具有竞争性,即属于"你多了我便少了"的性质;而后者的满足几乎是没有成本的,资源几乎是无限的,资源需要者和控制者之间是互惠式、投桃报李的关系。其三,在所需资源本身的性质上两者之间也有微妙的不同,物质性资源是通用性和泛指性的,即获得这种资源的人都可以使用,而社会-感情资源则是专用的和特指的,即它们只能面对特定的人才有效,比如对某位员工的感情和信任是无法随意转移到他人身上的。

毫无疑问,组织的激励过程是必须要付出代价的,这里便涉及激励的成本。在选择激励方式或手段的时候,如何以最小的成本获得最大的激励效用,是人力资源管理者面临的一个问题。了解员工的需要,可以有针对性地提供激励。盲目地以物质性资源来满足具有强烈社会-感情需要的员工,这样既不能起到真正激励这些员工的作用,又浪费了组织有限的资源,并且使真正需要物质激励的员工无法获得激励,导致这部分员工的工作积极性也会下降。

内在性需要也可以分为两类,具体如下。

(1)过程导向的内在性需要。这种需要可单纯地在工作过程中得到满足,如由于工作有趣而得到的快感及工作具有挑战性而感受到的兴奋与愉快等。这种内在性需要只关心工作过程,不关心结果,即使工作任务未能圆满完成,也不影响其对工作的兴趣。

(2)结果导向的内在性需要。这种需要的满足是通过完成工作并取得积极成果后,员工从中体会到某种成就感、贡献感和自豪感而实现的。这只有在任务完成以后才能获得,而且,这种成就感的分量取决于当事者自己的主观评价,而不是别人给予的认可和赞扬。

过程导向的内在性需要可以激发员工能动地、有创造性地完成工作。在一些工作性质比较特殊、对员工创新能力要求比较高的组织,尤其要重视合理地安排员工的工作,使其能最大限度地发挥自己的聪明才智。但从顺利完成工作任务、实现组织目标的角度来看,激发员工结果导向的内在性需要,更能促使员工主动关注工作任务的完成情况,增强完成任务的责任感。

外在性需要、内在性需要与激励的关系是:外在性激励是源于外在性资源(不论是物质性的还是社会-感情性的)所产生的牵引力;内在性激励则是源于工作内部所蕴含的资源(不论是工作过程本身还是工作的结果)所具有的驱动力。作为管理人员,在激励实践中,除了充分利用外在性资源来激励员工以外,更应该注意创造有利的工作条件,通过激发员工的内在性需要来有效激励员工,这种激励作用不但是强有力的,更是低成本的、持久的。

2. 人的动机

动机是人们行为产生的直接原因,它引起行为、维持行为,并指引行为去满足某种需要。动机的产生取决于三个因素:个体的需要、满足需要的可能性以及与这种可能性相应的行动目标。

正如上文提到的,人的需要是各种各样、客观存在的。当某种需要的东西未能获得时,作为需要直接表现形态的欲望就以一种心理内趋力的形式表现出来,推动人们采取相应的行动。但是欲望只是一种引发行为的心理状态,还不能导致具体行为。

只有当能满足这种欲望的具体对象有实现的可能时,人的动机才被激发,即人们才可能采取实际的行为:把需要与可以满足需要的对象联系起来,寻找相应的行为方式。

但是,由于主客观条件的限制,并不是所有可以满足人们需要的东西都是可以得到的。因此,人们必须在这些欲望对象之间进行选择,寻找最能满足需要又最有条件得到的对象,把它确定为自己的活动目标,从而采取相应的行为。可以说,目标的确立,是人们激发动机、产生行为的必要条件。动机总是针对一定目标而言的,它与需要或欲望的区别就在于具有明确的对象性和具体的可行性。

从心理学的角度来看,可以把人类的动机分为本能性动机和社会性动机两大类。表7-1所列举的是人类的某些本能性动机和社会性动机。

表7-1　人类的动机

	本能性动机	社会性动机
身体方面	回避饥饿、渴、缺氧,回避过度的热、冷、痛、疲劳、肌肉紧张,避免疾病和其他不舒服的身体状态等	获得愉快的味、嗅、声音等感觉体验,身体的舒适,肌肉运动,有节奏的身体运动等
与环境的关系方面	回避危险的物体和丑恶、讨厌的物体,寻找为将来的生存和安全所需要的物体,保持稳定、鲜明、可靠的环境等	理解环境,解决难题,参加各种游戏和比赛,探索环境中的新异事物和变化等
与别人的关系方面	回避人与人之间的冲突和敌意,维护群成员的资格、威信和利益,受别人保护,遵守小组的规范和社会准则,掌权和控制别人等	从集体中获得爱和承认,从与别人的交往中得到快乐,帮助和谅解别人,能独立等
自我方面	回避产生自卑感和失败感,回避有失身份、羞愧、害怕和焦虑等情感	获得自尊和自信,成就感,获得在社会中有意义的地位等

个人只是社会组织系统中的一个单元或部分,因此,在一定程度上,社会决定着人类的动机。虽然,人类保留着生物学上的本能动机的激发力量,但是作为社会成员的人有着更为丰富的动机内容。从激励的角度来看,虽然本能性动机与社会性动机都可以成为激发力量,引起一定方向的激励力量,但是,社会性动机是最主要的激励力量。管理者应尽量使用社会性动机,也就是通过社会性动机驱使员工产生某种预期的行为,达到预定目的。

需要的存在、满足需要的可能性、目标的建立是与动机密切相关的三个因素,激励工作正是围绕这三个方面的因素展开的。

3. 激励与行为

对激励对象的讨论说明,人类的有目的的行为都是出于对某种需要的追求。未得到满足的需要是产生激励的起点,进而导致某种行为。行为的结果,可能是需要得到满足,之后再发生对新需要的追求;行为的结果也可能是遭受挫折,追求的需要未得到满足,由此而产生消极的或积极的行为。

无激励的行为,是盲目而无意识的行为;有激励而无效果的行为,说明激励的机理出现了问题。例如,领导者打算通过增加额外的休息日来提高员工的劳动生产率,但结果可能有效,也可能无效,因为在一定的环境下,员工可能更愿意保持以往的工作日,希望提高薪水,而不是增加闲暇支出。这说明,激励与行为也有匹配的问题。

这样就进一步说明,要通过激励促成组织中人的行为的产生,取决于某一行动的效价和期望值:激励力＝某一行动的效价×期望值。

所谓效价,是指个人对达到某种预期成果的偏爱程度,或某种预期成果可能给行为者带来的满足程度。期望值则是指某一具体行动可带来某种预期成果的概率,即行为者采取某种行动、获得某种成果,从而带来某种心理上或生理上满足的可能性。能够满足某一需要的行动对特定个人的激励力是该行动可能带来结果的效价与该结果实现可能性的综合作用的结果。

(三)员工激励机制

现代酒店管理是一门艺术,员工激励是艺术中的艺术。员工是企业的灵魂,设计有效的员工激励机制,有利于提高员工的工作积极性,使其在不同的企业文化、不同的组织结构、变化的企业环境中发挥其最大潜能。企业应注意到各方面的变化对员工需求造成的影响,并对激励机制做出相应的调整,设计出最符合企业员工的激励机制。

1. 激励机制的设计应从实际出发

激励机制的原理是共同的、简单的,即从人是利己的这一前提出发,把个人利益与个人业绩联系在一起,按贡献付酬。但当把这一原理应用于现实时就没那么简单了。现实世界的情况千差万别、千变万化,激励机制起作用的方式也各种各样。世界上没有放之四海而皆准的激励方式。一种激励方法是好还是不好,取决于它有用还是无用。正如一种药品好不好要看疗效好不好一样,判断一种激励机制是否成功,就看它能否提高工作效率。因此,在设计激励机制时一定要从实际出发,根据具体的实际情况采取行之有效的激励机制。换言之,成功设计激励机制的因素不仅仅是了解理论,还要了解实际情况,活用这些基本原理。

现在我国酒店业正处于转型发展的中期,酒店业的形态及结构还不是很标准化,所以,设计激励机制的唯一正确途径是从酒店业的实际出发,遵循有效、实用的原则。酒店业在不断发展,因而要建立一个与时俱进的激励机制。在一个小型饭店转向连锁饭店的同时,激励机制决不能一成不变。酒店是在不断的变革与创新中前进的,这种变革与创新也包括激励机制的变革与创新。

2. 多种激励机制的综合运用

酒店可以根据本酒店的特点而采用不同的激励机制,例如可以运用工作激励,尽量把员工放在他所适合的位置上,并在可能的条件下轮换一下工作岗位以增加员工的新鲜感,从而赋予工作以更大的挑战性,培养员工对工作的热情和积极性。日本著名企业家稻山嘉宽在回答"工作的报酬是什么"时指出"工作的报酬就是工作本身",可见工作激励在激发员工的积极性方面发挥着重要的作用。此外,还可以运用参与激励,通过参与,形成员工对企业的归属感、认同感,可以进一步满足员工自尊和自我实现的需要。

现代酒店管理具有科学性,更具有艺术性,人力资源管理是管理中的艺术,是运用更科学的手段、更灵活的制度调动人的情感和积极性的艺术,无论什么样的企业要发展都离不开人的创造力和积极性。因此,酒店一定要重视对员工的激励,根据实际情况,综合运用多种激励机制,把激励的手段和目的结合起来,改变思维模式,大胆构思设计,这样才能真正建立起适合自己酒店特色、时代特点和员工需求的开放的激励机制,点燃员工内心的工作热情之火,以此驱动员工在工作中有优良的表现,从而实现酒店所期望的最佳绩效。酒店只有在现代酒店管理中建立有效的激励机制,才能在如今激烈的竞争中生存、发展、兴旺。

二、激励的特点与作用

(一)激励的特点

1. 目的性

任何激励行为都具有目的,这个目的可能是一个结果,也可能是一个过程,但必须是一个现实的、明确的目的。所以从这个意义上讲,虽然一般来说激励是管理者的工作,但任何希望达到某个目的的人都可以将激励作为手段。

2. 主动性

激励是对人的需要或动机施加影响,从而强化、引导或改变人们的行为。作为激励对象的人类行为都是由某种动机引起的,而人类有目的的行为的动机都是出于对某种需要的追求。激励活动正是对人的需要或动机施加影响,从而强化、引导或改变人们的行为。因此,从本质上说,激励所产生的人的行为是主动、自觉的行为,而不是被动、强迫的行为。

3. 持续性

激励是一个持续反复的过程,是导向满足某些需要或动机的行为。未满足的需要是产生激励的起点,进而导致某种行为。行为的结果可能使需要得到满足,之后再产生对新的需要的追求。满足了一个需要可能会引起满足更多需要的愿望。激励是一个由多种复杂的内在、外在因素交织起来持续作用和影响的复杂过程,而不是一个互动式的即时过程。

4. 引导性

激励是人们内心对某种需要的追求,所以说,在激励过程中内因起着决定性的作用。但人不是孤立的,而是生活在特定的社会环境中的,这个环境对人的行动也起着影响作用。可以把人的行为(B)看成是其自身的特点(P)及所处环境(E)的函数,即 $B=f(P,E)$。

因此,为了引导人的行为、达到激励的目的,领导者既可以在了解人的需要的基础上,创造条件促进这些需要的满足,也可以通过采取措施改变个人行动的环境。

(二)激励的作用

在现代酒店的人力资源管理中,利用各种有限的但尽可能充分的条件激励员工,可以促使每个员工自发地、最大限度地发挥他们自己的聪明才智与潜在能力,可以提高员工对酒店的参与感和归属感,可以增加员工的群体意识,可以使他们保持充足的动力和高昂的士气,齐心协力为提高整个酒店的经济效益、实现酒店的目标而努力工作。

1. 能针对性强化那些利于酒店目标实现的需要

谈到人的需要不仅复杂,而且有时还相互矛盾。不仅不同种类的需要之间存在着矛盾,而且同类需要之间也存在着矛盾。激励工作要强化的是那些有利于酒店目标实现的人的需要,从而使其产生有利于酒店目标的行为。事实上,人们做出的选择往往是多种需要的调和与相互妥协。如何能在这种调和中去强化最有利于酒店目标实现的需要,这就涉及激励的艺术技巧问题。

2. 有利于将动机导向那些促进酒店目标实现的行为

强化了需要不一定就能得到预期的行为,因为可能有多种行为都能提供同一种满足。例如,酒店某一成员想要得到更多的报酬,他可以更加努力地工作,也可以考虑保持现状而业余再做一份工作,甚至可以跳槽到另一家收入更高的酒店,他也有可能会违反酒店的纪律,以不正当的手段谋取更高的收入。面对这种情况,管理者可以通过说服教育以及相应的激励措施来杜绝其不良动机,从而将其动机引导到对酒店目标有利的行为上来。

3. 有利于促进酒店提供完成目标的行动条件

要鼓励人行动就应该为他们的行动提供条件,帮助他们实现目标。任何酒店成员在实现酒店目标的过程中,都需要酒店向他提供必要的工作条件,当缺乏某些工作条件时,酒店成员的工作积极性就会受到极大的影响。激励的目的在于调动酒店成员的工作积极性,进而为实现酒店目标创造良好的条件。在激励过程中,调动酒店成员工作积极性的同时就是向其提供工作条件和改善其工作条件的过程。可见,为人们提供行动条件也是激励工作的重要作用。

4. 有利于吸引并留住人才

有效激励可以通过各种优惠政策、丰厚的福利待遇、快捷的晋升途径来吸引酒店所需要的人才,以满足酒店经营的需要,提高酒店的竞争力,从而提高酒店的经济效益。彼得·德鲁克认为,每一个酒店都需要三个方面的绩效:直接的成果、价值的实现和未来的人力发展,缺少任何一方面的绩效,酒店注定非垮不可。因此,每一位管理者都必须在这三个方面均有所贡献。在三个方面的贡献中,对"未来的人力发展"的贡献就是来自激励工作。

5. 有利于人才开发

激励是强化需要动机的手段,通过激励可以最大限度地调动人的积极性,挖掘员工潜力。准确而适度的激励,会大大增加下属的工作热情,激发其创造性与主动性,开发员工的潜在能力,促进员工充分地发挥其才能和智慧。科学的激励制度包含一种竞争精神,它的运行能够创造出一种良性的竞争环境,进而形成良性的竞争机制。在具有竞争性的环境中,酒店员工就会受到环境的压力,这种压力会转变为员工努力工作的动力。

第二节 员工激励理论

一、激励的内容理论

这类激励理论,根据对人性的理解,着重突出激励对象的未满足的需要类型,有两种思路。一种是从社会文化的系统出发,对人的需要进行分类,通过提供一种未满足的需要的框架,寻求管理对象的激励效率,称之为需要层次论;另一种是从组织范围角度出发,把人的需要具体化为员工切实关心的问题,称之为双因素理论。这两种激励理论形成于20世纪中期。后期还有与强调需要相关的成就需要理论。

(一)需要层次论

这一理论是由美国社会心理学家亚伯拉罕·马斯洛提出来的,也称为马斯洛需要层次论。

需要层次论主要试图回答这样的问题:决定人的行为的尚未得到满足的需要包括哪些内容?马斯洛深化了包括霍桑试验在内的其他关于激励对象的行为科学研究,通过对需要的分类,找出对人进行激励的途径,即激励可以看成是对具体的社会系统中未满足的需要进行刺激的行为过程。

马斯洛的需要层次论有两个基本出发点:①人是有需要的动物,其需要取决于他已经得到了什么、还缺少什么,只有尚未满足的需要能够影响其行为,换言之,已经得到满足的需要不再起激励作用;②人的需要都有层次,某一层次需要得到满足后,另一层次需要才出现。

为此,马斯洛认为,每个人都有五个层次的需要:生理的需要、安全的需要、归属与爱的需要、尊重的需要、自我实现的需要,如图 7-1 所示。

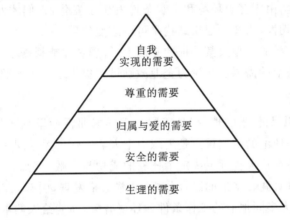

图 7-1 需要的层次性

生理的需要是任何动物都有的需要,只是不同的动物这种需要的表现形式不同而已。对人类来说,这是最基本的需要,如衣、食、住、行等。所以,在经济欠发达的社会,必须首先研究并满足这方面的需要。

安全的需要是保护自己免受身体和情感伤害的需要。它又可以分为两类:一类是现在的安全的需要;另一类是对未来的安全的需要。即一方面要求自己现在的社会生活的各个方面均能有所保证,另一方面,希望未来生活能有所保障。

归属与爱的需要包括友谊、爱情、归属及接纳方面的需要。这主要产生于人的社会性。马斯洛认为,人是一种社会动物,人们的生活和工作都不是孤立地进行的,这已由 20 世纪 30 年代的行为科学研究所证明。这说明,人们希望在一种被接受或属于某个群体的情况下工作,而不希望在社会中成为离群的孤岛。

尊重的需要分为内部尊重和外部尊重。内部尊重包括自尊、自主和成就感;外部尊重包括地位、认可和关注或者说受人尊重。自尊是指在自己取得成功时有一种自豪感,它是驱使人们奋发向上的推动力。受人尊重,是指当自己做出贡献时能得到他人的承认或认可。

自我实现的需要包括成长与发展、发挥自身潜能、实现理想的需要。这是一种追求个人能力极限的内趋力。这种需要一般表现在两个方面:一是胜任感方面,有这种需要的人力图控制事物或环境,而不是等事物被动地发生与发展;二是成就感方面,对追求这种需要的人来说,工作的乐趣在于成果和成功,他们需要知道自己工作的结果,成功后的喜悦远比其他任何报酬都重要。

马斯洛还将这五种需要划分为高低两级。生理的需要和安全的需要称为低级需要,而归属与爱的需要、尊重的需要与自我实现的需要称为高级的需要。高级需要是从内部使人得到满足,低级需要则主要是从外部使人得到满足。马斯洛的需要层次论会自然而然地得出这样的结论:在物质丰富的条件下,几乎所有员工的低级需要都得到了满足。

需要的多样性,是指一个人在不同时期可有多种不同的需要,即使在同一时期,也可存在着好几种程度不同、作用不同的需要。需要的层次性,应是相对排列,而不是绝对地由低到高排列,需要的层次应该由其迫切性来决定。对于不同的人在不同时期,感受到最强烈的需要类型是不一样的。因此,有多少种类型的需要,就有多少种层次不同的需要结构。需要的潜在性,是决定需要是否迫切的原因之一。人的一生中可能存在多种需要,而且许多是以潜在的形式存在的。只是到了一定时刻,由于客观环境和主观条件发生了变化,人们才发现这些需要。需要的可变性,是指需要的迫切性、需要的层次结构是可以改变的。

只有在认识到了需要的类型及其特征的基础上,管理者才能根据不同员工的不同需要进行相应的有效激励。马斯洛的需要层次论为企业激励员工提供了一个参照样本。

(二)双因素理论

这种激励理论也叫保健-激励理论,是美国心理学家弗雷德里克·赫兹伯格于20世纪50年代后期提出的。这一理论的研究重点是组织中个人与工作的关系问题。赫兹伯格试图证明,个人对工作的态度好坏在很大程度上决定了任务的成功与失败。为此,他对近2 000名白领工作者进行了调查。通过对调查结果的综合分析,赫兹伯格发现,引起人们不满意的因素往往是一些工作的外在因素,大多同他们的工作条件和环境有关,而能给人们带来满意情绪的因素,通常都是工作内在的,是由工作本身所决定的。

由此,赫兹伯格提出,影响人们行为的因素主要有两类:保健因素和激励因素。

保健因素是那些与人们的不满情绪有关的因素,如公司的政策、管理和监督、人际关系、工作条件等。保健因素处理不好,会引发对工作不满情绪的产生;处理得好,可以预防或消除这种不满情绪。但这类因素并不能对员工起激励的作用,只能起到保持人的积极性、维持工作现状的作用。所以保健因素又称为维持因素。

激励因素是指那些与人们的满意情绪有关的因素。与激励因素有关的工作处理得好,能够使人们产生满意情绪;如果处理不当,其不利效果顶多只是没有满意情绪,而不会导致不满。激励因素主要包括这些内容:工作表现机会和工作带来的愉悦感、工作上的成就感、由于良好的工作成绩而得到的奖励、对未来发展的期望、职务上的责任感。

这两类因素与员工对工作的满意程度之间的关系如图7-2所示。

赫兹伯格的双因素激励理论的重要意义在于它把传统的"满意-不满意"(即认为满意的对立面是不满意)的观点进行了拆解,认为传统的观点中存在双重的连续体:"满意"的对立面是"没有满意",而不是"不满意";同样,"不满意"的对立面是"没有不满意",而不是"满意"。这一理念对企业管理的基本启示是:要调动和维持员工的积极性,首先要注意保健因素,以防止不满情绪的产生,但更重要的是要利用激励因素去激发员工的工作热情、努力工作,创造奋发向上的局面,因为只有激励因素才会增加员工的工作满意感。

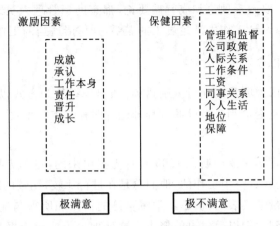

图 7-2　赫兹伯格双因素激励理论

不过,赫兹伯格的双因素理论也有欠完善之处。比如在研究方法、研究方法的可靠性以及满意度的评价标准这些方面,赫兹伯格这一理论都存在着不足。另外,赫兹伯格讨论的是员工满意度与劳动生产率之间存在的一定关系,但他所用的研究方法只考察了满意度,并没有涉及劳动生产率。

(三)成就需要理论

成就需要理论,也叫后天需要理论,由美国管理学家戴维·麦克利兰提出。他认为,在人的一生中,有些需要是靠后天获得的。换句话说,人们不是生来就有这些需要的,而是通过生活经验能够学习的。研究最多的有三种需要:①成就的需要,指渴望完成困难的事情、获得某种高的成功标准、掌握复杂的工作以及超过别人;②依附的需要,指渴望结成紧密的个人关系、回避冲突以及建立亲切的友谊;③权力的需要,指渴望影响或控制他人、为他人负责以及拥有高于他人职权的权威。

早期的生活阅历决定着人们是否获得这些需要。如果鼓励儿童做自己的事情,并且让他们接受强化培训,他们就会获得某种实现成就的需要;如果让他们加强形成温暖的人际关系的能力,他们就会发展出某种依附的需要;如果让他们从控制别人那儿获得满足,那他们就会获得某种权力的需要。

麦克利兰指出,有着强烈成就感需要的人,是那些倾向于成为企业家的人。他们喜欢比竞争者把事情做得更好,并且敢冒商业风险。而有着强烈依附感需要的人,是成功的"整合者"。他们的工作是协调组织中几个部门的工作。整合者包括品牌管理人员和项目管理人员,他们必须具有过人的处理人际关系的技能,能够与他人建立积极的工作关系。高归属需要者喜欢合作而不是竞争的环境,希望彼此间能够沟通和理解。而有着强烈权力需要的人,则经常有较多的机会晋升到组织的高级管理层。

例如,麦克利兰对美国电报电话公司的管理跟踪研究了十六年,发现那些有着强烈的权力需要的人更有可能逐步晋升。相比之下,有强烈的成就需要但没有强烈的权力需要的人,容易登上他们职业生涯的顶峰,只不过职位的组织层次较低。可见,成就的需要能通过任务本身得到满足,而权力的需要只能通过上升到某种具有高于他人的权力层次才能得到满足。

总体来说,激励的内容理论突出了人们根本上的心理需要,并认为正是这些需要激励人们采取行动。需要层次论、双因素理论和成就需要论,都有助于管理人员理解是什么在激励着人们。这样,管理人员可以设计工作去满足员工的需要,并付诸适当的工作行为。

二、激励的过程理论

激励的过程理论试图说明员工面对激励措施,如何选择行为方式以满足他们的需要,以及确定其行为方式的选择是否恰当。激励的过程理论有两种基本类型:公平理论和期望理论。

(一)公平理论

公平理论是美国心理学家亚当斯在1965年首先提出来的,也称为社会比较理论。这种理论的基础在于,员工不是在真空中工作的,他们总是在进行比较,比较的结果对于他们在工作中的努力程度有影响。大量事实表明,员工经常将自己的付出和所得与他人的进行比较,而由此产生的不公平感将影响到他们以后付出的努力。这种理论主要讨论报酬的公平性对人们工作积极性的影响。它指出,人们将通过横向和纵向两个方面的比较来判断其所获报酬的公平性。

主要理论观点:人们总是要将自己所做的贡献和所得的报酬,与一个和自己条件相当的人所做的贡献与报酬进行比较,在比较的基础上,感受自己是否享受公平的待遇。当 $\frac{自己的报酬}{自己的贡献} \geq \frac{别人的报酬}{别人的贡献}$ 时,个人的感受则是公平的。如果一个人的内心感受是公平的,其工作积极性即激励水平就高,反之,激励水平则低。

公平理论认为,在职业流动性很高的社会中,一个组织若要吸引现有职工继续留在本组织中,或者吸引更多的人加入本组织,至少必须做到贡献(个人付出的努力或投入)与诱因(个人所得的报酬或奖励)相平衡;但人们在缺乏评价其得到的报酬和付出的努力是否相当的客观标准情况下,常常是将其付出和所得的比率与他人的付出和所得的比率做比较,以此衡量其得到的报酬是否公平。比如,一个人可能对他每月800元的薪金感到满意,可一旦发现与他做相似工作的同事却比他多得了200元的报酬,其想法就会发生变化。由于人们借以做比较的标准是由个人选定的,所以公平与否的感觉实际上只是一种主观判断。人们在做公平比较时,通常出现的一个情况是,个人会过高地估计自己所付出的投入和他人所得到的报酬,这样个人就更容易感到不公平和不满足。鉴于公平的感觉常常产生于比较之中,目前有些公司在发放工资奖金时往往采取保密的"发红包"方式(实际很难保密),以避免员工在相互比较中产生不公平感。这是一种比较消极的对策。更积极的对策是,领导者对客观上确已存在的差别予以公开,同时向员工解释清楚产生差别的原因和领导有意拉开差别的意图,从而使员工们对这种差别感到心悦诚服,以此引导更多的人朝着领导所希望的方向付出更多的努力。

公平理论对企业管理的启示是非常重要的,它告诉管理人员,工作任务以及公司的管理制度都有可能产生某种关于公平性的影响作用。而这种作用对仅仅起维持组织稳定性的管理人员来说,是不容易觉察到的。员工对工资提出增加的要求,说明组织对他至少还有一定的吸引力,但当员工的离职率普遍上升时,说明企业组织已经对员工产生了强烈的不公平感,这需要引起管理人员的高度重视,因为这意味着除了组织的激励措施不当以外,更重要的是,企业的现行管理制度有缺陷。主管人员的主要职责就是运用各种方法和手段,使下属员工处于拥有公平感的心理状态。

公平理论的不足之处,在于员工本身对公平的判断是极其主观的,这种行为对管理者施加了比较大的压力,因为人们总是倾向于过高估计自我的付出,过低估计自己所得到的报酬,而对他人的估计则刚好相反。因此,管理者在应用该理论时,应当注意实际工作绩效与报酬之间的合理性,并注意留心对组织的知识吸收和积累有特别贡献的个别员工的心理平衡。

(二)期望理论

相比较而言,对激励问题进行比较全面研究的,是期望理论。这一理论主要由美国心理学家 V.弗鲁姆在20世纪60年代中期提出并形成。

期望理论认为,只有当人们预期某一行为能给个人带来有吸引力的结果时,个人才会采取这一行动。它对于组织通常出现的这样一种情况给予了解释,即面对同一种需要以及满足同一种需要的活动,为什么不同的组织成员会有不同的反应:有的人情绪高昂,而另一些人却无动于衷。有效的激励取决于个体对完成工作任务以及接受预期奖赏的能力的期望。

根据这一理论的研究,员工对待工作的态度依赖于对下列三种联系的判断。

1.努力-绩效的联系

努力-绩效的联系,即员工认为通过一定程度的努力而达到工作绩效的可能性。如果个人主观认为通过自己的努力达到预期目标的概率较高,就会有信心,就可能激发出很强的工作热情,但如果他认为再怎么努力都不可能达到目标,就会失去内在的动力,导致工作消极。实际上,能否达到预期的目标,不仅仅取决于个人的努力,还同时受到员工的能力和上司提供支持的影响。

2.绩效-奖赏的联系

绩效-奖赏的联系,即员工对于达到一定工作绩效后即可获得理想的奖赏结果的信任程度。如"当我达到这一绩效水平后,会得到什么奖赏?"这种奖赏既可包括提高工资、多发奖金等物质奖励,也包括表扬、自我成就感、同事的信赖、提高个人威望等精神奖励,还包括得到晋升等物质与精神兼而有之的奖励。如果员工认为取得绩效后能够得到合理的奖励,就可能提高工作热情,否则就可能没有工作的积极性。

3.奖赏-个人目标的联系

奖赏-个人目标的联系,即如果工作完成,员工所获得的潜在结果或奖赏对他的重要性程度。如这一奖赏能否满足个人的目标?吸引力有多大?由于人们各方面的差异,他们的需要的内容和程度都可能不同。因而,对于不同的人,采用同一种奖励能满足需要的程度不同,能激发出来的工作动力也就不同。

在以上这三种联系的基础上,员工在工作中的积极性或努力程度(激励力)是效价和期望值的乘积,即

$$激励力(M) = 期望值(E) \times 效价(V)$$

其中:激励力指激励水平高低的衡量标准;期望值指自己主观上估计实现目标、得到报酬的可能性;效价指个人对某一目标的重视程度与评价水平。

期望理论的基础是自我利益,它认为每一个员工都在寻求获得最大的自我满足。期望理论的核心是双向期望,管理者期望员工的行为,员工期望管理者的奖赏。期望理论的关键是,正确识别个人目标,正确判断三种联系(努力与绩效的联系、绩效与奖赏的联系、奖赏与个人目标的联系)。

激励过程的期望理论对管理者的启示是,管理人员如果处理好了以上三种联系,便可有效地激发下属的工作积极性。例如,在处理努力与绩效的联系方面,管理者可以在员工招聘时选

择有能力完成工作的人,或向员工提供适当的培训,在员工工作时,管理者向他们提供足够的支持。在处理绩效与奖励的联系方面,管理者应尽量做到以工作表现来分配各种报酬,并向员工清楚解释分配各种报酬的原则和方法,且奖励要公平。在处理奖励与个人目标的联系方面,管理者应了解各员工不同的需要,尽量向员工提供他们认为重要的回报。

三、强化理论

这种理论观点主张对激励进行针对性的刺激,只看员工的行为及其结果之间的关系,而不是突出激励的内容和过程。强化理论是由美国心理学家斯金纳首先提出的。该理论认为人的行为是其所受刺激的函数。如果这种刺激对他有利,则这种行为就会重复出现;若对他不利,则这种行为就会减弱直至消失。因此管理要采取各种强化方式,以使人们的行为符合组织的目标。根据强化的性质和目的,强化可以分为正强化和负强化两大类型。

(一)正强化

所谓正强化,就是奖励那些符合组织目标的行为,以使这些行为得到进一步加强,从而有利于组织目标的实现。正强化的刺激物不仅包含奖金等物质奖励,还包含表扬、提升、改善工作关系等精神奖励。为了使强化达到预期的效果,管理者还必须注意实施不同的强化方式。

有的正强化是连续的、固定的正强化,尽管这种强化有及时刺激、立竿见影的效果,但久而久之,人们就会对这种正强化有越来越高的期望,或者认为这种正强化是理所当然的。管理者要不断加强这种正强化,否则其作用会减弱甚至不再起到刺激行为的作用。另一种正强化的方式是间断的、时间和数量都不固定的正强化,管理者根据组织的需要和个人行为在工作中的反应,不定期、不定量实施强化,使每次强化都能起到较大的效果。实践证明,后一种正强化更有利于组织目标的实现。

(二)负强化

所谓负强化,就是惩罚那些不符合组织目标的行为,以使这些行为削弱甚至消失,从而保证组织目标的实现不受干扰。实际上,不进行正强化也是一种负强化,譬如,过去对某种行为进行正强化,现在组织不再需要这种行为,但基于这种行为并不妨碍组织目标的实现,这时就可以取消正强化,使行为减少或者不再重复出现。负强化包括减少奖酬或罚款、批评、降级等。实施负强化的方式与实施正强化的方式有所差异,应以连续负强化为主,即对每一次不符合组织的行为都应及时予以负强化,消除人们的侥幸心理,降低直至消除这种行为重复出现的可能性。

总之,强化理论强调行为是其结果的函数,主张通过适当运用即时的奖惩手段,集中改变或修正员工的工作行为。强化理论的不足之处,在于它忽视了诸如目标、期望、需要等个体要素,而仅仅注重当人们采取某种行动时会带来什么样的后果,但强化并不是员工工作积极性存在差异的唯一解释。

第三节 酒店员工激励的原则和策略

一、酒店员工激励的原则

激励措施是复杂多样的,且会受到各种内外因素的影响。激励措施有很大的风险性,在制订和实施激励措施时,一定要谨慎。遵循激励的原则,对在实践中正确应用激励手段去调动员工积极性有很大的帮助,能够取得事半功倍的成效。

(一)目标一致原则

在激励过程中,设置适当的目标是一个关键问题。目标设置既要体现酒店组织的整体任务要求,又要能够满足员工个人的需要,否则所设置的目标难以发挥其激励作用。只有将酒店组织目标与员工个人需要有机地结合起来,才可能收到良好的激励效果。酒店业是劳动密集型的服务性行业,需要每位员工紧密配合才能实现酒店的目标。酒店的这种特殊性,要求酒店人力资源部的主管人员在激励员工时,要树立明确的目标,使员工个人、班组、部门、群体与酒店内有关各方的需求统一起来,这样才能使激励员工取得良好的效果。

(二)物质激励与精神激励相结合原则

人的需要有物质需要与精神需要之分,激励方式应该把物质激励与精神激励有机结合起来,以物质激励为基础,以精神激励为重点,使二者相辅相成。

(三)内外激励相结合原则

从工作环境条件方面进行激励,是调动积极性的基本保障。而满足员工自尊和自我实现的需要,从工作本身激励员工,激发他们的工作自豪感、成就感,充分发挥他们的潜力,为其成长和发展创造条件的激励,所产生的工作动力则是最重要的。内外激励相结合,能够全面、充分发挥激励的功效。

【案例阅读】

一位厨师长的"内部粮票"

熊运辉先生是某四星级酒店的川菜厨房的厨师长,中等技术学校烹饪专业毕业。他先在一家三星级酒店工作,8年前经过艰苦努力,晋升为高级厨师,后调到该四星级酒店担任川菜厨房的厨师长。在今年的特级厨师职称评定中,他虽然实际操作技术得了95分,却在最后的报批中被淘汰。熊先生感到很沮丧。去年,他也曾报特级厨师职称,也因学历不够被拒绝。

熊运辉先生自中等技术学校毕业后,已工作近20年。他为人正派、工作主动积极、待人诚恳,在川菜烹饪技术上是一把好手,曾主持过很多中大型宴会,烹饪水平受到广泛好评,而且具有较强的厨房行政管理能力,担任该四星级酒店川菜厨房的厨师长也已达6年,但就是因为学历未达到大专以上毕业条件,所以未能评上特级厨师。

对于熊运辉先生的遭遇,酒店的领导都很重视。2年前,酒店已帮他联系了某旅游学院补上成人大专。为了更好地鼓励熊运辉先生的学习和肯定他的成绩,酒店领导和人事部门研究决定,对熊运辉先生采用"内部粮票",即在酒店内部承认熊运辉先生的"特级厨师"职称,工资待遇按特级厨师发放。待他成人大专毕业后,再转为国家承认的技术职称。熊运辉先生对酒店给他的特殊政策感到十分感动,内心深处受到极大鼓舞,决定更加主动和积极地学习和工作,为酒店餐饮部门做出更大的成绩。

(四)正负强化相结合原则

强化就是激励,以正强化为主,负强化作为威慑。奖惩适度既有助于员工自觉性、自信心的树立,又有助于改正错误、扶正祛邪,形成良好的组织氛围。奖励和惩罚会直接影响激励效果。

奖励过重会使员工产生骄傲和满足的情绪,失去进一步提高自己的欲望;奖励过轻会起不到激励效果,或者让员工产生不被重视的感觉。惩罚过重会让员工感到不公,或者失去对公司的认同,甚至产生怠工或破坏的情绪;惩罚过轻会让员工轻视错误的严重性,从而可能还会犯同样的错误。

在正强化的激励过程中,要公平、公正、公开,注意具体化,不要进行"做得好,工作出色"等笼统、模糊的概念奖赏。提到奖励就不能不提惩罚,慎用惩罚是至关重要的。虽说惩罚是一种激励手段,在一定条件下能够起到一定的积极作用,但管理者要记住:惩罚只是一种手段而非目的,不能滥用,否则,不仅起不到激励作用,反而会引起对抗情绪,不利于团队精神的形成。至于开除员工更应慎重。很多国内酒店管理者误认为外国酒店管理好的原因就是"严",可随便开除员工,其实并非如此。曾经被美国《酒店》杂志评为最杰出酒店经理的里茨·卡尔顿集团总经理舒尔茨先生就坚决反对动辄对员工炒鱿鱼的做法。他认为"反复培训新手是最大的浪费",而且"老主顾不喜欢新面孔"。这种想法正是现今国内酒店管理者应借鉴的。人才不是用来浪费的,而是用来保留和开发的。

(五)激励方式多样化原则

激励是以满足员工的需要为起点,但需要因人而异、因时而异。由于不同员工的需求不同,相同的激励措施起到的激励效果也不尽相同。即使是同一位员工,在不同的时间或环境下,也会有不同的需求。由于激励取决于内因,是员工的主观感受,所以,激励要因人、因时而异。只有满足员工的主导性需要,其激励强度才大。因此,不存在一劳永逸的激励方法。只有在掌握员工需要层次和需要结构的变化趋势的基础上,有针对性地采取激励措施,才能收到实效。在制订和实施激励措施时,管理者首先要调查清楚每个员工真正需要的是什么。将这些需要整理、归类,然后再制订相应的激励措施。

(六)激励公正原则

公正是激励的一个基本前提,缺乏公正的激励,奖罚不当,不仅收不到预期的效果,反而会造成许多消极后果,危害酒店组织。而所谓公正,就是要做到赏罚分明。公正性是员工管理中一个很重要的原则,任何不公的待遇都会影响员工的工作效率和工作情绪,影响激励效果。取得同等成绩的员工,一定要获得同等层次的奖励;同理,犯同等错误的员工,也应受到同等层次的处罚。如果做不到这一点,管理者宁可不奖励或者不处罚。管理者在处理员工问题时,一定要有一种公平的心态,不应有任何的偏见和喜好,不能有任何不公的言语和行为。

(七)整体需求原则

对酒店内不同工种、不同层次、不同职位、不同年龄结构的员工的各种需求是否给予激励,选择何种激励方式,必须根据酒店的实际情况,从酒店经营管理的整体需要出发,尽可能地满足员工的要求,使他们发挥应有的潜力,提高工作效率。

(八)积极引导原则

在激励员工的过程中,必须配以积极的、及时的、来自多方面的指导。任何一种行为在运作过程中都有可能发生偏差,及时指导、纠正这种偏差就显得十分重要。例如,当管理者激励员工为酒店创造出更高的经济效益而努力时,员工会想办法出主意通过各种途径来增加酒店的效益,其中难免会出现少数员工采取不正当手段,甚至非法途径来获得效益,而这种出自良好动机的行为往往会造成与愿望相反的结果,甚至会影响酒店的声誉。酒店人力资源部就应该以积极的态度指导员工及时纠正偏差,并注意保护员工的积极性,提高激励的成效。

(九)自我激励原则

激励的目的是为了激发员工的内在因素,使其内部因素对外界的刺激做出相应的反应。蕴藏在员工身心之中的内因只有当员工自己充分地认识其存在时,才能真正地体现出来。因此,激励必须首先帮助员工认识自我,使员工能够充分地认识到自己潜在的能力。其次,酒店各部门、各级主管都应该教育员工,使他们认识到,个人需求要得以满足,必须通过自己的不懈努力、勤奋工作才能变成现实。

二、酒店员工激励的策略

(一)员工激励方式

物质激励和精神激励都是重要的激励手段。他们通过满足员工的生理的需要、安全的需要、归属与爱的需要、尊重的需要和自我实现的需要,来调动员工的工作积极性。在实践中,酒店实施奖励的办法可根据单位、部门的具体环境与条件来制订。一般可采取物质奖励与精神奖励相结合的方法。

【案例分析】

王强是一个非常自信的人。他为金钱而工作,而且会为了更多的钱而更换工作。他的确为酒店努力工作,也期望酒店能回报他。在他目前的岗位上,他对1周40小时的工作强度没有什么不满,如果薪水是这样的话。他已成家,并且在供养他的母亲,他已经多次要求提薪,若下一个月他的雇主还不给他提薪的话,他准备毫不犹豫地辞职而去。

王强的前任上司彼得曾指出,尽管王强确实在酒店干得很出色,但王强的个性实在太强了,对于王强的请辞彼得并没有觉得很遗憾。王强的现任老板说,王强似乎总在不断地要求,如果不是为了更多的钱,那么就是为了更好的福利待遇,似乎他从来也不会满足。

如果王强是你的下属,你将怎样使他在本部门积极工作?你将如何激励王强?

1.物质激励方式

物质激励就是通过满足个人的物质利益需求,来充分调动个人完成组织任务、实现组织目标的积极性和主动性。经济人假设认为,人们基本上是受经济性刺激物激励的,金钱及个人报酬是使人们努力工作最重要的激励,酒店要想提高员工的工作积极性,唯一的方法是用经济性报酬。虽然在知识经济时代的今天,人们生活水平已经显著提高,金钱与激励之间的关系渐渐呈弱化趋势,然而,物质需要始终是人类的第一需要,是人们从事一切社会活动的基本动因。所以,物质激励仍是激励的主要形式。物质激励的方式如采取工资的形式或任何其他鼓励性报酬、奖金、优先认股权、公司支付的保险金,或在做出成绩时给予物质上的奖励。

1)发放奖金

发放奖金是最普遍采用的物质奖励的方法,但如果应用不恰当,如滥发奖金,不但起不到激励员工的作用,相反还会使员工片面追求物质刺激,形成不良风气。要使金钱能够成为一种激励因素,管理者必须把握好以下三点。

第一,金钱的价值不一。相同的金钱,对不同收入的员工有不同的价值。对于金钱,有些人会看得很重,有些人则看得不是太重。

第二,金钱激励必须公正。员工对他所得的报酬是否感到满意不是只看其绝对值,而要进行社会比较或历史比较,通过相对比较,判断自己是否受到了公平对待,从而影响自己的情绪和工作态度。

第三,金钱激励必须反对平均主义,平均分配等于无激励。员工的奖金必须要根据个人业绩来发放,否则酒店尽管支付了奖金,对他们也不会有很大的激励作用。

2)实物奖品

对先进员工颁发具有纪念性的实物奖品,一定程度上比发奖金更有意义。可是,滥发实物也会使奖励功能失去积极的效果。

3)晋级和加薪

对于工作表现优秀的员工,除了给予规定的奖励外,晋级和加薪也是必要的配套措施。但必须按照晋升职位的岗位要求来确定员工晋升资格,并经必要的审批手续,才可对员工予以晋级和加薪的激励。利用人们的上进心理,给予员工职位上的晋升,无疑是一种极为有效的方法。在酒店中及时给表现优秀且可塑的人才晋升机会,能够让员工眼前看到一片光明,会让他们感受到工作的价值。如果员工一直没得到重视,一直无法得到肯定,只会让人心灰意冷,寻找其他自我发展的机会,人才流失就在所难免了。除了对工作表现好的员工给予晋升外,管理者还可通过酒店内部调换员工的岗位来激励员工。有时个别管理者与员工之间有了矛盾,协调无济于事时将员工调换到其他岗位不失为一种好办法。因为员工不一定有错,如果坐视不管只会影响员工工作积极性,而起不到为企业带来效益的作用。通过调换岗位不仅可以充分利用人力资源,还可以激励员工,给酒店带来更大的收益。

4)满足多种需要的物质奖励形式

除了传统的奖金、奖品等物质奖励办法外,酒店可采用休假、赴外地参观、考察、旅游或疗养等形式,作为奖励先进员工的办法。这不仅能够调节员工的紧张情绪,而且能够开阔员工眼界,提高员工素质。

2.精神激励方式

传统精神奖励的形式,一般是颁发奖旗、奖状,授予称号,发布通告,书面表彰或召开员工大会通令嘉奖,也可在酒店员工杂志、报纸或广播中予以表彰。应用得当则能收到事半功倍的激励效果,但如果流于形式或滥用则失去其作用。

为提高精神激励的作用,应当把精神激励与员工的高级需要结合起来,才能收到更好的激励效果。在工作中,常采用的精神激励方式有以下几种。

【案例分析】

你如何激励汤姆?

汤姆是你的下属,你力求使他在本部门积极工作。

汤姆是那种令人难以理解的雇员。他的缺勤记录比平均水平要高许多。他非常关心他的家庭(他有1个妻子和3个小孩),而且认为他的家庭应该是他生活的中心。形容汤姆的最好描述就是"他是那种嬉皮士阶层的遗留份子",而且汤姆对那种文化的价值观深信不疑。由此,酒店能够提供的东西对他的激励作用非常小。他认为,工作仅仅是为他的家庭的基本需要提供财务支持的一种手段而已,除此之外很少有什么别的意义。总体来说,汤姆对本职工作尽职尽责,但所有试图让他多干点活儿的尝试都失败了。汤姆是一个友好而可爱的人,但对酒店而言他仅仅只是一个刚刚合格的员工。只要他的工作一达到业绩要求的最低标准,他就希望能去"干他自己的事"。

作为汤姆的上司,你将如何激励汤姆?

1) 目标激励

没有目标就没有管理,管理就是朝着目标步步逼近的过程。目标激励就是确定适当的目标,诱发员工的动机和行为,达到调动员工积极性的目的。正确而有吸引力的目标,具有引发、导向和激励的作用。一个人只有不断启发对较高目标的追求,才能启发自己奋发向上的内在动力。每个人实际上除了金钱目标外,还有如权力目标或成就目标等。管理者就是要将每个人内心深处的这种或隐或现的目标挖掘出来,并协助他们制订详细的实施步骤,在随后的工作中引导和帮助他们努力实现目标。当每个员工的目标强烈和迫切地需要实现时,他们就对酒店的发展产生热切的关注,对工作产生强大的责任感,平时不用别人监督就能自觉地把工作做好。另外值得注意的是,目标必须切合实际,并且要将部门目标转化为岗位及员工个人的目标,使酒店各项指标层层落实,每个员工既有目标又有压力,进而产生强烈的动力,努力完成任务。还应注意目标难度和期望值,这样目标激励才能产生强大的效果。

在目标激励的过程中,管理者要引导员工个人目标与酒店目标同向,使员工的个人切身利益与酒店的集体利益保持一致。设置既体现酒店的任务要求,又能满足员工个人的需要,把酒店要求与个人需要结合起来的酒店目标,是企业凝聚力的核心。如为了提高酒店的服务质量,酒店通过培训来提高所有员工的服务意识、服务技能、服务态度。

在应用目标激励时,管理者要注意目标效价和期望值的关系,尽量使二者保持较高水平,并让员工了解,只有在完成酒店目标的过程中才能实现个人目标,事业有了发展,效益有了提高,相应地员工的工资奖金、福利待遇才会有所改善,使大家真正感受到"店兴我富,店兴我荣"的道理,从而激发出强烈的归属意识和巨大的劳动热情。

2) 过程激励

人的自我实现需要的满足,是通过从事自己想干、能干的工作,从工作本身获得的。工作本身具有激励力量,特别是在各方面条件都较好的旅游酒店行业,员工十分关注工作本身的吸引力、创造性、挑战性,工作内容是否丰富多彩、引人入胜,在工作中是否会感受到生活的意义,在工作中能否取得成就、获得自尊、实现自我价值等。

为了更好地发挥员工的工作积极性,酒店管理人员要考虑如何才能使工作本身更有内在意义和挑战性,给员工一种自我实现感。管理者要进行"工作设计",使工作内容丰富化和扩大化,并创造良好的工作环境。用工作本身来提高员工积极性,就是为了更好地发挥过程激励的作用。此外,管理者还可通过员工与岗位的双向选择,使员工对自己的工作有一定的选择权。根据员工兴趣爱好,为其调整工作岗位等,均收到了较好激励效果。

3) 角色激励

角色激励就是让个人通过对角色行为规范的认识,自觉担负起特定角色应负的责任。"重任在肩",激发员工因为角色责任而努力工作。

4）荣誉激励

荣誉是对个体或群体的崇高评价，是满足人们自尊需要、激发人们奋力进取的重要手段。从人的动机看，人人都具有自我肯定、光荣、争取荣誉的需要。对于一些工作表现比较突出、具有代表性的先进员工，给予必要的荣誉奖励，是很好的精神激励方法。荣誉激励成本低廉，但效果很好。当然要侧重于集体荣誉，通过给予集体荣誉培养集体意识，从而产生自豪感和光荣感，形成自觉维护集体荣誉的力量。各种管理和奖励制度要有利于集体意识的形成，以形成竞争合力。

授予员工"先进工作者""礼仪小姐""五好标兵""礼貌大使""优秀青年"等荣誉称号，激励先进个人和集体，也激励更多有进取心的人。在酒店实际工作中，管理者可以灵活地运用荣誉激励手段。

5）兴趣激励

兴趣对人们的工作态度、钻研程度、创造精神的影响很大，往往与求知、求美和自我实现密切相关。在管理中重视兴趣因素会取得很好的激励效果。

在酒店内部，建立各种兴趣小组，吸收具有各种爱好的员工在一起活动，如为喜欢钻研技术、热心于技术革新的员工成立"技改小组"，不仅使他们能够满足自己的兴趣爱好，还可激发参与感、归属感，增加其主人翁责任感。许多酒店由工会出面，组织摄影、体育、舞蹈、棋类、书画、集邮等兴趣小组，使员工的业余爱好得到满足，增进了员工之间的感情交流，使员工感受到酒店的温暖和生活的丰富多彩，大大增加了员工的归属感、依赖感，满足了员工的社交需要，有效地提高了企业的凝聚力。

6）参与激励

员工参与酒店重大决策，建立"奖励员工合理化建议"制度，是行之有效的参与激励形式。在酒店中可能会听到员工这样的埋怨："反正也不关我的事，管那么多干什么？"似乎酒店利益对他们没有意义。其实每一个人都希望参与管理，酒店的员工也不例外，他们总想拥有参与酒店管理的发言权。因此，酒店管理者和人力资源工作者要善于给予员工参与管理、参与决策和发表意见的机会。要倾听下属的心声，因为决策的最终执行者还是下属员工。让员工参与管理能最大限度地激发员工的主人翁意识，把员工摆在主人的位置上，尊重他们，信任他们，把酒店的底牌交给他们，让他们在不同层次和不同深度上参与决策，吸收他们的正确意见，全心全意地依靠他们办好酒店。这在管理学中称为"参与激励"。现代人力资源管理的实践经验和研究表明，员工都有参与管理的要求和愿望，创造和提供一切机会让员工参与管理是调动员工积极性的有效方法。毫无疑问，很少有人参与商讨和自己有关的行为而不受激励的。因此，让员工适当地参与管理，给予员工发表意见的机会，尊重他们的意见和建议，既能激励员工，又能为酒店的发展获得有价值的知识。通过参与，员工形成对酒店的归属感、认同感，可以进一步满足员工自尊和自我实现的需要。

7）感情激励

感情激励就是对员工在工作上严格要求，同时在生活上给予关心和尊重，以"情"动人。感情因素对人的工作积极性有重大影响。感情激励就是加强与员工的感情沟通，尊重员工、理解员工、关心员工，与员工之间建立平等和亲切的感情，让员工体会到领导的关心、企业的温暖，从而激发出主人翁责任感和爱店如家的精神。所谓尊重员工，就是尊重员工在酒店的主人翁地位；理解员工，就是理解员工的精神追求和物质追求；关心员工，就是要心系员工，尽可能地解决员工的实际困难。高昂的士气必须要有必要的物质保障,在酒店就意味着要为员工创造良好的工作环境和生活条件。只有员工真正意识到自己受到了尊重,真正是酒店的主人,他们才会以主人翁的精神积极工作。采取这种方式并不意味着无时无刻都充满感情,有时"雪中送炭"所带来的情感震撼是不可估量的。感情激励的技巧在于"真诚"二字。常见的感情激励形式很多,如遇员工生日,领导亲自祝贺、送生日蛋糕、生日卡、举办生日晚会、生日舞会等,为员工排忧解难,为员工办实事等。

8) 榜样激励

模仿和学习也是一种普遍存在的需要,其实质是完善自己的需要,这种需要对青年尤为强烈。榜样激励是通过满足员工的模仿和学习的需要,引导员工的行为达到组织目标所期望的方向。榜样的作用是无穷的,管理人员要善于及时发现典型、总结典型、运用典型。通过具有典型性的人和事,营造典型示范效应,让员工明白提倡或反对什么思想、作风和行为,鼓舞员工学先进、帮后进。另外,酒店管理人员首先应从各方面严格要求和提高自己,通过各级管理人员的行为示范、敬业精神来正面影响员工。

榜样激励的方法是树立酒店内模范人物的形象,号召全体员工向模范学习。树立和宣传劳动模范时,切忌拔高、理想化,搞成"高、大、全",也不要躲躲闪闪,不敢充分肯定,使模范人物身上的光彩人为地淡化。这两种倾向都违背了实事求是的原则,因而都缺乏号召力、感染力。

9) 尊重激励

尊重是加速员工自信力爆发的催化剂,尊重激励是一种基本的激励方式。尊重各级员工的价值取向和独立人格,尤其尊重普通员工,会达到一种知恩必报的效果。上下级之间的相互尊重是一种强大的精神力量,有助于酒店员工之间的和谐相处,有助于企业团队精神和凝聚力的形成。有时听到"酒店的成绩是全体员工努力的结果"之类的话,表面看起来管理者非常尊重员工,但当员工的利益以个体方式出现时,管理者会以酒店全体员工整体利益加以拒绝,他们会说"我们不可以仅顾及你的利益"或者"你不想干就走,我们不愁找不到人",这时员工就会觉得"重视员工的价值和地位"只是口号。显然,如果管理者不重视员工感受,不尊重员工,就会大大打击员工的积极性,使他们的工作仅仅为了获取报酬,激励作用大大削弱。这时,懒惰和不负责任等情况将随之发生。

【案例分析】

你怎样使迪克在本部门积极工作?

迪克是你的直接下属,是一个讨人喜欢的家伙,迪克对酒店的规章制度和报酬制度都积极响应和执行,而且对酒店有很高的个人忠诚度。迪克的毛病在于他做事的独立性不是特别强。他对那些指派给他的任务完成得非常好,但他的创新精神不足,在自己干活时依赖性比较强。他还是一个相当内向的人,在与部门外的人士打交道时显得信心不足。这在某种程度上会对他的业绩带来一些伤害,因为他不能在短时间里把自己或本部门推销给别的部门或酒店的高层管理机构。

鉴于此,假如你是迪克的上司,你该如何激励迪克?

3. 激励的综合应用

在实际工作中,应该针对不同情况,从实际出发,综合地运用一种或多种激励手段,才能收到事半功倍的效果。这是因为人有多种需要,有物质的、精神的需要,有外在的、内在的需要,有生理、安全、社交、尊重、自我实现的需要,有生存、关系、成长的需要等。激励就是通过满足员工个人的需要来调动其积极性和主动性。酒店行业,特别是涉外旅游酒店,在工作条件、工资报酬、福利待遇等方面具有优越性,对于员工具有较强的吸引力。酒店组织应充分利用这一优势,激励员工的工作积极性。

1)为员工创造良好的工作环境

要充分利用酒店优越的设施与设备条件,使员工能在良好的工作环境中心情舒畅、精力集中地工作,从而激发他们的工作热情,使其能较好地完成本职工作。

2)创立宽松而融洽的人际环境

酒店管理人员要重视内部人际关系,注意改善领导作风,尊重和关心员工的工作和生活,搞好员工集体福利,解除后顾之忧。在员工遇到困难和挫折时管理者给予及时的鼓励与支持,使员工感到集体的温暖、组织的关怀。

3)工作安排得当,工资报酬合理

酒店的管理者在工作中应坚持各尽所能、按劳分配的原则,建立合理的工资及奖金分配制度,充分体现按劳分配、多劳多得的分配原则。

4)搞好员工培训,为员工个人发展创造条件

酒店在激烈的行业竞争中,要求提高员工业务素质,而广大员工有上进的需求。人力资源管理部门应针对员工的上进心,制订培训计划,鼓励员工通过培训获得个人发展的机会,激发员工的事业心,为酒店培养大批业务能力强、忠实可靠的员工。

5)注重酒店文化建设

以酒店精神、共同的价值观念来协调、激励每个员工的自主精神与创新意识,使他们齐心协力为完成酒店目标而奋斗。成功的酒店精神是酒店经营的精神支柱,是酒店对员工的向心力与凝聚力,是"酒店生存的基础、发展的动力、行为的准则、成功的核心"。卓越的酒店文化对员工的精神激励作用是难以估量的。

6)信任和尊重员工

要以人为中心进行管理,靠激发员工的积极性来改善酒店的服务质量,提高酒店的管理水平与竞争能力。相信人、尊重人,尊重每个员工的人格,承认员工的工作成绩和对酒店的贡献,员工才会感到工作的意义和自我的价值,从而提高他们的自信心与责任意识。

4. 酒店良好的激励机制的主要内容

酒店应该如何建立激励机制呢?酒店良好的激励机制主要包括以下四个方面的内容。

1)建立一支情绪积极高涨的工作团队

缺乏积极性的员工会无故缺勤、跳槽,更糟糕的是服务质量低下,这些方面都会使酒店遭受巨大的经济损失。当员工为他的工作所鼓舞时,他会竭尽全力确保顾客的需求得到满足,员工甚至会主动地提前考虑到顾客会有什么要求,做好回应顾客要求的准备。有工作积极性的员工会在点滴小事中表现出对顾客的关心。

2)奖励应符合员工需求

如果想通过奖励来调动员工积极性,那么就必须使奖励方式与员工当时需求层次相吻合。如果是用金钱去奖励那些追求自我价值实现的员工,则奖金不会使他们实现最佳自我价值的愿望得到增强。同样,如果用更多的责任和自主权而不是金钱去奖励那些生活没有基本保障的员

工,他们也不会因此而更努力地为酒店工作。

3)奖励要相对公平

合理的报酬可以导致工作满意度的增加及绩效的提高;不公平的报酬会使效率降低,人员流失率升高。所以,酒店管理人员应尽量给予员工酒店所能承担的最丰厚的报酬。要注意的是,员工感到报酬不公平时,就很有可能被别的酒店"挖走",同时单独给某个员工高薪时要慎重,该员工所在的工作团队成员会把自己的报酬和他相比,当他们觉得自己应该享受同样的待遇时,不公平的感觉就出现了。

4)奖励任务分配要恰当

优厚的待遇及优越的工作条件固然重要,但它们本身并不能激励员工发挥最佳水平。要达到更高水平的业绩,很多员工需要的是他们能够分配到感兴趣的任务。尽可能多地给员工额外的责任和控制的权力,尽量给员工分配他们所喜欢的任务,那样,他们就会从内心受到激励,从而发挥最佳的水平。

(二)员工的激励策略

1.人才模型

酒店的活力源于每个员工的积极性、主动性和创造性。由于人的需求多样性、多层次性,动机的反复性,有针对性的激励策略才能取得良好的激励效果。人才模型将人才分为4种类型,如图7-3所示。

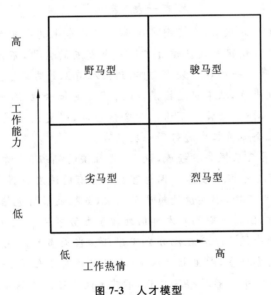

图 7-3　人才模型

2.激励对策

1)骏马型人才的激励对策

高热情、高能力,这是酒店最理想的人才。基本对策是重用,给这些人才充分授权,赋予更多的责任。

2)野马型人才的激励对策

低热情、高能力,这类人才一般对自己的职位和前程没有明确目标。对这类人才应有不同的应对之策:或挽救,或辞退。

不断鼓励、不断鞭策,一方面肯定其能力并给予信任,另一方面给予具体的目标和要求,必要时在报酬上给予适当刺激。特别要防止这些"怀才不遇"人的牢骚和不满感染到酒店其他员工,要与他们及时沟通。对难以融入本酒店文化和管理模式的员工,应趁早辞退。

3)烈马型人才的激励对策

高热情、低能力,这是较常见的一种人,尤其年轻人和新进员工。应该充分利用他们的工作热情,及时对他们进行系统、有效的培训,提出提高工作能力的具体要求和具体方法,调整其到最适合的岗位,或适当变动其职务。

4)劣马型人才的激励对策

低热情、低能力,这类人才应有不同的应对之策:或有限利用,或辞退。

不要对他们失去信心,但控制所花时间,仅开展小规模培训。首先激发其工作热情,改变其工作态度,再安排到合适岗位以利用其才能,如果仍不行,则辞退。

酒店的发展需要员工的支持。管理者应懂得,员工绝不仅是一种工具,其主动性、积极性和创造性将对酒店生存发展产生巨大的作用。酒店要取得员工的支持,就必须对员工采取激励措施。进行有效的激励行为首先必须了解员工的动机或需求。每个管理者要明确两个基本问题:①没有相同的员工;②不同的阶段有不同的需求。

【案例分析】

只有一把"尺子"

客房部黄经理接到主管的报告,说有个员工私拿工作车上的小肥皂、牙刷和浴帽。黄经理把那位服务员叫来,经查问,情况属实。该员工因一个朋友的索要,不好意思拒绝,便趁客房服务员在打扫房间时,偷偷藏了一些在口袋中,想不到被人看见并告诉了主管。根据酒店规定,由于那位员工以前一直表现尚可,从未犯过错误,黄经理决定扣除他50元奖金并警告一次,还在内部公布这一处分结果。对此,全体上下均认为合情合理,连受处罚员工本人也心服口服。客房部运用这一反面例子在全体员工中进行了一次教育。

半个月后,客房部主管又来报告黄经理,说10楼姓侯的领班(后称作小侯)在检查房间时,当着一位服务员的面拿了2小瓶洗发露。因为客房部原有的洗发露存货已全部用完,这次进的货是一种新产品,质量相当不错,小侯说她想试用一次,如果效果好也给家里买一些。黄经理接到这一报告后有点不相信,因为一则刚在本部门处理了类似事件,二则小侯入职时间更长,表现始终比较突出。于是他约小侯16:00在他办公室谈话。当天黄经理由于家逢喜事,心情舒畅。16:00,小侯来到黄经理的办公室,心里七上八下,责怪自己贪小便宜,一时糊涂,还不知道要受什么处分。"小侯,请坐下。别把脸拉得这么长,不就是两小瓶洗发露嘛!人孰能无过?认识到了就好,下次不要再犯了,好吗?"黄经理那轻松的心情让自己讲出来的话格外亲切。小侯没想到事情这么容易便解决了,她向黄经理保证此后再也不拿酒店任何一件东西。第二天,客房部员工纷纷议论开来,认为黄经理偏袒小侯,厚此薄彼,执法不公。

请问,你对黄经理前后两次处理问题的行为有何看法?

(三)激励管理措施

就员工的工作积极性而言,酒店的工作具有双重性:一方面,员工通过与客人打交道,看到自己的工作成绩被及时认可后会感到自我满足;另一方面,由于工作时间长、工作缺乏规律性、社会地位低下,而工作要求又极为严格,从而造成员工心理压力大,情绪容易有波动等。为了有效提高员工积极性,激发员工的工作热情,针对我国目前酒店管理的实际情况,在以上激励理论的基础上,可采取如下激励管理措施。

1. 增强员工的团队精神

团队意识或团体精神是一种现代管理理论。它往往包括企业文化、企业精神、企业哲学等内容,是指企业在发展中形成的一种基本精神、企业的凝聚力、员工的价值观念、信仰、行为准则等,也包括企业精神文明建设的系列规范化制度、有效措施和方法等。团体意识要求企业建立良好的环境、革新人的价值观念、树立榜样和健全企业的团体精神等。

团队精神是现代企业成败的关键和现代管理的灵魂。现实中,这一观点足以得以证实。法国拿破仑说过:"一支军队的实力四分之三靠的是士气。"日本之所以经济高速发展,产品畅销于全世界,其原因在于日本的企业不仅强调科技的作用,还重视员工对企业的忠诚、归属感与向心力,注重强化员工新的价值观念和人际关系,满足员工的心理需求等。我国很多酒店成功经营的实例也表明调整酒店的人际关系、树立团体意识、满足员工需求、增强员工的凝聚力,使员工形成与酒店共命运的思想都是经营成功的关键。

为了增强酒店的团体精神,管理者必须使出浑身解数。让员工参与,鼓励员工,发掘员工的潜能,从而减少相互竞争的"磨损",使员工相互协作达成工作目标。

【知识链接】

达成团体目标、促进团队意识的策略

1. 巧妙安排事前会议

在计划开始前,先弄清楚成员加入团体的意图。因为个人的考虑、想法往往会影响计划的结果。如果你和每位成员有非正式的共处,将有助于更深入的了解,例如,在共进午餐时轻松谈话。

2. 勾勒团体要达成的任务

团队的领导者,就是主要的统合力量。你必须在召开首次会议之前,就对团队的使命有非常清楚的构想,然后在会议一开始就陈述清楚,接下来一系列会议的方向就不会走偏。

3. 界定角色

当成员个人角色模糊不清时,就会发生权力斗争,为了避免不必要的敌对情绪,要清楚界定成员所扮演的角色。

4. 创造团队的认同感

给团队一个正式的名称,如此团队成员会比较看重自身的工作及团队的目标,也可以将进行的计划和目标公开,以加强组员的凝聚力。

5. 勾画游戏规则

一开始,你应该指出组员彼此的关系,使个人明了自己及他人如何为团队做贡献,也能促进成员互动的和谐,使得个人更能融入团队中。

6. 说话时,多用"我们"及"我们的"

如此不但可以强调每位参与者对团队的贡献及努力,也可增强成员与团队成果利害与共的想法。

7. 对工作计划不要过于保密

霸占相关资料不肯与人分享，反而对自己不利。通常应该让成员明了为什么要执行计划，而且要让每位相关人员充分了解工作计划的内容，而不只是重要干部。

8. 鼓励网状联系

在首次会议中，要明确规定团队联系的方式，以及多久见面一次。

9. 安排娱乐时间

仅仅通过"正式的聚会"，很难产生恰如所需的团体活力。一起共进午餐、晚餐及参加社交活动，可以使组员用较人性的方法彼此互动。

10. 强化团队意识

当团队表现好，应赞赏全体的努力，不要特别突出某个人的贡献。如果某人特别卖力，应在私下嘉许。

11. 善用幽默感

说笑话有时可以破除紧张，并提高团队的凝聚力。

12. 创造开放的气氛

自由自在的气氛是促使组员发展情谊与创意的重要因素。

2. 挖掘员工自身的激励因素

激励的效果决定于激励的手段和激励的对象这两个基本的要素。在研究和寻找有效的激励手段之前，首先要去真正地了解被激励的员工。

1) 认识你的员工

对于酒店管理者来说，认识自己所管辖的员工似乎并不是一件难事，通过工作过程的交流，双方都已十分熟悉。但是，作为管理者，不应将对员工的认识只停留在表面上，因为要想管理好员工，有效激发员工的积极性，就必须深入了解员工的心理需求。

管理者很容易将认识员工的工作简单化，认为在休息时间谈上两句，午餐时到员工的身边问上两个问题，而且认为员工之所以来工作的原因不外乎是为了养家糊口而已。管理者如此认识员工，则很难发现员工的内在需求，也就无法恰当地使用激励手段，使员工得到极大的激发。

认识员工的最佳方法是观察员工，观察其工作情况、对管理者的态度、对同事的态度及与同事的关系、对顾客的态度及与顾客的关系，其行为举止、谈吐表情，什么事情使其高兴、什么事情使其沮丧，在短暂的接触中其谈话内容是什么等。根据以上的观察，管理者要发掘员工的真正需要、欲望、动机和目前的状况等。同样，员工的工作能力、兴趣、爱好都是要观察的内容。但是，在观察员工的表现时，很多管理者容易误入歧途——形成一种打探员工隐私的怪癖。真正掌握观察员工的方法需要大量的实践，一旦掌握了这一方法，则对今后的领导工作大有裨益。

2) 考虑员工的需求

管理者通过观察和了解员工，不难认识不同员工的需求是什么。在此基础上，管理者应采取针对性措施考虑和处理员工不同的需求。例如，有些员工安全需求尚未满足，其表现往往是焦虑不安，对待这类员工，管理者要给予员工帮助，告诉员工其工作表现及你的期望，培训员工、反馈工作成绩等，都能有效消除员工的不安全感。特别对于新员工，这是使其迅速适应新工作的主要手段。

如果员工的社交需求尚未得到满足，管理者则要考虑以下几个方面。

其一,满足员工的被接受需求。这是指每一位员工都希望受到管理者的重视和尊重,因此管理者要与每位员工建立起一种彼此尊重的关系。尽管管理者与每一位员工的交往方式不一样,但是原则与标准应是一致的,决不能厚此薄彼、以貌取人、"一碗水端不平"。酒店管理者要以工作成绩作为主要的衡量标准,如一间收拾整洁的房间、一道佳肴等,都能够成为对员工的工作加以肯定的理由,从而使员工感到其在酒店内存在的价值。

其二,尊重员工的归属需求。为了强化员工的归属感,管理者要使员工在本职工作上取得成绩,如培训、指导、反馈、考核等都是促进工作取得良好成绩的方法。此外,管理者要与员工间建立起开放式的信息沟通网络,员工能与管理者畅所欲言,从而加强管理者对工作情况的了解,增强管理者对员工的信赖。如饭店设立合理化建议系统对于增强员工的归属感是十分有益的。

其三,尊重员工的非正式团体。只要这些非正式团体对酒店的目标实现无不利影响,就应尊重员工的选择、信任员工,不介入其团体之中。

3)针对年龄区别对待

年龄通常意味着员工的心智和能力。酒店是年轻人的天下,青年员工精力充沛、朝气勃勃,让酒店充满生机。年轻人在工作中具有求知欲强、冒险性强、情绪化等特点。管理者有效激励青年员工的方法是设置挑战性的目标,选择具有新鲜感的工作,强化奖励手段,给予必要的关心与帮助。古人云:"三十而立"。30岁的员工更加成熟,一般需要拥有稳定的职业,并取得工作成绩,自我实现的需求非常强烈。管理者激励手段则为加大工作责任、晋升职位、加薪以及提高其身份地位等。"四十而不惑",四五十岁的员工已进入不惑之年,他们更希望获得稳定的工作并受到同行的尊重。管理者通常应安排他们担任管理性、后勤性和员工的培训等类型的工作。

4)罚不迁列、赏不逾时

《司马法·天子之义》:"赏不逾时,欲民速得为善之利也;罚不迁列,欲民速睹为不善之害也。"意思是说,行赏要及时,让百姓及时得到为善的好处;行罚要当场,好让百姓迅速看到为非作歹的害处。赏和罚是古今中外将帅治军的一个重要手段,也是现代管理者的用人之道。在现代酒店管理中,惩罚和奖赏都是行之有效的激励手段。惩罚的形式和内容是多种多样的,有以剥夺或削减员工的收入为主的物质惩罚;也有如降职、公开处分等形式的剥夺或削减员工高级需求的精神惩罚。惩罚的关键在于客观、适度。奖励的效果取决于奖励的时间性和奖励形式的有效性。奖励并不一定是多花钱才有效果,管理者的口头表扬、对下属工作的认可、公司颁发的证书、公司发放的福利等都能激发员工的动力。

3. 工作激励

工作激励的激励效果取决于员工自身需求、所从事的工作和管理者的强化手段。

1)工作环境

工作环境不仅是指工作的物理环境,如卫生、气温、噪音、光线状况、设备等,更重要的是指工作的社会环境,如与管理者和其他员工之间的关系、工作时间、工资待遇、福利以及公司的规章制度等。这些工作的社会环境因素正是赫茨伯格双因素理论中所说的保健因素。无论保健因素是否具有激励作用,作为管理者来说,创造一个良好的工作环境是激励员工的首要任务。在工作的社会环境方面,管理者要重视开放的信息沟通系统的建立,与员工之间建立相互信任的人际关系,尊重每位员工的贡献,以及将工资和福利待遇提高到竞争对手的水平。

2)工作本身的激励作用

员工在完成工作的同时,满足了其兴趣和自我实现的成功欲,即高层次的需求。因此,工作本身也是具有激励作用。为了发挥工作本身的激励作用,在管理中要注意以下方面。

(1)人尽其才。这是指人与工作之间达到最佳组合,使人在其适当的工作岗位上发挥自己的能力与才干。这要求管理者深入了解每位员工,根据其兴趣、特点、能力等方面来安排工作岗位,人尽其才往往是最大的工作动力。

(2)工作丰富化。在此需要指出的是,在特定的工作条件下,改换工作方式、增加工作责任、简化工作、重新组合工作任务确实有助于员工积极性的调动。工作丰富化在实施初期可能会导致工作效率的下降,但是在经过一段时间的培训和工作适应之后,工作效率则会明显地提高。

(3)工作目标激励。如果酒店有了正确而又有吸引力的目标,就能激发员工奋发向上、积极工作的热情。应用目标激励方法应该注意目标效价与期望值,目标过高或过低都会降低员工的积极性。目标的制订要多层次、多方位,包括制订员工工作目标、晋升目标、嘉奖目标、业务进修目标、业余文体活动目标等。

(4)角色激励。这是指酒店的每位员工认识并担负起自己应负的责任,在强烈的责任感迫使下,使员工自主或主动地去工作。工作参与和授权是进行角色激励的主要手段。

4. 领导行为的激励作用

管理手段的使用者即领导是激发员工动机的第三大要素。领导者的激励手段不仅能够调动员工的积极性,而且能促使员工完成其本职工作。领导行为的激励主要表现在以下三个方面。

1)情绪激励

心境和情绪具有传递性和感染力,因此管理者的情绪也会对下属产生影响。管理者高昂的情绪、十足的信心和奋发的斗志往往能极大限度地调动员工的积极性。因此,管理者在要求员工具有积极性时,首先要自己情绪高昂。

2)期望激励

管理者充分信任员工并对员工抱有较高的期望,员工就会充满信心。如果管理者对工作只有75%的努力,那下属往往只会付出50%的努力;如果管理者付出100%的努力,下属可能会付出110%的努力。如果管理者仅要求员工较好地完成工作,员工可能会一般通过;如果管理者要求员工严格按照标准,一点不差地完成工作,员工更有可能保质保量地达到工作标准。这是因为管理者的期望直接左右着员工的动力。管理者要认识到对下属的期望是一种激励手段。当然,如果对下属期望值过高,员工可望而不可即,则无法激发员工的工作热情。

3)榜样激励

领导者的行为本身就具有榜样作用(如模仿作用)。我国自古就有上行下效之说。领导者自身无时不产生着一种影响力。为了引导下属,领导者必须树立起良好的榜样形象。领导者的好恶,不仅是他个人的事,同时也影响着下属的行为。我国汉初勇将李广是著名的骑射能手。他从汉文帝时起,经过景帝,至武帝时代,几乎参加了每一次抵抗匈奴的战争。李广为人廉洁,与士卒同吃共住,严于律己,以身为范。士兵以李广为榜样,团结互助,赴汤蹈火,效命忠诚。这一实例说明,管理者自身的榜样作用是无限的,要想有效地激励员工,管理者就不要忘记树立良好的榜样形象。

总之,激励是现代酒店管理的重要手段之一,酒店工作性质在很大程度上决定了激励的作用。现代激励与管理的理论很多,这些理论对现代酒店管理都有很大的指导意义。酒店管理者要结合自身的特点,广泛吸收现代激励理论的精华,采取行之有效的手段,有效激发员工的积极性与创造性,创造良好的经济效益。

本章小结

激励是现代管理学的核心。激励在人力资源管理中更具特殊意义,特别是在酒店业。管理者必须懂得如何激发员工的积极性、创造性,为其创造释放能量的环境,引导其达到规定的目标。现代激励理论已经不认为恐吓是激励的手段,而强调正确引导,满足员工社会交往、尊重及自我实现的需要,而有效调动员工的积极性,达到酒店的管理目标。激励方法既是管理的核心,又是现代酒店管理的方法之一,现代酒店管理应该将激励融于各项管理活动之中。

【课后作业】

一、名词解释

激励　需要层次理论　双因素理论　成就需要论　公平理论　期望理论　强化理论

二、简答题

(1)激励的作用有哪些?

(2)激励的过程理论的内容都有哪些?

(3)影响激励的因素有哪些?

(4)酒店员工激励的原则有哪些?

(5)酒店员工激励的方式有哪些?

(6)简述针对不同员工所应采用的激励策略。

(7)在酒店中,如何应用激励理论来有效地激励员工?

第八章 酒店员工薪酬管理

【学习目标】

掌握与薪酬有关的概念,包括薪酬、工资、奖金、福利等概念。
了解薪酬管理的功能。
掌握薪酬体系设计的基本原则,了解薪酬体系设计的基本流程。
掌握全面薪酬管理和宽带薪酬的内涵。
了解酒店工资制度的实施。

【案例导入】

某政府国企背景下的一家集餐饮、住宿、会议于一体的度假村酒店,地处风景宜人的偏远山区,企业定位为:不以盈利作为企业的第一目标,而以安全和高质量的服务为重。

由于其政府背景和国企背景的特殊企业性质,在强调接待服务质量的同时,又不能强调利润,导致企业员工的工资待遇不能完全市场化,薪酬的外部竞争性严重不足,另外,由于接待量的不确定,导致员工工作忙闲不均。此外,从现状薪酬上来看,同级岗位收入一样,无法将员工能力差别体现出来,能人得不到激励,懒人在组织中可以混日子,薪酬的内部公平性严重不足。

面对这些问题,企业领导希望通过薪酬改革来解决现有的矛盾。但是采取何种方式可以有效地提高员工工作积极性,实现工资能者多得,达到激励效果,成为企业领导深深思索的问题……

解决方案

通过对企业的深入研究分析,针对企业的特殊性质,在"保障为主、有限开放"战略的指引下,企业员工自身的工资待遇确实不具有市场竞争性,同时在国企背景下,内部公平性也有待进一步完善。

鉴于上述情况,专家人员分析,通过对外部同等级酒店行业薪酬的数据调查,为企业合理有效的薪酬提供数据支撑,同时,针对企业各个岗位的实际情况,为该企业设计了以责任、能力、贡献为导向的动态薪酬管理体系和理念,根据不同岗位特性进行工资档级的划分及岗位级别的划分,使得员工有成长的晋升空间。同时,根据企业实际情况,设计一个能体现不同岗位、不同能力等级的差异化的津贴模式,实现员工在多劳中可以多得,在能力提高中多得,在责任变大中多得,让员工不断提高个人能力的同时提高个人绩效,进而提高组织绩效,实现个人与组织绩效提升的双赢。

另外,在薪酬等级设计过程中,将员工的任职资格能力与薪酬等级的设计有机地结合起来,实现薪酬晋升有标准、员工成长有空间的目标,使得薪酬真正地与员工的责任、能力、贡献相挂钩。

针对该酒店薪酬体系中现存的问题，进行合理有效的薪酬改革。此次薪酬改革成功解决了酒店所遇到的问题，有效地提高了员工工作积极性，让员工在不断提高个人能力的同时提高个人绩效，进而提高组织绩效，实现个人与组织绩效提升的双赢。由此可见，进行合理有效的薪酬改革，对于酒店的发展是至关重要的。

课前思考

制订合理有效的薪酬体系，对于酒店的发展是至关重要的。酒店现行的薪酬体系，于外，薪酬竞争性严重不足；于内，公平性严重不足。面对这样的问题，企业领导怎样通过薪酬改革来解决现有的问题？如何进行合理有效的薪酬改革？针对酒店现存的问题，怎样进行合理有效的薪酬改革，可以有效地提高员工工作积极性？

第一节 薪酬管理概述

薪酬管理是人力资源管理活动中的一个重要环节。薪酬体系设计是否合理、公平，是否能吸引和留住优秀的员工是薪酬管理所需解决的问题。本章将对薪酬管理的基本内容、薪酬体系设计、薪酬的形式及管理误区、工资制度的实施等进行介绍。

所谓企业的薪酬管理就是企业管理者对本企业员工报酬的支付标准、发放水平、要素结构等进行确定、分配和调整的过程。传统薪酬管理的着眼点是在物质报酬方面，现代企业薪酬管理理念发生了重大的变化，其着眼点在人，即员工方面。在现代企业的薪酬管理中，人性化特色将更加浓厚，心理学、组织行为学知识将起到更大的作用。薪酬的含义将更加注重人的价值而不是工作的经济价值。现代薪酬管理将把物质报酬的管理过程与员工激励过程紧密结合成一个有机的整体。

薪酬管理是人力资源管理活动中重要环节。薪酬体系设计是否合理、公平，直接关系到企业是否能够吸引、激励和留住优秀的员工。众所周知，优秀的员工是企业最宝贵的资产。因此，有经验的企业管理者通常认为：经营好企业首先要经营好人力资源，而经营好人力资源首先要做好薪酬管理。

一、与薪酬有关的几个概念

薪酬是员工因向其所在单位提供劳动或劳务而获得的各种形式的酬劳或答谢，薪酬是劳动或劳务的价格表现。人们常常将薪酬狭义地理解为货币。实际上，薪酬的表现形式是多种多样的，主要包括工资、奖金、福利、津贴与补贴、股权等多种具体形式。支付方式除了货币形式和可间接转化为货币的其他形式外，还包括舒适的工作条件、职业保障、免费工作餐、参与决策的机会、学习成长的机会、充分展示个人才华的工作平台、感兴趣的工作、头衔、荣誉等。

工资有广义和狭义之分，广义的工资包括货币形式和非货币形式的报酬。狭义的工资是指以货币形式付给员工的报酬。从总体上讲，工资大致可以分为基本工资和激励工资两大部分。

奖金是单位对员工超额劳动部分或劳动绩效突出部分所支付的奖励性报酬，它随绩效的变化而变动，支付给那些符合奖励条件的员工。奖金表现形式包括红利、利润分享及奖金等。

福利是指单位支付给员工的除工资之外的劳动报酬,多以实物或服务的形式支付,如各种社会保险、带薪休假、免费工作餐、廉价住房、免费交通等。员工福利与工资一样是劳动所得,属于劳动报酬的范畴,但它不属于工资。它与工资存在如下的差别:工资金额与岗位需求、劳动者素质相关,而员工福利与之无关;工资随工作时间发生变化,福利则随员工人数发生变化;工资具有个别性、稳定性,而福利具有集体性和随机性。

津贴是指在工资难以全面、准确反映劳动条件、劳动环境、社会评价等对员工身心造成的不利影响或为了保证员工工资水平不受物价影响的情况下支付给员工的一种补偿。人们常常把与工作相关的补偿称为津贴,把与生活相关的补偿称为补贴。

二、薪酬管理的功能

(一)维持和保障功能

员工是单位劳动力要素的提供者,单位提供给员工的对其劳动的补偿可使员工消费各种必要的生活资料、支付部分学习培训费用和其他方面的费用,从而维持劳动力再生产。

(二)激励功能

酒店通过各种形式把收入与员工对酒店提供的劳动贡献联系起来,就可以激励员工朝酒店的发展方向努力工作。

(三)保值增值功能

薪酬是购买劳动力而支付的资本,这种资本可以为投资者带来预期大于成本的收益。

(四)优化配置劳动力资源的功能

薪酬可以调节劳动力的供求和流向,实现劳动力资源的优化配置。

三、薪酬管理的基本内容

(一)确定薪酬管理目标

具体来讲,确定薪酬管理目标包括建立稳定的、高素质的员工队伍;激发员工的积极性,创造高绩效;实现组织目标与员工个人目标的协调发展。

(二)选择薪酬政策

薪酬政策指酒店在员工薪酬上所采取的方针策略,即各个酒店根据自身情况选择合理的工资结构和工资水平。

(三)制订薪酬计划

薪酬计划是指酒店预计要实施的员工薪酬支付水平、支付结构及薪酬管理重点等。制订薪酬计划时要考虑如下要素:酒店的发展目标、酒店的支付能力、酒店对优秀人才的吸收力。

(四)调整薪酬结构

薪酬结构是指酒店员工之间的各种薪酬比例及其构成。薪酬结构的确定和调整要以公平和给予员工最有效的激励为宗旨。

第二节 薪酬体系设计

酒店要想吸引和留住高素质的人才,必须建立一套公平、规范、有效的薪酬支付体系,即要进行科学的薪酬体系设计。

一、薪酬体系设计的基本原则

(一)战略原则

酒店的薪酬制度要与酒店的发展战略相一致,反映出酒店的战略需求,并把这种需求转化为对员工的薪酬激励。

(二)公平原则

酒店的薪酬制度首先要让酒店内部员工对其表示认可,让他们觉得与酒店内部其他员工相比,其所得薪酬是公平的。为此,酒店薪酬管理者应深入了解员工对酒店薪酬体系的意见,从而制订透明、公平和富有竞争性的薪酬体系。此外,公平性还体现在与其他同类型的酒店相比,本酒店所提供的薪酬应该是适当的。

(三)激励原则

要根据员工的能力和贡献大小适当拉开其收入差距,让能力强、贡献大者获得较高的薪酬,充分调动他们的积极性,让低职位、低薪酬者产生努力工作、积极上进的动力,使酒店的薪酬制度达到最大限度地激励员工的目的。

(四)竞争原则

竞争原则指该酒店的薪酬在整个行业中是富有吸引力的,在人才竞争激烈的形势下,可观的薪酬可以达到吸引和留住优秀员工的目的。

(五)成本控制原则

酒店是劳动力密集型企业,人力成本占据了酒店经营成本的很大一部分,酒店要考虑人力资本的投入产出比率,在薪酬设计时要进行人力资本核算,把人力资本控制在一个合理的范围内,这是近年来酒店业普遍进行的开源节流、减员增效的重要举措。

(六)合法原则

薪酬设计要遵守国家的法律法规,如禁止雇用童工、最低工资限制、必需的保险项目等。

酒店发展阶段对应的薪酬策略如表 8-1 所示。

表 8-1 酒店发展阶段对应的薪酬策略

阶段 策略	酒店发展阶段			
	初创阶段	发展阶段	成熟阶段	衰退阶段
人力资源管理重点	创新、关键性人才加入、创业冲劲	招聘、培训	协调、沟通、人力资源管理技巧	减员、强调成本控制
经营战略	风险投资	以投资促进发展	保持利润,运用市场保护策略	收获利润及产业转换

续表

阶段 策略	酒店发展阶段			
	初创阶段	发展阶段	成熟阶段	衰退阶段
薪酬策略	注重个人激励	个人与集体激励并重	个人与集体并重	奖励成本控制
短期激励	股票	现金	分红、现金	
长期激励	股票期权	股票期权	股票	
基本工资	低于市场水平	与市场水平持平	高于市场水平	低于市场水平
福利	低于市场水平	低于市场水平	高于市场水平	低于市场水平

二、薪酬体系设计的基本流程

（一）制订薪酬原则和策略

作为薪酬设计的纲领性文件，酒店的薪酬原则和策略要在酒店的各项战略指导下进行，要集中反映各项战略的需求。薪酬策略应明确规定：酒店员工的价值、基本薪酬制度、薪酬分配原则及分配策略等，如工资拉开差距的标准，工资、奖金和福利费用的分配比例等。

（二）岗位设置与工作分析

工作分析是采用一定技术方法，全面调查和分析组织中各种工作任务、职能责任等情况，在此基础上对各种工作性质及其特征加以描述，并对担任工作所需要具备的资格条件进行规定，形成所有职务的说明与规定的文件。合理的岗位设置和科学的工作分析是做好薪酬设计的基础和前提，做好这一步骤将产生清晰的酒店岗位结构图和各岗位的工作说明书。

（三）工作评价

工作评价就是建立酒店的工作结构，是薪酬设计的核心内容。通过对各项工作进行分析和比较，可以准确评估各项工作对酒店的相对价值，由此作为工资等级评定和分配的依据。工作评价的目的就是要将工作岗位的劳动价值、劳动者的劳动贡献与工资报酬三者有机地结合起来，通过对职务劳动价值的量的比较，来确定酒店的工资结构，以达到薪酬的内部公平性。

（四）薪酬调查

为了使酒店的薪酬具有外部竞争性，酒店应对相关劳动力市场进行薪酬调查。通过调查，了解和掌握本地区、本行业的薪酬水平，特别是竞争对手的薪酬状况。同时要参照同地区同行业的其他酒店的薪酬水平，及时制订和调整本酒店的薪酬结构和对应工作的薪酬水平。这项工作主要包括薪酬调查的渠道（即从哪里获得数据），以及如何实施调查（即要调查些什么、怎样调查和处理所收集的数据等）。实施薪酬调查一般可分为明确薪酬调查目的、确定薪酬调查内容、确定薪酬调查渠道、设定薪酬调查范围等四个步骤。

1. 明确薪酬调查目的

酒店应首先确定薪酬调查的目的和调查结果的用途。一般来说，薪酬调查的目的有以下几点：一是帮助制订新员工的起点工资标准；二是帮助寻找酒店内部工资水平不合理的职位；三是帮助了解同行业其他酒店的调薪时间、水平和范围等；四是了解当地酒店业的工资水平，并与本酒店进行比较；五是了解当前工资动态与发展潮流。

2.确定薪酬调查内容

薪酬调查的主要内容包括:一要了解同行业其他酒店的薪酬水平;二要了解本地区的工资水平;三要调查工资结构,即被调查的职位的工资数量、形式和结构,包括所要建立的工资范围和实际工资范围、平均起薪、奖金形式,以及其他非货币报酬,如带薪假期、各种保险计划等。

3.确定薪酬调查渠道

酒店可从多种渠道得到工资资料或进行薪酬调查。

首先,酒店可以从公开的信息中收集相关资料,此外,还可以从其他酒店的招聘广告、人才交流部门发布的职位工资参考消息等公开途径收集材料。

其次,委托专业机构调查,如管理咨询公司、人才服务公司等。这种渠道可以满足酒店的特殊要求,简单易行,结果也比较客观公正,只是要支付较高的费用。

最后,酒店之间的相互调查。由酒店之间相互交流和共享薪酬信息是最经济、最可靠的方法,其成本低,信息沟通快,但由于同行业竞争的关系,有些信息不易收集。

4.设定薪酬调查范围

首先,确定调查对象,要注意对象的相关性和样本的代表性。其次,确定薪酬调查内容。薪酬调查一般不会针对所有工作,而应是针对关键性工作进行的。所谓关键性工作是指有着相对稳定的工作内容,这些工作在许多酒店都存在。一般来说,对于低薪或无专长的普通工种职位,薪酬调查以酒店所在地为调查地区即可,因为这类职位所需要的劳动力流动区域一般局限在当地;而对于酒店所需要的高薪管理或技术人才,则最好进行全国性的薪酬调查以利于留住这些人才;对于介乎两者之间的中低级管理或技术人员,可结合当地和全国的薪酬调查水平综合考虑。

对于薪酬调查的结果,可以用于酒店整体工资水平的调整、工资结构的调整、员工晋升政策的调整、某具体职位工资水平的调整等。

(五)工资结构设计

工作评价结果表明每一工作在本酒店相对价值的顺序、等级、分数或象征性值。工作完成的难度越大,对酒店的贡献也越大,其重要性就越高,相对价值就越大。让酒店内所有工作的工资都按统一的贡献率原则定薪,便保证了工资制度的内在公平性。当然,还需将外部因素即薪酬调查数据考虑进去,尽可能寻求两者的平衡。不同酒店的侧重点不同,因此可以形成不同的工资结构。

所谓工资结构是指一个企业的组织结构中各项工作的相对价值及其对应的实付工资之间的关系。其中,工资结构线是清晰和直观分析、控制企业工资结构的重要工具。将酒店内各个职务的相对价值与其对应的实付工资之间的关系用二维直角坐标系直观地表现出来,就形成了工资结构线。如图8-1所示,a线、b线、c线、d线代表的是4根典型的工资结构线。

理论上讲,工作的相对价值与实付工资之间是一种直线关系,即工作的相对价值越大,实付工资越高;相对价值越小,实付工资越低,两者之间成正比。图8-1中,a线和b线两条工资线都是单一的直线,说明采用这两种结构线的企业中所有工作都是按某个统一的原则定薪的,差别在于a线较陡,反映采用该工资结构的企业偏向于拉大不同业绩员工的收入差距;而b线较平缓,反映采用该工资结构的企业偏向于照顾大多数,不喜欢收入悬殊。图8-1中,c线和d线是两条折线,采用c线的企业对某一级别以上的员工给予的薪酬差距较大;采用d线的企业则降

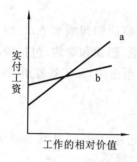 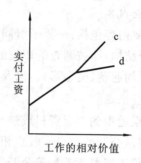

图 8-1 线性工资结构线

低了某一级别以上的员工薪酬差距。当然,现实生活中由于种种原因,工资结构线不一定是直线。

工作结构设计还可以用来检验已有的薪酬体系的合理性,为改善薪酬体系提供依据。如在图 8-1 中标出本酒店合理的工资结构线和实际各项工作的薪酬对应点,进行一一比较。然后对于那些偏离合理工资结构线的薪酬点所对应的工作的工资进行相应调整,尽量使其靠近酒店的合理工资结构线。

(六)工资分等和定级

将工资结构线上价值相近的各项工作合并为一个工资等级,这样,每个企业就可有若干个工资等级。工资分级的具体做法如下。

1. 确定工资等级数量

等级数量必须足以使不同难度的工作有所区分,但等级数量又不能太大。在工资总额一定的情况下,工资级别越多,级别之间工资差距就会越小,那些没有本质差别的工作得到不同报酬会损害工资政策的内部公平性;相反,如果划分的工资级数太少,那些在工作任务、工作责任和工作条件上差异较大的员工被支付相同工资,也会损害工资政策的公平性。实践表明,企业工资等级数量在 10~15 级之间比较合适。

2. 确定工资范围或薪幅

工资薪幅是指工资等级中最低值和最高值之间的差异。它反映了不同等级劳动报酬的变化规律,是确定各等级工资标准数额的依据。实际上,常以一个工资范围来定义每个工资等级,各个工资等级的工资范围必须相等或高等级工作的工资范围可按一定的比例增加,绩效高或资历深或两者兼有的员工可获得工资范围内最高水平。在多数工资结构中,两个相邻工资等级的工资会重叠,目的是使资深员工或高业绩员工获得比其高一个等级的非资深员工或低绩效员工相同或更高的工资水平。

3. 确定工资等级系数

工资等级系数是用来表示工资等级并进一步确定各等级工资数额的一种方式。

4. 确定工资等级线

工资等级线是指各工作职务的起点等级和最高等级间的跨度线。它反映了某项工作内部劳动的差别程度,如劳动复杂程度高或责任程度高,则起点线高,反之就低。

(七)薪酬方案的实施、修正和调整

薪酬方案重在落实,并在落实过程中不断得到修正、调整和完善。如工资调整一般包括两

部分:工资水平的调整和工资结构的调整。工资水平要根据经济发展和物价水平而做出相应的调整,一般来说,工资水平是呈刚性上升的。此外,酒店要定期对员工的工资结构进行调整,主要包括对工资标准与工资等级的调整。工资标准的调整主要是参考市场工资率的变动而进行调整,而工资等级调整的主要内容包括提高或降低高薪人员的比例,调整低薪员工的工资比例,调整工资标准和工资率等几个方面。

薪酬设计过程示意图如图 8-2 所示。

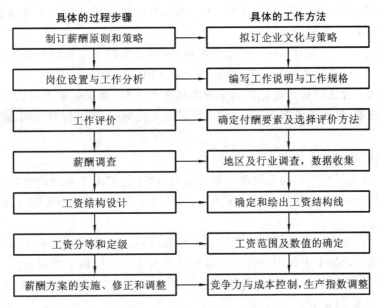

图 8-2　薪酬设计过程示意图

三、全面薪酬管理和宽带薪酬

(一)全面薪酬管理

现代薪酬管理是随着管理的变革而产生,并随着管理的发展而发展的。现代薪酬管理不是简单地对员工贡献的承认和回报,它是公司战略目标和价值观转化的具体行动方案,它突破了金钱与物质的范畴,间接收入和一些非经济性报酬在薪酬设计中的地位越来越重要。现代薪酬管理理论主要是通过全面薪酬管理体现出来的,全面薪酬管理适应了现有员工的工作理念和追求。全面薪酬管理是强调薪酬要素的享受和绩效密切关联的重要体现。

1. 全面薪酬管理的目标

全面薪酬管理要发挥应有的作用,应达到以下三个目标:效率、公平、合法。达到效率和公平目标,就能促使薪酬激励作用的实现,而合法性是薪酬的基本要求,因为合法是公司存在和发展的基础。

(1)效率目标。效率目标包括两个层面,第一个层面站在产出角度来看,效率目标是指薪酬能给组织绩效带来最大价值;第二个层面是站在投入角度来看,效率目标是指实现薪酬成本控制。薪酬效率目标的本质是用适当的薪酬成本给组织带来最大的价值。

(2)公平目标。公平目标包括三个方面:分配公平、过程公平、机会公平。

分配公平是指组织在进行人事决策、决定各种奖励措施时，应符合公平的要求。如果员工认为受到不公平对待，将会产生不满。员工对于分配公平认知，来自于其对于工作的投入与所得进行主观比较而定，在这个过程中还会与朋友、同事、同行、过去的工作经验等进行对比。分配公平分为自我公平、内部公平、外部公平三个方面。自我公平，即员工获得的薪酬应与其付出成正比；内部公平，即同一企业中，不同职务的员工获得的薪酬应与其对企业做出的贡献成正比；外部公平，即同一行业、同一地区或同等规模的不同企业中类似职务的薪酬应基本相同。

过程公平是指在决定任何奖惩决策时，组织所依据的决策标准或方法符合公正性原则，程序公平一致、标准明确、过程公开等。

机会公平指组织赋予所有员工同样的发展机会，包括组织在决策前与员工互相沟通、组织决策考虑员工的意见、主管考虑员工的立场、建立员工申诉机制等。

（3）合法目标。合法目标是企业薪酬管理的最基本前提，要求企业实施的薪酬制度符合国家、省区的法律法规、政策条例要求，如不能违反最低工资制度、法定保险福利、薪酬指导线制度等的要求规定。

2. 全面薪酬管理的主要内容

全面薪酬管理不仅能够提高薪酬的质量。同时，由于它扩大了薪酬的内容，通过经济和非经济手段帮助酒店与员工之间建立起伙伴关系，并让员工前所未有地享受到了个性化薪酬制度所带来的愉悦。

（1）基本工资。基本工资是指员工因完成工作而得到的周期性发放的货币性薪酬，其数额相对固定，酒店通常是基于组织中岗位的相对价值来为特定职位确定相对价值，并根据工作或员工的技术水平、付出的努力程度、工作的复杂程度、完成工作所承担的责任和工作环境等薪酬因素来确定基本工资的金额。

（2）可变薪酬。可变薪酬是指员工因部分或完全达到某一事先制订的工作目标来给予奖励的薪酬制度，这个目标是以个人或者团队或者酒店业绩或是三者综合的预定标准来制订的，其实质就是将薪酬与绩效紧密结合，可以看作是对基本工资的调整。不稳定性是可变薪酬的特征，它的潜在盈利与潜在风险是并存的。

（3）间接薪酬。间接薪酬（或称之为福利薪酬）是指员工作为酒店成员所享有的酒店为员工将来的退休生活及一些可能发生的不测事件等所提供的经济保障，其费用部分或全部由酒店承担，福利薪酬中有一部分是具有政府强制性的法定福利，如失业保险、社会保险等，另外一部分是自愿性的非固定福利，可由酒店自行设置福利项目以作为对法定福利的补充。

（4）非货币性外在薪酬。非货币性外在薪酬包括安全舒适的工作环境、良好的工作氛围和工作关系、引人注目的头衔、主管的赞美和肯定等。这里的工作环境指的是与工作融为一体的那些有形的必需品。而酒店营造良好的工作氛围、工作关系，体现酒店的认可和尊重等的常用形式包括：通过社交增进感情、旅游奖励、象征性奖励等。

（5）内在薪酬。内在薪酬相对于外在薪酬而言，实际上就是员工从工作本身所获得的"心理收入"，即对工作的责任感、成就感、胜任感，富有价值的贡献和影响力等。酒店可以通过工作设计、人力资本流动政策等来执行内在薪酬，让员工从工作中得到最大的满足。

（6）全面薪酬。全面薪酬不仅包括酒店向员工提供的货币性薪酬，还包括为员工创造良好的工作环境，以及工作本身的内在特征、组织特征等所带来的非货币性的心理效应。酒店向员工提供的全面薪酬，包括货币性薪酬和非货币薪酬两个部分。外在的货币性薪酬又包括直接薪酬与间接薪酬。简单地说,全面薪酬＝直接薪酬＋间接薪酬＋非货币性薪酬。

直接薪酬包括基本薪资(也称为固定薪资,如基本工资、绩效工资、津贴等)和奖金(也称为变动薪资,如股票期权等)。

间接薪酬主要指福利,由两部分组成:国家法定福利和酒店补充福利。以间接的方式提供外在的薪酬,是与劳动者的能力和绩效没有什么关系的收入,如社会基本保险、各类休假、酒店补充保险、其他福利、培训发展等。

非货币薪酬主要指来自工作本身、工作环境、身份标志、组织特征几个方面带来的心理效应。工作本身带来的心理效应包括工作的乐趣、工作的挑战性、工作的成就感、工作的责任等；工作环境带来的心理效应包括友好和睦的同事关系、领导者的品格与工作风格、舒适的工作环境条件等；身份标志带来的心理效应包括担任了令人尊敬的职位等；组织特征带来的心理效应包括组织在业界的声望、组织在业界的品牌与名气、组织在行业的领先地位、组织高速成长带来的机会与前景等。这些非货币性薪酬的心理效应同样是影响着人们进行工作选择和职业选择的重要因素,成为组织吸引人才、保留人才的重要手段。

(二)宽带薪酬

1.宽带薪酬的概念

宽带薪酬是酒店整体人力资源管理体系中薪酬管理的方法之一,是一种新型的薪酬结构设计方式,是对传统的带有大量等级层次的垂直型薪酬结构的一种改进或替代。

宽带薪酬始于20世纪90年代,是作为一种与企业组织扁平化、流程再造等新的管理战略与理念相配套的新型薪酬结构而出现的。

所谓宽带薪酬体系设计,就是在组织内用少数跨度较大的工资范围来代替原有数量较多的工资级别的跨度范围,将原来十几个甚至二十几个、三十几个薪酬等级压缩成几个级别,取消原来狭窄的工资级别带来的工作间明显的等级差别。但同时将每一个薪酬级别所对应的薪酬浮动范围拉大,从而形成一种新的薪酬管理系统及操作流程。宽带中的"带"意指工资级别,宽带则指工资浮动范围比较大。与之对应的则是窄带薪酬管理模式,即工资浮动范围小,级别较多。目前国内很多酒店实行的都是窄带薪酬管理模式。

在宽带薪酬体系设计中,员工不是沿着公司中唯一的薪酬等级层次垂直往上走,相反,他们在自己职业生涯的大部分或者所有时间里可能都只是处于同一个薪酬宽带之中,他们在企业中的流动是横向的,随着能力的提高,他们将承担新的责任,只要在原有的岗位上不断改善自己的绩效,就能获得更高的薪酬,即使是被安排到低层次的岗位上工作,也一样有机会获得较高的报酬。

2.宽带薪酬的功能

宽带薪酬与传统薪酬一样,对人具有维持、保障、激励功能,对企业具有保值、增值功能,对社会具有劳动力资源的再配置功能。

除此之外,宽带薪酬在以下几个方面表现出独有的特征与作用：

(1)宽带薪酬适应企业战略动态调整的需要;

(2)支持组织扁平化设计;

(3)关注员工技能和能力的提高;

(4)有利于职位轮换与员工职业生涯发展;

(5)促进绩效的改进；
(6)配合劳动力市场上的变化。

3. 宽带薪酬的优势

1)打破等级观念

宽带薪酬打破了传统薪酬结构所维护和强化的等级观念，减少了工作之间的等级差别，有助于酒店组织结构向扁平化发展，同时有利于酒店提高效率以及创造学习型的酒店文化，从而提升酒店的核心竞争优势和酒店的整体绩效。

2)重视个人

在传统等级薪酬结构中，即使员工能力达到了较高的水平，但是若酒店没有出现职位的空缺，员工仍然无法获得较高的薪酬。而在宽带薪酬体系下，即使是在同一个薪酬宽带内，酒店为员工所提供的薪酬变动范围增大，员工只要注意培养酒店所需的技术和能力，并在本职岗位上不断提高绩效，也可以获得较高的报酬。

3)利于职位轮换

宽带薪酬能培育员工在组织中跨职能成长的能力。在传统等级薪酬结构中，员工的薪酬水平与其所担任的职位严格挂钩，同一职位级别的变动并不能带来薪酬水平上的变化，但是这种变化又使得员工不得不学习新的东西，从而工作难度增加、辛苦程度增大。因此，员工往往不愿意接受职位的同级轮换。而在宽带薪酬体系下，由于薪酬的高低是由能力来决定而不是由职位来决定的，员工乐意通过相关职能领域的职务轮换来提升自己的能力，以此来获得更大的回报。

4)注重市场水平

宽带薪酬的工资水平是以市场调查的数据以及企业的工资定位来确定的。因此，薪酬水平应定期核对与调整，使企业更能把握其市场竞争力，同时，也能准确地完成员工成本的控制工作。

5)利于管理

实行宽带型薪酬结构设计，即使是在同一薪酬宽带当中，由于薪酬区间的最高值和最低值之间的变动比率至少有100%，因此，对于员工薪酬水平的界定留有很大空间。在这种情况下，部门经理就可以在薪酬决策方面拥有更多的权力和责任，可以对下属的薪酬定位提出更多的意见和建议。这种做法不仅充分体现了大人力资源管理的思想，有利于促使直线部门的经理人员切实承担起自己的人力资源管理职责，同时也有利于人力资源专业人员从一些附加价值不高的事务性工作中脱身，转而更多地关注对企业更有价值的一些高级管理活动，以及充分扮演好直线部门的战略伙伴和咨询顾问的角色。

6)推动工作绩效

宽带薪酬尽管存在对员工的晋升激励力度下降的问题，但是它却通过将薪酬与员工的能力和绩效表现紧密结合来更为灵活地对员工进行激励。在宽带薪酬体系中，上级对有稳定突出业绩表现的下级员工可以拥有较大的加薪影响力，而不像在传统的薪酬体制下，直线管理人员即使知道哪些员工的能力强、业绩好，也无法向这些员工提供薪酬方面的倾斜，因为传统的薪酬体制下的加薪主要是通过晋升来实现的，而晋升的机会和实践却不会那么灵活。此外，宽带薪酬结构不仅通过弱化头衔、等级、过于具体的职位描述以及单一的向上流动方式向员工传递一种个人绩效文化，而且还通过弱化员工之间的晋升竞争而更多地强调员工之间的合作和知识共享、共同进步，以此来帮助企业培育积极的团队绩效文化，这对于企业整体业绩的提升无疑是非常重要的一种力量。

4.宽带薪酬的劣势

1)晋升困难

实施宽带薪酬,会使员工晋升较以往更加困难。传统薪酬制度下的职位级别多,员工比较容易得到晋升。然而宽带薪酬体系下的职位级别少,员工很可能始终在一个职级里面移动,长时间内员工只有薪酬的变化而没有职位的晋升。而在我国,职位晋升对员工来说也是一种相当重要的激励手段,尤其对于知识型员工或薪酬达到一定水平的员工来说更是如此,晋升机会减少可能会导致员工士气低落而失去进取热情。

2)成本增加

在宽带薪酬体系下,经理在决定员工工资方面有更大的自由,因而使人力成本有可能大幅度上升。

3)入门层次较高

宽带薪酬不像平衡计分卡那样在具备一定管理基础的企业就可有效实施,宽带薪酬相对有较高的入门门槛。酒店要做好宽带薪酬,必须具备以下四个基本条件。

第一,酒店发展战略必须明确。

第二,良好的组织结构形式与组织发展相匹配。

第三,酒店治理结构相对完善。

第四,酒店在技术上具备良好的条件。

第三节 薪酬的形式及管理误区

做好酒店的薪酬管理不仅要有合理的基本薪酬制度,还要有适宜的薪酬形式。正确运用合理的薪酬形式,能更充分地发挥薪酬的经济杠杆作用。在酒店薪酬体系中,工资、奖金和福利是三个不可缺少的组成部分,它们发挥着各自不同的作用,工资具有基本的保障功能,奖金具有明显而直接的激励作用,福利则发挥着间接而重要的影响。

一、薪酬形式

(一)工资种类

1.计时工资制

计时工资制是根据员工的计时工资标准和工作时间来计算工资用以支付员工劳动报酬的形式。计时工资制是一种传统的工资制度,也是目前运用最普遍的一种工资制度。员工的工资收入是他的工作时间和工资标准的乘积。计时工资制根据计算的时间单位不同,可分为以下三种具体形式。

(1)小时工资制,即根据员工的小时工资标准乘以实际工作小时数来计付工资。小时工资制适用于非全日制工作或需要按小时计付工资的工作。

(2)日工资制,即根据员工的日工资标准和实际工作天数来计付工资。

(3)月工资制,即根据规定的月工资标准来计付工资,不论月份长短。

计时工资制简便易行、适应性强、适用范围广,其最大的特点就是并不鼓励员工把注意力仅仅集中在提高产品的数量上,它更注重的是产品的质量。酒店业属于服务性行业,众所周知,服务是较难用数量来衡量的,服务质量才是酒店生存的基础。因此,这种注重产品质量而不十分注重数量的计时工资制在酒店业得到了广泛的运用。当然,计时工资制也有明显的局限性,如它难以准确反映员工实际提供的劳动数量与质量,容易出现"干多干少一个样、干好干坏一个样"的现象,不利于提高员工的劳动积极性。

2. 计件工资制

计件工资制是根据员工生产的合格产品的数量或完成的作业量,按预先规定的计件单价支付给员工劳动报酬的一种工资形式。员工的工资收入是其完成的合格产品的数量与计件单价的乘积。

计件工资制能准确反映员工实际付出的劳动数量,能有效激发员工的劳动积极性,促进劳动生产率的提高,且计算简便。但是计件工资制也有其不可克服的局限性,如容易出现片面追求产品数量而忽视产品质量的现象。此外,计件工资制会使员工工作过度紧张,不利于员工的身心健康。因此,酒店不适于在所有部门和岗位采用此种工资形式,但在某些时候可以灵活参考此种计件工资方式,如旅游旺季,客人多而客房服务员不足的情况下,可以规定工资额按照所清扫的客房间数来计算,餐饮部服务员的工资按照其服务的客人数来计算等,以此来刺激员工的工作积极性。

(二)奖金

奖金是指支付给员工的超额劳动报酬和增收节支的劳动报酬,是对员工超额劳动的一种补偿。奖金作为基本工资制度的一种辅助形式,具有灵活性、及时性和明显的激励作用等特点。它可以弥补计时和计件工资的不足,特别是在鼓励员工在生产过程中提高质量、节约材料和经费、革新技术等方面发挥着重要的作用。

1. 奖金的类型

(1)根据奖金的发放周期可划分为月奖、季度奖和年奖。

(2)根据一定时期内发奖次数划分,有经常性奖金和一次性奖金。

(3)根据奖励范围来划分,有个人奖和集体奖。

(4)根据奖励的条件来划分,有综合奖和单项奖。综合奖是对员工的劳动贡献和劳动成绩进行全面评价后统一计奖。单项奖只对劳动成果中的某一方面进行专项考核。单项奖的主要形式有节约奖、安全奖、超额奖、质量奖、发明创造奖、合理化建议奖、技术改进奖等。

2. 采用奖金奖励的工作要点

(1)制订奖励指标。酒店不同部门应制订有针对性的奖励指标,如对于房务部、餐饮部等一线服务部门,可在成本节约、操作规范、劳动纪律、顾客投诉等方面设立奖励指标;对于营销部来说,客房销售量、利润率等是重要的奖励指标。

制订奖励指标时要坚持以下几个原则:要以酒店在某个时期的战略目标为导向;要坚持以员工的超额劳动为导向,多超多奖、少超少奖、不超不奖;要坚持具体量化的原则,奖金奖励一定要做到规范化、数量化和具体化,具有可操作性。奖金的标准一般应该规定在员工本人工资的20%~30%之内,不宜过高,也不宜过低。

(2)明确奖励范围和奖励形式。实施奖金奖励,必须明确受奖人员、奖励幅度和奖励周期。

如与酒店整体经济效益和社会效益有关的奖励,可采取年度奖的形式;而质量奖、顾客满意奖等可采取月奖或季度奖形式。

(3) 明确计奖单位。酒店中按劳动特点不同可以大致划分为两类计奖单位:独立计奖单位,指计奖指标明确的单位,如营销部、餐饮部等;平均计奖单位,指劳动成果不能准确计量的单位,如酒店中的职能部门、后勤部门等。

(4) 确定奖金总额。可以按照酒店超额利润的一定百分比提取奖金;也可以按客房销售量、成本节约量等来确定相应的奖金总额。

(5) 制订奖金分配方法。在对各岗位进行劳动评价的基础上,根据岗位贡献大小确定奖金系数,最后根据个人完成任务情况按系数进行奖金分配。

(三)津贴和补贴

津贴是指对工资等难以全面、准确反映的劳动条件、劳动环境、社会评价等对员工身心造成某种不利影响,或者为了补偿员工特殊或额外的劳动消耗,以及因其他特殊原因而支付给员工的一种补偿。人们常常把与工作相联系的补偿称为津贴,如岗位津贴、年功津贴、技术性津贴、保健性津贴、医疗卫生津贴等;与生活相联系的补偿称为补贴,如高温补贴,交通费补贴、伙食补贴、物价补贴等。津贴与补贴都是员工工资的一种补充形式。

一般来说,国家对某些津贴和补贴的种类、发放范围、标准有统一的规定,当然用人单位在遵守国家和省市政府等有关部门所制定的法律、法规的前提下,也可根据生产工作的需要,自行设立一些津贴和补贴项目。但是,在津贴的支付上一要防止津贴设置过滥,造成超额分配;二要避免随意取消员工津贴的现象发生,造成员工应该享受的津贴待遇不能兑现。

(四)福利

福利一般是指用人单位支付给员工的除工资之外的劳动报酬,往往不以货币形式直接支付,而多以实物或服务的形式支付。福利同工资一样是员工劳动所得,属于劳动报酬的范畴。但是,福利不属于工资,员工之间工资存在差别,而福利差别却不大。工资具有个别性、稳定性,而福利则具有集体性和随机性。

随着人们生活质量的提高,对福利的要求也越来越高,福利在现代酒店的整个薪酬体系中所占比重将越来越大。酒店通过建立科学、完善的福利制度,可以吸引和留住优秀的人才,提高生产效率,从而提高酒店的经济效益和社会效益。

酒店中常见的福利项目有以下几种类型。

(1) 金钱性福利:培训补贴、子女教育补助、生日礼金、结婚礼金、节假日补贴、超时加班费、住房补贴、交通补贴、药费报销或补助、工伤事故补偿费、社会保险、退休金、公积金、降温或高温津贴、海外津贴、解雇费等。

(2) 实物性福利:免费或廉租单身宿舍、免费工作餐、免费茶水或饮料、可供员工使用的文体设施。

(3) 服务性福利:上下班班车、子女入托服务、免费的培训、定期体检、免费订票服务、咨询服务等。

(4) 优惠性福利:福利分房、部分公费医疗、优惠使用酒店设施设备或服务、低息贷款等。

(5) 机会性福利:在职或脱产培训、带薪休假、有组织的集体文体活动、晋升机会、员工参与管理等。

（6）荣誉性福利：优秀员工称号、引人注目的头衔等。

酒店在实施福利计划时要注意与整体的薪酬计划配套，保持福利的合理比重。同时，还要考虑不同员工的不同需求，采取个性化的福利措施，如现在流行的所谓"自助餐式"的福利计划，即把每个员工的年福利总额设定在一个范围内，由员工自行挑选自己喜欢的福利形式组合。

【知识链接】

可能的福利选项

（1）保险：①健康和牙医保险；②人寿保险；③残疾保险；④事故死亡和伤残保险。

（2）患病补贴。

（3）家人照顾：①日托津贴；②家人照顾开支弹性津贴。

（4）带薪休息、休假和节日。

（5）家庭和医疗休假。

（6）雇员储蓄计划。

（7）退休计划：①利润分享；②股票认购计划；③雇员持股计划。

（8）健康护理和家人照顾开支津贴。

（9）健康计划。

（10）雇员协助计划。

（11）教育资助计划：①学生贷款计划；②父母贷款计划（为未独立儿童教育用）。

（12）银行折扣服务。

（13）弹性工作时间。

（14）名誉工会成员资格。

（15）健康照顾成员资格。

（16）奖励性或折扣食物/饮料/住房。

（五）分红

分红可视为奖励工资的一种特殊形式，但又与一般的奖励工资不同。一般奖励工资来源于成本，而劳动分红来源于酒店的利润。如果酒店的性质是股份有限公司，酒店员工可以参与酒店的利润分红。分红常以下几种形式进行。

1. 对利润的直接分红

这种形式是直接从利润中提取一定比例用于分红。利润分红的数额要看酒店获得利润的多少而定，分红数额可占基本工资的5%～50%不等。分红的方法有平分法、等级分配法、资历分配法、技术分配法等。

2. 以股票支付的利润分红

在股份公司制的酒店，允许员工以低于股票市场的价格购买股票，购买数额根据员工的资历和收入能力来定，并以法律文件的形式确定，使员工成为酒店股票的所有者。

3. 为特殊需要而支付的利润分红

特殊需要的分红，如帮助失业的员工、补助工伤员工，以及资助各种其他福利救济事业等。

二、薪酬管理的误区

(一)高估作为一种独立系统而存在的薪酬的作用

从总体管理流程来看,薪酬管理属于酒店人力资源管理的一个末端环节,它位于一系列人力资源管理职能之后,尤其是在职位分析与评价以及绩效管理等完成之后才能得到的一个结果。但是,薪酬管理的作用绝不仅仅是"分蛋糕"或者是论功行赏。薪酬分配本身既是一种结果,同时也是一种过程。进而言之,薪酬系统本身所规定的分配方式、分配基准、分配规则以及最终的分配结果,会反过来对进入价值创造过程的人的来源以及价值创造过程本身产生影响。也就是说,薪酬分配的过程及其结果所传递的信息有可能会导致员工有更高的工作热情、更强烈的学习与创新的愿望,也有可能导致员工工作懒散、缺乏学习与进取的动力。

目前,我国相当一部分酒店将薪酬当作对员工进行激励的唯一手段或者最重要的手段,相信"重赏之下,必有勇夫",只要工资高,一切都好办,认为只要支付了足够的薪水,酒店在人力资源管理方面就可以减少很多的麻烦,比如更容易招聘到一流的员工,员工更不容易离职,以及更便于向员工施加努力工作的压力等。在这些酒店中,薪酬往往成为酒店激励员工的一个撒手锏,加薪成为解决人的问题的一种最得心应手的手段。

根据双因素理论,薪酬主要属于一种保健因素而非激励因素,即高的薪酬水平可能会保证员工不会产生不满感,但是并不能自然导致员工产生满意感。事实上,这种情况在我国许多酒店员工尤其是那些受教育水平较高的人身上体现得非常充分。劳动力市场上很多人为了个人的能力发挥,以及寻求适应自己的酒店文化和领导风格而辞去高薪酬的工作,接受薪酬水平稍微低一些的工作。事实上,很多时候,当员工抱怨对于酒店的薪酬水平不满时,真正的原因并不一定是薪酬本身有问题,很可能是员工对于酒店人力资源管理系统的其他方面有意见。这时,加薪只是为员工在其他方面的不满所导致的心理损失提供一种补偿,丝毫不会产生酒店所期望的激励效果。

(二)薪酬结构零散,基本薪酬的决定基础混乱

从我国很多酒店的工资表上都能看到多达五六项、七八项甚至十几项的工资构成,看上去甚是复杂。究其原因,就在于许多酒店的薪酬体系设计是一种机械式的设计思路,认为薪酬中应当体现的某种因素比如岗位的重要性、技能水平、生活费用保障等,都必须在薪酬结构中单独设立这么一个板块。事实上,很多时候,酒店的薪酬构成被划分得越是支离破碎,员工的薪酬水平差异就越是不容易得到合理的体现,因为既然公司单独设立一个薪酬项目,那么所在员工必然要多多少少都拿一点。不仅如此,薪酬构成板块过多还会造成一种不利的后果,这就是,员工的薪酬水平高低到底取决于什么变得模糊了。员工既不清楚自己的工资与他人的有差异主要是什么原因造成的,也不清楚自己该如何通过个人的努力来增加薪酬收入,更看不到酒店的薪酬系统鼓励什么,以及薪酬系统与酒店的战略之间是什么样的关系。

从我国酒店的实际状况来看,对于管理类、事务类以及生产类的员工来说,以职位为基础的基本薪酬决定方式在现阶段是比较适用的。但是,需要指出的一点是,即使是在我国一些明确实行了岗位工资的酒店中,在岗位的界定和评价方面仍然存在很多误区。在我国的许多酒店中,作为基本薪酬决定依据的与其说是岗位,不如说是行政级别或者是人员类别,而不是真正意义上的经过分析和评价之后确定的岗位。比如说,很多酒店的部门经理都拿基本相同的薪酬,

理由是他们属于同一类岗位,但事实上,不同部门的经理所承受的压力以及对酒店战略目标的贡献是不一样的,可以说他们是在同一个行政级别上,却不能说他们属于同一个等级的岗位。

对酒店来说,对技术类人员实行以技能为基础的基本薪酬决定方式,可能是比较合理也比较有利的。但是在实行技能工资制的背景下,酒店必须制订出明确的技能等级评价标准以及再评价的方案,而不能搞成变相的论资排辈。目前我国酒店单纯依赖国家的职称评定系统来界定技术类人员技能等级的做法,已经远远适应不了人力资源管理的需要,酒店必须自行研究制订适用于本酒店技能资格的等级标准,并定期进行评价和重新评价,这样才能保证技能工资制真正落到实处。

(三)薪酬系统的激励手段单一,激励效果较差

在基本薪酬差距一定的情况下,薪酬对于员工的激励作用主要依靠两大主要工具,一个工具是绩效加薪,另外一个工具是奖金的发放。所谓绩效加薪,就是在员工现有基本薪酬的基础上,参考市场薪酬水平,同时主要根据员工的绩效评价结果,有时还要考虑员工所在部门的业绩以及整个公司的业绩,来增加员工的基本薪酬的一种做法。奖金也是一个主要与员工个人的绩效相关的现金奖励。但是两者之间存在较大的差异:绩效加薪会导致员工的基本薪酬不断提高,而奖金则大多一次性支付,奖金的发放并不改变员工的基本薪酬水平。绩效加薪具有一种刚性特点,尽管每次加薪的幅度不大,但是久而久之就可能导致酒店在不知不觉中,将员工的基本薪酬提高到对成本构成较大压力的地步。而与此同时,这种日积月累式的加薪也渐渐被员工们看成一种理所当然的既得权利,而不是一种激励性的力量。因此,酒店可以在绩效优异时支付较高水平的奖金,而在绩效不佳时适当控制奖金的发放,从而适当控制成本。

三、如何提高薪酬管理的满意度

员工对薪酬管理的满意程度是衡量薪酬管理水平的最主要指标。让员工对薪酬满意,使其能更好地为公司工作,是进行薪酬管理的根本目的。员工对薪酬管理的满意程度越高,薪酬的激励效果越明显,员工就会更努力地工作,于是就会得到更高的薪酬,这是一种正向循环;如果员工对薪酬的满意度较低,则会陷入负向循环,长此以往,会造成员工的流失。员工对薪酬管理的满意度,取决于薪酬的社会平均比较和公正度。

社会平均比较是指员工会将自己的薪酬水平与同行业同等岗位的薪酬进行比较。如果发现自己的薪酬高于平均水平,则满意度会提高;如果发现自己的薪酬低于平均水平,则满意度会降低。薪酬管理的主要工作之一就是对岗位的价值进行市场评估,确定能吸引员工的薪酬标准。

公正度是指员工把自己的薪酬与其他员工的薪酬进行比较之后所感觉到的平等程度。提高公正度是薪酬管理中的难点。实际上,人力资源部门不可能在这一点上做到让全体员工满意。许多公司之所以实行薪酬保密制度,就是为了防止员工得知其他员工的薪酬水平后,降低对薪酬管理公正度的认同。另外,如果没有对公正度的认同,员工会很难认同薪酬与绩效间的联系,从而降低绩效考评的效果。

提高薪酬管理的满意度可以从社会平均比较和提高公正度两个方面进行。建议将公司员工的薪酬水平定在稍高于同行业同岗位的薪酬平均水平之上,这样有利于员工的稳定和招募。

公正度是员工的主观感受,人力资源部门不要试图通过修订薪酬制度来解决这个问题。当

然，薪酬制度在不适应公司发展的需要时，可以进行修订，但它不是提高公正度的最有效办法。在解决这个问题上，人力资源部门应该将注意力集中在薪酬管理的过程中，而不是薪酬管理的结果上。

比如，在制定薪酬制度时，可以让员工参与进来。实践证明，员工参与决策能使决策更易于推行。一些老板和管理者担心，员工参与薪酬制度的制定会极大地促使政策倾向于员工自身的利益，而不顾及公司的利益。这个问题在现实中是存在的，但解决办法是让老板、管理者和员工一起来讨论分歧点，求得各自利益的平衡。实际上，员工不会因为自身的利益而导致不负责任的决策。

员工参与或不参与的区别仅在于：如果员工参与，在政策制定之际就会发现并解决问题；如果员工不参与，当政策执行时，同样会暴露出问题，但这时往往已丧失了解决问题的时机。

另外，人力资源部门还要促使老板、管理者和员工进行经常性的关于薪酬管理的沟通，促进他们之间的相互信任。总之，沟通、参与和信任会显著影响员工对薪酬管理的看法，从而提高员工对薪酬管理的满意度。

第四节 工资制度的特点和实施

工资制度是关于酒店定额劳动、标准报酬的制度，它是酒店内部多种分配的基础，是确定和调整酒店内部各类员工工资关系的主要依据。本节将探讨常见的几种工资制度的特点、实施要点和适用范围。

一、结构工资制

结构工资制的构成一般包括基础工资、岗位工资、技能工资、效益工资、浮动工资和年功工资六个部分。结构工资制可从不同侧面和角度反映劳动者贡献的大小，发挥工资的各种职能作用，调节灵活，有利于工资的分级管理。结构工资制适用范围广泛，目前我国很多中资、中外合资酒店实行的是这种工资制度。但是结构工资制也有缺点，如操作难度较大，管理工作也较复杂等。

实施结构工资制一般要经过以下几个步骤。

（1）将酒店全体员工的人数、工资、工作年限、学历、职称、技术等级、工作岗位、职务等登记造册，进行综合分析和归类分析。

（2）设计结构工资制的基本模式，确定工资单元的数量和每个工资单元所占比重。

（3）确定各个工资单元的内部结构，即按照岗位测评办法，确定岗位工资单元中各类岗位的顺序，如确定各岗位的岗差系数或每类岗位内部各等级的工资系数等，同时根据各工资单元内部结构的安排规定相应的技术业务标准、职责规范条例、劳动定额等各项要求，并制订具体的考核办法。

（4）确定各工资单元的最低和最高工资额，各单元薪酬总和不能低于本地区规定的最低工资标准。

（5）对结构工资制方案进行模拟测算、检验和适当的修改调整。

（6）最后进行结构工资的实施、套改工作，将员工原工资按照就近原则套入各工资单元。

二、技术等级工资制

技术等级工资制由工资标准、工资等级表和技术等级标准三个基本因素组成。通过对这三个组成因素的分析和量化,给具有不同技术水平或从事不同工作的员工规定适当的工资等级。技术等级工资制是一种能力工资制度,它的优点是能够引导员工钻研技术,缺点是不能把员工的工资与其劳动绩效直接联系起来。

实施技术等级工资制一般要经过以下几个步骤。

(1)划分与设置工种。按照规范化、实用性、精简统一、行业归口原则对工种进行设置,并对各工种的性质加以描述和说明。

(2)确定技术等级标准。根据国家统一颁发的技术等级标准,按照工资等级数目的要求,分别将初级、中级、高级技术标准细化。在酒店中,机电工程师、电脑工程师、注册会计师、高级别的厨师和宴会服务师、客房服务师、美容美发师等都有各自行业权威机构承认的技术级别,应该鼓励员工努力学习技术,踊跃参加技术职称评定,酒店可以参照已有的技术等级标准来确定相应的工资。

(3)酒店自行对员工进行内部的技术等级考核,确定其技术等级。酒店应对在省、市行业内技术大赛中获奖的员工在技术评级时应该给予适当的奖励。

(4)制订工资等级标准表和实施细则。

三、岗位等级工资制

岗位等级工资制是根据工作职务或岗位任职人员在知识、技能、体力和劳动环境因素等方面的要求来确定员工的工作报酬。员工工资与岗位、职务要求挂钩,不考虑超出岗位之外的个人能力。岗位等级工资制一般有三种形式:一岗一薪制、一岗多薪制和复合岗薪制。

实施岗位等级工资制一般要经过以下几个步骤。

(1)设立相应机构,配备人员,进行相关培训。

(2)对各个岗位工作实行标准化。

(3)对工作实际情况集中分析,做出规范记录,并制成工作说明书。

(4)对不同工作内容进行定量化评定和分类分级。

(5)参照市场工资率和已有数据计算岗位工资标准。

(6)制订实施细则。

四、职能等级工资制

职能等级工资制是根据员工所具备的完成某一特定职位等级的工作所要求的工作能力等级确定工资等级的一种工资制度。职能等级工资制主要有三种形式:一级一薪制、一级多薪制和复合岗薪制。职能等级工资制在人员工作的变换和调整上具有很强的灵活性,能充分适应市场的变化。

实施职能等级工资制一般要经过以下几个步骤。

(1)设立相应机构,配备人员,进行相关培训。

(2)对各个岗位工作实行标准化。

(3)对工作实际情况集中分析,做出规范记录,并制成工作说明书。

(4)进行职能分析,对不同职能进行定量化评定和分类分级。
(5)制订职能等级工资标准表。
(6)制订实施细则。

五、协商工资制

员工的工资额由酒店根据操作的技术复杂程度与员工当面谈判协商确定。工资额取决于劳务市场的供求情况和酒店的经营状况。酒店和员工都对工资收入保密,不得向外人泄露。协商工资制的优点是有利于调动员工的工作积极性,减少员工之间工资上相互攀比的现象,从而减少了矛盾;缺点是容易产生同工不同酬、以权谋私等不合理现象。

六、能力工资制

能力工资制根据员工所具备的能力向员工支付工资,员工能力不同,薪酬支付标准不同。在人力资源开发与管理中,能力多指一种胜任力和胜任特征,是员工具备的能够达成某种特定绩效或者是表现出某种有利于绩效达成的行为能力。

根据素质冰山模型(见图8-3),个人绩效行为能力由知识和技能、角色定位和价值观、自我认知、品质、动机这五大要素构成。技能指结构化地运用知识完成某项具体工作的能力,即对某一特定领域所需技术与知识的掌握情况。知识是指个人在某一特定领域拥有的事实型与经验型信息。角色定位指一个人对职业的预期,即一个人想要做些什么事情。价值观指一个人对事物是非、重要性、必要性等的价值取向。自我认知是个人关于自己的身份、人格及个人价值的自我感知。品质指个性、身体特征对环境和各种信息所表现出来的持续而稳定的行为特征。动机指在一个特定领域自然而持续的想法和偏好,它们将驱动、引导和决定一个人的外在行动。其中,技能和知识是"水面以上部分",是外在表现,是容易了解与测量的部分,相对而言也比较容易通过培训来改变和发展;而角色定位和价值观、自我认知、品质和动机是"水面以下部分",是内在的、难以测量的部分,它们不太容易通过外界的影响而得到改变,但是对个体的行为与表现起着关键性的作用。

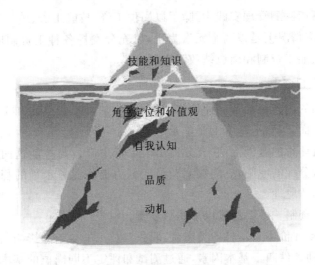

图8-3 素质冰山模型

能力工资制的理念是：你有多大能力，就有多大的舞台。能力工资制真正体现以人为本，给予员工足够的发展空间。如果员工的能力大大超过岗位工作要求，将给员工提供更高岗位工作机会；如果没有更高层次岗位空缺，也将对超出岗位要求的能力给予额外报酬。

七、绩效工资制

绩效工资制是以个人业绩为付酬依据的薪酬制度。绩效工资制的核心在于建立公平合理的绩效评估系统。绩效工资制可以应用在任何领域，适用范围很广，在销售、生产等领域更是得到大家认可。计件工资制、提成工资制都属于绩效工资制。

绩效工资制的优点如下。

(1)有利于个人和组织绩效提升。绩效工资制的采用需要对绩效进行评价，给予员工一定的压力和动力，同时需要上级主管对下属进行绩效辅导和资源支持，从而促进个人绩效和组织绩效的提升。

(2)实现薪酬内部公平和效率目标。根据绩效付酬，有利于打破"大锅饭"、平均主义思想，鼓励多劳多得，因而实现薪酬的内部公平以及提高效率这两个目标。

(3)人工成本低。业绩优异者获得较高报酬会给公司带来一定程度人工成本的增加，但是，优秀员工报酬增加一方面是以为公司带来价值为前提的，员工获得高报酬的同时公司获得了更多的利益；另一方面公司给予业绩低下者较低薪酬或淘汰业绩低下者，这会大大降低工资成本。

绩效工资制的缺点如下。

(1)短视行为。由于绩效工资与员工本期绩效相关，易造成员工只关注当期绩效而产生短视行为，可能为了短期利益的提高而忽略组织长远的利益。

(2)员工忠诚度不足。一方面，如果绩效工资所占比例过大，固定工资太少或者没有，由于保健因素的缺乏，容易使员工产生不满情绪；另一方面，这种工资制度不可避免会有员工被淘汰，员工流动率比较高。这两方面都会影响员工的忠诚度，影响组织的凝聚力。

八、组合工资制

组合工资制在酒店薪酬管理实践中，除了以岗位工资、技能工资、绩效工资等当中的一个元素为主要元素外，很多情况下是以两个元素为主，以充分发挥各种工资制度的优点。常见的组合工资制度有岗位技能工资制和岗位绩效工资制。

(一)岗位技能工资制

岗位技能工资制的内容包括劳动评价体系的制订、基本工资单元和工资标准的确定、辅助工资单元的设置等方面。其中，基本工资单元由岗位工资与技能工资两大部分组成。岗位技能工资制是建立在岗位评价的基础上，它充分突出了工资中岗位与技能这两个结构单元的特点。它更有利于贯彻按劳分配的原则，更能够调动员工努力提高业务水平的积极性。因此，岗位技能工资制具有极强的适应性。

实施岗位技能工资制一般要经过以下几个步骤。

(1)建立岗位劳动评价体系。将各类岗位、职务对员工的要求和影响归纳为劳动技能、劳动责任、劳动强度和劳动条件四个基本因素，通过测试和评定不同岗位的基本劳动要素，对不同岗位的规范劳动差别进行评价，并将其作为确定工资标准的主要依据。

(2)确立岗位工资单元。员工的岗位工资应按照酒店行业和岗位劳动评价总分数的高低,兼顾现有工资关系,在岗位归类的基础上区别确定,可以一岗一薪,也可以一岗多薪。

(3)确定技能工资单元。将员工分为技术性、非技术性和管理人员三类,设置不同等级和档次的技能工资。

(4)岗位技能工资标准的确定。合理确定基本工资的最低和最高标准后,再分别确定岗位工资单元与技能工资单元的比重,并注意保持各类员工基本工资的区间。

(5)辅助工资单元的设置。酒店可以根据实际需要设置一些辅助工资单元,如工龄工资单元等。

岗位技能工资制是以按劳分配为原则,以劳动技能、劳动责任、劳动强度和劳动条件等基本劳动要素为基础,以岗位工资和技能工资为主要内容的酒店基本工资制度。技能工资主要与劳动技能要素相对应,确定依据是岗位、职务对劳动技能的要求和雇员个人所具备的劳动技能水平。技术工人、管理人员和专业技术人员的技能工资可分为初、中、高三大工资类别,每类又可分为不同的档次和等级。岗位工资与劳动责任、劳动强度、劳动条件三要素相对应,它的确定是依据三项劳动要素评价的总分数,划分几类岗位工资的标准,并设置相应档次,一般采取一岗多薪的方式,根据劳动要素的不同,同一岗位的工资有所差别。我国大多数酒店在进行岗位技能工资制改革中,除设置技能工资和岗位工资两个主要元素外,一般还加入工龄工资、效益工资、各种津贴等。

(二)岗位绩效工资制

岗位绩效工资制在当前市场竞争中得到了广泛应用。为了激励员工,将员工业绩与收入联系起来是很多酒店采取的一种手段。

酒店的岗位绩效工资由岗位工资、薪级工资、绩效工资和津贴补贴四部分构成。酒店员工可分为专业技术人员、管理人员、技术工人、普通工人四个序列。

专业技术人员岗位工资根据本人现聘用的专业技术岗位来执行相应的岗位工资标准。管理人员按本人现聘用的岗位来执行相应的岗位工资标准。技术工人按本人现聘用的岗位来执行相应的岗位工资标准。普通工人执行普通工岗位工资标准。

薪级工资根据任职者工龄、任本岗位年限以及岗位等级确定,其实质是对岗位工资进行修正,对经验丰富者给予更多报酬。

绩效工资一般是上级主管部门核定绩效工资总量,由各单位自主制订绩效工资分配方案,可以采取灵活多样的分配形式和办法。

本章小结

薪酬不但关系到酒店的成本控制,还与酒店的产出和效益密切相关。虽然薪酬本身不能直接带来效益,但可以通过有效的薪酬战略及其实践,用薪酬交换劳动者的劳动,通过劳动力和生产资料结合创造出酒店财富和经济效益。这样,薪酬就与酒店的经济效益密不可分,对酒店具有增值功能。薪酬是酒店人力资源管理的工具。管理者可以通过有效的薪酬战略及其实践,反映和评估员工的工作绩效,即将员工表现出来的不同工作绩效,报以不同的薪酬,从而促进员工工作数量和质量的提高,保护和激励员工的工作积极性,以提高酒店的生产效率。薪酬的激励作用已受到越来越多管理者的重视,成为现代酒店治理中的研究重心,薪酬激励机制的合理与否关系到员工是否有积极性,关系到酒店的业绩好坏,甚至是酒店的未来发展好坏。

【课后作业】

(1)何谓薪酬管理?薪酬的功能是什么?
(2)酒店薪酬管理包括哪些内容?
(3)什么是全面薪酬管理?全面薪酬管理的目标是什么?
(4)计时工资的具体形式有哪些?
(5)什么是分红?分红的形式有哪几种?
(6)实施技术等级工资制一般要经过哪几个步骤?

【课外阅读】

导读

酒店行业平均工资处于末尾是存在了多年的事实,并且一直以来,酒店业的薪酬两极分化严重——酒店中高层收入高增长,酒店基层涨薪却非常慢,并且,国际、国内酒店的薪酬待遇以及不同地区酒店的薪酬待遇也存在较大差距。这种差距很有可能挫伤一部分低收入酒店从业人员的工作积极性,加剧人才的流失。

下面重点关注国际、国内酒店员工的薪酬情况和薪酬结构等问题,并做详细对比分析。

一、酒店薪酬行情

据迈点网的相关研究数据显示,56.68%的酒店从业者认为目前的薪酬水平一般,31.57%的酒店从业者对目前的薪酬不满意,只有11.75%的酒店从业者对目前薪酬水平表示满意。

国际、国内酒店从业者的年薪对比情况如图8-4至图8-7所示。

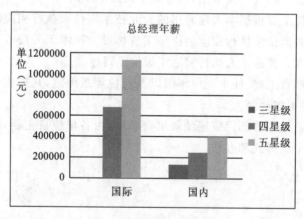

图8-4 国际、国内酒店总经理年薪对比

二、酒店薪酬结构

以广州某著名的五星级酒店为例,其薪酬分为13个等级:新入职员工通常从一线员工做起。一线员工的薪酬基本处于第十、十一、十二级,具体来说,新入职大专生的薪酬一般是十二级,新入职的大学本科生的薪酬一般是十一级,新入职的硕士研究生的薪酬一般是十级。

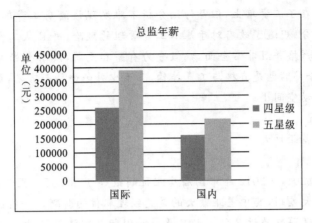

图 8-5　国际、国内酒店总监年薪对比

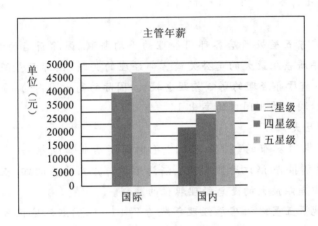

图 8-6　国际、国内酒店主管年薪对比

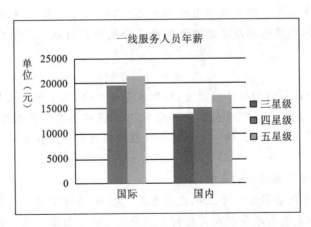

图 8-7　国际、国内酒店一线服务人员年薪对比

该酒店员工在酒店中的地位按照其职位被明确分配到不同的级别，这一级别直接对应员工在企业中所担负的工作责任和所享受的福利待遇。级别之间的差别影响不小，不仅薪水有所变化，保险、住房补贴、交通补贴等也有所变动。

该酒店给予员工的工资与员工的职位是直接挂钩的，五险一金和酒店给予的住宿方面的福利补贴也清晰地体现在了工资单上,但是仔细分析不难发现该酒店工资单中的其他信息:首先剔除了基本工资的部分,规避了政府对于基本工资管理的风险;并且从工资单中不难发现酒店对于员工的管理十分严格并且非常全面,病假分为有薪和无薪,没有全勤奖而有事假和病假的扣款;员工享有的宿舍补贴也是直接与工资挂钩,多退少补……总而言之,该酒店员工的薪酬不高,薪酬结构固定,浮动空间小。

三、薪酬对比状况

1. 国际国内酒店差距巨大

1)总经理薪酬

据迈点网发布的《2011—2012年中国酒店业薪酬报告-广东地区》显示,国际酒店与本土酒店在薪酬方面存在巨大差距,其中差距最大的是总经理职位的薪酬。一些国际酒店总经理年薪是国内本土酒店总经理薪酬的近2倍。尤其是一些国际品牌酒店聘请的外籍总经理的薪酬比国内的总经理薪酬高出许多。

2)部门经理薪酬

该报告还显示,广东五星级酒店各部门经理的平均薪酬,国际酒店的都比国内酒店的高。在经理级别中,平均年薪差距最大的是公关销售部经理的薪酬(国际五星级酒店的比国内五星级酒店的高出53%);前厅部经理的薪酬差距也较大,国际的高出国内的45.6%;薪酬差距最小的经理是娱乐部经理,国际的比国内的高出14%。

2. 不同地区差距巨大

记者通过对比迈点网发布的《2011—2012年中国酒店业薪酬报告-广东地区》和《2011—2012年中国酒店业薪酬报告-浙江地区》发现,浙江地区与广东地区的四、五星级酒店在薪酬方面存在巨大差距,其中差距最大的是总经理职位的薪酬。

报告显示,广东地区五星级酒店总经理年薪为714 000元,浙江地区五星级酒店总经理年薪为420 000元。也就是说,广东地区五星级酒店总经理的年薪是浙江地区的近两倍。另据显示,广东地区四星级酒店总经理年薪为494 400元,比浙江地区四星级酒店总经理年薪高出124 400元。相较而言,四星级酒店总经理年薪的差距没那么明显。不过广东地区的仍然比浙江地区的高出很多。

3. 两极分化严重

一直以来,酒店业的薪酬两极分化严重:经理级是分水岭,上下景观大相径庭。

据迈点网发布的报告显示,随着岗位等级越高,不同星级酒店的薪酬差距也越大,尤其是总经理职位;而经理级以下,主管级、领班级和员工级在不同性质酒店和不同星级酒店中的薪酬差距则比较小。

4. 不同所有制五星级酒店薪酬比较

不同所有制酒店之间在薪酬水平上也存在差距。例如,国有酒店基层岗位的薪酬水平与国际酒店的不相上下,但是其高级管理人员的薪酬水平远远低于国际酒店。民营酒店的薪酬水平则出现两极分化的情况,其基层岗位的薪酬水平远远低于国有酒店和国际酒店,但其高级管理人员的薪酬水平则有赶上国际酒店之势。

四、薪酬管理的挑战

综合以上分析可以发现酒店业人力资源方面的一些问题。目前,酒店行业各个地区的薪酬待遇差距较大,很有可能挫伤一部分低收入的行业从业人员的工作积极性。另外,职级划分较为明显,薪酬高低与岗位等级挂钩是普遍现象,由此产生的薪酬差距很大,最突出的是,高管和基层员工的薪酬差距越来越大。还有一点就是,有些酒店由于没有建立起科学的岗位分析、人才招聘与任用选聘制度,使得很多岗位人员配备与岗位要求不匹配,所以薪酬制度和绩效考核并不完善,导致一些人才的流失。

对于以上出现的薪酬制度和岗位激励等问题,酒店人力资源部可以从以下几个方面进行改进。

1. 建立多元化的薪酬体系

由于薪酬福利是影响人员流动最关键的因素之一。酒店行业主要采用的是"工龄型的基本工资+绩效奖金"的传统薪酬制度,工作分配考虑更多的是员工的等级地位,而忽略了岗位差异。若采用多元化的薪酬体系将会极大地调动员工积极性。具体来说,建立和完善岗位管理体系、优化组织结构是构建多元化薪酬体系的基础;而提高管理效率、建立绩效管理体系是实现多元化薪酬体系的途径;优化薪酬管理体系,激发人才潜能是人力资源管理的目的。

2. 可采用多样化的激励手段

酒店应在激励方面做到物质激励和精神激励并重。合理的精神激励可以使员工真正在工作中得到成就感和满足感。此外还要适当增加员工的物质奖励,真正使员工与酒店建立起利益共同体,以调动员工的工作积极性和最大限度地激发员工的潜能。

3. 建立有效的内部绩效考核体系

建立科学的考评方法,根据不同的员工职位标准,制订相关的工作绩效评估流程。酒店员工的工作绩效评估主要在三个方面,即业务能力、工作态度、工作业绩。是否有利于工作成果最大化和酒店总体工作效率的提高应作为最重要的考评标准。此外,绩效评估指标应落实到每一个岗位,对不同的职等、不同的岗位,其指标设定应各有侧重、区别对待,能够定量的尽量设置为定量指标,力求做到科学、合理、有效。

五、结语

"涨薪时代"是酒店业不得不面临的一个竞争环境,当酒店面临挑战的时候,只有那些不仅善于进行经营运作,还善于进行内部管理,以及运用有限的薪酬资源对人员进行激励的酒店才更易于立于不败之地。

第九章　酒店员工保护

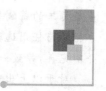

【学习目标】

了解劳动关系的含义及其主体。
了解员工和酒店的权利及义务。
掌握酒店劳动保护的定义及基本要求。
了解对女职工的劳动保护。
了解酒店员工的社会保障。

【案例导入】

今日的香港,银行多过米铺,餐馆多过银行。多少年来,香港许多餐馆开张不久之后就关门大吉,如昙花一现。怎样在餐馆业的激烈竞争中保持生存?其秘密之一就是经营者善于帮助职工解决困难,使职工忠诚可靠。

兰杜经营餐馆业的成功史,有力地证明了这一点。

企业之间互相挖墙脚的事经常发生,餐馆业也是这样。餐馆的服务员及厨师常被竞争者出较高工资拉走,可是,这种情形没有在兰杜经营的餐馆中发生过。顾客年复一年地光顾他的餐馆,侍者还是原来那一批人,至此大家成了老朋友。

为什么会有这样的情况出现呢?这是由于作为经营管理者的兰杜先生及其家人随时准备帮助有困难的职工,他认为忠诚是经营者和职工双方面的事。兰杜的餐馆有一些职工已经一连三代在餐馆里工作,因为在他们遇到困难的时候,兰杜一家不会不加理会,总是施以援手、尽力帮助。通过对员工的帮助,兰杜一家人与员工建立了超越工作的深厚感情,因此员工跳槽、另谋高就的事没有发生过。

1945年第二次世界大战结束后,位于香港中区的兰杜的餐馆恢复营业。开始时因人手不足,营业困难。不过,旧日的员工很快就一个接着一个回来了。首先回来的是在香港幸存的员工,接着是离开香港到澳门去了的员工,最后是那些在中国内地度过了战争岁月的员工。当时,兰杜的餐馆没有现款发薪水给员工,但兰杜先生愿意把每一天赚得的钱和员工分账。在广大员工的积极合作下,餐馆的生意终于一步步地恢复了起来,不仅战争前的老顾客旧地重临,还吸引许多新的顾客,兰杜的餐馆又重新成为香港商业中心区一家顾客常满、座无虚席的知名餐馆。

兰杜家族在香港经营餐饮业,时间已经超过了半个世纪。身为一个家族企业的负责人、三家餐馆总管的兰杜先生说,他虽然"入厨几十年,不懂烹调法",却经营有术,懂得如何处理好与员工之间的关系,上下同心,彼此忠诚,从而使三家餐馆的业务历久不衰、保持兴旺,成为目前在香港外国人经营的家族餐馆中的历史最长、名气最大的餐馆。

思考

（1）兰杜先生认为忠诚是经营者和职工双方面的事，对此你有什么看法？

（2）兰杜的餐馆是目前在香港外国人经营的餐馆中历史最长、名气最大的餐馆，你认为它经久不衰的原因在哪里？

（3）你认为一个酒店需要建设怎样的劳动关系？

第一节 酒店劳动关系管理

一、劳动关系的含义及其主体

（一）劳动关系的含义

劳动关系又称为劳资关系，是指劳动者与用人单位（包括各类企业、个体工商户、事业单位等）在实现劳动过程中建立的经济关系。从广义上讲，任何劳动者与任何性质的用人单位之间因从事劳动而结成的社会关系都属于劳动关系的范畴。从狭义上讲，现实经济生活中的劳动关系是指依照国家劳动法律法规规范的劳动法律关系，即双方当事人是被一定的劳动法律规范所规定和确认的权利和义务联系在一起的，其权利和义务的实现，是由国家强制力来保障的。

《中华人民共和国劳动法》（简称《劳动法》）中所规范的劳动关系主要包括以下三个法律特征：①劳动关系是在现实劳动过程中所发生的关系，与劳动者有着直接的联系；②劳动关系的双方当事人，一方是劳动者，另一方是提供生产资料的劳动者所在单位；③劳动关系的一方劳动者，要成为另一方所在单位的成员，要遵守单位内部的劳动规则以及有关制度。

（二）劳动关系的主体

劳动关系主体是指劳动关系的参与者。从狭义上讲，劳动关系的主体包括两方：一方是员工或劳动者以及工会组织；另一方是雇主方或管理者以及雇主。从广义上讲，政府是广义的劳动关系的主体，因为在劳动关系发展过程中，政府通过制定、实施法律对劳动关系进行调整。

劳动关系中的一方应是符合法定条件的用人单位，另一方只能是自然人，而且必须是符合劳动年龄条件，且具有与履行劳动合同义务相适应的能力的自然人。当然，由于劳务关系主体类型分为很多种，劳动关系的员工方面也可以是由自然人组成的员工团体。在我国，员工团体主要指的是工会和职工代表大会，还有一些类似于工会的由共同利益、兴趣或目标而组成的员工协会或职业协会等。

二、劳动关系的主要内容

劳动关系的基本内容包括劳动者与用人单位之间在工作事件、休息时间、劳动报酬、劳动安全、劳动卫生、劳动纪律及奖惩、劳动保护、职业培训等方面形成的关系。此外，与劳动关系密不可分的关系还包括劳动行政部门与用人单位、劳动者在劳动就业、劳动争议及社会保险等方面的关系，以及工会与用人单位、职工之间因履行工会的职责和职权，代表和维持职工合法权益而发生的关系等。

简单地说，劳动关系中需要明确的就是员工与企业究竟拥有哪些权利，又必须履行哪些义务。

(一)员工的权利和义务

1. 员工的权利

根据《劳动法》第三条规定,员工享有的权利包含以下几个方面:劳动者享有平等就业和选择职业的权利;取得劳动报酬的权利;休息休假的权利;获得劳动安全卫生保护的权利;接受职业技能培训的权利;享受社会保险和福利的权利;提请劳动争议处理的权利以及法律规定的其他劳动权利。

2. 员工的义务

员工与酒店签订劳动合同之后,需履行以下义务:完成劳动合同中所规定的劳动任务;提高工作效率及劳动工作技能;遵守劳动合同中规定的劳动纪律和职业道德;遵守劳动合同中规定的劳动安全保护和卫生条例等。

(二)用人单位的权利和义务

1. 用人单位的权利

用人单位享有的主要权利有:依法录用、调用和辞退职工;决定企业的机构设置;任免企业的行政干部;制订工资、报酬和福利方案;依法奖惩职工。

2. 用人单位的义务

用人单位需要承担的主要义务有:依法录用、分配、安排职工的工作;保障工会和职工代表大会行使其职权;按职工的劳动质量、数量支付劳动报酬;加强对职工思想、文化和业务的教育、培训;改善劳动条件,搞好劳工保护和环境保护。

酒店作为企业的一种具体形式,上述用人单位的权利和义务均适用。

【知识卡片】

劳动关系与劳务关系的区别

劳动关系,从法律意义上讲,是指用人单位招用劳动者为其成员,劳动者在用人单位的管理下提供有报酬的劳动而产生的权利义务关系。从广义上讲,生活在城市和农村的任何劳动者与任何性质的用人单位之间因从事劳动而结成的社会关系都属于劳动关系的范畴。从狭义上讲,现实经济生活中的劳动关系是指依照国家劳动法律法规规范的劳动法律关系,即双方当事人是被一定的劳动法律规范所规定和确认的权利和义务联系在一起的,其权利和义务的实现,是由国家强制力来保障的。劳动法律关系的一方(劳动者)必须加入某一个用人单位,成为该单位的成员,并参加该单位的生产劳动,遵守该单位内部的劳动规则,而另一方(用人单位)则必须按照劳动者的劳动数量或质量向劳动者支付报酬,提供工作条件,并不断改进劳动者的物质文化生活。

劳务关系是劳动者与用工者根据口头或书面约定,由劳动者向用工者提供一次性的或者特定的劳动服务,用工者依约向劳动者支付劳务报酬的一种有偿服务的法律关系。劳务关系是由两个或两个以上的平等主体,通过劳务合同建立的一种民事权利义务关系。该合同可以是书面形式,也可以是口头形式和其他形式。其适用的法律主要是《中华人民共和国合同法》。建立和存在劳务关系的当事人之间是否签订书面劳务合同,由当事人双方协商确定。

在实际生活中,用人单位没有与劳动者签订劳动合同的现象相当普遍,但只要双方实际履行了上述权利义务,即形成事实上的劳动关系。事实上的劳动关系与劳务关系相比,仅仅是欠缺了书面合同这一形式要件,但并不影响劳动关系的成立。

劳动关系和劳务关系主要有以下区别。

一、从合同的主体上看

劳动关系的一方必须是用人单位,即机关、企事业单位、社会团体或个体经济组织,另一方是劳动者个人。劳务关系的双方可能都是个人,或者都是单位,也可能一方是单位,一方是个人。

二、从用工双方的关系上看

劳动关系中的劳动者与用人单位有隶属关系,接受用人单位的管理,遵守用人单位的规章制度(如考勤、考核等),从事用人单位分配的工作和服从用人单位的人事安排。而劳务关系的双方则是一种平等主体之间的关系,劳动者只是按约提供劳务,用工者也只是按约支付报酬,双方不存在隶属关系,没有管理与被管理、支配与被支配的权利和义务。这是劳动关系与劳务关系最基本、最明显的区别。

三、从支付报酬的形式上看

劳动关系支付报酬的方式多以工资的方式定期支付(一般是按月支付),有规律性。劳务关系多为一次性的即时清结或按阶段、按批次支付,没有一定的规律。

四、从法律的适用上来看

劳动关系中产生的纠纷是用人单位与劳动者之间的纠纷,应由劳动法来调整。劳务关系中产生的纠纷是平等主体的双方在履行合同中所产生的纠纷,应由民法来调整解决。

三、劳动关系管理的基本内容

劳动关系是劳动者与用人单位在实现劳动的过程中所形成的一种社会经济利益关系,为了促使这种经济利益关系和谐发展,继而促进酒店的可持续发展,酒店必须完善劳动关系管理制度,调整自身与员工之间的劳动关系。具体而言,酒店可从以下几个方面着手此项工作。

(一)劳动合同管理

劳动合同是酒店与员工建立劳动关系的合法途径,是酒店进行劳动关系管理和人力资源管理的重要手段和工具,也是处理劳动争议的重要依据。酒店必须将劳动合同管理放在首要的位置,严格按照最新的劳动合同法和劳动法实施细则及其他相关的国家相关法律法规,与员工订立劳动合同,同时依照劳动合同法履行、变更、解除和终止与员工之间的劳动合同。

(二)酒店用工管理

酒店用工管理包括酒店从员工招聘、录用后的试用期管理到员工的培训管理、保守商业秘密和竞业限制管理等。这些内容是酒店与员工建立劳动关系的前置和必经阶段,与劳动关系管理有着密不可分的关系。

(三)劳动标准管理

劳动标准主要包括工作时间、休息休假、工资、劳动条件和劳动保护等方面的劳动标准体系。对于酒店而言,这些内容构成了酒店劳动关系管理的基本内容和酒店规章制度的主要部分,是酒店用工自主权和管理权的集中体现。

(四)社会保险管理

社会保险不仅关系到用人单位和劳动者双方的权利和义务,而且关系到员工的基本生活,乃至社会稳定。为员工缴纳各项国家强制性的社会保险是酒店的义务,其项目主要包括养老保险、医疗保险、工伤保险、失业保险和生育保险。

(五)劳动争议处理

劳动争议是酒店劳动关系中无法回避的问题。当酒店与员工之间发生劳动争议酒店应如何着手处理,我国在处理劳动争议的机构、程序等方面具体有哪些规定,等等,对酒店的劳动关系管理者来说都是必须了解和掌握的基本内容。

四、处理劳动关系的原则

正确处理劳动关系,应该遵循以下原则。

(一)兼顾各方利益的原则

在签订劳动合同、处理劳动关系时,应当兼顾到劳动关系主体各方的利益。当发生劳动争议时,劳动争议处理机构也要做到公平、公正,保证劳动关系主体处于平等的地位,具有平等的权利和义务,对于双方之间权利和利益关系进行合理的分配。只有遵循了这样的原则,劳动关系主体各方才能真正地和谐相处,为酒店的经营发展创造一个良好氛围。

(二)以协商为主解决争议的原则

酒店在劳动关系管理过程中,势必会遇到各种问题。当争议发生时,酒店应当遵循以协商、调解为主要解决途径的原则,使争议双方在互谅互让的基础上达成协议,从而消除矛盾。这样,有利于争议双方在和谐友好的氛围中及时解决劳动纠纷,避免矛盾进一步扩大,同时有利于降低解决劳动争议的成本。

(三)以法律为准绳的原则

酒店在劳动关系管理的各项工作中,必须遵循以法律为准绳的原则,无论是劳动合同的签订、工时制度及工薪体系的设计、劳动保护措施的提供、社会保险的缴纳,还是劳动争议的处理,都应以法律为准绳,所有工作的处理程序、方法和内容不得违反相关法律。

(四)劳动争议以预防为主的原则

劳动争议的发生不仅会影响当事人双方的关系,不利于安定团结,而且由于劳动争议涉及员工的切身利益,发生后必然影响员工的积极性,不利于酒店劳动生产率的提高和生产的发展。另外,争议发生后,一般要进行调解,有时需要经过仲裁和诉讼才能解决问题,这都需要耗费大量的人力、物力和时间,增加双方当事人在经济和精神上的负担,即便劳动争议能够解决,已经发生的损失也已无法挽回。因此,尽量避免劳动争议的发生是酒店劳动关系的重中之重,酒店应当遵循劳动争议以预防为主的原则,尽可能地减少因劳动争议的发生所带来的成本上升。

五、酒店劳动合同及其管理

劳动合同又称劳动契约或劳动协议,是指酒店与员工之间确立劳动关系,明确双方权利与义务的协议。通过劳动合同的签订、履行、终止,以及变更、解除,既能使员工有一定的择业和流动自由,又能够制约员工在合同期间履行劳动义务和完成应尽职责,从而使酒店员工有相对的稳定性和合理的流动性。

(一)酒店劳动合同的订立

《中华人民共和国劳动合同法》规定:建立劳动关系,应当订立书面劳动合同;已建立劳动关系,未同时订立劳动合同的,应当自用工之日起一个月内订立书面劳动合同。

1. 酒店劳动合同的内容

酒店劳动合同的内容包括必备条款和约定条款两大类。

1)必备条款

必备条款是法律规定的劳动合同必须具备的内容,包括:用人单位名称、地址和法定代表人;劳动者的姓名、住址和有效身份证号码;合同期限(劳动合同当事人可以选择的期限有固定期限、无固定期限和以完成一定工作为期限的劳动合同);工作内容和工作地点、工作时间和休息休假;劳动报酬、社会保险;劳动保护、劳动条件和职业危害防护;法律法规规定应当纳入劳动合同的其他事项(如劳动纪律和违反劳动合同的责任等)。

2)约定条款

约定条款一般是当事人根据具体情况自愿选择是否在合同中约定。约定事项一般有试用期条款、培训条款、保守商业秘密及竞业限制条款、补充保险条款、福利待遇条款。

2. 酒店劳动合同的订立程序

酒店与员工在订立劳动合同时一般遵循以下程序。

(1)酒店向员工提出拟订的劳动合同草案。

(2)酒店向员工介绍内部劳动规则。

(3)商定劳动合同。酒店与员工对合同条款逐条协商后,以书面形式确定其具体内容。

(4)酒店与员工在劳动合同文本中签名盖章。凡属不需要鉴证或公证的劳动合同,在双方当事人签名盖章后即告成立。

(5)按照国家规定或当事人要求而需要鉴证的劳动合同,应当交给合同签订地或履行地的合同鉴证机构进行鉴证。

3. 劳动合同的有效要件

酒店劳动合同要具有法律效力,必须以完全具备法定有效要件为前提。劳动合同有效要件一般包括:合同主体必须合格;合同内容必须合法;双方当事人的意思表示必须出于自愿,必须真实,合同形式必须合法;订立程序必须合法。

4. 劳动合同的无效

劳动合同无效是指劳动合同由于缺少有效要件而全部或部分不具有法律效力,其中:全部无效的劳动合同所确立的劳动关系应予以取消;部分无效的劳动合同,所确立的劳动关系可依法存续,无效部分的劳动合同条款无效。

1)无效合同的认定

根据相关法律法规规定,属于以下情形的劳动合同无效或者部分无效:①以欺诈、胁迫的手段或者乘人之危,使对方在违背真实意思的情况下订立或者变更劳动合同的;②用人单位免除自己的法定责任,排除劳动者权利的;③违反法律、行政法规强制性规定的。劳动合同是否有效,由劳动争议仲裁机构或者人民法院确认。

2) 无效劳动合同的法律后果

对于劳动合同被确认无效或者部分无效的,其法律后果有以下几点。

(1)劳动合同被确认无效,劳动者已付出劳动的,用人单位向劳动者支付劳动报酬。劳动报酬的数额,参照本单位同类岗位劳动者的劳动报酬确定,无同类岗位的,参照本单位上年职工平均工资确定。

(2)劳动合同被确认无效,给对方造成损害的,有过错一方应当承担赔偿责任。

用人单位有过错的,按下列规定赔偿劳动者损失:①造成劳动者工资收入损失的,按劳动者本人应得工资收入支付给劳动者,并加付应得工资收入25%的赔偿费用;②造成劳动者劳动保护待遇损失的,应按国家规定补足劳动者的保护津贴和用品;③造成劳动者工伤、医疗保险待遇损失的,除按国家规定为劳动者提供工伤、医疗待遇外,还应支付劳动者相当于医疗费用25%的赔偿费用;④造成女职工和未成年工身体健康损害的,除按国家规定提供治疗期间的医疗待遇外,还应支付相当于其医疗费用25%的赔偿费用;⑤劳动合同约定的其他赔偿费用。

劳动者有过错,给酒店造成损失的,劳动者应赔偿因其过错而对酒店的经营工作所造成的直接经济损失。

双方都有过错的,各自承担相应的责任。

双方恶意串通订立的,若损害他人和公共利益的,要追缴责任人已经取得的利益,返还第三人和国家。

(二)酒店劳动合同的履行

劳动合同的履行,是指劳动合同双方当事人按照劳动合同的约定,履行各自的义务,享有各自的权利。劳动合同履行的一般原则包括以下几项。

(1)亲自履行原则。劳动合同签订后,员工不允许请他人代为劳动,酒店未经员工同意,也不能擅自将员工调动转移至其他单位。

(2)全面履行原则。劳动合同当事人双方都必须履行合同的全部条款和各自需要承担的义务,要按照合同约定的时间、地点、方式、标准、种类、数量和质量履行。

(3)合法原则。劳动合同双方在履行义务时,不能因为全面履行原则,而违反劳动法强制性的规定。酒店应当按照劳动合同的约定和国家规定及时支付足额劳动报酬;酒店应当严格执行劳动定额标准,不得强迫或者变相强迫劳动者加班;酒店安排加班的,应当按照国家有关规定向劳动者支付加班费。劳动者对酒店管理人员违章指挥、强令冒险作业有权拒绝,不视为违反劳动合同,对危害生命安全和身体健康的劳动条件,有权对用人单位提出批评、检举和报告。

(三)酒店劳动合同的变更

劳动合同的变更是指劳动合同依法订立后,在合同尚未履行或者尚未履行完毕之前,经酒店和员工双方当事人协商同意后,对劳动合同内容做部分修改、补充或者删减的法律行为。变更劳动合同应当采用书面形式。

1. 劳动合同变更的情形

(1)协商一致变更。酒店与劳动者协商一致,可以变更劳动合同约定的内容。

(2)客观情况发生重大变化的协商变更。劳动合同订立时所依据的客观情况发生重大变化,具体主要是指以下几种情形。

①酒店方面的原因:调整经营项目、重新进行劳动组合、修订劳动定额、调整劳动报酬或者

员工福利方案、发生严重亏损、发生商业秘密泄露等。

②员工方面的原因：身体健康发生变化、劳动能力部分丧失、所在岗位与其职业技能不适应、职业技能提高到一定等级等。

③客观方面的原因：订立劳动合同所依据的法律法规已经修改或者废止、社会动乱、自然灾害等一些不可抗力的发生；由于物价大幅度上升、国民经济调整等客观经济情况变化使劳动合同的履行会花费太大的代价而失去经济上的价值，允许当事人对劳动合同有关内容进行变更。

当出现劳动合同订立时所依据的客观情况发生重大变化，致使劳动合同无法履行时，首先允许酒店与劳动者协商变更劳动合同。如果经酒店与员工协商，未能就劳动合同内容达成协议的，酒店在提前30日以书面形式通知劳动者本人或者额外支付劳动者一个月工资后，可以解除劳动合同。

2. 法定条件下酒店可变更劳动合同的情形

劳动者患病或者非因公负伤，医疗期满后不能从事原工作的，酒店可以另行安排工作；劳动者不能胜任工作的，酒店可以调整其工作岗位；女职工在怀孕期间，从事国家规定的第三级体力劳动强度的劳动或者孕期禁忌从事的劳动的，酒店必须为其暂时安排其他禁忌以外的工作；女职工在哺乳未满一周岁的婴儿期间，从事国家规定的第三级体力劳动强度的劳动或者哺乳期禁忌从事的劳动的，酒店必须为其暂时安排其他禁忌以外的工作。

(四)酒店劳动合同的解除

劳动合同解除是指劳动合同生效以后，尚未全部履行以前，当事人一方或双方依法提前消灭劳动关系的法律行为。

1. 劳动合同的解除

劳动合同解除的情形依据解除方式的不同，可分为协商解除和单方解除。协商解除是指劳动合同经当事人双方协商一致而解除；单方解除是指享有单方解除权的当事人以单方意思表示解除劳动合同。员工可以无条件地预告辞职，但辞职要受一定条件的限制；酒店在符合法定或约定条件的情况下方可辞退员工。

(1)双方协商解除劳动合同。劳动合同的双方当事人在解除劳动合同时必须符合三个条件：双方自愿；平等协商；不得损害第三方的利益。

在双方协商解除劳动合同时，如果是由酒店提出解除建议，之后双方达成一致的，酒店应当向劳动者支付经济补偿；如果是由劳动者主动提出解除建议的，在达成一致协议后，酒店不必向劳动者支付经济补偿。

(2)员工单方解除劳动合同。员工单方解除劳动合同可分为以下三种类型。

①提前通知解除。员工提前30日以书面形式通知酒店的，可以解除劳动合同；在试用期内员工提前3日通知酒店的，可以解除劳动合同。对于员工违反劳动合同约定的，如培训服务期的约定、保守商业秘密和竞业限制的约定，员工应承担违约责任；如员工违反规定或者劳动合同的约定解除劳动合同，对酒店造成损失的，员工应赔偿酒店的损失，包括招聘时支付的费用和培训费用、对酒店经营和工作造成的经济损失等。

②随时通知解除。酒店有以下情形的，员工可以随时通知酒店解除劳动合同：未按劳动合同约定提供劳动保护或者劳动条件的；未及时足额支付劳动报酬的；未依法为员工缴纳社会保

险费的;酒店的规章制度违反法律、法规的规定,损害劳动权益的;因劳动法规定的情形致使劳动合同无效的;法律和行政法规规定劳动者可以解除劳动合同的其他情形。出现上述六种情形之一的,员工不仅可以随时解除劳动合同,酒店还需向员工支付经济补偿,且不得要求员工支付违约金。

③无须通知解除。酒店以暴力、威胁或者非法限制人身自由的手段强迫员工劳动的,或者酒店违章指挥、强令冒险作业危及员工人身安全的,员工可以解除劳动合同,不需事先告知酒店。

(3)酒店单方解除劳动合同。酒店的单方解除劳动合同可分为以下几种类型。

①过失性辞退。有以下情形之一的,酒店可以随时通知员工解除劳动合同,无须征得员工同意:在试用期间被证明不符合录用条件的;严重违反酒店规章制度的;严重失职、徇私舞弊,给酒店造成重大损害的;在酒店工作期间同时与其他单位建立劳动关系,对完成本单位的工作任务造成严重影响的,或者经酒店提出,拒不改正的;因劳动法规定的情形致使劳动合同无效的;被依法追究刑事责任的。

②无过失性辞退。有下列情形之一的,酒店提前30日以书面形式告知员工本人或者额外支付1个月工资后,可以解除劳动合同:员工患病或者非因工负伤,在规定的医疗期满后不能从事原工作,也不能从事由用人单位另行安排的工作的;员工不能胜任工作,经过培训或者调整工作岗位,仍不能胜任工作的;劳动合同订立时所依据的客观情况发生重大变化,致使劳动合同无法履行,经酒店与员工协商,未能就变更劳动合同内容达成协议的。

③经济性裁员。有下列情形之一,需要裁减人员20人以上或者不足20人但占酒店职工总数10%以上的,酒店提前30日向工会或者全体职工说明情况并听取意见后,将裁减人员方案向劳动行政部门报告,可以裁减人员:依照酒店破产法规定进行重整的;生产经营发生严重困难的;酒店转产或者经营方式调整,经变更劳动合同后,仍需裁减人员的;其他因劳动合同订立时所依据的客观经济情况发生重大变化,致使劳动合同无法履行的。

裁减人员时,应当优先留用下列人员:与本单位订立较长期限的固定期限劳动合同的;与本单位订立无固定期限劳动合同的;家庭无其他就业人员,有需要抚养的老人或者未成年人的。

2.劳动合同解除后双方的义务

劳动合同解除后,双方当事人需要承担各自相应的义务,主要包括以下几个方面。

(1)酒店方需支付经济补偿金。劳动合同经协议解除,或者由酒店解除的(因试用不合格员工或员工有过错行为而解除者除外),按员工在本单位工龄,每满一年给相当于一个月工资的经济补偿金。但是,经协议解除或者因员工不胜任工作被酒店解除的,最多给予不超过12个月工资的金额。

(2)酒店方需支付失业补偿费。酒店因破产或者歇业而解除劳动合同的,合同未满的时间每一年发给员工相当于一个月工资的失业补偿费,但最高不超过12个月工资的金额。

(3)酒店方需支付医疗补助费。劳动合同因员工患病或者非因工负伤而由酒店解除的,在发给员工经济补偿金的同时,还应发给不低于6个月工资的医疗补助费。对患重病或者绝症的员工要增加医疗费,其中,患重病的增加部分不低于医疗补助费的50%,患绝症的增加部分不低于医疗补助费的100%。

(4)酒店方应为裁减人员提供一定就业保障。酒店有条件的,应当为被裁减人员提供培训或者就业帮助。

(5)员工赔偿损失。员工对劳动合同解除有过错的,应当按照法定或约定的要求,向酒店赔偿因此所受的损失。

(五)酒店劳动合同的终止

劳动合同的终止是指劳动合同的法律效力依法被消灭,劳动合同所确立的劳动关系由于一定法律事实的出现而终结,员工与酒店之间原有的权利与义务不复存在。

1. 劳动合同终止的条件

有下列情形之一的,劳动合同终止。

(1)劳动合同期满。劳动合同期满前,酒店应当提前一个月向职工提出终止或者续订劳动合同的书面意向,并及时办理有关手续。劳动合同的终止时间,以劳动合同期限最后一日的24时为准,酒店应在此时间内与期满的员工办理终止劳动关系的手续,未办理者导致员工在用人单位工作的,两者形成事实劳动关系,视为续订劳动合同。自用工之日起,酒店超过1个月不满1年未与员工订立书面劳动合同的,应当向员工每月支付双倍工资。

劳动合同不再续订的情形有三种:酒店不同意续订的;酒店降低劳动条件续订劳动合同,员工不同意续订的;酒店维持或者提高劳动条件续订劳动合同,员工不同意续订的。在前两种情形下,酒店应向员工支付经济补偿。

(2)劳动合同一方当事人丧失法定资格。员工或者酒店某一方当事人的法定资格消失,则劳动合同终止,这些情形包括:员工开始依法享受基本养老保险待遇的;员工死亡,或者被人民法院宣告死亡或者宣告失踪的;酒店被依法宣布破产的;酒店被吊销营业执照、责令关闭、撤销或者决定提前解散的;法律和行政法规规定的其他情形。

2. 酒店不得解除劳动合同的情形

有下列情形之一的,酒店不得解除劳动合同:从事接触职业病危害作业的员工未进行离岗前职业健康检查,或者疑似职业病病人在诊断或医学观察期内的;在本单位患职业病或者因工负伤并被确认丧失或部分丧失劳动能力的;患病或者非因工负伤,在规定的医疗期内的;女职工在孕期、产期、哺乳期的;在本单位连续工作满15年,且距法定退休年龄不足5年的;法律法规规定的其他情形。

3. 劳动合同终止后双方的权利和义务

劳动合同终止并消灭当事人双方权利和义务的同时,又对双方当事人产生了新的权利和义务。

1)酒店的义务

(1)支付禁止同业竞争补偿费:约定员工为保守酒店商业秘密而在劳动合同终止后一定期间内不与该酒店进行同业竞争的,酒店应当给予该员工一定数额的经济补偿。

(2)向社会保险经办机构缴纳有关费用:凡是依法应当由酒店为员工缴纳的社会保险费用,在劳动合同终止时酒店应当负责全部缴足。

(3)返还员工寄存财产:在劳动关系存续期间员工寄存于酒店的各项财产,当劳动合同终止时,酒店应当返还给员工。

2)员工的义务

(1)结束并移交事务:劳动合同终止后,员工应当依酒店对其忠实义务的要求,结束其正在进行中的事务,对紧急事务做应急处理,同时,向酒店办理事务移交手续,对原归其保管的物品,在交接前负责继续保管。

(2)继续保守商业秘密：员工对其在劳动关系存续期间得知的商业秘密，在劳动合同终止后一定期限内应当继续保密。

六、集体劳动合同的内容

《劳动合同法》中关于集体合同的规定：企业职工一方与用人单位通过平等协商，可以就劳动报酬、工作时间、休息休假、劳动安全卫生、保险福利等事项订立集体合同。集体合同草案应当提交职工代表大会或者全体职工讨论通过。

集体合同由工会代表企业职工一方与用人单位订立；尚未建立工会的用人单位，由上级工会指导劳动者推举的代表与用人单位订立。

企业职工一方与用人单位可以订立劳动安全卫生、女职工权益保护、工资调整机制等专项集体合同。

在县级以下区域内，建筑业、采矿业、餐饮服务业等行业可以由工会与企业代表订立行业性集体合同，或者订立区域性集体合同。

集体合同订立后，应当报送劳动行政部门，劳动行政部门自收到集体合同文本之日起15日内未提出异议的，集体合同即行生效。

依法订立的集体合同对用人单位和劳动者具有约束力。行业性、区域性集体合同对当地本行业、本区域的用人单位和劳动者具有约束力。

集体合同中劳动报酬和劳动条件等标准不得低于当地人民政府规定的最低标准；用人单位与劳动者订立的劳动合同中劳动报酬和劳动条件等标准不得低于集体合同规定的标准。

用人单位违反集体合同、侵犯职工劳动权益的，工会可以依法要求用人单位承担责任；因履行集体合同发生争议，经协商解决不成的，工会可以依法申请仲裁、提起诉讼。

根据《集体合同规定》，集体合同包括以下几个方面的内容：①劳动报酬；②工作时间；③休息休假；④保险福利；⑤劳动安全；⑥合同期限变更、解除、终止集体合同的协商程序；⑦双方履行集体合同的权利义务；⑧履行集体合同发生争议时协商处理的内容；⑨违反集体合同的责任；⑩双方认为应当协商约定的其他内容。

集体合同签订步骤可分为：准备阶段、协商谈判阶段、审议和正式签署阶段。一旦集体合同签订后，双方当事人必须遵守合同的各项条款。当酒店生产经营遇到困难而停产、转产或因国家法律法规的调整，使集体合同无法履行时，酒店和员工可提出变更或解除集体合同。如果集体合同的期限已满或集体合同的一方不存在，集体合同可自行终止。

【案例参考】

××酒店管理股份有限公司劳动合同（样本）

甲方：××酒店管理股份有限公司

乙方：（签字）

第一条，合同订立。甲乙双方经平等协商，自愿签订本合同。双方共同遵守本合同所列各项条款。

第二条，合同期限。甲方聘用乙方在甲方××酒店管理股份有限公司_____部门工作，担任_____职务(岗位)。合同期限_____年,自_____年____月____日起至_____年____月____日止。合同期满,可以续签。

本合同的试用期为____个月,试用期间享受每月_____元的工资。试用期满,经考核合格方可转为正式合同制员工。试用期间,甲乙双方均有权终止合同,但应提前10天通知对方。

第三条,劳动安排。甲方根据工作需要和对乙方能力的考察,有权安排和调整乙方工作岗位或职务。乙方必须服从甲方的管理与安排,按岗位职责要求按时按质按量完成工作任务。乙方岗位职务改变,其工资标准随之改变。

第四条,劳动条件。甲方根据乙方工作岗位为乙方提供必要的劳动条件、劳动工具、劳保用品,乙方必须严格遵守甲方制定的岗位职责规范、规章制度和劳动纪律。

第五条,劳动时间。乙方每周工作5天,每天工作8小时。同时,享受国家规定的法定假期。休假时间必须服从甲方安排。如需加班,享受公司规定的加班补贴。

第六条,劳动纪律。乙方必须遵守国家法律、员工守则和各项制度,参加甲方组织的职业道德、专业技术、安全知识等教育培训活动,服从甲方管理,接受甲方考核。合同期间,乙方不得受聘于其他单位或企业。乙方若有违法、违纪行为,甲方有权根据规定给予相应处罚或解除劳动合同。

第七条,劳动工资。甲方根据乙方岗位,按公司工资制度核定工资标准和试用期间的工资标准。每月____日前以人民币方式支付乙方劳动工资。

第八条,社会统筹。甲乙双方按国家和市政府规定,缴纳员工养老保险、失业保险、医疗保险和住房公积金。甲方每月按国家规定的比例为乙方缴纳,乙方每月按国家规定的工资比例由甲方代扣后为乙方缴纳,共同存入乙方银行账户。

第九条,劳保福利。乙方患病或因公负伤,按国家规定的医疗享受期,由甲方按国家医疗制度规定支付病假工资和医疗费。如果属于因公负伤,甲方按国家规定支付乙方工资。

合同期间,乙方上班,甲方为乙方提供午餐补助、员工制服、员工洗澡等集体福利和劳动保护。乙方必须遵守甲方集体福利和劳动保护的相关规定。

甲方按照国家规定,为在经期、孕期、产期和哺乳期的女员工以及晚婚、晚育的员工提供相应的休假期和劳动保护。乙方必须按甲方制度规定履行请假手续。

第十条,甲方解除合同。乙方有下列情形之一,甲方可以解除本合同:
(1)试用期间发现乙方不符合录用条件的;
(2)患病或因公负伤,在规定医疗期满后乙方不能从事原工作,也不宜从事其他工作的;
(3)因甲方营业条件改变,乙方成为富余员工,又不能或不愿改换其他工作的;
(4)不履行劳动合同或严重违反本合同和甲方规章制度、员工守则的;
(5)乙方触犯国家刑法被劳动教养或判刑的。

第十一条,甲方不能终止或解除合同。乙方有下列情形之一,甲方不能终止或解除合同:
(1)乙方患病或因公负伤,在国家规定的医疗期内的;
(2)乙方在孕期、产期或哺乳期内的;
(3)乙方应征入伍且在义务服役期内的。

第十二条,乙方解除合同。甲方有下列情形之一,乙方可以解除本合同:
(1)乙方因故或不愿意继续为甲方工作的;
(2)因甲方不履行劳动合同,或违反国家法律法规,或违反合同,侵害乙方合法权益,乙方不愿继续为甲方工作的。

第十三条，合同解除补偿金。甲方按本合同第十条解除合同。按国家规定和合同生效期，向乙方支付每年1个月的平均工资的解除合同补偿金，不足一年的按一年计算。乙方因病或工伤，在规定医疗期后需解除劳动合同的，甲方按国家规定向乙方支付相当于3~6个月平均工资的医疗补助费或劳动补偿金。

乙方违反劳动合同约定条款解除合同，按公司规定向甲方交纳一定数额的违约金。甲方出资培训，未达到服务年限而提出辞职的，按甲方为乙方支付的培训费用每年20%的比例和未达到的服务年限计算，由乙方向甲方交纳培训补偿费。

第十四条，劳动争议。甲乙双方在履行合同过程中，发生劳动争议或纠纷时，可由双方协商解决。协商不成，任何一方均可向本市劳动争议仲裁委员会申请仲裁。

第十五条，合同附件。甲方员工守则、工资福利管理制度、劳动考勤制度是本合同的组成部分。

第十六条，合同变更。本合同一经签订，立即生效。甲乙双方必须严格遵守。一方要求更改合同条款，必须经过双方协商同意。本合同的解释权在甲方人力资源部。

第十七条，合同例外与效力。本合同未尽事宜，按国家规定执行。合同内容如有与国家政策、法律法规不符的，按国家政策法规执行。

本合同一式两份，甲乙双方各执一份，具有同等效力。

合同签约人：
甲方：（盖章）
乙方：（签字）

年　　月　　日

第二节　酒店劳动保护管理

一、劳动保护概述

（一）劳动保护的含义和意义

劳动保护(labour protection)是指国家和用人单位为保护劳动者在劳动生产过程中的安全和健康所采取的立法、组织和技术措施的总称。从这个简短的定义中可以看出，劳动保护的对象很明确，是保护从事劳动生产的劳动者。劳动保护的另一个含义是依靠技术进步和科学管理，采取技术措施和组织措施，来消除劳动过程中危及人身安全和健康的不良条件和行为，防止伤亡事故和职业病危害，保障劳动者在劳动过程中的安全和健康。

1. 劳动保护是党和国家的一项基本政策

"加强劳动保护，改善劳动条件"是载入中国宪法的神圣规定。新中国成立以来，中国共产党和人民政府十分重视劳动保护工作。早在1956年国务院发布《工厂安全卫生规程》《建筑安装工程安全技术规程》和《工人职员伤亡事故报告规程》时就指出:"改善劳动条件,保护劳动者在生产劳动中的安全健康,是我们国家的一项重要政策。"在第七届全国人民代表大会第四次会议上通过的国民经济第八个五年计划纲要中,明确规定了要"加强劳动保护,认真贯彻'安全第一,预防为主'的方针,强化劳动安全监察,努力改善劳动条件,努力降低企业职工伤亡率和职业病发作率"。国家正在不断通过健全劳动保护立法,强化劳动保护监察和安全生产管理,推进安全技术、职业卫生技术与有关工程等措施,来保证宪法所要求的这一基本政策的实现。

保护劳动者在生产劳动中的安全健康既是中国共产党和我们国家的一项基本政策,又是社会主义国家各类企业进行经营管理的基本原则。只有加强劳动保护,才能确保安全生产,从而改变长期以来不少企业中工伤事故频繁和职业危害严重的不良局面。不然,势必严重损害千百万职工的切身利益,挫伤他们建设社会主义的积极性和主观能动精神,不利于社会安全和现代化建设事业的持续、稳定发展。所有这些危害劳动者安全健康的行为,都有悖于中国共产党和社会主义制度国家的根本宗旨,损害国家在国际上的形象,必须努力防止。

2. 劳动保护是促进国民经济发展的重要条件

从某种意义上来说,劳动保护不仅包含着重要的政治意义,还包含着深刻的经济意义。在生产过程中,人是最宝贵的,人是生产力诸要素中起决定性作用的因素。探索和认识生产中的自然规律,采取有效措施消除生产中不安全和不卫生因素,可以减少和避免各类事故的发生。创造舒适的劳动环境可以激发劳动者的热情,充分调动和发挥劳动者的积极性。这些都是提高劳动生产率、提高经济效益的基本保证。同时,加强劳动保护工作,可减少因伤亡事故和职业病所造成的工作日损失或救治伤病人员的各项开支。此外,减少由于设备损坏、财产损失和停产造成的直接或间接经济损失,这些都与经济效益的提高密切相关。经济发展的经历表明,搞好劳动保护是发展经济的一条客观规律。人们很好地认识它和利用它,就能达到理想的效果;反之,就会受到处罚。

(二)劳动保护的基本内容

劳动保护不包括员工其他劳动权利和劳动报酬等方面的保护,也不包括生活中的卫生保健和伤病医疗工作。另外,在劳动过程中还有一些因素对劳动者的安全健康也有影响。例如:劳动时间过长、劳动强度过大,会造成过度疲劳、积劳成疾,并且容易发生工伤事故;女职工从事过于繁重的或有害妇女生理的劳动,也会给她们的健康造成危害。

劳动保护包括劳动安全保护和劳动卫生保护两个方面。

1. 劳动安全保护

为了保证劳动者的劳动安全,防止和消除劳动者在劳动和生产过程中的伤亡事故,以及防止生产设备遭到破坏,我国《劳动法》和其他相关法律、法规制定了劳动安全技术规程。安全技术规程主要包括:①机器设备的安全;②电气设备的安全;③锅炉、压力容器的安全;④建筑工程的安全;⑤交通道路的安全。企业必须按照这些安全技术规程使各种生产设备达到安全标准,切实保护劳动者的劳动安全。

2. 劳动卫生保护

为了保护劳动者在劳动生产过程中的身体健康,避免有毒、有害物质的危害,防止、消除职业中毒和职业病,我国制定了有关劳动卫生方面的法律法规及标准,如《劳动法》《中华人民共和国环境保护法》《国务院关于加强防尘防毒工作的决定》《工业企业设计卫生标准》(GBZ1—

2010)等。这些法律法规都制定了相应的劳动卫生规程,主要包括以下内容:①防止粉尘危害;②防止有毒、有害物质的危害;③防止噪声和强光的刺激;④防暑降温和防冻取暖;⑤通风和照明;⑥个人保护用品的供给。企业必须按照这些劳动卫生规程达到劳动卫生标准,才能切实保护劳动者的身体健康。

二、酒店对员工的劳动保护

在酒店管理中,因劳动保护不善而引发安全事故的原因有很多,概括来说,主要包括以下几个方面。

(一)劳动条件和环境恶劣

劳动条件和环境是保证企业员工正常劳动和安全生产的前提与基础,也是酒店劳动保护的重要内容。酒店劳动条件和环境恶劣的主要表现有劳动场所潮湿、油腻,路面不平,地面凹陷,厨房高温,易燃物品管理不善,高空作业缺乏安全措施等,由此容易引发的安全事故包括跌倒、擦伤、烫伤、扭伤,甚至发生火灾等。为此,酒店要针对客房、厨房、餐厅、洗衣房、工程部、库房等不同劳动场所,在设施、设备、工具配备等各方面有针对性地创造良好的工作条件和工作环境,以保证员工正常劳动,预防和减少事故发生。

(二)安全管理制度和操作规程不健全

酒店的劳动安全和保护都是以安全制度和操作规程的建立健全和贯彻落实为基础的。员工或客人滑倒、烫伤、餐具摔坏,食物中毒等事故大多是由于安全管理制度不健全或没有得到认真贯彻落实引起的。据统计,在酒店的各种事故中,由于制度不健全或员工违反操作规程引发的事故占60%以上,所以,酒店企业想要做好劳动安全领域保护工作,就必须结合企业实际,完善安全制度,特别要在安全制度和操作规程的健全和落实上下功夫。要加强安全教育,增强员工的责任心,做好安全检查和防范工作。

(三)员工疲劳过度

酒店企业的员工劳动并非重体力劳动,而是属于中等体力劳动,但酒店的员工劳动具有连续性强的特点。如果劳动时间安排不当,长时间连续上班,每天超过8小时,甚至高达12小时,员工就会感到疲劳,容易发生跌倒、碰撞、烫伤、擦伤等事故。据统计,疲劳过度引发的事故占酒店企业各种事故的14%以上。所以,只有合理安排劳动时间、减轻劳动强度、注重劳逸结合,才能预防和减少酒店企业的事故发生。

针对上述情况,必须对酒店劳动保护予以高度重视,那么了解酒店劳动保护的基础知识很有必要。

三、酒店劳动保护的基础知识

(一)劳动时间的规定

对酒店劳动时间的限制是维护酒店劳动者休息,保障酒店劳动者身心健康的重要手段。我国现行的关于酒店职工工作时间的规定主要内容如下。

1. 工作时间的含义和分类

工作时间是劳动者根据国家法律规定在用人单位从事工作或生产的时间。目前,我国劳动者的工作时间主要有以下四类。

第一,标准工作时间,即指由国家法律规定的,在正常情况下一般员工从事工作或劳动的时间。《劳动法》第三十六条规定:国家实行劳动者每日工作时间不超过 8 小时、平均每周工作时间不超过 44 小时的工时制度。《国务院关于职工工作时间的规定》第三条规定:职工每日工作 8 小时、每周工作 40 小时。

第二,缩短工作时间,即指在特殊情况下实行的少于标准工作时间长度的工时形式。《国务院关于职工工作时间的规定》第四条规定:在特殊条件下从事劳动和有特殊情况,需要缩短工作时间的,按照国家有关规定执行。在我国,目前能缩短工作时间的劳动者有:从事矿山、井下、高山、高温、低温、有毒有害、特别繁重体力劳动的劳动者;从事夜班工作的劳动者;在哺乳期工作的女职工。

第三,计件工作时间,即指以劳动者完成一定劳动定额为标准的工作时间。《劳动法》第三十七条规定:对实行计件工作劳动者,用人单位应当根据本法第三十六条规定的工时制度合理确定其劳动定额和计件报酬标准。即用人单位必须以劳动者在一个标准工作日和一个标准工作周的工作时间内能够完成的计件数量为标准,确定劳动者日或周的劳动定额。

第四,不定时工作时间和综合计算工作时间。《关于企业实行不定时工作制和综合计算工时工作制的审批办法》第四条、第五条有明确规定。

(1)综合计算工作时间是因企业生产或工作的特点,劳动者的工作时间不宜以日计算,需要分别以周、月、季、年等为周期,综合计算工作时间,但其平均日工作时间平均周工作时间应与法定标准工作时间基本相同。对下列职工可以综合计算工作时间:交通、铁路、邮电、水运、航空、渔业等行业中因工作性质特殊,需连续作业的员工;地质及资源勘探、建筑、制盐、制糖、旅游等受季节和自然条件限制的行业的部分职工;其他适合实行综合计算工时工作制的员工。

(2)不定时工作时间由每日没有固定工作时数的工时形成。对符合下列条件之一者的职工可以实行不定时工作制:企业中的高级管理人员、外勤人员、推销人员、部分值班人员及其他因工作无法按标准工作时间衡量的员工;企业中长途运输人员、出租汽车司机、铁路、港口、仓库的部分装卸人员,以及因工作性质特殊需机动作业的员工;其他因生产特点、工作特殊需要或职责范围的关系适合实行不定时工作制的员工。

2. 延长工作时间

延长工作时间是指超过正常工作时间长度的工作时间,包括加班和加点。《劳动法》第四十一条、第四十二条、第四十四条、第六十一条和第六十三条,以及《〈国务院关于职工工作时间的规定〉的实施办法》第七条等都有明确的规定,在以下情况中允许延长工作时间。

第一,由于生产需要延长工作时间的。用人单位由于生产经营需要,经与工会和劳动者协商后可以延长工作时间,一般每日不得超过 1 小时;因特殊原因要延长工作时间,在保障劳动者身体健康的条件下延长工作时间每日不得超过 3 小时,但每月不得超过 36 小时。企业加班须经工会和劳动者的同意,不得强制。

第二,由于紧急特殊情况而需要延长工作时间的。有下列情形之一的,延长工作时间不受上述法规的限制。

(1)发生自然灾害、事故或者其他原因,威胁劳动者生命健康和财产安全,需要紧急处理的。
(2)生产设备、交通运输线路、公共设施发生故障,影响生产和公众利益,必须及时抢修的。
(3)法律、行政法规规定的其他情形。

酒店在正常情况下不得安排职工加班加点,但是,下列情况除外:其一,在法定节日和公休假日内工作不能间断,必须连续生产、运输或营业的;其二,必须利用法定节日或公休假日的停产期间进行设备检修、保养的;其三,由于生产设备、交通运输线路、公共设施等临时发生故障,必须进行抢修的;其四,由于发生严重自然灾害或其他灾害,使人民的安全健康和国家财产遭到严重威胁,需进行抢救的;其五,为了完成国防紧急生产任务,或者完成上级在国家计划外安排的其他紧急生产任务,以及商业、供销企业在旺季完成收购、运输、加工农副产品紧急任务的。

企业延长职工工作时间的工资报酬支付标准如下:①安排劳动者延长工作时间的,支付不低于工资的150%的工作报酬;②休息日安排劳动者工作又不能安排补休的,支付不低于工资的200%的工作报酬;③法定休假日安排劳动者工作的,支付不低于工资的300%的工资报酬。

禁止安排在特殊情况下的女职工延长工作时间,企业不能安排怀孕期间或哺乳未满一周岁婴儿期间的女职工延长工作时间和夜班劳动。用人单位违反了工作时间的法律责任:违法延长员工的工作时间,劳动行政部门给予警告,责令改正或责令限期改正,并可以处以罚款,每违法延长1小时工作时间,可罚款100元以下。

3. 法定节假日、休息日

根据《劳动法》第三十八条、四十条以及《国务院关于职工探亲待遇的规定》,都明确规定了酒店职工的节假日和休息日等。

第一,每周公休假。每周公休假是指劳动者工作满一个工作周后的休息时间。《劳动法》规定酒店应当保证劳动者每周至少休息1日。

第二,法定节假日。法定节假日又称"法定节日"或"法定假日"。相关法律法规规定:元旦、清明节、国际劳动节、端午节、中秋节,放假1日;春节、国庆节,放假3日。法律法规规定的其他休假节日(如妇女节、人民解放军建军纪念日等)属于法定节假日。

第三,探亲假。探亲假规定可以享受探亲待遇的员工的条件和探亲假期的具体期限如下:职工探望配偶的,每年给予一方探亲假一次,假期为30天;未婚职工探望父母,原则上每年给假一次,假期为20天,也可以每两年给假一次,假期为45天;已婚职工探望父母,每四年给假一次,假期为20天。上述假期均包括公休假日和法定节日在内,酒店可根据实际需要给予路程假。

第四,年休假。劳动者连续工作1年以上的,享受带薪年休假。

第五,婚丧假。婚丧假是婚假和丧假的简称。员工本人结婚或其直系亲属(父母、配偶和子女)死亡时,可以根据具体情况,酌情给予1~3天的婚丧假,另给予路程假。

(二)劳动安全技术

劳动安全技术是指在酒店生产经营过程中,为了防止和消除伤亡事故,保障酒店劳动者生命安全和减轻繁重体力劳动,以及防止生产设备遭到破坏所采取的各种技术措施的总称。

1. 劳动安全规程

根据国家制定的劳动安全技术规程或法律法规,酒店劳动安全规程如下。

第一,酒店安全技术规程。规定了在酒店生产经营活动过程中必须达成的安全卫生方面的基本要求:酒店建筑物和道路的安全措施;工作场所安全措施;机器设备的安全措施;电器设备的安全装置;动力锅炉、压力容器的安全装置。

第二,酒店建筑安装工程安全技术规程。国家对酒店建筑施工安装工程安全技术管理方面提出了一般安全的基本要求,如对施工的一般安全要求、施工现场、脚手架、土石方工程、机电设备和安装、拆除工程、防护用品等的规定。

2. 发生事故的原因

发生事故的原因很多,主要有以下几种情况:机械性作用、电的作用、爆炸作用、化学物质作用、温度作用、与地面位置差的作用,以及照明不足、噪声、震动、作业场所条件不良等因素,都会危害人体健康。

3. 预防的技术措施

预防事故的技术措施有:改进生产工艺,实现机械化、自动化;设置安全装置;预防性试验和检验;有计划地对机器设备进行维护、保养和维修,使之保持良好的工作状态;工作场所的合理布局和整洁;采取个人防护措施等。

(三)劳动卫生

劳动卫生是在劳动中为了改善酒店劳动条件,保护酒店劳动者健康,避免有毒、有害物质的危害,防止发生职业病和职业中毒而采取的措施的总称。

1. 劳动卫生规程

国家为了保护劳动者在生产、工作过程中的安全和健康,防止和消除职业危害而专门制定了各种法律规范,包括各种工业生产卫生、医疗预防、健康检查等技术和组织管理措施的规定。其基本内容有:防止有毒、有害物质危害;防止粉尘危害;防止噪声和强光刺激;防暑降温和防冻取暖;通风和照明;个人防护用品和生产辅助设施;职业病防治。

2. 职业毒害的种类

职业毒害的种类是随着生产技术的发展而不断增加的,也随着科学技术的发展而逐渐被人们所认识,并得到控制和消灭。职业毒害的种类主要有以下几种。

第一,与生产过程有关的毒害,主要有化学因素及物理因素的毒害,这是目前引起职业病最常见的生产性有害因素,是职业病防治的重点。

第二,与劳动过程有关的毒害,主要是过长的作业时间、过大的作业强度以及不合理的劳动组织和安排等引起的。

第三,与作业场所的一般卫生条件、卫生技术及生产工艺设备的缺陷有关的毒害。

3. 预防措施

在防治职业病和职业毒害两个方面,必须正确认识与处理"防"和"治"的关系。高度重视该项工作,主要措施有:各级政府职能部门和生产部门应组织安全、卫生监督网,强化监察;采取技术措施、医疗措施以及加强个人措施。

(四)女职工的劳动保护

女职工的劳动保护的内容包括劳动就业平等权利和保护女职工在生产中的劳动安全和健康两个方面。我国酒店企业职工以女职工为主,因此这里主要讨论女职工在生产中的安全和健康保护。根据《劳动法》《女职工劳动保护特别规定》《女职工禁忌劳动范围的规定》《女职工保健工作暂行规定》等,我国对女职工的劳动保护体现在以下几个方面。

第一,禁止女职工从事的工作有:矿山井下工作;森林业伐木工作;《体力劳动强度分级》标准中第Ⅳ级体力劳动强度的作业;建筑业脚手架的组装和拆除作业以及电力、电信行业的高处架线作业;连续负重(指每小时负重次数在6次以上)每次负重超过20千克,间断负重每次负重超过 25 千克的作业。

第二,女职工在月经期间不能从事的工作有:食品冷冻库内及冷水等低温作业;《体力劳动强度分级》标准中第Ⅲ级(含Ⅲ级)以上体力劳动强度的作业;《高处作业分级》标准中第Ⅱ级(含Ⅱ级)以上的作业。

第三,女职工已婚待孕期禁忌从事的劳动范围是铅、汞、苯、镉等作业场所属于《有毒作业分级》标准中第Ⅲ、Ⅳ级的作业。

第四,女职工怀孕期禁忌从事的劳动范围有:作业场所空气中铅及其化合物、汞及其化合物、苯等有毒物质浓度超过国家卫生标准的作业;制药行业中从事抗癌药物及己烯雌酚生产的作用;人力进行的土石方作业;《体力劳动强度分级》标准中第Ⅲ级(含Ⅲ级)以上体力劳动强度的作业;伴有全身性强烈震动的作业;工作中需要频繁弯腰、攀高、下蹲的作业,如焊接;《高处作业分级》标准中规定的高处作业。此外,怀孕 7 个月以上的女职工禁止延长工作时间或夜班的作业。

第五,女职工在哺乳期禁忌从事的劳动范围有:《体力劳动强度分析》标准中第Ⅲ级以上体力劳动强度的作业;作业场所空气中铅及其化合物、汞及其化合物、苯等有毒物质浓度超过国家卫生标准的作业;作业场所空气中锰、氟、溴、甲醇、有机磷化合物、有机氯化合物的浓度超过国家卫生标准的作业;《体力劳动强度分级》标准中第Ⅲ级(含Ⅲ级)以上体力劳动强度的作业。

第六,女职工特殊保护设施的规定。女职工较多的单位,应逐步建立女职工卫生室、孕妇休息室、哺乳室、托儿所、幼儿园等设施,解决女职工在生理卫生、哺乳、照顾婴儿等方面的困难。

第七,禁止安排在特殊情况下的女职工延长工作时间。《劳动法》规定,不得安排怀孕期间或哺乳未满一周岁婴儿期间的女职工延长工作时间和夜班劳动。

第三节　酒店员工的社会保障

一、社会保障及酒店社会保险

(一)社会保障

社会保障是指国家通过立法,积极动员社会各方面资源,保证无收入、低收入以及遭受各种意外灾害的公民能够维持生存,保障劳动者在年老、失业、患病、工伤、生育时的基本生活不受影响,同时根据经济和社会发展状况,逐步增进公共福利水平,提高国民生活质量。

社会保障作为一种国民收入再分配形式是通过一定的制度实现的。我们将由法律规定的、按照某种确定规则经常实施的社会保障政策和措施体系称之为社会保障制度。由于各国的国情和历史条件不同,在不同的国家和不同的历史时期,社会保障制度的具体内容不尽一致,但有一点是共同的,那就是为满足社会成员的多层次需要,相应安排多层次的保障项目。

(二)酒店社会保险

酒店社会保险是指国家通过法律手段对酒店劳动者强制征集专门资金,用于对其中丧失劳动能力或失去劳动机会者,在丧失劳动能力或在工作中断期间保证其基本生活需求的一种特殊制度。从概念上看,社会保险与社会保障是有区别的,即社会保险是社会保障的一部分。国际劳工组织和许多国家在使用社会保障这个概念时,通常包括9个项目,即老年津贴、伤残津贴、遗属津贴、失业津贴、工伤(包括职业病)津贴、医疗保健、疾病津贴、生育津贴、家庭津贴。而我国目前只实行其中的一部分。我国的社会保险与社会保障是部分与整体的关系,社会保险不是社会保障的全部。

二、酒店社会保险的内容

社会保险的项目设置,也称社会保险的内容或险种,世界各国根据各自的国情和经济发展水平,设置的保险项目不同。我国《劳动法》第七十条规定:国家发展社会保险事业,建立社会保险制度,设立社会保险基金,使劳动者在老年、患病、工伤、失业、生育等情况下获得帮助和补偿。我国酒店社会保险的内容则主要体现在以下几个方面。

(一)养老保险

养老保险是国家为保障劳动者离休、退休后的基本生活的一种社会保险制度。凡是达到法定退休年龄、就业年限或缴纳保险费年限的劳动者都有权享受此项待遇。1997年7月,国务院发布的《国务院关于建立统一的企业职工基本养老保险制度的决定》中有以下规定。

第一,全国统一按职工工资的11%建立个人账户,其中个人缴费逐步从4%提高到8%,其余部分由企业缴费划入。企业缴费率由省级人民政府确定,一般不得超过企业工资总额的20%。

第二,参加工作的职工退休后,养老金支付分为两部分:一是按当地年平均工资的20%支付的基础养老金;二是根据累计储存额1/120的标准按月支付的个人账户养老金。《国务院关于建立统一的企业基本养老保险制度的决定》实施前参加工作、实施后退休的职工,即所谓"中人",在发给基础养老金和个人账户养老金的基础上,再按缴费前的工作年限另外增发过渡性养老金。目前退休的职工养老金仍按过去的标准由企业缴费形成的社会统筹部分解决。

第三,对养老资金的管理实行收支两条线。

第四,逐步实现养老金的社会化发放。

第五,逐步实施省级统筹。

1998年8月,国务院发布《国务院关于实行企业职工基本养老保险省级统筹和行业统筹移交地方管理有关问题的通知》,决定对有关政策实施进一步调整,主要内容包括:将原来11个行业的行业内养老统筹移交给地方(省、自治区、直辖市)管理;提高统筹层次,实施省级统筹;养老金实行差额缴拨,并实施养老金社会化发放。

我国目前的养老保险主要有以下几种类型:离休养老保险、退休养老保险和退职养老保险。

第一,离休养老保险。相关法律法规规定凡中华人民共和国成立前参加革命工作的干部,一般男满60周岁,女满55周岁或身体不能坚持工作并符合下列条件之一者,可以享受离休养老待遇:①1949年9月30日前参加中国共产党领导的革命军队的;②在解放区参加革命工作并脱产享受供给制待遇的;③在敌占区从事地下革命工作的;④在东北和个别解放区1949年以前享受当地人民政府制定的薪金制待遇的。老干部离休后政治待遇不变,生活待遇略为从优,除原工资照发外,1945年9月2日前参加革命工作的老干部,每年增发一定的生活补贴。

第二,退休养老保险。1986年开始推行劳动合同制以来,我国出现固定工和劳动合同工并行的局面,国家对此有不同的养老待遇规定。

一是固定工的养老保险：固定工适用于改革前的原有劳动保险法规，是"企业养老保险"，固定工不缴费，只要符合退休条件，办理了退休，就有权享受退休金。退休职工每月在企业领退休金。

二是固定工的退休待遇如下：①连续工龄满20年的，按本人标准工资的75%发给；②连续工龄满15年的，按本人标准工资的70%发给；③连续工龄满10年的，按本人标准工资的60%发给。

三是劳动合同制工人的养老保险。劳动合同制职工实行社会养老保险，具体方法如下。①企业缴费与个人缴费相结合：社会养老保险基金由企业缴纳的，基本养老保险费按本企业职工工资总额和当地政府规定的比例在税前提取。②社会统筹与个人账户相结合：社会统筹是指企业和职工个人缴纳的基本养老保险费转入社会管理机构在银行开设的"养老保险基金专户"，实行专项储存，专款专用；个人账户是指将个人缴费部分和用人单位缴费的一部分，一并计入职工个人账户，累计储存，到职工退休时使用。③职工缴费工资的计算：职工缴纳的基本养老保险费的月工资收入按国家统计局规定列入工资总额统计的项目计算，包括工资、奖金、津贴、补贴等收入。职工月工资收入超过当地职工平均工资200%或300%以上的部分，不计个人缴费工资基数，低于平均工资60%的，按60%计入。④基本养老金的计发：基本养老金由社会养老金和个人账户养老金组成。个人账户养老金按个人账户累计储存额除以120计发。缴费不足10年的，将其个人账户的全部储存额一次性付给本人，终止养老保险关系。⑤企业补充养老保险和个人储蓄养老保险：除基本养老保险外，企业还可以根据其自身经济能力为本企业职工建立补充养老保险，所需费用从企业自有资金中的奖励、福利基金内提取。个人储蓄性养老保险是指职工在自愿基础上根据个人收入状况储备一定的资金，为将来养老所用。企业补充养老保险和个人储蓄养老保险不属于国家规定的社会保险，企业和个人可自选机构建立保险。

第三，退职养老保险。退职是指职工丧失劳动能力，但未达到退休条件，根据规定退出劳动领域。退职后，可按月发给本人标准工资40%的生活费。

（二）医疗保险

医疗保险是指为保障劳动者在非因工患病、负伤期间或残废期间和死亡时提供经济帮助的一种社会保险制度。我国现行医疗保险制度起始于20世纪50年代初期，形成了后来的"劳保医疗"和"公费医疗"两项制度。这些制度对于保护、恢复和增进职工身心健康，减轻职工因病、伤增加的经济负担，保证劳动力再生产都起了积极作用。

1998年12月，《国务院关于建立城镇职工基本医疗保险制度的决定》规定：基本医疗保险费用由用人单位和职工个人共同缴纳。用人单位缴纳职工工资总额的6%左右，职工个人缴纳本人工资收入的2%。职工个人缴费全部划入个人账户，用人单位缴费按30%左右划入职工个人账户，其余部分建立统筹基金。当职工个人看病费用超过当地年均工资10%时，统筹基金开始支付其费用，支付的最高限额为当地职工年人均工资的4倍。国家不仅鼓励商业医疗保险，还鼓励企业（行业）补充医疗保险。根据《国务院关于建立城镇职工基本医疗保险制度的决定》，本行业或企业具有持续的税后利润，保证足额发放职工工资和缴纳基本医疗保险费用；现已形成的医疗保障待遇高于基本医疗保险待遇，且有能力建立或参加企业补充医疗保险，企业（行业）可在报经国家有关行政管理部门批准后实施补充医疗保险。目前我国正在实施的医疗保险制度正是改革的结果。

目前的医疗保险主要包括固定职工的疾病保险、劳动合同制职工的疾病保险、农民合同制职工的疾病保险和私营企业职工的疾病保险等。

1. 固定职工的疾病保险

《中华人民共和国劳动保险条例》和《劳动保险条例实施细则》修订草案规定,企业职工患病停工治疗在6个月以内(即短期病假),根据其工龄的长短,发给本人标准工资的60%～100%的病假工资;停工治疗6个月以上的发给本人标准工资的40%～60%的疾病救济费。另外,医药费由企业负担。

企业职工非因工残废,经医院证明和劳动鉴定委员会确认部分丧失劳动能力尚能工作的,由企业分配适当工作。完全丧失劳动能力又不具备退休条件的,按退职处理,按月发给相当于本人标准工资40%的退职生活费。

企业职工死亡后,由企业发给相当于本企业2个月平均工资的丧葬费。另外,一次性发给其供养直系亲属救济费,供养1人,发给死者生前6个月的标准工资;供养2人,发给死者生前9个月的标准工资;供养3人以上,发给死者生前12个月的标准工资。

2. 劳动合同制职工的疾病保险

劳动合同制职工按工作年限和在本单位工作年限的长短给予一定时间的医疗期;在医疗期内,其医疗待遇和病假工资与固定职工相同;医疗期满后因不能胜任原工作而被解除合同的,由企业发给不低于6个月工资的医疗补助。同时,按其在本单位的工作年限,每满1年发给相当于1个月工资的经济补偿金。重病和绝症的还应增加医疗补助费,患重病的增加部分不低于医疗补助费的50%,患绝症的增加部分不低于100%。对于医疗期的长短,《企业职工患病或非因工负伤医疗期规定》第三条具体规定企业职工因患病或非因工负伤,需要停止工作医疗时,根据本人实际参加工作年限和在本单位工作年限,给予3个月到24个月的医疗期:①实际工作年限10年以下的,在本单位工作年限5年以下的为3个月,5年以上的为6个月;②实际工作年限10年以上的,在本单位工作年限5年以下的为6个月,5年以上10年以下的为9个月,10年以上15年以下的为12个月,15年以上20年以下的为18个月,20年以上的为24个月。

医疗期内医疗结束,但不能从事原工作,也不能从事用人单位安排的其他工作,应由劳动鉴定委员会鉴定,若鉴定为1～4级伤残的,应终止劳动关系,办理退休、退职手续;若鉴定为5～10级伤残的,医疗期内不能解除劳动合同。

3. 农民合同制职工的疾病保险

根据国务院《全民所有制企业招用农民合同制工人的规定》,农民合同制职工患病或非因工负伤,企业应根据其在本单位的劳动合同期限的长短给予3～6个月的停工治疗期,医疗待遇和病假工资待遇与城镇合同制职工相同;停工医疗期满不能从事原工作而被解除合同的,企业应发给相当于本人3～6个月标准工资的医疗补助费。

国务院《全民所有制企业临时工管理暂行规定》明确规定,临时工患病或非因工负伤的停工医疗期按其在本企业工作的时间来确定,最长不超过3个月。医疗期内的医疗待遇与合同制职工相同,伤病假期间企业酌情发给生活补助。医疗期满但未痊愈而被解除劳动合同的,企业发给一次性的医疗补助费。

4. 私营企业职工的疾病保险

根据《私营企业劳动管理暂行规定》,私营企业职工患病或非因工负伤,企业按其工作时间长短给予3~6个月的医疗期,并在此期内发给不低于本人原工资60%的病假工资。

(三)工伤保险

工伤保险是国家对因工负伤、致残、死亡而暂时或永久丧失劳动能力的劳动者及其供养亲属提供经济帮助的一种社会保险制度。

1. 适用工伤保险的工伤范围

《劳动保险条例实施细则修正草案》第十一条规定工人职员在下列情况下负伤、残废或死亡时,应享受因工负伤、残废或死亡的待遇:由于执行日常工作以及执行企业行政方面或资方临时指定或同意的工作;在紧急情况下未经企业行政方面或资方指定而从事与企业有利的工作;由于从事发明或技术改进的工作。

2. 工伤保险待遇

第一,职工因工负伤保险待遇。根据《劳动保险条例》第十二条规定:职工因工负伤,医疗费用和住院时膳食费全部由单位负担,医疗时间至医疗终止时止;医疗期间,原标准工资照发,直至医疗结束时为止。

第二,职工患职业病保险待遇。凡被确诊患有职业病的职工,职业病诊病机构应发给"职业病诊断证明书",享受国家规定的工伤保险待遇或职业病待遇。

第三,企业职工因工致残保险待遇。企业职工因工负伤患病治疗终结,经劳动鉴定委员会鉴定,确认为残废的,按其残废程度发给工伤伤残等级证书并享受伤残待遇:一是完全丧失劳动能力的,按规定实行退休;二是部分丧失劳动能力的,由原单位安排力所能及的工作,若因换工作降低了工资,企业发给因工伤残补助费。

第四,职工因工死亡保险待遇。根据相关法律法规规定,职工因工死亡,由单位发给职工平均工资的3个月工资作为丧葬费,每月另支付其供养的直系亲属的抚恤费,供养1人者,为死者本人工资的25%;供养2人者,为死者本人工资的40%;供养3人及3人以上者,为死者本人工资的50%,直到受供养者失去受供养的条件为止。

3. 工伤保险制度的改革目标

我国工伤保险制度改革的目标是建立工伤保险基金,实行社会化统筹管理,工伤保险基金按照企业缴费、以险定律、统筹调剂的原则使用,对工伤职工实行"无责任补偿",按照保障生活、补偿损失和康复身体的原则确定保险待遇,建立国家立法、社会统筹、民主监督的管理体制。

(四)失业保险

失业保险是国家对劳动年龄人口中有劳动能力并有就业愿望的劳动者,由于非本人原因暂时失去劳动机会,无法获得生活所需收入时,为其提供基本生活保障的一种社会保险制度。

1999年年初国务院发布的《失业保险条例》对覆盖范围、基金来源、缴费比例、支出结构、待遇标准、享受条件、基金管理与监督等做出了明确规定。

1. 失业保险覆盖范围

失业保险覆盖范围包括国有企业、城镇集体企业、外商投资企业、城镇私营企业和其他城镇企业及其职工,事业单位及其职工。省级人民政府还可以决定将社会团体及其专职人员、民办非企业单位及其职工、有雇工的城镇个体工商户及其雇工纳入失业保险的范围内。

2. 失业保险金的来源

失业保险金的来源主要由参保单位和职工个人缴纳的失业保险费构成:企业单位按职工工

资总额的 2% 缴纳失业保险费；职工按照本人工资的 1% 缴纳失业保险费。省级人民政府根据失业人员数量和基金数额，报经国务院批准，可以适当调整本行政区域失业保险费的费率。基金入不敷出时，财政给予补贴。另外，还有保险基金的利息收入也是来源之一。

3. 失业保险金的管理

失业保险金在直辖市和设区的市实行全市统筹，其他地区的统筹层次由省、自治区人民政府确定。省、自治区可以建立调剂金，统筹地区基金入不敷出时予以调剂，同时财政给予补贴。

失业保险工作由劳动保障行政部门管理，劳动保障部门所属的经办机构负责实施。基金必须存入财政部门在国有商业银行开设的社会保障的基金专户，实行收支两条线管理。基金收支的预算、决算由统筹地区的经办机构编制，经劳动保障行政部门复核，财政部门审核后，报同级人民政府审批。

4. 失业保险的使用

失业保险的使用主要是失业保险金，按月支付给失业人员的基本生活费用。其标准高于当地城市居民最低生活保障标准，低于当地最低工资标准，具体由省级人民政府确定，给付期限最长不超过 24 个月。其他支出还包括医疗补助金，领取失业保险金期间死亡的失业人员的丧葬补助金和其供养的配偶、直系亲属的抚恤金，职业培训、职业介绍补贴，以及国务院规定或者批准的与失业保险有关的其他费用。

5. 失业保险金申领条件

失业保险金申领人必须同时满足下列条件：按照规定参加失业保险；原所在单位和本人已按照规定履行缴费义务满 1 年；非因本人意愿中断就业，已办理失业登记，并有求职要求的失业人员。

(五) 生育保险

生育保险是为在生育期间暂时丧失劳动能力的妇女劳动者提供基本生活需要的一种社会保险制度。现在我国正式实施的产假标准依据 2012 年 4 月 18 日国务院常务会议审议并原则通过的《女职工劳动保护特别规定 (草案)》。该草案将女职工生育享受的产假由 90 天延长至 98 天，并规范了相关待遇。

本章小结

本章分为三节，分别介绍了酒店劳动关系管理、酒店劳动保护管理和酒店员工的社会保障。

本章的主要内容包括：劳动关系的含义及其主体、劳动关系的主要内容、劳动关系管理的基本内容、处理劳动关系的原则、酒店劳动合同及其管理、劳动保护概述、酒店对员工的劳动保护、酒店劳动保护的基础知识、社会保障及酒店社会保险、酒店社会保险的内容等。

【课后作业】

一、简答题

(1) 劳动关系的含义及其主体是什么？

(2) 酒店劳动关系的内容有哪些？

(3) 劳动合同的签订、变更以及终止分别是什么？

(4)酒店劳动保护的内容有哪些？
(5)酒店社会保险的内容有哪些？

二、案例分析题

申诉人陈某原系某饭店员工，双方签订了劳动合同。2000年11月20日被诉人某饭店以劳动合同即将在2010年12月31日到期为由通知申诉人到期终止合同。申诉人的劳动合同与其他员工一样是由被诉人统一保管的，保管的目的主要是防止员工遗失损坏，又便于到期劳动合同续签。但被诉人与申诉人在保管劳动合同上与其他员工的劳动合同一样未办理任何管理手续。为此，申诉人在多次与被诉人交涉未果的情况下，一纸诉状递到当地仲裁委员会，要求被诉人继续履行劳动合同。

仲裁委员会依法受理后，公开进行了庭查活动。经审理查明，申诉人的劳动合同终止日期明显被涂改。被诉人对此明确说明完全是笔误所致，将终止日期"2011年12月31日"改为"2010年12月31日"是根据2006年的饭店会议确定进店5年以内的员工只能签订4年期限的劳动合同，所以与申诉人相同类型员工的终止日期改动是为了执行饭店这一规定。而且被诉人一再强调申诉人在合同签订时已知晓终止日期进行了改动。申诉人则一再声明，签名时终止日期根本没有改动，是被诉人在申诉人签名后改动的，并责问被诉人："涂改过的劳动合同怎么还可以让员工签名呢？被诉人擅自涂改劳动合同理应承担责任。"被诉人与申诉人双方签名日期相差15天，而被诉人何时涂改时间不明。被诉人将饭店确定合同期限的会议记录及同类型职工劳动合同改动和知情职工的笔录拿到了庭上，但证据都缺乏法律效力。

在双方围绕申诉人在签名时是否知晓终止日期已改动这一争议焦点而无法进行有效举证的前提下，当庭认定被诉人负有举证责任，劳动合同改动的终止日期无效，在双方不愿重新明确劳动合同期限的前提下，仲裁委做出了解除劳动合同，被诉人支付经济补偿金的裁决。

案例思考：
(1)被诉人在劳动合同管理中问题出在哪里？
(2)如果是你，将如何对劳动合同进行管理？

【课外阅读】

国有企业下岗员工基本生活保障制度

1998年，鉴于国有企业分流富余人员的压力加大，而失业保险支撑能力尚显不足的实际情况，政府建立了国有企业下岗员工基本生活保障制度，确保国有企业下岗员工的基本生活。普遍建立再就业服务中心，下岗员工进入再就业服务中心后，由再就业服务中心为其发放基本生活费，基本生活费标准略高于当地失业保险金标准。再就业服务中心还为下岗员工缴纳养老、医疗、失业等社会保险费。再就业服务中心用于保障下岗员工基本生活和缴纳社会保险费用的资金，原则上采用"三三制"的办法解决，即财政预算安排1/3、企业负担1/3、社会筹集（主要从失业保险基金中调剂）1/3。1998—2003年，全国共有2 400多万国有企业下岗员工进入再就业服务中心，其中有近1 900万人通过再就业服务中心实现再就业，进入再就业服务中心的下岗员工基本按时足额领到了基本生活费并由再就业服务中心代缴了社会保险费。

自1998年以来，我国政府明确了发放国有企业下岗员工基本生活费的期限最长为3年，期满后未实现再就业的,可以按规定享受城市居民最低生活保障待遇。

随着失业保险制度的日臻完善和基金积累的增加,从2001年开始,实行国有企业下岗员工基本生活保障制度向失业保险并轨,国有企业不再建立新的再就业服务中心;企业新的减员原则上也不再进入再就业服务中心,而是由企业依法与其解除劳动关系,按规定享受失业保险待遇。

到2005年年底,我国已基本实现下岗员工基本生活保障制度与失业保险制度的并轨。

附 录

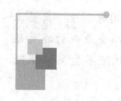
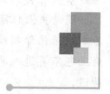

中华人民共和国主席令

第七十三号

《全国人民代表大会常务委员会关于修改〈中华人民共和国劳动合同法〉的决定》已由中华人民共和国第十一届全国人民代表大会常务委员会第三十次会议于 2012 年 12 月 28 日通过,现予公布,自 2013 年 7 月 1 日起施行。

中华人民共和国主席　胡锦涛

2012 年 12 月 28 日

全国人民代表大会常务委员会关于修改《中华人民共和国劳动合同法》的决定

（2012 年 12 月 28 日第十一届全国人民代表大会常务委员会第三十次会议通过）

第十一届全国人民代表大会常务委员会第三十次会议决定对《中华人民共和国劳动合同法》作如下修改：

一、将第五十七条修改为："经营劳务派遣业务应当具备下列条件：

"（一）注册资本不得少于人民币二百万元；

"（二）有与开展业务相适应的固定的经营场所和设施；

"（三）有符合法律、行政法规规定的劳务派遣管理制度；

"（四）法律、行政法规规定的其他条件。

"经营劳务派遣业务，应当向劳动行政部门依法申请行政许可；经许可的，依法办理相应的公司登记。未经许可，任何单位和个人不得经营劳务派遣业务。"

二、将第六十三条修改为："被派遣劳动者享有与用工单位的劳动者同工同酬的权利。用工单位应当按照同工同酬原则，对被派遣劳动者与本单位同类岗位的劳动者实行相同的劳动报酬分配办法。用工单位无同类岗位劳动者的，参照用工单位所在地相同或者相近岗位劳动者的劳动报酬确定。

"劳务派遣单位与被派遣劳动者订立的劳动合同和与用工单位订立的劳务派遣协议，载明或者约定的向被派遣劳动者支付的劳动报酬应当符合前款规定。"

三、将第六十六条修改为："劳动合同用工是我国的企业基本用工形式。劳务派遣用工是补充形式，只能在临时性、辅助性或者替代性的工作岗位上实施。

"前款规定的临时性工作岗位是指存续时间不超过六个月的岗位；辅助性工作岗位是指为主营业务岗位提供服务的非主营业务岗位；替代性工作岗位是指用工单位的劳动者因脱产学习、休假等原因无法工作的一定期间内，可以由其他劳动者替代工作的岗位。

"用工单位应当严格控制劳务派遣用工数量，不得超过其用工总量的一定比例，具体比例由国务院劳动行政部门规定。"

四、将第九十二条修改为："违反本法规定,未经许可,擅自经营劳务派遣业务的,由劳动行政部门责令停止违法行为,没收违法所得,并处违法所得一倍以上五倍以下的罚款;没有违法所得的,可以处五万元以下的罚款。

"劳务派遣单位、用工单位违反本法有关劳务派遣规定的,由劳动行政部门责令限期改正;逾期不改正的,以每人五千元以上一万元以下的标准处以罚款,对劳务派遣单位,吊销其劳务派遣业务经营许可证。用工单位给被派遣劳动者造成损害的,劳务派遣单位与用工单位承担连带赔偿责任。"

本决定自2013年7月1日起施行。

本决定公布前已依法订立的劳动合同和劳务派遣协议继续履行至期限届满,但是劳动合同和劳务派遣协议的内容不符合本决定关于按照同工同酬原则实行相同的劳动报酬分配办法的规定的,应当依照本决定进行调整;本决定施行前经营劳务派遣业务的单位,应当在本决定施行之日起一年内依法取得行政许可并办理公司变更登记,方可经营新的劳务派遣业务。具体办法由国务院劳动行政部门会同国务院有关部门规定。

《中华人民共和国劳动合同法》根据本决定作相应修改,重新公布。

《中华人民共和国劳动合同法》全文

中华人民共和国主席令

第六十五号

《中华人民共和国劳动合同法》已由中华人民共和国第十届全国人民代表大会常务委员会第二十八次会议于2007年6月29日通过,现予公布,自2008年1月1日起施行。

中华人民共和国主席　胡锦涛

2007年6月29日

中华人民共和国劳动合同法

(2007年6月29日第十届全国人民代表大会常务委员会第二十八次会议通过)

目　录

第一章　总　　则

第二章　劳动合同的订立

第三章　劳动合同的履行和变更

第四章　劳动合同的解除和终止

第五章　特别规定

　第一节　集体合同

　第二节　劳务派遣

　第三节　非全日制用工

第六章　监督检查

第七章　法律责任

第八章　附　　则

第一章 总　则

第一条　为了完善劳动合同制度,明确劳动合同双方当事人的权利和义务,保护劳动者的合法权益,构建和发展和谐稳定的劳动关系,制定本法。

第二条　中华人民共和国境内的企业、个体经济组织、民办非企业单位等组织(以下称用人单位)与劳动者建立劳动关系,订立、履行、变更、解除或者终止劳动合同,适用本法。

国家机关、事业单位、社会团体和与其建立劳动关系的劳动者,订立、履行、变更、解除或者终止劳动合同,依照本法执行。

第三条　订立劳动合同,应当遵循合法、公平、平等自愿、协商一致、诚实信用的原则。

依法订立的劳动合同具有约束力,用人单位与劳动者应当履行劳动合同约定的义务。

第四条　用人单位应当依法建立和完善劳动规章制度,保障劳动者享有劳动权利、履行劳动义务。

用人单位在制定、修改或者决定有关劳动报酬、工作时间、休息休假、劳动安全卫生、保险福利、职工培训、劳动纪律以及劳动定额管理等直接涉及劳动者切身利益的规章制度或者重大事项时,应当经职工代表大会或者全体职工讨论,提出方案和意见,与工会或者职工代表平等协商确定。

在规章制度和重大事项决定实施过程中,工会或者职工认为不适当的,有权向用人单位提出,通过协商予以修改完善。

用人单位应当将直接涉及劳动者切身利益的规章制度和重大事项决定公示,或者告知劳动者。

第五条　县级以上人民政府劳动行政部门会同工会和企业方面代表,建立健全协调劳动关系三方机制,共同研究解决有关劳动关系的重大问题。

第六条　工会应当帮助、指导劳动者与用人单位依法订立和履行劳动合同,并与用人单位建立集体协商机制,维护劳动者的合法权益。

第二章　劳动合同的订立

第七条　用人单位自用工之日起即与劳动者建立劳动关系。用人单位应当建立职工名册备查。

第八条　用人单位招用劳动者时,应当如实告知劳动者工作内容、工作条件、工作地点、职业危害、安全生产状况、劳动报酬,以及劳动者要求了解的其他情况;用人单位有权了解劳动者与劳动合同直接相关的基本情况,劳动者应当如实说明。

第九条　用人单位招用劳动者,不得扣押劳动者的居民身份证和其他证件,不得要求劳动者提供担保或者以其他名义向劳动者收取财物。

第十条　建立劳动关系,应当订立书面劳动合同。

已建立劳动关系,未同时订立书面劳动合同的,应当自用工之日起一个月内订立书面劳动合同。

用人单位与劳动者在用工前订立劳动合同的,劳动关系自用工之日起建立。

第十一条　用人单位未在用工的同时订立书面劳动合同,与劳动者约定的劳动报酬不明确的,新招用的劳动者的劳动报酬按照集体合同规定的标准执行;没有集体合同或者集体合同未规定的,实行同工同酬。

第十二条　劳动合同分为固定期限劳动合同、无固定期限劳动合同和以完成一定工作任务为期限的劳动合同。

第十三条　固定期限劳动合同,是指用人单位与劳动者约定合同终止时间的劳动合同。

用人单位与劳动者协商一致,可以订立固定期限劳动合同。

第十四条　无固定期限劳动合同,是指用人单位与劳动者约定无确定终止时间的劳动合同。

用人单位与劳动者协商一致,可以订立无固定期限劳动合同。有下列情形之一,劳动者提出或者同意续订、订立劳动合同的,除劳动者提出订立固定期限劳动合同外,应当订立无固定期限劳动合同:

(一)劳动者在该用人单位连续工作满十年的;

(二)用人单位初次实行劳动合同制度或者国有企业改制重新订立劳动合同时,劳动者在该用人单位连续工作满十年且距法定退休年龄不足十年的;

(三)连续订立二次固定期限劳动合同,且劳动者没有本法第三十九条和第四十条第一项、第二项规定的情形,续订劳动合同的。

用人单位自用工之日起满一年不与劳动者订立书面劳动合同的,视为用人单位与劳动者已订立无固定期限劳动合同。

第十五条　以完成一定工作任务为期限的劳动合同,是指用人单位与劳动者约定以某项工作的完成为合同期限的劳动合同。

用人单位与劳动者协商一致,可以订立以完成一定工作任务为期限的劳动合同。

第十六条　劳动合同由用人单位与劳动者协商一致,并经用人单位与劳动者在劳动合同文本上签字或者盖章生效。

劳动合同文本由用人单位和劳动者各执一份。

第十七条　劳动合同应当具备以下条款:

(一)用人单位的名称、住所和法定代表人或者主要负责人;

(二)劳动者的姓名、住址和居民身份证或者其他有效身份证件号码;

(三)劳动合同期限;

(四)工作内容和工作地点;

(五)工作时间和休息休假;

(六)劳动报酬;

(七)社会保险;

(八)劳动保护、劳动条件和职业危害防护;

(九)法律、法规规定应当纳入劳动合同的其他事项。

劳动合同除前款规定的必备条款外,用人单位与劳动者可以约定试用期、培训、保守秘密、补充保险和福利待遇等其他事项。

第十八条　劳动合同对劳动报酬和劳动条件等标准约定不明确,引发争议的,用人单位与劳动者可以重新协商;协商不成的,适用集体合同规定;没有集体合同或者集体合同未规定劳动报酬的,实行同工同酬;没有集体合同或者集体合同未规定劳动条件等标准的,适用国家有关规定。

第十九条　劳动合同期限三个月以上不满一年的,试用期不得超过一个月;劳动合同期限一年以上不满三年的,试用期不得超过二个月;三年以上固定期限和无固定期限的劳动合同,试用期不得超过六个月。

同一用人单位与同一劳动者只能约定一次试用期。

以完成一定工作任务为期限的劳动合同或者劳动合同期限不满三个月的,不得约定试用期。

试用期包含在劳动合同期限内。劳动合同仅约定试用期的,试用期不成立,该期限为劳动合同期限。

第二十条　劳动者在试用期的工资不得低于本单位相同岗位最低档工资或者劳动合同约定工资的百分之八十,并不得低于用人单位所在地的最低工资标准。

第二十一条　在试用期中,除劳动者有本法第三十九条和第四十条第一项、第二项规定的情形外,用人单位不得解除劳动合同。用人单位在试用期解除劳动合同的,应当向劳动者说明理由。

第二十二条　用人单位为劳动者提供专项培训费用,对其进行专业技术培训的,可以与该劳动者订立协议,约定服务期。

劳动者违反服务期约定的,应当按照约定向用人单位支付违约金。违约金的数额不得超过用人单位提供的培训费用。用人单位要求劳动者支付的违约金不得超过服务期尚未履行部分所应分摊的培训费用。

用人单位与劳动者约定服务期的,不影响按照正常的工资调整机制提高劳动者在服务期期间的劳动报酬。

第二十三条　用人单位与劳动者可以在劳动合同中约定保守用人单位的商业秘密和与知识产权相关的保密事项。

对负有保密义务的劳动者,用人单位可以在劳动合同或者保密协议中与劳动者约定竞业限制条款,并约定在解除或者终止劳动合同后,在竞业限制期限内按月给予劳动者经济补偿。劳动者违反竞业限制约定的,应当按照约定向用人单位支付违约金。

第二十四条　竞业限制的人员限于用人单位的高级管理人员、高级技术人员和其他负有保密义务的人员。竞业限制的范围、地域、期限由用人单位与劳动者约定,竞业限制的约定不得违反法律、法规的规定。

在解除或者终止劳动合同后,前款规定的人员到与本单位生产或者经营同类产品、从事同类业务的有竞争关系的其他用人单位,或者自己开业生产或者经营同类产品、从事同类业务的竞业限制期限,不得超过二年。

第二十五条　除本法第二十二条和第二十三条规定的情形外,用人单位不得与劳动者约定由劳动者承担违约金。

第二十六条　下列劳动合同无效或者部分无效:

(一)以欺诈、胁迫的手段或者乘人之危,使对方在违背真实意思的情况下订立或者变更劳动合同的;

(二)用人单位免除自己的法定责任、排除劳动者权利的;

(三)违反法律、行政法规强制性规定的。

对劳动合同的无效或者部分无效有争议的,由劳动争议仲裁机构或者人民法院确认。

第二十七条　劳动合同部分无效,不影响其他部分效力的,其他部分仍然有效。

第二十八条　劳动合同被确认无效,劳动者已付出劳动的,用人单位应当向劳动者支付劳动报酬。劳动报酬的数额,参照本单位相同或者相近岗位劳动者的劳动报酬确定。

第三章　劳动合同的履行和变更

第二十九条　用人单位与劳动者应当按照劳动合同的约定,全面履行各自的义务。

第三十条　用人单位应当按照劳动合同约定和国家规定,向劳动者及时足额支付劳动报酬。

用人单位拖欠或者未足额支付劳动报酬的,劳动者可以依法向当地人民法院申请支付令,人民法院应当依法发出支付令。

第三十一条　用人单位应当严格执行劳动定额标准,不得强迫或者变相强迫劳动者加班。用人单位安排加班的,应当按照国家有关规定向劳动者支付加班费。

第三十二条　劳动者拒绝用人单位管理人员违章指挥、强令冒险作业的,不视为违反劳动合同。

劳动者对危害生命安全和身体健康的劳动条件,有权对用人单位提出批评、检举和控告。

第三十三条　用人单位变更名称、法定代表人、主要负责人或者投资人等事项,不影响劳动合同的履行。

第三十四条　用人单位发生合并或者分立等情况,原劳动合同继续有效,劳动合同由承继其权利和义务的用人单位继续履行。

第三十五条　用人单位与劳动者协商一致,可以变更劳动合同约定的内容。变更劳动合同,应当采用书面形式。

变更后的劳动合同文本由用人单位和劳动者各执一份。

第四章　劳动合同的解除和终止

第三十六条　用人单位与劳动者协商一致,可以解除劳动合同。

第三十七条　劳动者提前三十日以书面形式通知用人单位,可以解除劳动合同。劳动者在试用期内提前三日通知用人单位,可以解除劳动合同。

第三十八条　用人单位有下列情形之一的,劳动者可以解除劳动合同:

(一)未按照劳动合同约定提供劳动保护或者劳动条件的;

(二)未及时足额支付劳动报酬的;

(三)未依法为劳动者缴纳社会保险费的;

(四)用人单位的规章制度违反法律、法规的规定,损害劳动者权益的;

(五)因本法第二十六条第一款规定的情形致使劳动合同无效的;

(六)法律、行政法规规定劳动者可以解除劳动合同的其他情形。

用人单位以暴力、威胁或者非法限制人身自由的手段强迫劳动者劳动的,或者用人单位违章指挥、强令冒险作业危及劳动者人身安全的,劳动者可以立即解除劳动合同,不需事先告知用人单位。

第三十九条　劳动者有下列情形之一的,用人单位可以解除劳动合同:

(一)在试用期间被证明不符合录用条件的;

(二)严重违反用人单位的规章制度的;

(三)严重失职,营私舞弊,给用人单位造成重大损害的;

（四）劳动者同时与其他用人单位建立劳动关系，对完成本单位的工作任务造成严重影响，或者经用人单位提出，拒不改正的；

（五）因本法第二十六条第一款第一项规定的情形致使劳动合同无效的；

（六）被依法追究刑事责任的。

第四十条　有下列情形之一的，用人单位提前三十日以书面形式通知劳动者本人或者额外支付劳动者一个月工资后，可以解除劳动合同：

（一）劳动者患病或者非因工负伤，在规定的医疗期满后不能从事原工作，也不能从事由用人单位另行安排的工作的；

（二）劳动者不能胜任工作，经过培训或者调整工作岗位，仍不能胜任工作的；

（三）劳动合同订立时所依据的客观情况发生重大变化，致使劳动合同无法履行，经用人单位与劳动者协商，未能就变更劳动合同内容达成协议的。

第四十一条　有下列情形之一，需要裁减人员二十人以上或者裁减不足二十人但占企业职工总数百分之十以上的，用人单位提前三十日向工会或者全体职工说明情况，听取工会或者职工的意见后，裁减人员方案经向劳动行政部门报告，可以裁减人员：

（一）依照企业破产法规定进行重整的；

（二）生产经营发生严重困难的；

（三）企业转产、重大技术革新或者经营方式调整，经变更劳动合同后，仍需裁减人员的；

（四）其他因劳动合同订立时所依据的客观经济情况发生重大变化，致使劳动合同无法履行的。

裁减人员时，应当优先留用下列人员：

（一）与本单位订立较长期限的固定期限劳动合同的；

（二）与本单位订立无固定期限劳动合同的；

（三）家庭无其他就业人员，有需要扶养的老人或者未成年人的。

用人单位依照本条第一款规定裁减人员，在六个月内重新招用人员的，应当通知被裁减的人员，并在同等条件下优先招用被裁减的人员。

第四十二条　劳动者有下列情形之一的，用人单位不得依照本法第四十条、第四十一条的规定解除劳动合同：

（一）从事接触职业病危害作业的劳动者未进行离岗前职业健康检查，或者疑似职业病病人在诊断或者医学观察期间的；

（二）在本单位患职业病或者因工负伤并被确认丧失或者部分丧失劳动能力的；

（三）患病或者非因工负伤，在规定的医疗期内的；

（四）女职工在孕期、产期、哺乳期的；

（五）在本单位连续工作满十五年，且距法定退休年龄不足五年的；

（六）法律、行政法规规定的其他情形。

第四十三条　用人单位单方解除劳动合同，应当事先将理由通知工会。用人单位违反法律、行政法规规定或者劳动合同约定的，工会有权要求用人单位纠正。用人单位应当研究工会的意见，并将处理结果书面通知工会。

第四十四条　有下列情形之一的，劳动合同终止：

（一）劳动合同期满的；

(二)劳动者开始依法享受基本养老保险待遇的;

(三)劳动者死亡,或者被人民法院宣告死亡或者宣告失踪的;

(四)用人单位被依法宣告破产的;

(五)用人单位被吊销营业执照、责令关闭、撤销或者用人单位决定提前解散的;

(六)法律、行政法规规定的其他情形。

第四十五条　劳动合同期满,有本法第四十二条规定情形之一的,劳动合同应当续延至相应的情形消失时终止。但是,本法第四十二条第二项规定丧失或者部分丧失劳动能力劳动者的劳动合同的终止,按照国家有关工伤保险的规定执行。

第四十六条　有下列情形之一的,用人单位应当向劳动者支付经济补偿:

(一)劳动者依照本法第三十八条规定解除劳动合同的;

(二)用人单位依照本法第三十六条规定向劳动者提出解除劳动合同并与劳动者协商一致解除劳动合同的;

(三)用人单位依照本法第四十条规定解除劳动合同的;

(四)用人单位依照本法第四十一条第一款规定解除劳动合同的;

(五)除用人单位维持或者提高劳动合同约定条件续订劳动合同,劳动者不同意续订的情形外,依照本法第四十四条第一项规定终止固定期限劳动合同的;

(六)依照本法第四十四条第四项、第五项规定终止劳动合同的;

(七)法律、行政法规规定的其他情形。

第四十七条　经济补偿按劳动者在本单位工作的年限,每满一年支付一个月工资的标准向劳动者支付。六个月以上不满一年的,按一年计算;不满六个月的,向劳动者支付半个月工资的经济补偿。

劳动者月工资高于用人单位所在直辖市、设区的市级人民政府公布的本地区上年度职工月平均工资三倍的,向其支付经济补偿的标准按职工月平均工资三倍的数额支付,向其支付经济补偿的年限最高不超过十二年。

本条所称月工资是指劳动者在劳动合同解除或者终止前十二个月的平均工资。

第四十八条　用人单位违反本法规定解除或者终止劳动合同,劳动者要求继续履行劳动合同的,用人单位应当继续履行;劳动者不要求继续履行劳动合同或者劳动合同已经不能继续履行的,用人单位应当依照本法第八十七条规定支付赔偿金。

第四十九条　国家采取措施,建立健全劳动者社会保险关系跨地区转移接续制度。

第五十条　用人单位应当在解除或者终止劳动合同时出具解除或者终止劳动合同的证明,并在十五日内为劳动者办理档案和社会保险关系转移手续。

劳动者应当按照双方约定,办理工作交接。用人单位依照本法有关规定应当向劳动者支付经济补偿的,在办结工作交接时支付。

用人单位对已经解除或者终止的劳动合同的文本,至少保存二年备查。

第五章　特别规定

第一节　集体合同

第五十一条　企业职工一方与用人单位通过平等协商,可以就劳动报酬、工作时间、休息休假、劳动安全卫生、保险福利等事项订立集体合同。集体合同草案应当提交职工代表大会或者全体职工讨论通过。

集体合同由工会代表企业职工一方与用人单位订立;尚未建立工会的用人单位,由上级工会指导劳动者推举的代表与用人单位订立。

第五十二条 企业职工一方与用人单位可以订立劳动安全卫生、女职工权益保护、工资调整机制等专项集体合同。

第五十三条 在县级以下区域内,建筑业、采矿业、餐饮服务业等行业可以由工会与企业方面代表订立行业性集体合同,或者订立区域性集体合同。

第五十四条 集体合同订立后,应当报送劳动行政部门;劳动行政部门自收到集体合同文本之日起十五日内未提出异议的,集体合同即行生效。

依法订立的集体合同对用人单位和劳动者具有约束力。行业性、区域性集体合同对当地本行业、本区域的用人单位和劳动者具有约束力。

第五十五条 集体合同中劳动报酬和劳动条件等标准不得低于当地人民政府规定的最低标准;用人单位与劳动者订立的劳动合同中劳动报酬和劳动条件等标准不得低于集体合同规定的标准。

第五十六条 用人单位违反集体合同,侵犯职工劳动权益的,工会可以依法要求用人单位承担责任;因履行集体合同发生争议,经协商解决不成的,工会可以依法申请仲裁、提起诉讼。

第二节 劳务派遣

第五十七条 劳务派遣单位应当依照公司法的有关规定设立,注册资本不得少于五十万元。

第五十八条 劳务派遣单位是本法所称用人单位,应当履行用人单位对劳动者的义务。劳务派遣单位与被派遣劳动者订立的劳动合同,除应当载明本法第十七条规定的事项外,还应当载明被派遣劳动者的用工单位以及派遣期限、工作岗位等情况。

劳务派遣单位应当与被派遣劳动者订立二年以上的固定期限劳动合同,按月支付劳动报酬;被派遣劳动者在无工作期间,劳务派遣单位应当按照所在地人民政府规定的最低工资标准,向其按月支付报酬。

第五十九条 劳务派遣单位派遣劳动者应当与接受以劳务派遣形式用工的单位(以下称用工单位)订立劳务派遣协议。劳务派遣协议应当约定派遣岗位和人员数量、派遣期限、劳动报酬和社会保险费的数额与支付方式以及违反协议的责任。

用工单位应当根据工作岗位的实际需要与劳务派遣单位确定派遣期限,不得将连续用工期限分割订立数个短期劳务派遣协议。

第六十条 劳务派遣单位应当将劳务派遣协议的内容告知被派遣劳动者。

劳务派遣单位不得克扣用工单位按照劳务派遣协议支付给被派遣劳动者的劳动报酬。

劳务派遣单位和用工单位不得向被派遣劳动者收取费用。

第六十一条 劳务派遣单位跨地区派遣劳动者的,被派遣劳动者享有的劳动报酬和劳动条件,按照用工单位所在地的标准执行。

第六十二条 用工单位应当履行下列义务:

(一)执行国家劳动标准,提供相应的劳动条件和劳动保护;

(二)告知被派遣劳动者的工作要求和劳动报酬;

(三)支付加班费、绩效奖金,提供与工作岗位相关的福利待遇;
(四)对在岗被派遣劳动者进行工作岗位所必需的培训;
(五)连续用工的,实行正常的工资调整机制。
用工单位不得将被派遣劳动者再派遣到其他用人单位。

第六十三条　被派遣劳动者享有与用工单位的劳动者同工同酬的权利。用工单位无同类岗位劳动者的,参照用工单位所在地相同或者相近岗位劳动者的劳动报酬确定。

第六十四条　被派遣劳动者有权在劳务派遣单位或者用工单位依法参加或者组织工会,维护自身的合法权益。

第六十五条　被派遣劳动者可以依照本法第三十六条、第三十八条的规定与劳务派遣单位解除劳动合同。

被派遣劳动者有本法第三十九条和第四十条第一项、第二项规定情形的,用工单位可以将劳动者退回劳务派遣单位,劳务派遣单位依照本法有关规定,可以与劳动者解除劳动合同。

第六十六条　劳务派遣一般在临时性、辅助性或者替代性的工作岗位上实施。

第六十七条　用人单位不得设立劳务派遣单位向本单位或者所属单位派遣劳动者。

第三节　非全日制用工

第六十八条　非全日制用工,是指以小时计酬为主,劳动者在同一用人单位一般平均每日工作时间不超过四小时,每周工作时间累计不超过二十四小时的用工形式。

第六十九条　非全日制用工双方当事人可以订立口头协议。

从事非全日制用工的劳动者可以与一个或者一个以上用人单位订立劳动合同;但是,后订立的劳动合同不得影响先订立的劳动合同的履行。

第七十条　非全日制用工双方当事人不得约定试用期。

第七十一条　非全日制用工双方当事人任何一方都可以随时通知对方终止用工。终止用工,用人单位不向劳动者支付经济补偿。

第七十二条　非全日制用工小时计酬标准不得低于用人单位所在地人民政府规定的最低小时工资标准。

非全日制用工劳动报酬结算支付周期最长不得超过十五日。

第六章　监督检查

第七十三条　国务院劳动行政部门负责全国劳动合同制度实施的监督管理。

县级以上地方人民政府劳动行政部门负责本行政区域内劳动合同制度实施的监督管理。

县级以上各级人民政府劳动行政部门在劳动合同制度实施的监督管理工作中,应当听取工会、企业方面代表以及有关行业主管部门的意见。

第七十四条　县级以上地方人民政府劳动行政部门依法对下列实施劳动合同制度的情况进行监督检查:
(一)用人单位制定直接涉及劳动者切身利益的规章制度及其执行的情况;
(二)用人单位与劳动者订立和解除劳动合同的情况;
(三)劳务派遣单位和用工单位遵守劳务派遣有关规定的情况;
(四)用人单位遵守国家关于劳动者工作时间和休息休假规定的情况;
(五)用人单位支付劳动合同约定的劳动报酬和执行最低工资标准的情况;

(六)用人单位参加各项社会保险和缴纳社会保险费的情况；

(七)法律、法规规定的其他劳动监察事项。

第七十五条 县级以上地方人民政府劳动行政部门实施监督检查时,有权查阅与劳动合同、集体合同有关的材料,有权对劳动场所进行实地检查,用人单位和劳动者都应当如实提供有关情况和材料。

劳动行政部门的工作人员进行监督检查,应当出示证件,依法行使职权,文明执法。

第七十六条 县级以上人民政府建设、卫生、安全生产监督管理等有关主管部门在各自职责范围内,对用人单位执行劳动合同制度的情况进行监督管理。

第七十七条 劳动者合法权益受到侵害的,有权要求有关部门依法处理,或者依法申请仲裁、提起诉讼。

第七十八条 工会依法维护劳动者的合法权益,对用人单位履行劳动合同、集体合同的情况进行监督。用人单位违反劳动法律、法规和劳动合同、集体合同的,工会有权提出意见或者要求纠正；劳动者申请仲裁、提起诉讼的,工会依法给予支持和帮助。

第七十九条 任何组织或者个人对违反本法的行为都有权举报,县级以上人民政府劳动行政部门应当及时核实、处理,并对举报有功人员给予奖励。

第七章 法律责任

第八十条 用人单位直接涉及劳动者切身利益的规章制度违反法律、法规规定的,由劳动行政部门责令改正,给予警告；给劳动者造成损害的,应当承担赔偿责任。

第八十一条 用人单位提供的劳动合同文本未载明本法规定的劳动合同必备条款或者用人单位未将劳动合同文本交付劳动者的,由劳动行政部门责令改正；给劳动者造成损害的,应当承担赔偿责任。

第八十二条 用人单位自用工之日起超过一个月不满一年未与劳动者订立书面劳动合同的,应当向劳动者每月支付二倍的工资。

用人单位违反本法规定不与劳动者订立无固定期限劳动合同的,自应当订立无固定期限劳动合同之日起向劳动者每月支付二倍的工资。

第八十三条 用人单位违反本法规定与劳动者约定试用期的,由劳动行政部门责令改正；违法约定的试用期已经履行的,由用人单位以劳动者试用期满月工资为标准,按已经履行的超过法定试用期的期间向劳动者支付赔偿金。

第八十四条 用人单位违反本法规定,扣押劳动者居民身份证等证件的,由劳动行政部门责令限期退还劳动者本人,并依照有关法律规定给予处罚。

用人单位违反本法规定,以担保或者其他名义向劳动者收取财物的,由劳动行政部门责令限期退还劳动者本人,并以每人五百元以上二千元以下的标准处以罚款；给劳动者造成损害的,应当承担赔偿责任。

劳动者依法解除或者终止劳动合同,用人单位扣押劳动者档案或者其他物品的,依照前款规定处罚。

第八十五条 用人单位有下列情形之一的,由劳动行政部门责令限期支付劳动报酬、加班费或者经济补偿；劳动报酬低于当地最低工资标准的,应当支付其差额部分；逾期不支付的,责令用人单位按应付金额百分之五十以上百分之一百以下的标准向劳动者加付赔偿金：

（一）未按照劳动合同的约定或者国家规定及时足额支付劳动者劳动报酬的；
（二）低于当地最低工资标准支付劳动者工资的；
（三）安排加班不支付加班费的；
（四）解除或者终止劳动合同，未依照本法规定向劳动者支付经济补偿的。

第八十六条　劳动合同依照本法第二十六条规定被确认无效，给对方造成损害的，有过错的一方应当承担赔偿责任。

第八十七条　用人单位违反本法规定解除或者终止劳动合同的，应当依照本法第四十七条规定的经济补偿标准的二倍向劳动者支付赔偿金。

第八十八条　用人单位有下列情形之一的，依法给予行政处罚；构成犯罪的，依法追究刑事责任；给劳动者造成损害的，应当承担赔偿责任：
（一）以暴力、威胁或者非法限制人身自由的手段强迫劳动的；
（二）违章指挥或者强令冒险作业危及劳动者人身安全的；
（三）侮辱、体罚、殴打、非法搜查或者拘禁劳动者的；
（四）劳动条件恶劣、环境污染严重，给劳动者身心健康造成严重损害的。

第八十九条　用人单位违反本法规定未向劳动者出具解除或者终止劳动合同的书面证明，由劳动行政部门责令改正；给劳动者造成损害的，应当承担赔偿责任。

第九十条　劳动者违反本法规定解除劳动合同，或者违反劳动合同中约定的保密义务或者竞业限制，给用人单位造成损失的，应当承担赔偿责任。

第九十一条　用人单位招用与其他用人单位尚未解除或者终止劳动合同的劳动者，给其他用人单位造成损失的，应当承担连带赔偿责任。

第九十二条　劳务派遣单位违反本法规定的，由劳动行政部门和其他有关主管部门责令改正；情节严重的，以每人一千元以上五千元以下的标准处以罚款，并由工商行政管理部门吊销营业执照；给被派遣劳动者造成损害的，劳务派遣单位与用工单位承担连带赔偿责任。

第九十三条　对不具备合法经营资格的用人单位的违法犯罪行为，依法追究法律责任；劳动者已经付出劳动的，该单位或者其出资人应当依照本法有关规定向劳动者支付劳动报酬、经济补偿、赔偿金；给劳动者造成损害的，应当承担赔偿责任。

第九十四条　个人承包经营违反本法规定招用劳动者，给劳动者造成损害的，发包的组织与个人承包经营者承担连带赔偿责任。

第九十五条　劳动行政部门和其他有关主管部门及其工作人员玩忽职守、不履行法定职责，或者违法行使职权，给劳动者或者用人单位造成损害的，应当承担赔偿责任；对直接负责的主管人员和其他直接责任人员，依法给予行政处罚；构成犯罪的，依法追究刑事责任。

第八章　附　　则

第九十六条　事业单位与实行聘用制的工作人员订立、履行、变更、解除或者终止劳动合同，法律、行政法规或者国务院另有规定的，依照其规定；未作规定的，依照本法有关规定执行。

第九十七条　本法施行前已依法订立且在本法施行之日存续的劳动合同，继续履行；本法第十四条第二款第三项规定连续订立固定期限劳动合同的次数，自本法施行后续订固定期限劳动合同时开始计算。

本法施行前已建立劳动关系，尚未订立书面劳动合同的，应当自本法施行之日起一个月内订立。

本法施行之日存续的劳动合同在本法施行后解除或者终止，依照本法第四十六条规定应当支付经济补偿的，经济补偿年限自本法施行之日起计算；本法施行前按照当时有关规定，用人单位应当向劳动者支付经济补偿的，按照当时有关规定执行。

第九十八条　本法自2008年1月1日起施行。

参考文献

[1] 〔美〕雷蒙德·A.诺伊.人力资源管理：赢得竞争优势[M].刘昕,译.北京：中国人民大学出版社,2005.
[2] 〔美〕韦恩·蒙迪.人力资源管理[M].10版.北京：人民邮电出版社,2011.
[3] 徐耀武.人力资源管理工具箱[M].北京：中国电力出版社,2012.
[4] 黄美忠,薛兵旺.酒店人力资源管理[M].天津：天津大学出版社,2012.
[5] 王珑.酒店人力资源管理[M].上海：上海交通大学出版社,2011.
[6] 耿煜.新编现代酒店人力资源开发与管理实务全书[M].北京：企业管理出版社,2007.
[7] 李燕萍.人力资源管理[M].武汉：武汉大学出版社,2003.
[8] 杨志岐.精妙用人技巧[M].上海：上海文化出版社,2005.
[9] 〔美〕纳尔逊.1001种激励员工的方法[M].卫青青,译.北京：中信出版社,2006.
[10] 胡八一.激励员工全攻略[M].北京：北京大学出版社,2007.
[11] 王小艳.如何进行员工激励[M].北京：北京大学出版社,2004.
[12] 周亚庆.酒店人力资源管理[M].北京：清华大学出版社,2011.
[13] 游富相.酒店人力资源管理[M].杭州：浙江大学出版社,2009.
[14] 李增蔚,龙京红.酒店人力资源管理[M].郑州：郑州大学出版社,2010.
[15] 李蔚田,傅航.人力资源管理[M].北京：中国林业出版社,2008.
[16] 张一驰,张正堂.人力资源管理教程[M].2版.北京：北京大学出版社,2010.
[17] 张玉改.酒店人力资源管理[M].北京：中国林业出版社,北京大学出版社,2008.
[18] 廖钦仁,胡蓉,黄凤梅.酒店人力资源管理实务[M].3版.广州：广东经济出版社,2012.